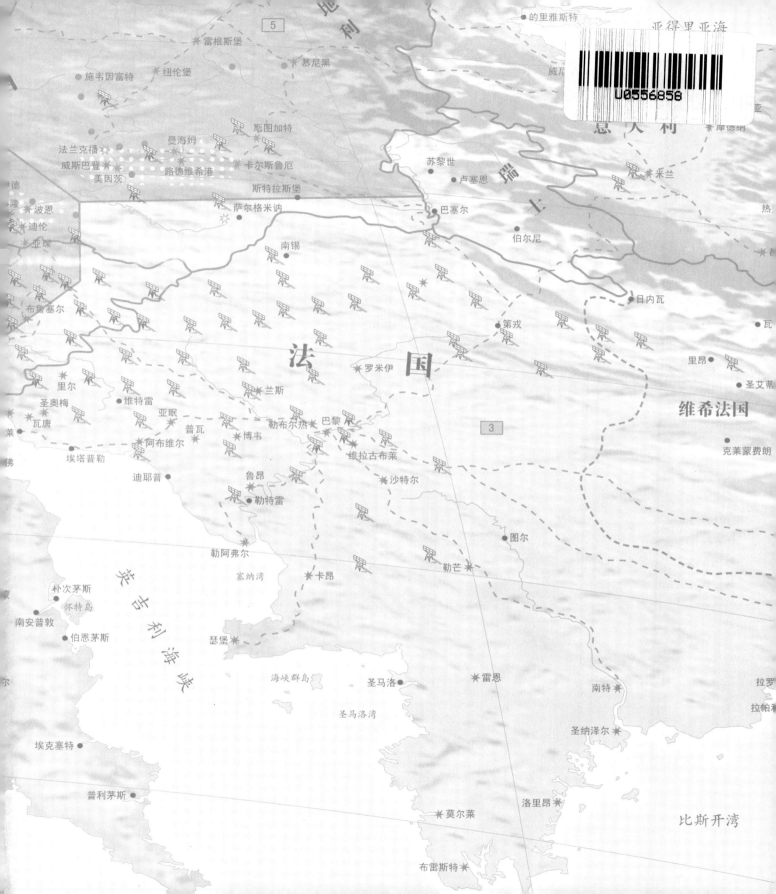

地 利 5

亚得里亚海

的里雅斯特

慕尼黑

威尼

库特纳

雷根斯堡

施韦因富特 纽伦堡

匈 牙 利

采兰

斯图加特

苏黎世

瑞

曼海姆

卢塞恩

法兰克福

卡尔斯鲁厄

威斯巴登

热

路德维希港

美因茨

巴塞尔

德

斯特拉斯堡

隆

波恩

萨尔格米讷

伯尔尼

迪伦

亚琛

南锡

日内瓦

瓦

布鲁塞尔

第戎

法 国

里昂

里尔

罗米伊

圣艾蒂

圣奥梅

维特雷

兰斯

维希法国

瓦唐

亚眠

勒布尔热

巴黎

埃塔普勒

普瓦

博韦

维拉古布莱

克莱蒙费朗

阿布维尔

迪耶普

鲁昂

沙特尔

勒特雷

勒阿弗尔

图尔

塞纳湾

英

卡昂

勒芒

朴次茅斯

吉

怀特岛

利

南安普敦

伯恩茅斯

海

瑟堡

峡

拉罗

海峡群岛

圣马洛

雷恩

南特

拉帕

圣马洛湾

圣纳泽尔

埃克塞特

普利茅斯

莫尔莱

洛里昂

比斯开湾

布雷斯特

地图上的大空战
从第一次世界大战到"沙漠风暴"
ATLAS OF AIR WARFARE

［英］亚历山大·斯万斯通（Alexander Swanston）
马尔科姆·斯万斯通（Malcolm Swanston）　著

王志波　译

上海三联书店

目 录
Contents

第 **1** 部分

第2部分

第 3 部分

第  部分

第 5 部分

地图说明

军事单位类型

- ⊠ 步兵
- ◪ 装甲兵
- ⌣ 空降兵
- ⊕ 伞兵
- ⊙ 炮兵

军事单位大小

- XXXXX 集团军群
- XXXX 集团军
- XXX 军
- XX 师
- X 旅
- III 团
- II 营
- I 连

军事行动

- ➤ 进攻
- ⤙ 撤退
- ✈ 飞机
- ✦ 爆炸
- ⊕ 机场

地理标志

- 建筑
- 城市地区
- 路
- 运河
- 边界
- 桥梁或通过
- 铁路
- 河流
- 季节性河流
- 沼泽 / 湿地
- 岩石和沙滩
- 林地

第1部分

GRAF ZEPPELIN   D-LZI27

导 言

INTRODUCTION

▼

早期的轰炸

第一次世界大战开始时，轰炸瞄准技术很原始。技术改进速度很快，但是在一战期间飞机载弹量仍然很小。

火药可能改变了战场，但是飞机改变了战争本身。飞机的发明和发展对作战人员和平民百姓都产生了深远影响。20世纪初，在人们成功进行第一次空中飞行之后，预言家们就预测空中力量具有使战争方式发生变革的巨大潜力。赫伯特·G.威尔斯在1907年发表的小说《空中战争》中预见，世界强国会在全球战争中部署庞大的飞机机群。在现实中，空中力量的变革更为非凡。

轻于空气的观测器

放飞简易气球让人们对战场局势有了前所未有的了解。在法国大革命和美国内战期间，人们就在战争中使用了这一创新性的载具，且气球的使用一直持续至第一次世界大战。然而气球固有的操控性问题虽然没有限制人们在地平线以上观察的能力，却影响了其使用效果。

随着飞艇（由发动机驱动的硬式或半硬式气球）的发展，人们可以深入到敌军前线的后方进行侦察。尽管飞艇的飞行速度缓慢，但它较易操纵，可以按指挥官需要的方向飞行。1911年意土战争期间，意大利军队在利比亚首次用飞艇向土耳其地面部队投掷了炸弹。

正如当时的作家和富有智慧的军事思

想家想象的那样，随着可控的、重于空气的飞行器的发展，军事航空的美好前景开始显现。1903年，莱特兄弟首次进行载人飞行试验，飞机虽然没有在他们的家乡——美国国内引起军队的兴趣，但是它引起了以法国为首的其他强国的浓厚兴趣。6年后，路易·布雷里奥驾机成功飞越英吉利海峡，展示了飞机潜在的活力和战略价值。

潜在活力

5年后，即1914年8月，世界陷于战乱之中。第一次世界大战刚开始时，飞机仅担负着侦察任务。此时，反映敌军作战意图的兵力部署和补给线，可以通过飞机清楚地观察并绘制地图。针对这种发展趋势，飞行员开始武装自己，最初装备了左轮手枪和步枪，后来又在机上安装机枪，

▲
更大更好

一战快结束时，汉德利·佩季O/400型飞机进入英国皇家空军服役，该型远程轰炸机可以搭载750千克炸弹。

以此攻击敌人飞机，阻止敌机侦察获得己方的信息。经过改进的飞机能够飞得更快、更高，随后也出现了一些专门用于消灭敌机的飞机。很明显，击落敌机的最佳方式就是直接瞄准，通过固定的前向机枪进行射击。这种作战方式对推进式战斗机来说较轻松，因为发动机就安装在飞行员身后，但是对于牵引式飞机——发动机安装在飞机前部的螺旋桨飞机来说，由于其螺旋桨弧位于发射线上，使这种作战方式成为一个难题。荷兰飞机设计师安东尼·福克以最有效的方式解决了这一难题，他研制出断续器装置，使机枪的发射与螺旋桨的旋转同步，机枪可以在螺旋桨弧线间隙发射。由此，真正有效的战斗机诞生了。

总体战

随着飞机变得体积更大、作战力更强，大部分作战部队发展出某种战略轰炸飞

机。除了齐柏林飞艇，重于空气的德国轰炸机也执行轰炸任务。这些空袭很少能真正造成实质性破坏，但是给敌人造成的心理冲击是巨大的。面对战争的肆虐，人们即使待在家里也毫无安全感。总体战的思维由此诞生。

在第一次世界大战的4年惨痛岁月里，飞机从一种战术空中侦察工具发展成为一种终极战略武器，高高盘旋在地面部队和装甲集群上空，摧毁敌方的工业中心、瓦解敌方的士气，从而消灭敌方进行战争的手段。"远程轰炸机是最有效的战争武器"的理论由此生根发芽。

在一战结束后的几年里，军用航空不可避免地放慢了发展脚步。不过，飞机在民用领域的发展将飞行距离和飞行高度推向新的发展阶段。飞机能够飞越宽广的海洋，使世界变得更小，将各大帝国的广袤殖民地联系起来。

◄◄
英国皇家空军在训练
二战爆发前，英国霍克"飓风"战斗机中队的飞行员们在开始飞行训练前听取情况简报。

▼
快速周转
东线的德国空军地勤人员快速为亨克尔He 111飞机装载SC 500炸弹。

可怕的威胁

20世纪30年代,远程飞机的发展使人们能够无处不达。人们非常害怕来自空中的威胁,就像数十年后害怕核威胁一样。在1920年至1939年间发生的多场战争中,西班牙内战成为引进和检验制空权理论的试验场。人们仍然重视轰炸机的作用,但也有人认为它最好承担起战术作战任务,支援地面部队作战。在西班牙内战中,全金属单翼机首次用于作战。在西班牙,共和军的波利卡波夫I—16战斗机与国民军的梅塞施米特Bf 109战斗机进行了高速空中格斗。这2型战斗机将会在随后再次进行的世界大战中得到进一步改进。

1939年9月1日,德国的新式战争机器冲破德波边境。纳粹德国空军的中型轰炸机为地面进攻铺平道路,而战斗机联队则通过消灭空中和地面上的敌机,夺取了制空权。无处不在的容克Ju 87"斯图卡"轰炸机扮演了飞行炮兵这一主要角色。空中作战力量与地面部队有效结合,迅速夺取了战争的胜利。闪电战到来了。一连串类似的作战行动在挪威、荷兰、比利时、卢森堡和法国重演。

发生于1940年夏天的不列颠空战证明,强大的战斗机防御部队、雷达和有效的指挥控制系统能够成功、有效地防御轰炸机的进攻。

虽然英国皇家空军击退了纳粹德国空军的中型轰炸机,不过它仍需要美国盟友的参与才能将战火引到德国本土。日本偷袭珍珠港,将美国卷入战争。美国陆军航空队和英国皇家空军轰炸机部队日夜轰炸被德国占领的欧洲重要目标。轰炸德国的工业生产中心能摧毁敌人的战争能力,这是大家公认的作战理论。尽管德国的城市和腹地遭

受大面积破坏，但是事实并没有像很多人预测的那样，德国并没有整体崩溃，前线士兵的作战意志也没有被削弱。

在远东，海军航空兵的作战潜力在偷袭珍珠港事件中得到证明。美国海军的航空母舰当时侥幸躲过此灭顶之灾。正是这些航母成为美国海军在太平洋战场再次恢复作战力的核心支柱。

从俄罗斯西部的开阔平原到1944年诺曼底的灌木篱墙，再到盟军最后在欧洲和亚洲的推进行动中，战术轰炸，特别是有地面前进观察员的配合时，取得很大成功，这种作战方式经证明是非常有效的。

速度和毁灭性力量

二战接近尾声时，航空领域发生巨大的变化。新型喷气式飞机时速超过800千米［500英里/时（1英里=1609米）］，导弹可以从数百英里远的地方射向城市目标，1颗原子弹几乎能把一座城市从地球表面抹去。空中力量，特别是轰炸机，再次得到重

打破世界纪录的侦察机

SR-71"黑鸟"超音速侦察机至今仍是世界上飞得最快的喷气式飞机，尽管该型机已于1998年退役。

视，直至被远程导弹所取代。

随着苏联和美国这两个昔日盟友变得相互怀疑和互不信任，世界进入冷战时代并持续数十年之久。核力量威慑虽然使两个超级大国不敢直接开战，但却没有阻止它们通过代理人发动战争。美国试图在朝鲜和越南两国遏制苏联势力的发展。在越南，空中力量的运用既有战略性的，也有战术性的，取得的效果喜忧参半。然而，对越南北方的轰炸不够连续，没有取得较大效果。轰炸没有摧毁越南军民继续作战的意志和与敌人战斗的能力。由于美国民众对战争并不支持，而越南人民突破万难，顽强抵抗，保家卫国，因此，美国在越南战争中徒劳无功。

今天的空中力量

空中力量在现代战争中充当前锋的角色。在阿富汗，与二战时相似，地面部队会呼叫攻击机和轰炸机进行火力支援。地面进攻行动得到经过改进的侦察系统的支援和信息支持，与一战时非常相似。不过，现在的飞机可能是无人机，且它们安装了经过大大改进的精密武器。

似乎单靠空中力量是不足以赢得战争的，尽管它能够对战争产生巨大的影响。在

▲
轰炸越南
在1架B-66"毁灭者"的带领下，1个F-105"雷公"飞行小队向北越目标投掷炸弹。

可预见的未来，军队在战争中仍将被用来占领和控制陆地。在当今的战争中，指挥官可以部署配备着一系列传感器的飞机，通过它们，能够从上空清楚地观察山地地形，能够投掷精确制导弹药，而无须冒牺牲1名飞行员生命的风险。

　　本书研究作战飞机如何在较短的时间里主导军事行动，甚至在一定程度上主导我们所有人的生命。

显示制空权

以色列F-15"鹰"战斗机编队飞越马萨达古堡遗址。

早期航空活动

EARLY AVIATION

数百年来，在空中飞行的想法一直深深吸引着人们。在公元2世纪中国首先研制出热气球之前，人们就一直试图征服天空。19世纪下半叶，新一代的发明家和设计者利用新型材料和特别是基于内燃机研制出新型发动机，人们的梦想终于得以实现。不过，在飞机被广泛应用之前，轻于空气的航空器是进行可控飞行的首选手段。

更高，更远

18世纪后期，认真的研究工作开始，并设计出一系列热气球。1783年，在巴黎成功进行了世界公认的首次热气球载人飞行。让·弗朗索瓦·皮拉特尔·德罗齐埃和弗朗索瓦·洛朗·达尔朗驾驶1具热气球飞行（确切地说是飘浮）约8千米（5英里）。该热气球由蒙戈尔菲耶兄弟设计，通过燃烧木材产生热量让气球飘浮在空中，但是该热气球没有安装操控设备。人们开始继续研制可以被操纵飞行的气球或飞艇。法国人亨利·吉法尔设计、制造了1具可以操纵的蒸汽动力气球，并于1852年成功飞行了约24千米（15英里）。1884年，在法国陆军资助下生产的"法兰西"号电动飞艇进行首次可控飞行，飞行距离约为8千米（5英里）。早期的飞艇大多很容易损坏，而且明显动力不足。常规可控飞行有待于质量更轻的金属合金和内燃机技术的进一步发展。

在这一期间，人们并没有忘记对重于空气的航空器的研究。乔治·凯利爵士、费利克斯·杜·坦普尔·德拉克鲁瓦、弗朗西斯·温汉姆、奥托·李林塔尔、克莱芒·阿代尔和塞缪尔·P.兰利对飞机的研制做出了重要贡献，直到现在仍为人们熟知。威尔伯·莱特和奥维尔·莱特兄弟因为把飞行梦想变成现实而闻名于世。1903年，他们在滑翔机上安装了1台内燃机。同年12月17日，他们成功进行了世界公认的首次稳定、可控和有人驾驶的飞行。随后，他们继续研发他们的"飞行者"，直至实现飞机的稳定、可控飞行。他们的坚持和远见改变了世界。但由于当时是飞艇盛行的时代，人们将飞艇投入战争几乎是必然的。

▶▶

美国内战使用的侦察气球

从1861年11月开始，"G.W.帕克·卡斯蒂斯"号运煤船经过改装后，被用于在波托马克河上拖曳联邦政府军队的气球。图中的"华盛顿"号气球曾在1862年5月和6月被用于支援乔治·B.麦克莱伦将军指挥的半岛会战，特别是"七松之役"。

法国大革命时期，法国公共安全委员会下属的一个科学委员会建议使用气球进行空中侦察。科学家夏尔·库泰勒和N.J.孔泰在巴黎郊区秘密对经过设计改良的气球进行了一系列试验。他们基于当时已有的氢气球技术研发出一个坚固程度足以应对大部分气象条件的气球。气球由1名地面人员操纵，可以搭载2名乘员：1名飞行员和1名观察员。观察员负责通过一根能够传输信息的电缆报告敌军位置和运动情况。

空中的战争

1794年3月29日，世界上第1支航空部队——法国气球部队（Compagnie d'Aérostiers）正式组建。该部队最初的装备是"进取"号氢气球。6月，该部队被部署到莫伯日执行任务，法国革命军正在那里与奥地利敌军作战。在随后的弗勒吕斯战役中，夏尔·库泰勒和观察员莫洛将军在10小时的战斗中全程飘浮在空中，提供有关敌军部署的准确信息，从而使法国陆军占据了明显的战术优势。1794年6月26日，空中侦察在历史上首次为夺取战斗胜利做出直接贡献。奥地利人愤怒地抱怨使用气球是"非绅士行为"，违反了战争规则。

法国人又继续制造了3具气球——"无畏"号、"大力神"号和"天蓝色"号。1795年至1796年间，这3具气球与各自配备的地面操纵员多次被部署到不同的前线。1797年，有人建议拿破仑带着气球部队参加埃及战役，但是由于该部队在部署过程中管理不善，导致气球被英军破坏。1799年，拿破仑返回法国后解散了气球部队，因此导致法国人对气球及航空的兴趣中止了40多年。

到1849年时，奥地利人已经改变了对战争中使用气球的看法。为了保护奥地利帝国在意大利北部地区的利益，奥地利军队在战斗中放飞了200多具无人驾驶热气球，每具气球搭载了安装定时引信的炸弹。然而，部署后情况却出现严重错误，风向改变，把气球吹到了奥地利军队战线上空。这个想法被放弃了，直到95年后日本人在二战期间将其重新拾起。他们从日本本土放飞高空气球，让人们知之甚少的喷流将气球带到美国西海岸。这个做法也失败了。

美国内战爆发时，美国气球专家及研究人员迫切希望为战争做出贡献。考虑多方建议之后，联邦政府任命萨迪厄斯·洛维教授为联邦陆军气球部队首席气球驾驶员。该部队执行的第1项任务是帮助陆军地形测绘工程兵团绘制地图。由于气球所处的高度较高，特别是与照相技术结合后，陆军绘制的地图质量有了很大的提高。气球部队还参与了多次作战行动，特别是在费尔奥克斯、夏普斯堡、维克斯堡和弗雷德里克斯堡的战斗。在一次特殊战斗中，"鹰"号气球在洛维教授的操作下，从弗吉尼亚考克兰堡起飞，观察附近邦联军队营地的情况。利用一些事先商定好的旗语信号，洛维引导炮兵射击了邦联军队的阵地，准确命中了目标。这可能是战争史上第一次使用前进炮兵观察员，这种做法使炮兵的使用发生了革命性的变化。

与此同时，法国对空中作战活动重新产生了兴趣。在1870年至1871年间的普法战争中，以普鲁士士兵为主的德军包围了巴黎。在德军的长期围困下，几名法国气球驾驶员建议利用气球联络其他未被德军占领的地区。1870年9月23日，1名职业气球驾驶员朱尔斯·杜鲁夫乘坐"海王星"号气球，搭载着103千克（227磅）信件从蒙马特区圣皮埃尔广场起飞。3小时后，他安全降落在普鲁士军队包围圈外的克拉孔维尔城堡附近。该气球与其他气球一样，只能沿风向飘浮，其目标就是飞越敌人防线。它的成功引发了一阵气球制造热潮。最终，法国人制造并放飞了66具热气球，其中，58具安全

LZ 1飞艇

LZ 1飞艇在康士坦茨湖上试飞，该飞艇是齐柏林伯爵建造的一系列飞艇中的第1艘。1900年10月21日，该飞艇进行第3次也是最后一次飞行，随后很快就破裂了。

降落。这些气球共搭载了200万封信件、102人、500多只鸽子和5条狗。尽管法国人事先对这些狗进行了训练，以便其携带微型胶卷包返回巴黎，但是没有1条狗能够返回主人身边。最有名的一次逃脱行动，当属法国新政府的1名部长莱昂·甘必大于1870年10月7日在其首席助理夏尔·路易·德·肖塞斯·德·弗雷西内的帮助下，搭乘气球降落在德军战线后方，成功到达未被德军占领的地区，并把图尔市作为临时首都。

　　战后，气球驾驶员的贡献促成了航空通信委员会的组建，该委员会进而又建议组建一个常设军事航空部门。该部门于3年后组建。其他国家也迅速效仿：英国于1879年，德国于1884年，奥匈帝国于1893年。俄国在圣彼得堡附近组建了1所航空训练学校。

齐柏林硬式飞艇的升空

　　斐迪南·冯·齐柏林伯爵曾经在德国陆军服役。1863年，他在联邦陆军气球部队担任空中观察员。普法战争期间，他目睹了法军是如何成功运用热气球作战的。齐柏林认识到这种轻于空气的航空器的潜力，于是建立了自己的飞艇制造公司。1889年，他开始建造第1艘齐柏林飞艇（LZ 1）。1900年7月2日，该飞艇首飞。经过改进，LZ 1号飞艇于同年10月再次升空飞行。尽管该飞艇比"法兰西"号飞艇速度更快，机动力更强，但是很少有人为其研制工作提供支持。齐柏林又积攒了足够的资金建造LZ 2飞艇，但是该飞艇后来被一场风暴毁坏。齐柏林未被困难吓倒，他搜集了每一块可用的部件建造了LZ 3飞艇。LZ 3是1艘非常成功的飞艇，到1908年时，它成功飞行45次，飞行距离超过4400千米（2733英里）。

　　作为世界上第一家航空公司，德意志飞艇运输公司当时运营着齐柏林建造的飞艇。一战前，德国境内的定期航线运送了成千上万的人和大量的邮件。德国军事部门也对齐柏林飞艇产生了兴趣，采购了LZ 3飞艇，并将其重新编号为Z 1。一战爆发前，齐柏林已经建造了21艘可靠合格的飞艇。

　　与此同时，世界各国也一直在建造和试验飞行器，并取得了不同程度的成功。持续、可控的动力飞行时代即将来临。

　　1903年对航空业来说是不平凡的一年。据称，新西兰农场主理查德·皮尔斯建造的1架单翼机于3月31日成功飞行。普雷斯顿·沃森当年夏天在离苏格兰东海岸邓迪不远处驾驶飞机飞行。8月，德国汉诺威的卡尔·贾托设法进行了一次不稳定的短暂飞行。不过，在史册中脱颖而出的名字是莱特兄弟。威尔伯·莱特和奥维尔·莱特兄弟在12月17日的飞行得到人们的见证、记录和拍照。此次飞行成为航空史上一个显著标志。

　　在1903年的一系列成功飞行和一直持续到1905年的后续改进工作之后，莱特兄弟拿到了首批飞机制造订单——一份来自美国陆军信号部队，另一份来自一个法国财团。2个客户都要求飞机能够搭载1名乘客。1905年，莱特兄弟对"飞行者Ⅲ"型进行了改进，研制出功率更大的发动机。他们在北卡罗来纳基蒂霍克测试新的改进措施，进行得十分隐秘。1908年至1909年间，威尔伯离开美国，前往欧洲。在那里，他花了一年时间向欧洲政府和兴奋的观众们展示莱特飞机。

▼

莱特兄弟的短暂飞行

在1903年12月17日这个寒冷多风的日子，在奥维尔的操纵下，莱特兄弟成功进行了世界上首次动力飞行。威尔伯一边奔跑一边紧紧抓住翼尖稳定飞机，"飞行者"在滑行12米后升空，在风速为43千米/时的大风中飞行了37米，飞行持续了12秒。

欧洲的先锋

欧洲也有自己的航空专家，阿尔贝托·桑托斯-杜蒙特就是其中一位。杜蒙特出生在巴西，但大部分时间生活在法国。对飞行的浓厚兴趣促使他设计出一艘实用的可控飞艇。杜蒙特虽然不是进行可控飞艇飞行的第一人（1884年这项荣誉授予成功驾驶"法兰西"号飞艇的夏尔·勒纳尔和亚瑟·克雷布斯），但是他也闻名于世。1901年10月19日，为证明飞艇的可控飞行是完全可能的，他操控飞艇风度翩翩地在巴黎人头顶上围绕埃菲尔铁塔飞行，令人们目瞪口呆。

除了对轻于空气的飞艇进行革新设计外，杜蒙特还设计、制造了飞机。他将自己制造的1架飞机命名为"14比斯"。1906年10月23日，他的飞机在巴黎公开飞行，这

也是飞机在欧洲的首次公开飞行。该机与莱特兄弟早期制造的飞机不同，它看起来似乎不太可靠，采用了盒状鸭式布局。飞机主翼位于机身的后面，升降舵位于机身的前面。不过，它不需要弹射设备、发射轨道或其他辅助设备就能起降。许多人将他研制的飞机视为早期飞行活动中最重要的一种飞机。在巴西，他至今仍被尊称为"航空之父"。

杜蒙特开拓性地为飞机安装了副翼（在机翼后缘的表面上），以控制飞机的翻滚。这种技术此前只在滑翔机上使用过。他还推动了航空发动机推力与重量比的研究并取得了成果。他设计出"少女"系列单翼机，并将其分别命名为19、20、21和22号飞机。"少女"号飞机与"14比斯"飞机有所不同。在现代人的眼里，"少女"号飞机的外形更传统，依然脆弱，容易损坏。该机的翼展为5.1米（16.5英尺），机长8米（26英尺），飞行员座位位于机翼与机身连接处下方，可控尾翼位于机身的后方，杜塞尔和查默斯公司的液冷发动机安装在飞行员前上方位置，额定功率为20马力。对当时来说，该机性能非常出色，最高飞行速度可达100千米/小时（62英里/小时）。杜蒙特在随后几年中继续对"少女"的设计进行改进。

知识共享

杜蒙特迫切希望看到航空事业迅猛发展，他免费公布飞机设计图纸，支撑他这么做的信仰是航空预示着一个和平与繁荣的新时代。1910年，航空界早期著名的飞行员罗兰·加洛斯（来自印度洋留尼旺岛）在美国驾驶"少女"号飞机。同年6月，《大众机械》杂志公布该型飞机的全部设计图纸。杜蒙特晚年时因飞机用于战争而变得日益消沉。

与杜蒙特公开研制飞机有所不同的是，莱特兄弟选择秘密研究，并设法保护他们的专利。直到1909年，威尔伯才在纽约港的一大群观众面前进行飞行表演，这也是他在本国的首次公开飞行。莱特兄弟已经成为名人，他们收到的飞机订单不断增加，他们在美国和欧洲创建了飞机制造工厂，还建立了飞行员训练学校。

莱特兄弟的飞机一进入公众视野，许多人就开始试图仿制或是对他们的设计进行改进。这将莱特兄弟卷入一系列成本高且耗时长的保护专利的法律诉讼中。其中，最为人们所熟知的一场官司是与格伦·寇蒂斯之间的漫长且痛苦的争端。为进行辩护，寇蒂斯从史密森学会借来塞缪尔·兰利未研制成功的"机场"号飞机，旨在证明"机场"号飞机在莱特兄弟的"飞行者"之前就已经成功飞行。寇蒂斯花费了大量时间和精力试图让这架可靠性不高的飞机飞起来，但还是失败了。法院裁定莱特兄弟赢得官司。此次诉讼导致莱特兄弟与史密森学会长期不和。

与此同时，莱特兄弟研制出了"军事飞行者"。1908年5月14日，该机进行了世界

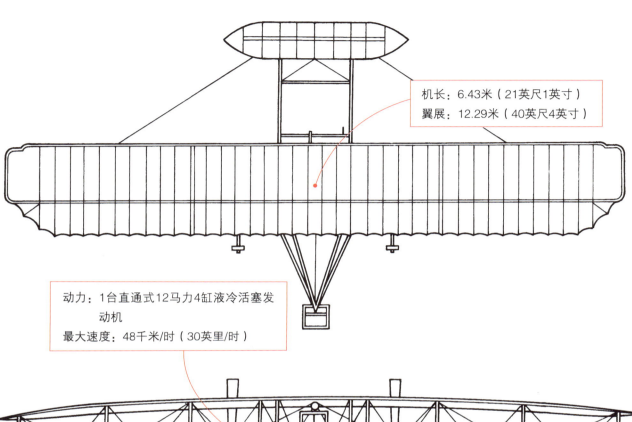

机长：6.43米（21英尺1英寸）
翼展：12.29米（40英尺4英寸）

动力：1台直通式12马力4缸液冷活塞发动机
最大速度：48千米/时（30英里/时）

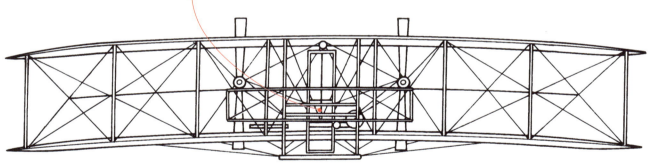

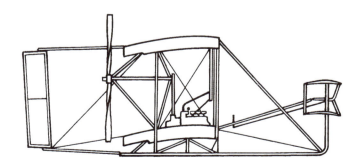

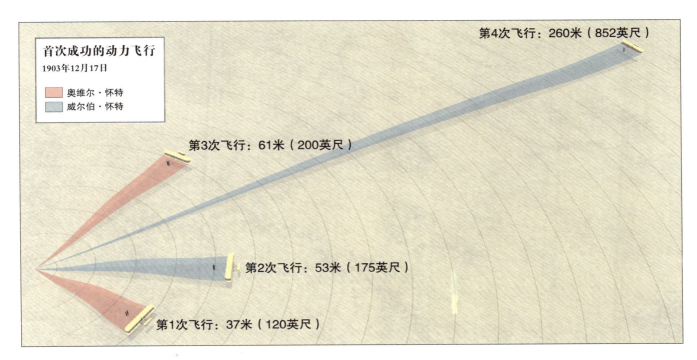

首次成功的动力飞行
1903年12月17日

奥维尔·怀特
威尔伯·怀特

第4次飞行：260米（852英尺）

第3次飞行：61米（200英尺）

第2次飞行：53米（175英尺）

第1次飞行：37米（120英尺）

公认的首次双座机飞行。世界上第1位乘客是查理·弗纳斯。同年底，奥维尔驾驶的双座机在弗吉尼亚州迈尔堡附近坠毁。托马斯·塞尔弗里奇成为在动力飞机飞行事故中丧生的第一人。

　　在欧洲，路易·布雷里奥一直在努力实现他的一项计划——飞越英吉利海峡，赢得伦敦《每日邮报》提供的1000英镑奖金。布雷里奥在巴黎中央理工学院学习过工程，之后他做起了生产汽车前灯的生意并获得成功。利用经商所赚得的资金，他开始投资飞机设计和建造业。1900年，他试验了一架扑翼机，不幸的是，这架飞机未能成功起飞，但他没有被挫折吓倒，继续设计出几种飞机，可惜其稳定性并不理想。经过对多架飞机的试验，最后他成功制造出世界上第1架单翼机——"布雷里奥V"号飞机，但该机飞行仍不稳定。1909年，他研制出稳定性和可靠性更高的"布雷里奥XI"号飞机。

比赛飞越英吉利海峡

　　1000英镑的奖金同时吸引了另外2名竞争者。一位是休伯特·莱瑟姆，他原本是最有希望赢得奖金的人。7月19日，他从法国加莱附近的桑加特起飞。莱瑟姆驾驶的"安托瓦内特IV"号飞机在离英国多佛9.6千米（6英里）处时发动机出现故障，被迫在海上降落。他很快被救起，待身上衣服一干，他就返回巴黎订购了另一架"安托瓦内特"

▲

首次进行12秒的飞行后，莱特兄弟逐渐延长飞行时间和距离，并且开始进行简单的转向机动飞行。

◀◀

莱特"飞行者"飞机

"飞行者"的飞行员俯卧在下面的机翼上，用左手摇动小型控制杆来操纵升降舵，通过将身体从一侧移动到另一侧来控制机翼和方向舵的翘曲。

路易·布雷里奥

路易·布雷里奥从1908年开始一直在建造试验飞机，并于1908年12月在巴黎汽车与航空展上展出了他设计的3架飞机。第3架飞机"布雷里奥XII"号注定要为他带来名声和财富。

飞机。在该机还没有送达桑加特时，布雷里奥就准备好了自己飞越英吉利海峡的尝试。

布雷里奥的第二位竞争对手是拥有法国血统的俄罗斯贵族夏尔·德·兰伯特。他在一次准备飞越海峡的试飞中严重受伤，不得不退出比赛。布雷里奥也在一次试飞中受伤，当时飞机的一根油管破裂，引燃了飞机，他的一只脚被严重烧伤，但他还是决定一如既往地坚持下来。

布雷里奥驾驶的"布雷里奥XI"号飞机重300千克（661磅，不包括飞行员），动力装置是一台功率为25马力的安扎尼3缸气冷半辐射式发动机，螺旋桨由两个直径超过2米的叶片组成。飞机翼展7.8米（25英尺7英寸），机长8米（26英尺3英寸）。

1909年7月25日凌晨，法国海军在海峡中部安排了1艘驱逐舰对布雷里奥的飞行活动进行观察，并准备在必要时提供帮助。早晨4时35分，经过简单试车后，布雷里奥从加莱附近起飞，飞过一些沙丘向西北方向飞去。后来布雷里奥回忆道：

10分钟过去了，我已经飞过了驱逐舰。当我转头看是否沿正确方向飞行时，我大吃一惊，什么也没有看到，驱逐舰、法国和英国都不在视野之内。我独自一人，根本看不到任何东西。在10分钟里我完全迷失了方向。这是一处很奇特的地方，我孤身一人在英吉利海峡中央的上空，没有引导，也没有罗盘。我把手和脚轻放在控制杆上，让飞机自行飞行。终于，在飞离法国海岸20分钟后，我看到了多佛的悬崖、城堡和一条由西通往预期降落地点的道路。我能够做什么呢？很明显，是大风让我偏离了航线……我用脚踩了一下控制杆，转向西飞去。当时，我处境较为艰难，因为悬崖边的风会更大，迎风飞行会降低飞机的速度……我看见悬崖边上有一块空地。尽管我坚信飞机还能飞行一个半小时，并且有信心再次返回加莱，但是我无法抗拒这块绿色的降落地带给我的诱惑。我飞到空地上空，发现下面是一处干燥的地面。我避开飞机右方的红色建筑，设法降落，但是风再次向我吹来，我关闭发动机，飞机下降了。

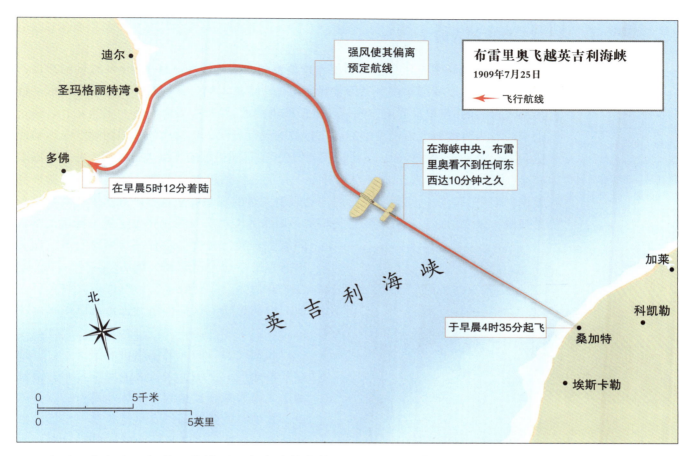

布雷里奥飞越英吉利海峡
1909年7月25日
→ 飞行航线

强风使其偏离预定航线

在海峡中央，布雷里奥看不到任何东西达10分钟之久

在早晨5时12分着陆

于早晨4时35分起飞

迪尔

圣玛格丽特湾

多佛

英 吉 利 海 峡

北

加莱

科凯勒

桑加特

埃斯卡勒

0　　　5千米
0　　　5英里

　　布雷里奥在离开加莱36分钟后，安全降落在英国的土地上。降落时，该机的螺旋桨和起落架损坏。飞越英吉利海峡的活动产生了直接的影响。作家H.G.威尔斯写道：

　　　　尽管英国拥有强大的舰队，但从军事角度来看，它不再是一个难以进入的岛屿。

　　布雷里奥对成功飞越英吉利海峡并没有感到特别吃惊，他与妻子共进庆功午宴后，坐船返回了法国。《每日邮报》对该活动有规定，根据1000英镑奖金的条件，他需要再次返回英国，并作为《每日邮报》的客人在萨伏依酒店享用一份丰盛的晚餐。他刚用完大餐，法国《晨报》就催促他返回巴黎。在那里，该报在报馆前为充满好奇心和备感自豪的法国公民展示了他的飞机。法国意欲证实其在航空领域的领先地位。

▲
布雷里奥飞越英吉利海峡
路易·布雷里奥完成跨越英吉利海峡的飞行更多的是靠运气而不是专业导航。

那些伟大的人们

在人们脑海中，什么也比不了飞越英吉利海峡的活动。1909年8月22日至29日，法国在兰斯附近举行的首个飞行竞赛活动是一个重大的公开检验平台，旨在展示莱特兄弟飞行后的6年里世界航空领域发展所取得的成就。在7天时间里，多达20万名观众前来观看当时世界上最优秀的23名飞行员的飞行表演，在这次的首届国际航空运动博览会上，设有丰厚的奖金，飞行员们会驾驶9种不同机型的飞机进行表演，并力争赢取奖金。其中，有2名飞行员来自国外——乔治·科伯恩来自英国，格伦·寇蒂斯来自美国，但是只有法国飞行员飞行时才会吸引大量的观众前来观看。观众要从兰斯火车站换乘一条专门铺设的支线到达贝特尼平原，才能观看飞行比赛。这是一场规模盛大的航空表演。观众中还有一些国家要员，如美国前总统泰迪·罗斯福、英国政治家大卫·劳合·乔治等。参与观赛的还有许多高级军官，他们迫切想知道这些创新型机器可以用来做什么。

起初，恶劣的天气使飞机无法飞行，但是在开幕式当天下午，飞行表演照常开始。部分幸运儿作为乘客被送到空中体验飞行的新奇感觉。其中一位是英国妇女格特鲁德·培根。虽然她并不是第一位飞上天的妇女（第1位是1899年7月飞上天的特蕾丝·佩尔蒂耶），但仍在观众中引起不小的轰动。她事后激动地说道：

地面崎岖不平且坚硬，我们快速向前行驶……我本以为会是颠簸和摇晃不已的，但是飞机的滑行非常平稳。然后，突然感受到一种无法用言语表达的美妙感，升空了，那么地轻盈，那么充满活力。

飞行表演中出现的许多事故让观众很紧张。最严重的一次是获得飞越英吉利海峡冠军的布雷里奥驾驶的"布雷里奥XII"号飞机着火，燃油管再次破裂。他成功驾驶着燃烧的飞机降落，以将要被烧焦的仪态离开飞机。参加展示的这些飞机都容易受损，所安装的发动机也不可靠，动力飞行的灾祸在未来几年才会显现。但是此时，它们面临3个重大考验：速度、高度和距离。

冠军大奖赛的距离奖由亨利·法尔芒获得，他沿着一条固定的环形航线飞行了3个多小时，飞行距离约180千米（112英里），观众看得十分尽兴。飞机发动机温度不断升高，观众的情绪也在沸腾。这种局面使警察们越来越担心，就在秩序越来越难以维持时，法尔芒的飞机耗光燃油，安全降落了。飞行速度奖是由报纸出版商戈登·贝内特设立的。进入决赛的有两架参赛飞机：美国人格伦·寇蒂斯驾驶的"兰斯赛机"号，布雷里奥驾驶的1架自己制造的飞机。在势均力敌的决赛中，寇蒂斯以平均75千米/时（47英里/时）速度飞行，靠6秒的微弱优势取胜。星条旗在脸上写满失望之情的法国公众头顶飘扬。最后，在飞行高度比赛中，曾在飞越英吉利海峡竞赛中挑战过布雷里奥的休伯特·莱瑟姆飞到了令人眩晕的180米（508英尺）高度，当时大多数飞行员能飞到的离地高度仅约20米（60英尺）。

人们对航空飞行的兴趣不断增长。欧洲举行的有关航空的会议和竞赛活动一潮高过一潮。最为著名的竞赛之一又是由《每日邮报》举办的，即1910年4月举行的伦敦至曼彻斯特的飞行竞赛。两名竞争者分别是来自法国的路易·波朗和来自英国的克劳德·格雷厄姆-怀特，他们将为赢得1万英镑的大奖进行角逐。当时正是典型的英国春季天气：阴雨、大风。但是，在27日傍晚，恶劣天气出现了一个停

▶

飞行竞赛图表

此图显示了1910年克劳德·格雷厄姆-怀特和路易·波朗2名飞行竞赛者从伦敦飞往曼彻斯特的比赛中使用的航线和时间。尽管在黑夜中起飞以弥补因机械故障迫降而损失的时间，克劳德·格雷厄姆-怀特仍被路易·波朗轻松击败了。

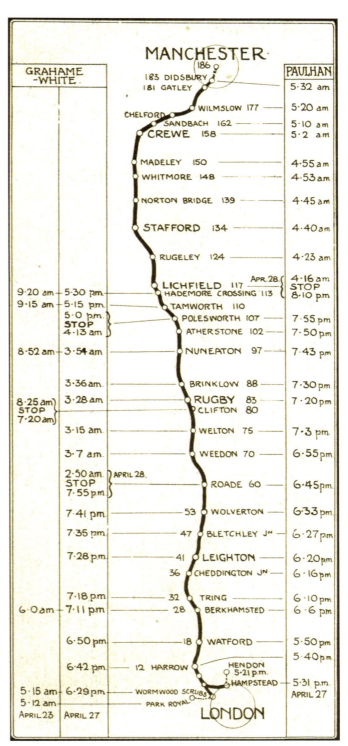

歇期。法国人波朗先行出发，而格雷厄姆–怀特奋起直追。两人驾驶的都是法尔芒制造的双翼机。在当时，飞行员进行跨越全国的飞行一般是沿着城市间的铁路线。波朗与他的团队在深思熟虑之后雇了一列专门的火车，波朗驾机跟随这列火车从伦敦北上。格雷厄姆–怀特也沿着铁路线飞行，他的支持团队驾驶一队汽车紧随其后。人们集聚在曼彻斯特、伦敦和巴黎的报馆附近，急切打听飞行竞赛的进展。夜幕降临，2名飞行员都在铁轨旁安全降落。在1910年，夜间飞行是闻所未闻的。格雷厄姆–怀特决定在月色下起飞，这是他超越法国人的唯一希望。但是他的勇敢徒劳无功。波朗在第一缕阳光下起飞，他跟随着自己的专属火车，于28日凌晨5时32分抵达曼彻斯特。他在空中飞行时间为4小时18分。法国人欣喜若狂，因为法国在航空领域又赢得一个重要的大奖。

顽强的决心

与此同时，美国人对航空竞赛活动的狂热没有欧洲人那样强烈。不过，美国也举办过几次大型航空集会，地点包括波士顿、纽约州贝尔蒙特公园和洛杉矶。报纸出版商威廉·伦道夫·赫斯特提供5万美元的诱人奖金，奖励首位成功从东海岸飞到西海岸横跨美国的飞行员。1911年9月，身为前大学橄榄球明星的卡尔布雷思·佩里·罗杰斯接受了这项挑战。他驾驶的是1架莱特"飞行者"飞机，沿途由一列专门雇来的火车为其提供支持。罗杰斯的飞行充满灾难，他花了49天的时间才抵达加利福尼亚，在这期间，他的飞机坠毁了19次。最后一次坠毁离加利福尼亚仅14.5千米（9英里），这次事故中他双腿和锁骨骨折。躺在医院的病床上，他表示一定完成此次飞行。当他出院时，他的团队重新制造了一架飞机。与9月17日从纽约羊头湾出发时驾驶的那架飞机相比，重新制造的这架飞机只保留了原飞机的一个方向舵和两根机翼支架。离开医院后，他驾驶飞机飞完了最后一段航程，成功抵达加利福尼亚州长滩。这时他离开纽约已达84天，按规定已失去赢得奖金的资格，但是他的赞助者——芝加哥装甲公司（这架飞机是根据该公司生产的"菲兹酒"碳酸饮料命名的）在全美国媒体跟踪报道罗杰斯打破纪录的冒险之旅时，获得了84天的免费宣传。

纪录在不断刷新。1910年10月，在贝尔蒙特公园展会上，克劳德·格雷厄姆–怀特驾驶1架由1台功率为100马力的诺姆转子发动机驱动的"布雷里奥"单翼机，以98千米/时（61英里/时）的平均速度飞行，并赢得了戈登·贝内特速度奖（此项比赛每年举行一次）。在欧洲，有着秘鲁血统的法国飞行员豪尔赫·查韦斯被米兰航空俱乐部提供的飞越阿尔卑斯山脉比赛的奖金所吸引。1911年，查韦斯驾驶1架"布雷里奥 Ⅺ"号飞机从瑞士小镇布里格起飞，飞向高度为2013米（6600英尺）的辛普伦山口。在山口顶部一座特殊信标灯的指引下，查韦斯驾驶飞机慢慢爬升，在观众惊异的目光中，他飞越了辛普伦山口，飞行高度仅比该山口高约30米（100英尺）。不幸的是，就在他

▶▶

意土战争

1911年9月29日，意大利向土耳其宣战，并随后出动海军对的黎波里沿岸进行炮击。除了使用飞机攻击外，1912年3月10日，意大利陆军出动2艘飞艇P2和P3对土耳其阵地进行侦察。飞艇乘员投下几枚手榴弹。4月13日，在另一次侦察任务中，飞艇滞空时间达13小时，飞艇乘员为意大利炮兵进行弹着点观察。P2和P3飞艇都是小型非硬式飞艇，由工程师恩里科·福拉尼尼设计。

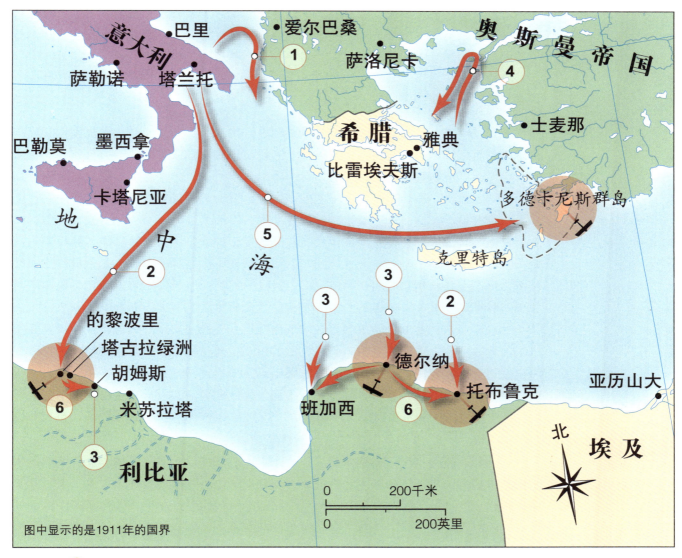

图中显示的是1911年的国界

① 1911年9月29日至30日：意大利军舰袭击普雷韦扎，击沉多艘土耳其舰艇。

② 1911年9月28日至10月2日：意大利舰队抵达的黎波里海岸线外，开始炮击，10月3日开始登陆，10月4日在托布鲁克进行另一次登陆。

③ 1911年10月11日：意大利陆军在德尔纳、胡姆斯和班加西登陆，仅在班加西遇到当地武装力量的激烈反抗。意军的作战行动仅局限于沿海地区。

④ 1912年4月16日至19日：意大利舰队在达达尼尔海峡沿海活动，然后撤退。

⑤ 1912年5月：意大利军队占领了罗得岛和多德卡尼斯群岛，旨在向奥斯曼帝国政府施压。

⑥ 1912年7月至10月：意大利军队的进攻行动成功击败了当地武装和奥斯曼帝国军队。

10月15日：奥斯曼帝国与意大利缔结和约，向意大利割让利比亚和多德卡尼斯群岛。

意土战争 1911年

 意军主要作战行动

意大利

奥斯曼帝国

 意大利飞机航程80千米（50英里）

驾驶飞机沿着山坡飞向意大利多莫多索拉镇时，飞机突然一头扎向地面。人们把查韦斯从飞机残骸中救出来送往医院。4天后，查韦斯在医院去世，但是他的英雄事迹传遍了整个欧洲。

可靠性提高

纪录继续被一次次打破——似乎也伴随着一次次坠机——但是，飞机慢慢变成一种越来越可靠、越来越可控的机器。随着利用飞机在陆军或舰队上空进行侦察的想法在众多军队高级指挥官头脑中生根发芽，各国政府对飞机越来越感兴趣。意大利就是其中之一。作为一个1870年才统一的新兴国家，意大利1910年时就在其军队中组建了一支小规模航空部队。为了对抗法国在北非地区不断增强的军事力量，意大利声称拥有对奥斯曼帝国的利比亚领地的主权。在随后发生的战争中，意军将装备的11架飞机（全都由外国制造）全部投入支援陆军的作战行动中。这些战斗机主要负责执行侦察任务，但是在1911年11月1日，朱里奥·加沃蒂中尉驾驶1架"布雷里奥"飞机向塔古拉绿洲的土耳其军队阵地投掷了4枚手榴弹，这是历史上第一次飞机轰炸行动。

1912年至1913年间，欧洲各国政府成为飞机和飞艇主要用户。德国在飞艇制造技术上的领先，在一定程度上也阻碍了飞机的研制。随着从政府获得越来越多的订单，飞机制造业不断发展。到1914年时，法国诺姆发动机公司已经拥有员工1000多人。欧洲弥漫着加紧备战的气氛。各国空军装备的飞机达到数百架。但是美国情形不是这样的，由于没有政治和军事对手，美国航空工业拥有员工不到200人，航空部队也只装备了15架飞机。

1912年，第一次巴尔干战争爆发。塞尔维亚、黑山、希腊和保加利亚组成的巴尔干同盟向衰败的奥斯曼帝国发起进攻。保加利亚动用小规模航空力量攻击了土耳其军队的阵地。巴尔干同盟成功达成目的，但是巴尔干地区变成危机四伏的火药桶。

第2部分

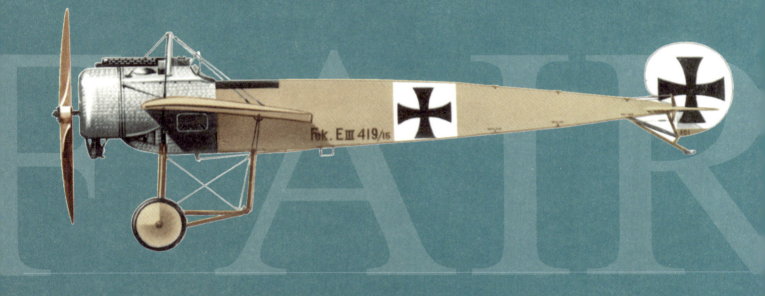

1914—1918年间早期航空部队

EARLY AIR FORCES: 1914-1918

1914年夏初，欧洲大陆充满了军事和政治对抗。为了确保某种形式上的安全，欧洲大陆的各个国家和帝国建立起错综复杂的同盟关系。老牌奥匈帝国与建国才45年的年轻且强大的德意志帝国建立同盟关系，在普法战争中战败、尚在休养生息的法国不但与东方的俄罗斯帝国（沙皇俄国）建立起同盟关系，并于1904年与西方的英国建立起同盟。俄国一直自诩为巴尔干地区斯拉夫国家的强壮的老大哥，是其保护人。20世纪初，巴尔干地区因为种族、宗教信仰和政治观点不同变得四分五裂。1878年奥匈帝国占领了波斯尼亚，于1908年正式将其纳入自己的帝国版图之中。

震惊世界的一枪

1914年6月28日上午，阳光灿烂，斯拉夫南部一位年轻的民族主义者加夫里洛·普林西普开枪打死奥匈帝国皇储弗朗茨·斐迪南大公。奥匈帝国怀疑塞尔维亚参与了这一暗杀事件，遂故意向塞尔维亚提出一些令其无法接受的要求。塞尔维亚除其中一条外，同意了全部意见，但是奥匈帝国显然对谈判不感兴趣，于7月28日宣战。根据当时的盟约，在一番犹豫之后，俄国于7月29日动员部队准备与奥匈帝国和德国开战。继而，德国对俄国宣战。在要求其部队获得通行权后，德国随后根据施里芬计划提出两线作战，并于8月23日对法国宣战。英国以德国的作战行动侵犯了比利时领土为由，对德国宣战。欧洲以及默认的欧洲国家的盟国及领地都处于战争状态。

空中的新角色

欧洲各国的军队都在参与作战。虽然陆军和海军的参战人数可能达到数百万，但是飞行员的数量只有数百人。战前的飞行明星们踊跃加入各自国家的航空部队，可惜陆军很少能用得上这些身怀绝技的飞行员。他们需要的只是可靠的飞行员飞到敌军上空，侦察并报告敌军部署情况，这项任务在传统上是由骑兵承担的。因此，家庭出身良好、会骑马的年轻人经常被视为合适的人选：

　　一位和善的年轻骑兵军官面试皇家飞行部队的候选人。他注意到我肩上的皮带，问道："你是格洛斯特的义勇骑兵队员。你会骑马？"我回答道："是的，我会骑。""你知道北极星在哪里吗？"他问道。"是的。"我说，"我想我能找到它。""你会找到的。"他说道。

　　　　　　　　　　　　　　　　——弗雷德里克·温特博特姆于1914年

　　执行侦察"新"任务的飞机应是坚固、可靠、能够飞行的，它可以由各行各业的人员组成的维护队进行维修，于是，技术工种人员成了机械师。在英国，从"高贵体面学校"毕业的人多数成了飞行员。

　　1914年8月，参战各方使用的大多数飞机都是未安装武器的，只有德军装备的7艘

"布雷里奥 XI"型
在1914年8月14日的一次著名的飞行任务中，法国军事航空部队切萨里中尉和普鲁多莫下士驾驶着1架"布雷里奥 XI"型飞机轰炸了梅斯－弗雷斯卡蒂的德国飞艇棚。

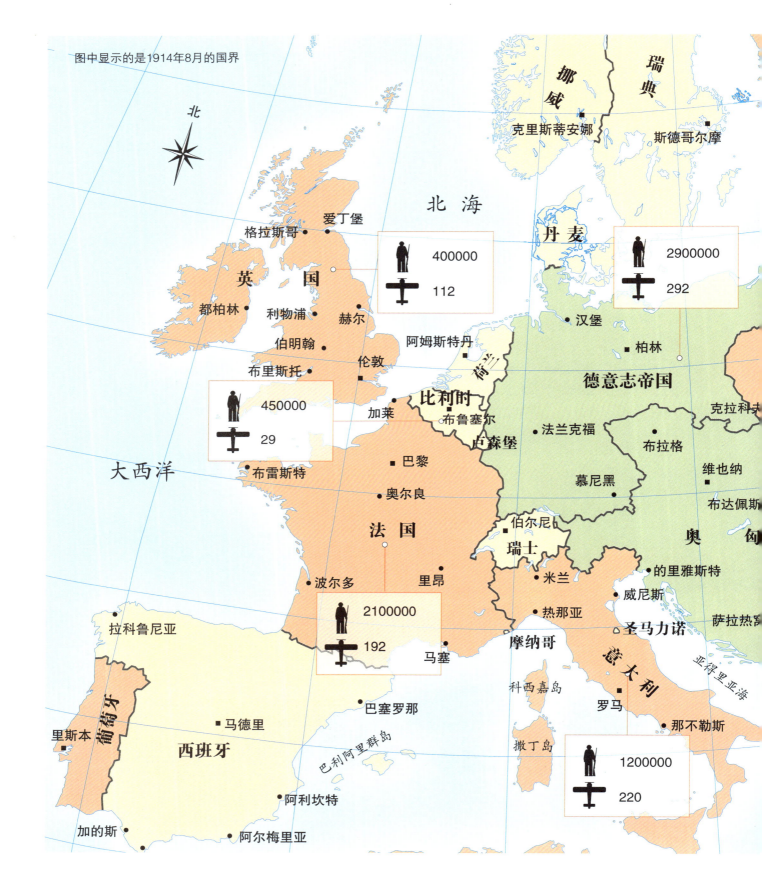

图中显示的是1914年8月的国界

北

北 海

挪威

瑞典

克里斯蒂安娜

斯德哥尔摩

丹麦

爱丁堡

格拉斯哥

英 国

400000
112

2900000
292

都柏林

利物浦

赫尔

汉堡

柏林

伯明翰

阿姆斯特丹

荷兰

德意志帝国

布里斯托

伦敦

克拉科夫

加莱

比利时

布鲁塞尔

法兰克福

布拉格

大西洋

450000
29

卢森堡

布雷斯特

巴黎

慕尼黑

维也纳

奥尔良

布达佩斯

法 国

伯尔尼

瑞士

奥 匈

波尔多

里昂

2100000
192

米兰

的里雅斯特

威尼斯

萨拉热窝

热那亚

圣马力诺

马塞

摩纳哥

意 大 利

亚得里亚海

拉科鲁尼亚

科西嘉岛

罗马

巴塞罗那

里斯本

马德里

巴利阿里群岛

撒丁岛

那不勒斯

葡萄牙

西班牙

1200000
220

阿利坎特

加的斯

阿尔梅里亚

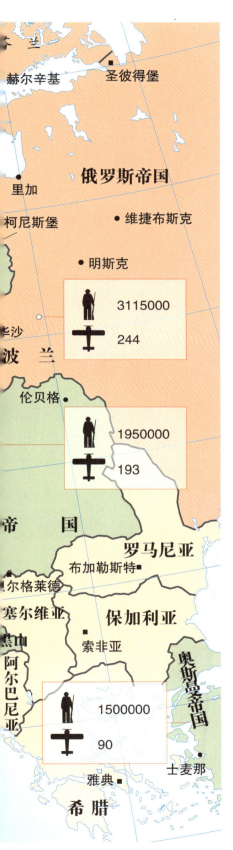

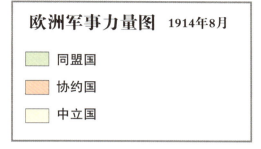

欧洲军事力量图　1914年8月

- 同盟国
- 协约国
- 中立国

▲

1914年8月，俄军人数虽然远超过其他国家军队，但是俄军未得到有效训练，并且装备很差。俄罗斯帝国航空队仅装备24架飞机、12艘飞艇和46具观察气球。德意志帝国航空队是欧洲规模最大的一支空中力量，装备了246架飞机。

飞艇可以投放炸弹。虽然飞机和飞艇数量很少，但是在战争开始的前几周，这些空中装备所发挥的重要作用令人吃惊。8月，大多数军事指挥官预计这将是一场快速运动战的速战，并据此制定计划——认为战争会在圣诞节前结束……

　　的确，第一次世界大战的最初几个星期就像预想的一样发展。在西线，数量庞大的德国陆军穿越比利时边境，进入法国北部。按照德国陆军元帅阿尔弗雷德·冯·施里芬的最初设想，德国大部队迅速席卷比利时，然后直扑巴黎——德军攻击重心在右翼。部队到达巴黎后不会停下来，而是继续推进，包围法国野战部队主力及其静态防御工事。如果一切按计划进行，西线的作战会在6个星期内结束。德国就可以转战东线，解决俄国。

　　与此同时，法国已经沿北部和东部边境修筑了一系列要塞。1914年时，进攻是法军驱逐入侵者的主要作战方式。法国陆军主力将向阿尔萨斯-洛林进攻，将德军赶回莱茵河，然后北上，切断德军补给线。这就是"第17号计划"。

　　根据这一计划，法国陆军将适时向阿尔萨斯-洛林机动、展开和进攻。阿尔萨斯-洛林在1870年至1871年的普法战争中被割让给德国。然而，法国陆军野战部队的作战基本必需品没有得到很好补充，他们携带的地图是过时的，进行的侦察也不彻底。法国士兵怀着满腔热血，冲锋陷阵，但是由于法国士兵身穿红色裤子和蓝色

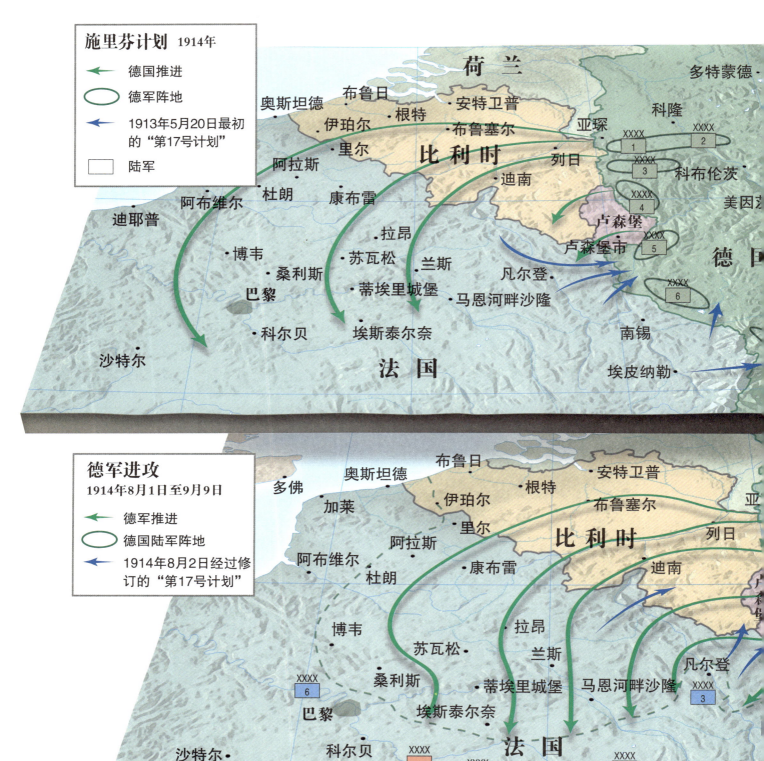

施里芬计划 1914年

→ 德国推进

◯ 德军阵地

← 1913年5月20日最初的"第17号计划"

☐ 陆军

德军进攻

1914年8月1日至9月9日

→ 德军推进

◯ 德国陆军阵地

← 1914年8月2日经过修订的"第17号计划"

短袍，他们很容易就被身穿灰色军装、占据良好位置、准备充分的守军发现。法军付出了惨重的代价，战争使得33万人丧生，法军只夺取到阿尔萨斯地区的很小一块地方。

在北面和西面的战场上，一切战事按照德军的计划进行。随着德军主力部队第1、第2、第3和第4集团军穿越比利时边境，齐柏林飞艇也从科隆基地起飞，轰炸德军包围的列日镇。兰普勒"鸽"式侦察机在进攻部队的前方飞行，为德国最高统帅部搜集、传送情报。法军及其盟友英军在各条战线上败退，比利时陆军被一扫而光。战斗在阿登地区、桑布尔河和默兹河沿线，以及蒙斯、勒卡托和吉斯进行。当然，德军的作战计划也存在严重缺陷，包括补给不足、与最高统帅部联络不畅等。

错误的自信

对德军总参谋长赫尔穆特·冯·毛奇来说，在阿尔萨斯-洛林边境的胜利使他相信，德军有机会对法军实施双重包围，最右翼的德军部队远远冲在行动缓慢的补给部队前方。野战部队与各指挥部之间通信不畅，这导致他脑海中的场景远比实际情况乐观得多。毛奇命令第6、第7集团军准备在阿尔萨斯-洛林发动一次新攻势，而不是按原计划支援向西的横扫进攻。他命令右翼部队继续向巴黎进发。

与此同时，在吉斯战役中，法国第5集团军在夏尔·朗热扎克将军指挥下攻击德国第1集团军的侧翼，试图减轻英国远征军承受的压力。第5集团军还攻击了德国第2集团军。德国第2集团军的官兵们已经战得筋疲力尽，请求第1集团军最右侧部队的支援。最初的施里芬计划中尚未实施的部分将被放弃。

8月29日，德国陆军抵近巴黎和马恩河谷。德军坚信会取得胜利，1架德军飞机还围绕埃菲尔铁塔飞行了一圈。飞行员在巴黎东站附近投下5枚小型炸弹，其中有3枚没有爆炸，有1枚炸死了一位出来购物的妇女。随后，该机从空中撒下传单：

▲

阿尔弗雷德·冯·施里芬

施里芬计划设想的是一场闪电战，在几个星期内就迫使法国退出战争。

◄◄

施里芬计划

施里芬计划是一个军事战略杰作，但是协约国的顽强抵抗挫败了德国人快速取胜的企图。

亨利·法尔芒

亨利·法尔芒（前）是一位在巴黎工作的英国新闻记者的儿子。1909年，法尔芒建立了自己的飞机制造工厂，法尔芒系列双翼机变得越来越强大，成为当时在欧洲以及世界上最可靠和更广泛使用的飞机。

德国陆军现在已在巴黎大门口，你们除了投降没有其他选择。

——冯·赫尔德森中尉

撒下传单后，该机向北飞去，安全返回到德军的战线后方。

法军预计德军会在两天内抵达巴黎市郊，但令法军指挥官们意外的是，德国第1集团军转向东南方向，远离巴黎。9月2日，法国路易·宝玑下士驾驶的1架飞机发现德军部队正向东挺进。于是，法军派出多架飞机侦察，也证实了这一情况。巴黎城防司令约瑟夫-西蒙·加利埃尼将军是航空活动的坚定支持者，他立即采纳这条重要的情报，制定了被大家广为熟知的马恩河战役作战计划——"马恩河奇迹"。

力挽狂澜

与此同时，法国陆军总司令霞飞将军已经下令部队暂停进攻，计划保留足够兵力防御东部的边境。他命令可调动部队转向西，朝巴黎方向进军。正是此举改变了战场局势。

霞飞新组建的第6集团军被运往前线（其中部分是用巴黎出租车运送的），攻击德国第1集团军的侧翼。德国第1集团军转向西，应对法军攻击部队。此时法军还向德军第2集团军发起反攻。德军2个集团军之间出现防线缺口。法军和英国远征军向这一缺口行进。为了保住侧翼暴露的亚历山大·冯·克拉克将军的第1集团军，德军指挥官只好下令撤退。这迫使德国各个集团军全线后撤，以防暴露无保护的侧翼。德军右翼部队按时撤到埃纳河附近的高地上。德军在西线快速夺取胜利的希望破灭。尽管德国陆军将此次行动视为一次"部队重组"，之后将继续推进，但是构筑在埃纳河谷高地上的德军防御阵地成为即将发生的战事的不祥预兆。

　　9月底，一条战壕线从埃纳河附近的阵地延伸至瑞士边境。协约国军队和德军在各自"临时"的战壕中怒视着对方。唯一暴露的侧翼位于西北方向。双方都想沿这一方

▼
法尔芒 F.20飞机

第一次世界大战开始时，英国和法国都使用法尔芒 F.20飞机作为观察机和轻型轰炸机。它的设计很快就被其他飞机超越，并于1915年从前线部队撤装。

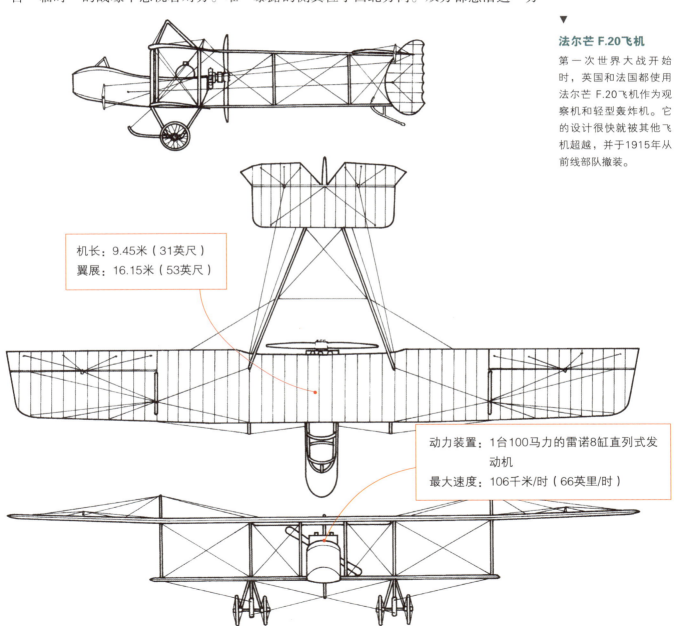

机长：9.45米（31英尺）
翼展：16.15米（53英尺）

动力装置：1台100马力的雷诺8缸直列式发动机
最大速度：106千米/时（66英里/时）

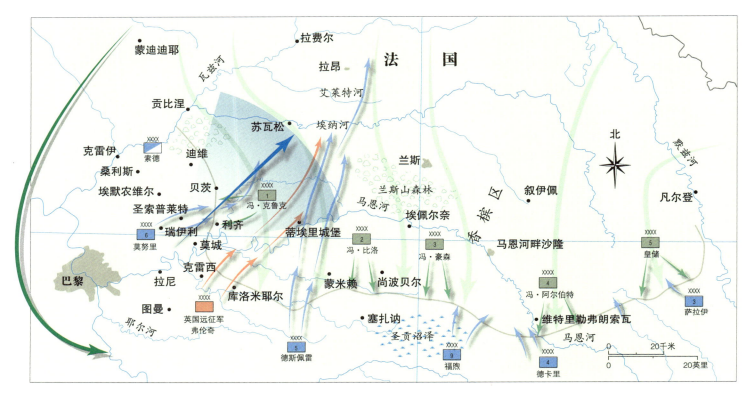

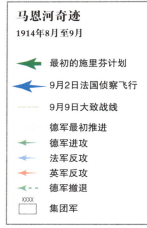

▲

第一次马恩河战役将德军的攻击行动打乱，并且阻止其快速向巴黎进军。航空侦察在此次战役的准备工作中发挥了重要作用，这也标志着协约国和德国飞机的首次对抗。

向展开一系列机动，设法从侧翼包抄对方，这演变成让人费解的"奔向大海"作战。协约国军队和德军实际上只是试图通过从侧翼包抄对方来进行一场运动战。双方如何为补给线末端的作战人员维持补给有待商榷。

最后，双方都没有暴露侧翼。双方以惊人的速度将战壕延伸至比利时海岸，一条连贯的战壕线出现了，并且有铁丝网、机枪和大炮保护着。土木工事和官兵构成一道从比利时延续至瑞士的难以被突破的防线。战场陷入僵局，在未来3年里，双方都在试图打破这一僵局。防御阵地现在成为战场的主宰，运动战至少在西线已消失。

空战带来的胜利

对作战双方来说，突破对方防线进行攻击是所有指挥官脑海里的目标：打穿敌人的防线，随后骑兵跟进，恢复运动战。然而，骑兵苦苦等待却徒劳无功。与此同时，空中的飞机证明了自己的价值。在马恩河战役开始后的1个月里，法国陆军下令将其航空部队的规模扩大一倍，达到65个中队。

在东线，俄罗斯帝国动员部队的速度要比德军作战计划预期得快。俄国2个

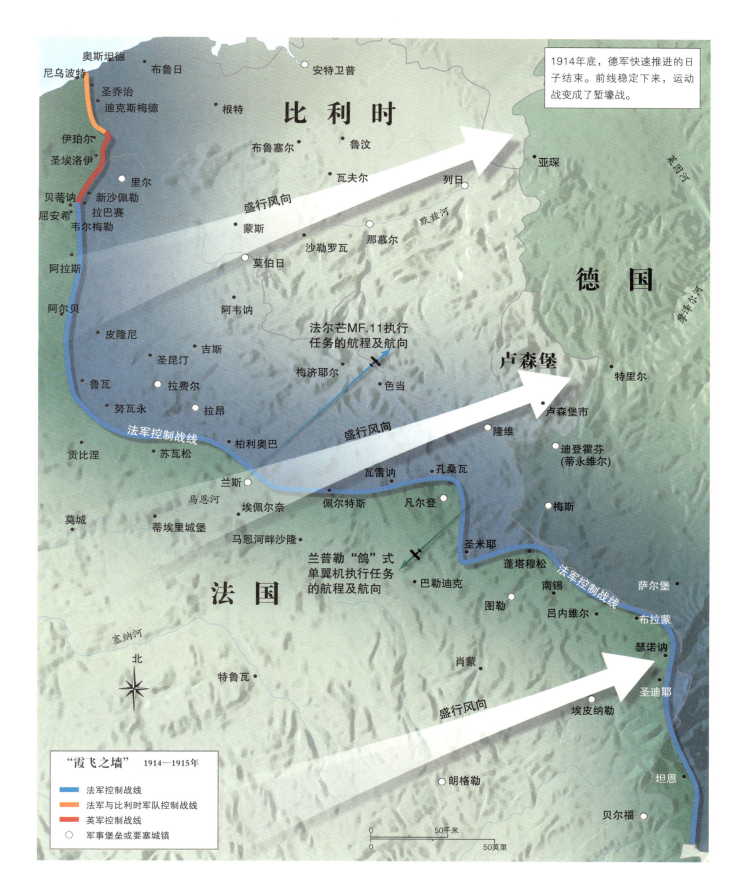

1914年底，德军快速推进的日子结束。前线稳定下来，运动战变成了堑壕战。

奥斯坦德
尼乌波特
布鲁日
安特卫普
圣乔治
迪克斯梅德
根特
比 利 时
伊珀尔
圣埃洛伊
里尔
布鲁塞尔
鲁汶
亚琛
美因河
贝蒂讷
新沙佩勒
瓦夫尔
列日
屈安希
拉巴赛
盛行风向
蒙斯
默兹河
德 国
韦尔梅勒
沙勒罗瓦
那慕尔
阿拉斯
莫伯日
摩泽尔河
阿尔贝
阿韦讷
法尔芒MF.11执行
任务的航程及航向
卢森堡
皮隆尼
吉斯
特里尔
圣昆汀
梅济耶尔
色当
鲁瓦
拉费尔
卢森堡市
努瓦永
拉昂
隆维
法军控制战线
盛行风向
迪登霍芬
（蒂永维尔）
贡比涅
苏瓦松
柏利奥巴
瓦雷讷
孔桑瓦
兰斯
马恩河
埃佩尔奈
佩尔特斯
凡尔登
梅斯
莫城
蒂埃里城堡
圣米耶
马恩河畔沙隆
蓬塔穆松
法军控制战线
萨尔堡
兰普勒"鸽"式
单翼机执行任务
的航程及航向
巴勒迪克
南锡
布拉蒙
法 国
图勒
吕内维尔
瑟诺讷
圣迪耶
塞纳河
北
肖蒙
埃皮纳勒
特鲁瓦
盛行风向
坦恩
朗格勒
贝尔福

"霞飞之墙" 1914—1915年

■ 法军控制战线
■ 法军与比利时军队控制战线
■ 英军控制战线
○ 军事堡垒或要塞城镇

50千米
50英里

► **兰普勒"鸽"式单翼机**

1914年8月，德意志帝国航空队装备了246架飞机，拥有254名飞行员和271名观察员。其中约一半的飞机为埃特里希"鸽"式单翼机。该型机在战前几年由多家公司大量制造，包括兰普勒公司。

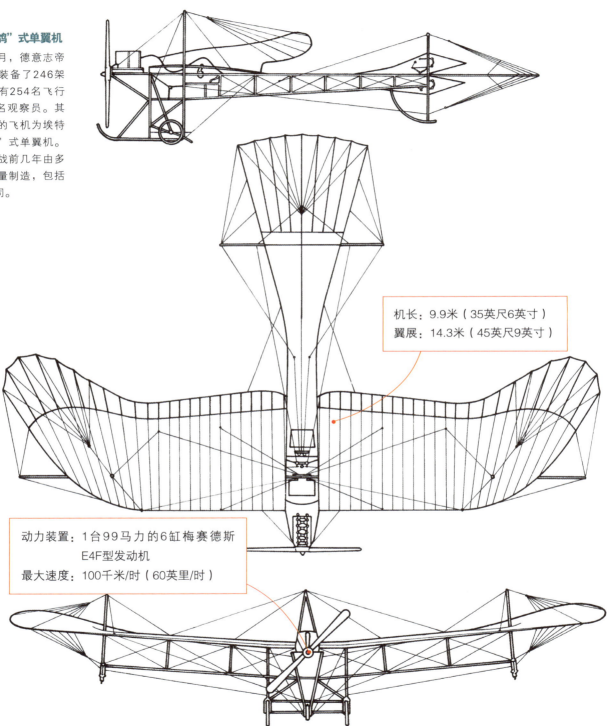

机长：9.9米（35英尺6英寸）
翼展：14.3米（45英尺9英寸）

动力装置：1台99马力的6缸梅赛德斯
　　　　　E4F型发动机
最大速度：100千米/时（60英里/时）

集团军共约37万人抵达东普鲁士。俄国第1集团军在保罗·冯·伦宁坎普将军指挥下，推进至马祖里湖以北，而第2集团军在亚历山大·萨姆索诺夫将军指挥下推进至马祖里湖以南。2个集团军独立作战，几乎没有协同。俄军指挥官发送的是未加密的无线电报，而德军无线电侦听员则迫不及待地破译了这些电报，导致俄军构想拙劣的作战行动更加恶化。在得知俄军的部分行动计划后，德军派出了兰普勒"鸽"式侦察机开展侦察活动。现在轮到德军飞行员扭转战局了。

德军东线部队由保罗·冯·兴登堡和埃里希·冯·鲁登道夫将军指挥。"鸽"式单翼侦察机对俄军的侦察几乎每小时一次，随后向指挥部报告俄军人员数量和行动方向。获得这些宝贵的情报后，德军2名指挥官制订一份作战计划，以应对各自为战的2个俄国集团军。德军首先对付俄国第2集团军，同时派出1支骑兵掩护部队和"暴风突击队"密切监视俄国第1集团军的动向。应对两支各自为战的入侵俄军减轻了德军在数量上处于劣势的问题。8月26日，战斗在坦能堡打响，很快，技高一筹的德军包围了俄国第2集团军。

德国第8集团军杀死了俄军3万人，俘虏10万人，基本上消灭了整个俄国第2集团军。第2集团军指挥官亚历山大·萨姆索诺夫将军无法面对失败的结果，开枪自杀。随后，德军挥师向俄国第1集团军进发。伦宁坎普将军此时面对的是德国第8集团军的全部兵力，别无选择，只能退回俄国境内。德军克服不利形势，在东线不受侵略威胁了。兴登堡将军坦率地说：

没有飞行员，就没有坦能堡战役的胜利！

当时航空部队正处于发展初期，其角色和战术也在不断发展。这就是当时西线的情况。尽管一些飞行员开始配备武器，但是防空是一种全新的概念。飞行员向军事指挥官提供航空侦察情报的同时，还需要阻止敌人取得同样优势。

当时的装备和训练还无法推动空对空作战的发展。大多数陆军指挥官普遍认为，飞行中的2架飞机向对方发射子弹是一项恐怖的提议。战前开展的仅有的几次试验未能有效推动空中作战理论的发展。

1914年8月，威廉·肖尔托·道格拉斯中尉（在第二次世界大战中担任皇家空军战斗机司令部司令）在第2中队担任空中观察员。他发现1架德国飞机后，拉近了自己的飞机和这架德国飞机之间的距离。由于2架飞机都没有配备武器，双方飞行员决定相互挥手示意，然后继续飞行。对道格拉斯来说，必须在保护自己飞机的同时，阻止敌人飞到英国的领空。很快，英国为皇家飞行队（RFC）和皇家海军航空队（RNAS）的飞行员装备了所能配置的武器。

坦能堡和马祖里湖战役,第一阶段作战
1914年8月17日—21日

① 俄军推进
◄- - 德军撤退
XXXX 集团军

① 8月17日—20日,俄国第1集团军越过边境。
② 8月21日,俄国第2集团军越过边境。
③ 德国第8集团军撤往维斯杜拉河一线。

第二阶段作战
1914年8月21日—26日

④ 德国陆军改变前进方向,转向直面俄国第2集团军,留下一支骑兵掩护部队迟滞俄国第1集团军。

① 俄军推进
← 德军推进

第三阶段作战
1914年8月26日—30日

⑤ 8月26日—30日德国第8集团军包围并消灭了俄国第2集团军。德军的骑兵继续阻击俄国第1集团军。

← 德军推进
◄- - 俄军撤退

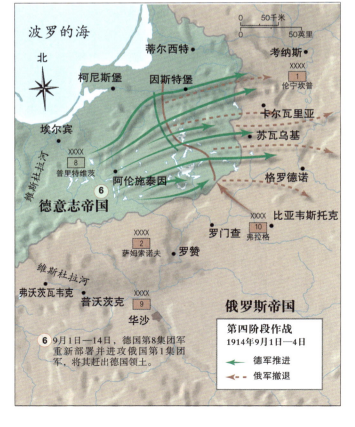

第四阶段作战
1914年9月1日—4日

⑥ 9月1日—14日,德国第8集团军重新部署并进攻俄国第1集团军,将其赶出德国领土。

← 德军推进
◄- - 俄军撤退

观察员的座舱里配置了一支步枪，这支步枪放置在一个小钩上，以便你轻松取下。当你看见一架敌机，你就取下步枪，等待射击机会。如果敌机距自己50至100码①，那你就尽力瞄准给敌人来一枪。如果超过100码，那就是浪费子弹了。即便两机靠得很近，也很少能击中敌人，因为击中敌人基本是靠运气。如果敌机在你的后面，你就要解开安全带，跪在座椅上，观察敌机位置。你必须非常小心，别把自己飞机的控制翼击落了。

——阿奇博尔德·詹姆斯

10月2日，法国陆军截获了德军的一条命令，该命令指示德军飞行员不要浪费时间，马上开始空战行动。一些法国飞行员对此持不同看法。几天后，法军1架配备机枪的沃新恩推进式飞机击落了德军的1架双座机。1914年下半年，航空部队的主要任务仍然是侦察。随着战线稳定下来，进入后人所熟知的围困战，准确的作战地图对战局至关重要。

空中测绘

自1870年法兰西第二帝国覆灭后，法国政府就没有进行过国土测绘。对德占领区进行测绘意味着要将40或50年前测绘的地图与高质量的空中图像进行比对。这项大规模工程有赖于观察员依靠在飞机一侧拿着相机向下拍照。由于相机角度的问题，拍出的照片会出现失真现象，不过人们最终找到了解决方案。

英国研制出一种A型照相机，这种红木包装的相机刚开始是一种手持式相机，后来被人们用皮带缚在飞机的一侧使用。该相机可以曝光6张底片，底片的放置和更换要靠手工进行。飞行员必须飞出一条平直的航线。

弹着点观测

与此同时，系留式气球仍然是炮兵弹着点观测的主要手段。这些气球被绳缆系在地面，气球上的工作人员通过电话线与地面工作人员联系。气球上升到约900米（3000英尺）的空中，为炮兵连控制炮弹落点提供信息，引导炮兵对视线外的阵地实施间瞄火力打击。这种氢气球很容易受地面火力和后来的飞机火力的攻击。1914年9月以后，气球上的工作人员都配发了降落伞，发现敌机并在接到命令后，可以从气球上跳伞逃生。

1914年前，人们一直希望在观察机上使用无线电台。到1915年初，还没有飞机安装电台，机组成员也没有接受使用电台的训练。随着为协约国飞行员配发新的地图，观察员可以在地图上放置一个透明的塑料（赛璐珞）圆盘。该圆盘标示了12分割区

◀◀
更胜一筹的战术
坦能堡战役和马祖里湖战役证明了德军在战术和火力上比俄罗斯帝国陆军更胜一筹。

（时钟数字）。数字12指示北方。从圆盘中心开始， 每隔100码（91米）标识出一个圆环。中心A环就100码处。圆环依序排列到字母F， 即间距为600码。因此， 如果炮弹落到指定目标以南300码处， 空中观察员会向炮兵指挥官发出简短信息C6， 炮兵指挥官会相应调整火炮的瞄准。步兵沿着泥土和烟尘行进， 用放置在地面上的控制板向飞机发出一系列事先商定好的信号。这些信号可以向飞在头顶的飞机显示步兵的确切位置， 然后观察员向友军炮兵发送己方步兵的确切位置，因此避免了被"友军火力"误伤的恐惧和担忧， 也凸显了与友邻部队保持接触的巡逻队的重要性。

投下可怕的阴影

　　齐柏林飞艇所带来的威胁深刻地印在英国人的脑海中。1909年， 德国陆军订购了第1批飞艇。1912年， 德国海军订购了2艘， 不过这2艘在1913年的事故中坠毁。尽管如此， 德军随后又订购新飞艇用以补充， 目的在于提升德国海军舰船的侦察能力。新组建的德国公海舰队需要新的装备以保持其强大的优势，对抗占有优势的英国舰队的挑战并战而胜之。从英国人的角度看， 飞艇最令人担忧的能力是它能够在舰队上空巡航， 并能攻击英国本土。H.G.威尔斯的《空中战争》等流行小说描绘了一幅可怕的画面：成群的飞艇和飞机将城市夷为平地。

　　1911年， 温斯顿·丘吉尔担任英国第一海军大臣，他对飞机及其潜在用途产生了浓厚的兴趣。为了降低设想中的飞艇轰炸的威胁， 英国采取一系列有限的对抗措施。1914年9月3日， 陆军大臣基钦纳勋爵要求丘吉尔的海军部承担起英国的防空任务。接受这一任务需要时间和完善的机构， 但当时几乎没有立即可用的装备。因此丘吉尔决定， 最好的防御就是进攻。攻击存放齐柏林飞艇的飞艇棚是阻止敌人轰炸英国的最佳方式。

袭击 "袭击者"

　　飞艇在遭受攻击时的脆弱性在当时来看不像今天这样明显。很多时候， 齐柏林飞艇内的易燃氢气被外层的惰性气体包裹， 以减弱燃烧弹的攻击效果。因此， 英国人认为最佳攻击方式是轰炸齐柏林飞艇的基地及存放飞艇的庞大但脆弱的飞艇棚。皇家海军航空队已经就位， 伊斯特彻奇中队（即后来的第3中队）当时驻扎在比利时奥斯坦德， 以协助皇家海军分队的前进部队。后来， 该中队转场至安特卫普， 受恶劣天气影响， 1914年9月22日， 该中队才执行第一次任务。这次任务分为2次袭击， 每次派出2架飞机， 一次目标是位于科隆的德国飞艇棚， 另一次是位于杜塞尔多夫的飞艇棚。参与轰炸行动的4架飞机中， 只有1架飞机在杜塞尔多夫投下炸弹， 但是未击中目标。10月8

◀◀

空中的观察者

法国骑兵好奇地看着1架宝玑Br.14侦察机在头顶徘徊。飞机很快取代骑兵承担侦察任务。

▶
信号图

使用本图所列符号开展地空通信工作强度大，并且效率低下，很快就被无线电报取代。首次空中无线电报通信试验是在1912年英国陆军演习中进行的，当时"伽玛"号和"德尔塔"号非硬式飞艇传送的信号能够在56千米（35英里）外收到。

SIGNALS	SIGNALS MADE BY THE INFANTRY.							
	BATALLION	REGIMENT	BRIGADE	BY SIGNAL LAMPS SOUND, EARTH TELEGRAPHY	BY SIGNAL ROCKETS			
Objective Attained.	-◁-	-◑-	-◯-			I		
Request for Artillery Barrage	◁⌐	◑⌐	◯⌐	————		L		
Request for Artillery fire in Preparation for Attack	◁‖	◑‖	◯‖	——		Ⅲ		
Our field Artillery Fire is short.	◁-	◑-	◯-	···		Ⅳ		
Our Heavy Artillery Fire is short.	◁=	◑=	◯=	····		Ⅴ		
We are ready for attack.	◄◁	◗◑	●◯	··		Ⅵ		
We will not be ready for attack at designated hour.	◄◁-	◗◑-	-◯◖	—·—		L		
We shall advance Lengthen Artillery fire.	◁--	◑---	◯---	—··—		LI		
Request supply of Cartridges	◁+	◑+	◯+	—·—·		·IX		
Request supply of Hand Grenades	◁▷	◑▷	◯▷	—·———				
Understood ~ Message recd.	◁	◑	◯					

The signal "Understood" (given by panels) should be displayed after reception of all messages sent by wireless from Infantry Aeroplane, for this is the only method of advising the Infantry observer that his radio apparatus is working properly.

The conventional signals sent by wireless, earth telegraphy, signal lamps, or sound should be repeated continuously in order to prevent their being taken for call letters.　　　　.C-917

日，英军又出动2架飞机进行攻击，此次轰炸取得成功，1架飞机击中位于杜塞尔多夫的目标，摧毁了齐柏林Z 9飞艇。

在此之后，安特卫普很快被德军攻陷，皇家海军航空队在随后1个月里，将由4架飞机组成的特殊部队调往法国东部边境的贝尔福。其目标是轰炸齐柏林飞艇的心脏地带，即位于康斯坦茨湖畔的腓特烈港的齐柏林飞艇制造工厂，往返航程大约为402千米（250英里）。11月21日，英国人发动空袭。最初，人们以为这次袭击造成了严重破坏，但实际上袭击几乎毫无成果，尽管英国飞机袭击德国领土纵深引起了一些关注。这是在欧洲大陆的皇家海军航空队1914年进行的最后一次行动。皇家海军航空队在英国本土的同行们正在认真制订攻击德国海军飞艇分队（情报显示其主要基地位于库克斯港）的计划，即后人所熟知的"空袭库克斯港"。

从海上攻击

　　一战前，英国皇家海军使用"竞技神"号巡洋舰开展试验，最终将其改装成水上飞机母舰。该舰在1913年舰队演习中接受了全面的测试。随后，皇家海军订购了1艘未完工的商船，并将其改装成世界上第1艘专用航空舰艇。不幸的是，这项工程在一战爆发时也没有完工。不过，英国海军很快采购了另外2艘用于横渡英吉利海峡的"里维埃拉"号和"恩加丁"号汽船，并对其进行初步改装，使其成为水上飞机母舰。随后，海军又对另外1艘名为"皇后"号的舰船进行了改装。

　　1914年8月，德国海军巡洋舰"马格德堡"号在波罗的海搁浅，俄国人从该舰上夺取了3本未被销毁的密码本，并将其中一本转交给英国人。这样，英国人制订空袭库克斯港的计划就变得容易多了，因为英国人可以破译德国海军无线电密码电报。

　　对库克斯港飞艇基地——飞艇基地实际位于库克斯港南面13千米（8英里）处的诺德霍尔茨——的袭击需要3艘水上飞机母舰，每艘搭载3架水上飞机，并由哈里奇分舰队的巡洋舰和驱逐舰掩护。大舰队的重型舰艇为其提供远距离支援。12月23日，英军开始了第2步作战行动。第二天，100多艘舰船从各自的基地起航执行支援任务——用一场大规模行动来支援仅由9架不结实的水上飞机进行的行动。舰载飞机首次成为舰队的攻击力量。上午6时59分，第1批水上飞机起飞，其中2架飞机的发动机出现严重故障，被吊回舰上。之后，7时10分至8时12分，英军飞行员发现德军的L 6飞艇驶向黑尔戈兰岛。

　　当英军飞机在薄雾弥漫的德国海岸线上空徘徊飞行时，德军水上飞机向英国海军"皇后"号发动攻击，并投下八九枚小型炸弹，但是都没有命中该舰。L 6飞艇也对严阵以待的"皇后"号发起攻击，投下4枚50千克（110磅）炸弹，却依旧没有命中。

◀

肖特水上飞机

肖特第74号水上飞机于1914年1月首飞，该机是首批交付给皇家海军航空队的7架水上飞机中的1架，由格雷恩、肯特和邓迪航空站共同使用。

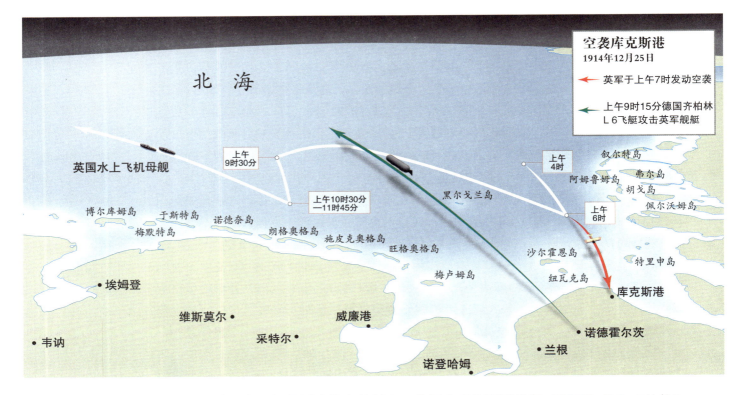

空袭库克斯港
1914年12月25日

→ 英军于上午7时发动空袭

→ 上午9时15分德国齐柏林L 6飞艇攻击英军舰艇

北 海

英国水上飞机母舰

上午9时30分

上午10时30分
——11时45分

博尔库姆岛　于斯特尔岛　诺德奈岛
梅默特岛　　　朗格奥格岛　施皮克奥格岛
　　　　　　　　　　旺格奥格岛
　　　　　　　梅卢姆岛

埃姆登

维斯莫尔·

韦讷·　　　采特尔·

　　　　　　　　　诺登哈姆·

黑尔戈兰岛

上午4时

上午6时

叙尔特岛
阿姆鲁姆岛　弗尔岛　胡戈岛
　　　　　　　　佩尔沃姆岛

沙尔霍恩岛　　特里申岛
纽瓦克岛

库克斯港·
诺德霍尔茨·
兰根·

▲
大胆的空袭

1914年圣诞节，英国皇家海军用肖特水上飞机对德国领土进行了首次海空联合攻击。7架飞机的机组成员在空袭行动中都得以幸存。

"皇后"号还击，舰员用步枪向其射击，英国皇家海军巡洋舰"顽强"号和"林仙"号赶去援救，并向飞艇发射榴霰弹。L 6飞艇指挥官下令脱离战斗。

英军舰队恢复编队队形，开始回收水上飞机。这时，更多德国水上飞机开始发起攻击。所有炸弹均未命中目标，尽管有些险些命中。从诺德霍尔茨起飞的L 5飞艇出现在英军舰队附近，并发现了周围有3架水上飞机的E11潜艇。该潜艇正在营救因油料不足而未能返回水上飞机母舰的3架水上飞机的机组成员。英国潜艇艇员用机枪攻击德国飞机，之后急速潜航躲避齐柏林飞艇扔下的炸弹。4架水上飞机仍不见踪影，推测可能已经损失，再加上德军潜艇的逼近以及空中L 5飞艇的威胁，英军指挥官下令开始撤退。此次行动最终的实际战果显得微不足道，但具有重大意义的是，此次进攻和防御行动的主要部分首次由空中力量承担。

1914—1918年间飞艇作战

AIRSHIPS: 1914-1918

▼

斐迪南·冯·齐柏林伯爵

在齐柏林52岁时，其军事职业生涯结束，他将全部精力转向飞艇设计。1893年，他与一位名叫西奥多·科伯的工程师合作，向德国陆军部递交了一份硬式飞艇设计。

　　在大众的记忆里，是齐柏林飞艇这种"闪烁着紫色微光的怪兽"主宰了第一次世界大战期间的天空。它的成名源自其发明者斐迪南·阿道夫·奥古斯特·海因里希·格拉夫·冯·齐柏林伯爵。在1871年德国统一之前，齐柏林作为一名年轻的中尉在符腾堡王国皇家陆军服役。美国内战期间，齐柏林是一名特批的军事观察员。他非常钦佩美国联邦陆军气球部队取得的成绩。这些经历跟随着他，11年后，他开始将自己关于飞艇使用的思考落于纸面。在随后的15年里，当普鲁士逐渐主宰德意志帝国陆军时，齐柏林积极捍卫自己的故乡符腾堡的地位。1892年，齐柏林不得不离开陆军，他真正的事业开始了。

　　齐柏林曾修改过多种设计，到1898年时，他已获得大卫·施瓦茨设计的飞艇的设计专利。齐柏林将这些专利融合到自己的计划中，建成1艘新型飞艇。他将其命名为LZ 1飞艇，准备于1900年6月试飞。经过数月试验，齐柏林发现该飞艇存在着许多问题。1906年上半年，齐柏林的第2艘飞艇LZ 2首飞。LZ 2飞艇吸收了对第一艘齐柏林飞艇的众多改进，但是受恶劣天气和发动机不平衡的综合影响，该飞艇在第2次飞行中坠毁。齐柏林毫不气馁，继续制造出第3艘飞艇，即LZ 3。它是当时是世界上最好的一艘飞艇，德国陆军对其感兴趣，但是这艘最新的飞艇仍达不到陆军的严格要求。齐柏林未被困难吓倒，开始制造第4艘飞艇，即LZ 4，专为达到陆军要求而设计。LZ 4飞艇于1908年6月建造完毕，但是其结局像之前的飞艇一样令人心碎，在遭遇发动机故障后，毁于一场暴风雨。

建造恐怖的怪兽

齐柏林的努力成果可能会在飞艇坠毁的地方毁灭，但是他的不屈毅力使其成为德国的民族英雄。他被视为科技进步的象征，德国公众开始为他捐款，帮助其重建公司并继续研究工作。齐柏林为航空促进会设立了齐柏林基金会。该基金会为齐柏林飞艇制造公司和德意志飞艇运输公司（DELAG，很快就成为人们所知的世界第一家航空公司）提供资金支持。1909年，德国陆军订购2艘齐柏林飞艇，将飞艇加入日益增多的德国航空装备。

1910年至1911年，齐柏林的竞争对手舒特-兰茨公司制造出它的第1艘飞艇，该飞艇与铝材结构的齐柏林飞艇有所不同，它的内部结构由层压胶合板构成。舒特-兰茨公司的飞艇还引进新技术概念，改进了气动外形。1912年，德国陆军宣布由飞艇担负轰炸任务。

如果积极加以完善，我们装备的最新式Z飞艇会比对手的所有飞艇先进得多，并且这种飞艇在可预见的未来让对手无法模仿。它作为一种武器，其快速发展是必要的，它能使我们在战争之初就对敌人发动强有力的第一击，这种打击的实际效果和对士气的影响是相当巨大的。

——总参谋长赫尔穆特·冯·毛奇于1912年12月

根据结构的不同，飞艇可以划分成3类：非硬式飞艇、半硬式飞艇和硬式飞艇。非硬式飞艇依赖气压保持形状，它可以抽出空气，然后打包运送到最近的航空站。半硬式飞艇部分依赖其支撑框架，部分依赖充气气囊保持形状。硬式飞艇，顾名思义，依赖支撑框架保持在地面及空中的形状。

不只是德国陆军对飞艇感兴趣，正在发展壮大的德国海军的公海舰队也正加紧制造飞艇，以挑战英国海上力量。在匆忙建设一支战列舰队的过程中，德国海军忽视了巡洋舰的侦察功能。飞艇可以飞在舰队前方上空，被视为一种快速弥补手段。1914年，一项采购新飞艇和建设新基地的匆忙计划开始执行了。

挑战德国人

尽管德国人在飞艇设计上处于明显领先地位，但是意大利也制造出了一系列飞艇，只不过大部分是非硬式飞艇和半硬式飞艇。其中一种半硬式飞艇，即克罗克-里卡尔迪N1飞艇于1910年首飞，该飞艇的动力由1台110马力的克莱芒-巴亚尔发动机驱动的2个螺旋桨提供。这种长度为66米（217英尺）的飞艇能达到52千米/时（32英里/时）

▶▶

桑托斯-杜蒙特飞艇

1901年10月19日，阿尔贝托·桑托斯-杜蒙特获得5万法郎奖金，该奖金奖励成功从巴黎航空俱乐部总部圣克卢起飞，围绕埃菲尔铁塔飞行一圈，并返回出发地的任何飞行员。飞行距离为11千米（7英里），航程必须在30分钟内完成。桑托斯-杜蒙特用29.5分钟完成。

的航速，是首批参与战争的飞艇之一。1911年，意大利与土耳其进行了一次短期战争，意大利调派了3艘该型飞艇作为一支小规模航空部队的一部分前往利比亚。这些飞艇主要执行侦察任务，偶尔也会扔下几枚小型炸弹。

意大利的飞艇是为配合陆军作战行动而设计的，当然，也包括轰炸袭击。为了规避可能遭遇的拦截和防空火力的攻击，在高空进行较短距离飞行成为设计飞艇时考虑的主要因素。德国和英国飞艇拥有的为开展海上巡航而需要的长时间续航力，对意大利来说优先级就比较低了。

半硬式飞艇在法国也受到欢迎。1898年至1905年间，阿尔贝托·桑托斯–杜蒙特这位卓越的航空革新家设计、制造和试验了至少14艘飞艇。每艘飞艇的制造和改进都基于之前试验的结果。在许多方面，他的试验定义了20世纪初期的飞艇。1902年，他驾驶自己的1艘飞艇从埃菲尔铁塔附近的巴黎航空俱乐部的小型机场起飞，并安全返回出发地，这一壮举为他赢得了多伊

▲

毁损的齐柏林飞艇

1913年10月17日，齐柏林LZ 18飞艇在约翰内斯塔尔上空爆炸燃烧，艇上28人全部死亡。这清楚地说明了用氢气填充的齐柏林飞艇的脆弱性。

奇·德·拉·默尔特大奖。

1902年下半年，勒博迪兄弟、工程师M.朱利奥、飞行员M.叙尔库夫一起建造并试飞了一种新的半硬式飞艇。该飞艇于1904年和1905年经过重新改造。勒博迪交给法国陆军部长1艘经过较大改装的飞艇，陆军部长代表法国接收了该型飞艇。法国政府订购了另1艘全新的该型飞艇，并自豪地将其命名为"祖国"号。然而好运没有眷顾这2艘飞艇，它们都在恶劣天气中损毁。法国政府于1908年订购第3艘"共和国"号飞艇补给，该艇表现出非凡的品质。该艇影响非常大，以致英国《晨报》的读者们购买了一个该艇模型并送给英国政府，因为英国政府当时在这些新型机器的装备上几乎无所作为。

两家法国公司——克莱芒-巴亚尔之家和阿斯特拉航空制造公司都制造出一系列大型、高效的飞艇，分别命名为克莱芒-巴亚尔和阿斯特拉-托雷斯飞艇。1912年至1913年间，英国购买了一些阿斯特拉-托雷斯飞艇。

一个不情愿的后来者

当时英国飞艇制造技术远远落后于欧洲大陆的邻国。热心的英国公民制造出一些小型飞艇，但是英国政府认为要尽可能少地投入，并希望能从其他国家飞艇技术的发展及失败中获取有益的经验。

负责关注法国和德国飞艇进展情况的是英国陆军气球部门负责人詹姆斯·坦普勒上校。1902年，他成功说服英国政府投入少量经费用于飞艇试验。英国制造出2艘小型飞艇，但是几次试验就将经费全部用光了。直到1907年，英国在此方面才有新动作，重新利用坦普勒上校用过的气囊建造出第一艘完整的军用飞艇。英国为这艘雪茄形飞艇取了一个强大的名字——"最好"号。事实证明，该飞艇强大且成功。经过几次试验，该飞艇于1907年10月飞越伦敦，安全降落在水晶宫。此次飞行持续了3小时25分，成为当时的世界纪录。除了从法国采购的2艘飞艇外，英国陆军还采购了英国人设计的"宝贝"号、"贝塔"号、"伽玛"号、"德尔塔"号和"埃塔"号飞艇。其中，1912年制造并成功试飞的"德尔塔"号飞艇体积最大，性能也最佳。同年，该飞艇参与了英军的年度军事演习。

1914年1月1日，英国陆军解散了飞艇部门，将剩下的"贝塔"号、"伽玛"号、"德尔塔"号和"埃塔"号飞艇，以及训练有素的工作人员移交给皇家海军。皇家海军接过了管理英国全部飞艇的职责。皇家海军还对1艘硬式飞艇进行试验，试验飞艇名为"蜉蝣"号，于1911年建成，但是该艇并不成功，英国对硬式飞艇的进一步研制工作于1912年停止。

加快步伐

1914年8月，各国的竞赛演变成全面战争。英国政府和民众对德国强大的空中舰队越来越恐惧。尽管强大的皇家海军在海上巡逻保护英国不受侵略，但是"英国是安全的天堂"的想法已不复存在了。英国军方估计德国拥有20艘能够携带炸弹飞抵英国的飞艇。当时，德国陆军飞艇已经轰炸了列日和安特卫普，为陆军的推进提供支援。这促使英国人用飞机进行了3次袭击，其中2次是从欧洲基地起飞，1次是从在德国海岸线外活动的水上飞机母舰起飞，即空袭库克斯港。与其说是计划，不如说是幸运，仅有1艘德国飞艇被确认击毁，即在杜塞尔多夫的Z 9飞艇。

总之，在空袭库克斯港之后，英国人对德国飞艇袭击的担忧不断增加。1915年1月1日，在对战争委员会的演讲中，温斯顿·丘吉尔警告说，一旦齐柏林飞艇升空，英国的防空系统是不能阻止它们的。对飞艇基地的毁灭性攻击是英国唯一的希望。在英国实施这一计划之前，令人害怕和恐惧的事情还是发生了——齐柏林飞艇轰炸了英国。德国海军参谋长雨果·冯·波尔上将允许海军飞艇部队指挥官彼得·斯特拉瑟少校在气象条件有利的情况下进行轰炸行动。当时德国陆军已经派遣飞艇轰炸了法国目标；此时，德国海军也将分享这一荣耀。斯特拉瑟少校没浪费一分一秒，第一次袭击开始于1月13日，L 5和L 6飞艇从诺德霍尔茨起飞，L 3和L 4飞艇从福尔斯布特尔升空，但是恶劣天气迫使它们返回基地。另一次袭击企图是在1月19日，使用的是L 3、L 4 和L 6飞艇。斯特拉瑟本人乘坐L 6飞艇，但是未能抵达英国，由于发动机故障，不得不返回基地。L 3飞艇在当晚19时50分抵达英国诺福克海岸线，就在大雅茅斯以北。该港和海军基地都在得到批准的德军袭击目标清单之列，飞艇很快瞄准了该镇，投下11枚炸

▲

齐柏林飞艇杀手

1915年6月7日，皇家海军航空队第1中队R.A.J.沃恩福德中尉驾驶1架莫兰－索尼耶L型飞机从敦刻尔克起飞后，一次飞过齐柏林LZ 37飞艇上方，投下6枚9千克（20磅）炸弹。该飞艇爆炸起火，并坠落在一个修道院内，导致1名修女和2名儿童死亡。沃恩福德被授予"维多利亚十字勋章"。仅在几天后，他因飞机坠毁而阵亡。

对诺福克的首次飞艇袭击

1915年1月19日—20日

← L 3飞艇航线

← L 4飞艇航线

北海

北

沃什湾

22时

21时

22时

19时
30分

亨斯坦顿

滨海韦尔斯

谢灵厄姆

克罗默

北沃尔舍姆

黑斯堡

金斯林

23时

东迪勒姆

诺维奇

24时

大雅茅斯

21时

洛斯托夫特

0   10千米

0   10英里

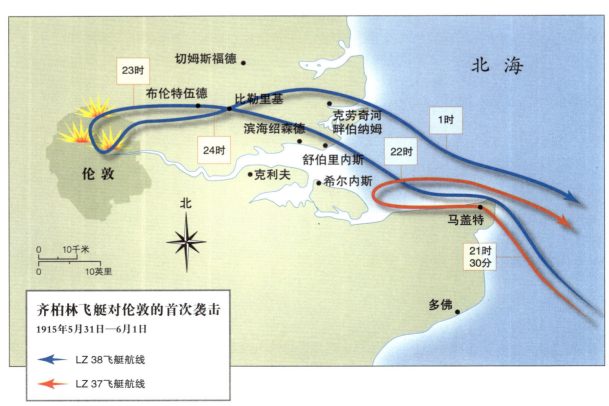

齐柏林飞艇对伦敦的首次袭击

1915年5月31日—6月1日

← LZ 38飞艇航线

← LZ 37飞艇航线

切姆斯福德

北海

23时

布伦特伍德

比勒里基

克劳奇河
畔伯纳姆

1时

滨海绍森德

24时

舒伯里内斯

22时

伦敦

克利夫

希尔内斯

北

马盖特

21时
30分

0   10千米

0   10英里

多佛

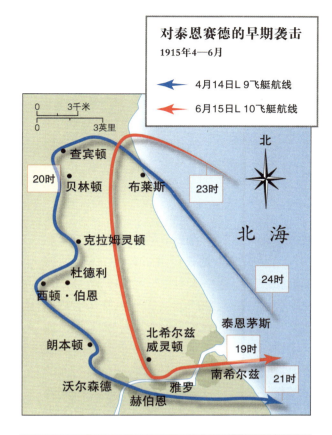

对泰恩赛德的早期袭击
1915年4—6月

→ 4月14日L 9飞艇航线
→ 6月15日L 10飞艇航线

0 — 3千米
0 — 3英里

查宾顿
20时
贝林顿
布莱斯
23时
北

北海

克拉姆灵顿
24时
杜德利
西顿·伯恩
泰恩茅斯
朗本顿
北希尔兹
威灵顿
19时
沃尔森德
南希尔兹
雅罗
21时
赫伯恩

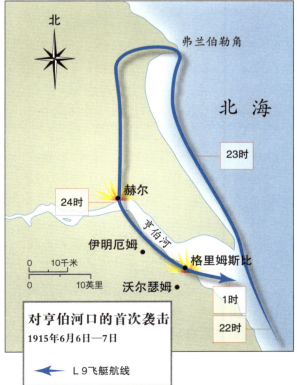

对亨伯河口的首次袭击
1915年6月6日—7日

→ L 9飞艇航线

北

弗兰伯勒角

北海

23时

24时
赫尔
亨伯河
伊明厄姆
格里姆斯比
沃尔瑟姆
1时
22时

0 — 10千米
0 — 10英里

弹。L 4飞艇原计划前往亨伯河口湾，它于20时30分抵达诺福克北部地区，在预定目标南部几英里处，该艇轰炸了索纳姆、布兰克斯特、亨凯姆、谢灵厄姆等村和金斯林镇。尽管没有击中军事目标，但是轰炸造成4人死亡，18人受伤。不起眼的老式英格兰村舍成为英国首次遭受空袭的地方。L 3和L 4飞艇安全返回位于福尔斯布特尔的基地。战前，各类小说中没有叙述过这类攻击，但是有关巨大飞艇的谣传却没有消失。然而，不走运的L 3和L 4飞艇艇员很快就消亡了。2月，L 3和L 4飞艇在北海上空执行侦察任务时遇到恶劣天气坠毁，全部损毁。尽管如此，人们还是创作了一首流行歌曲，强化了围绕飞艇的神秘与期望的崇拜：

> 齐柏林飞吧，
> 在战争中帮助我们，
> 飞往英国，
> 英国将会毁灭于火海中……

与此同时，在英国皇家飞行队第1中队的基地中，中队指挥官斯宾塞·格雷下定了还击的决心，并决定将这些"野兽"击毁在其基地中。6月6日至7日的夜间，3架飞机在J.P.威尔逊上尉的指挥下起飞了。每架飞机携带6枚小型炸弹，每名飞行员还带了一把步枪和少量子弹。在夜色中，新手雷金纳

◀ ◀◀

最初的攻击
齐柏林飞艇指挥官尽可能从英国河流入海口沿岸登陆，因为这些地方易于辨认。

德·沃恩福德中尉与2个同伴失去了联系。飞行小队指挥官及同伴米尔斯向东飞往布鲁塞尔。他们成功找到了位于埃韦勒的飞艇棚，发动了一次完美的攻击。他们向飞艇棚投下12枚炸弹，9枚命中。飞行员迅速撤离时看到了飞艇棚燃起大火。后来情报确认，第1艘轰炸伦敦的LZ 38飞艇已经在大火中化为灰烬。

巨大成功，安全返回

与此同时，沃恩福德正在夜空中盘旋着寻找伙伴。他未能找到同伴，却碰巧发现了执行日常巡逻任务的LZ 37飞艇。该飞艇搭载着齐柏林飞艇制造工厂的一些专家，他们想亲身体验飞艇在日常服役活动中会遇到的一些问题。沃恩福德几乎都不敢相信自己看到的这个长158.5米（520英尺）的庞然大物。他看到飞艇吊篮机枪枪口喷出的火光，子弹倾泻到他驾驶的小飞机上。沃恩福德明智地将飞机驶离敌方机枪射程，思考当前的局面。他小心地跟踪飞艇并且用步枪进行了射击，但是没有效果。德军飞艇指挥官冯·德·海根中尉抛下吊篮压舱水囊，迅速升高，把沃恩福德甩在2130米（7000英尺）的高度。

沃恩福德没有放弃追击，而是努力将飞机拉升至3350米（11000英尺）高度，希望取得相对齐柏林飞艇更有利的战术位置。敌方飞艇突然下降，以寻求云层的安全庇护。沃恩福德抓住了机会。当敌方飞艇位于他的下方时，他俯冲轰炸了齐柏林飞艇未经防护的顶部。他驾驶小型莫兰-索尼耶飞机在急速下降过程中投下6枚小型炸弹，炸弹穿透敌方飞艇气囊。片刻间，随着一声爆炸声，气浪将沃恩福德驾驶的小型飞机掀个底朝天，但是他眼睛一直盯着敌方飞艇燃烧的残骸，他看见这些残骸飘浮散落在四周数英里地方。齐柏林飞艇坠毁在根特郊区，造成1名修女死亡，另有几人烧伤。艇上乘员仅有1人幸存，该乘员是从61米（200英尺）的空中跳下，砸穿一间房屋的屋顶，摔在一张无人躺的床上得以幸存。

沃恩福德努力将烧焦的飞机控制住。飞机上的发动机发出一阵劈啪的嘈杂声后熄火。他当时处于德国控制的领土内，距边界约60千米（35英里），抵达协约国军控制的地区毫无希望。他大胆地将受损飞机降落在一间农舍附近。周围静悄悄的。他的第一反应是摧毁飞机，但是经仔细检查后，他发现飞机中只有一根油管断裂，油箱里还有足够的油料。凭借着出色的头脑，他进行了修理并转动了螺旋桨；发动机仍然是热的，因而很容易就发动了。他爬上飞机，驾机飞行，最后在加莱沿岸南部16千米处的格里兹-内兹角降落。在那里他收集到了更多的燃料，同时，给位于敦刻尔克的指挥官

征募海报

英国政府立即利用齐柏林飞艇对英国攻击造成的恐惧。这幅征募海报就是明证。

▶▶

SL 11飞艇在1916年9月2日的夜间袭击中损失，这标志着德国对英国空中攻势的转折点。从此时起，德国飞艇的损失开始增加。

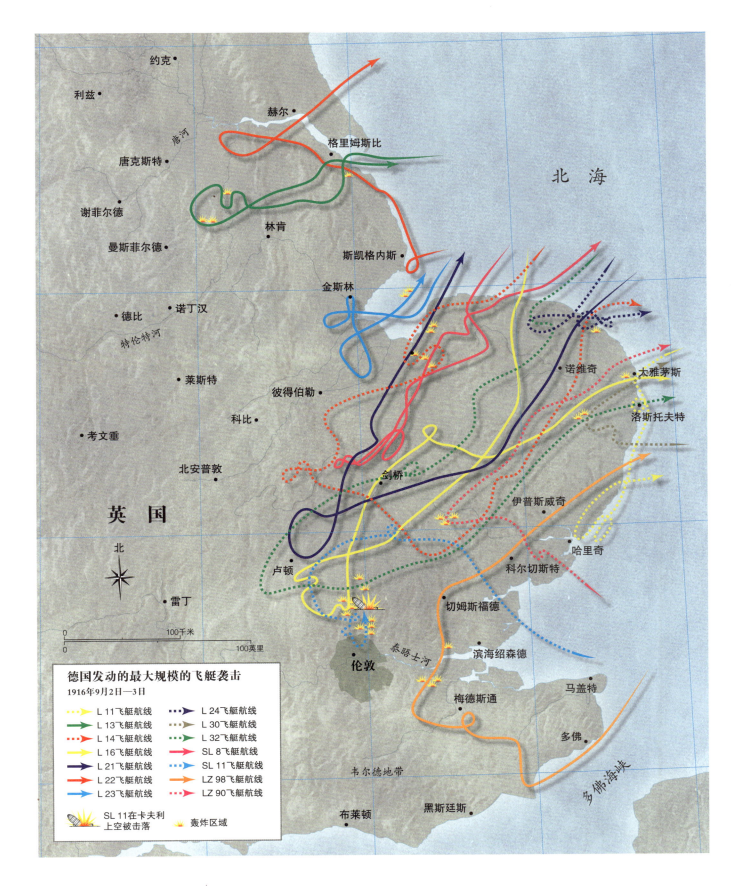

约克·
利兹·
赫尔·
唐克斯特·
格里姆斯比
谢菲尔德·
曼斯菲尔德·
林肯·
斯凯格内斯·
金斯林·
德比·
诺丁汉·
特伦特河
莱斯特·
彼得伯勒·
诺维奇
科比·
太雅茅斯·
考文垂·
北安普敦·
剑桥·
洛斯托夫特·
伊普斯威奇·
哈里奇·
卢顿·
科尔切斯特·
英 国
北
雷丁·
切姆斯福德·
滨海绍森德·
马盖特·
100千米
100英里
泰晤士河
梅德斯通·
伦敦
多佛·
韦尔德地带
布莱顿·
黑斯廷斯·
多佛海峡

北 海

德国发动的最大规模的飞艇袭击

1916年9月2日—3日

- ⋯⋯▶ L 11飞艇航线
- ——▶ L 13飞艇航线
- ⋯⋯▶ L 14飞艇航线
- ——▶ L 16飞艇航线
- ——▶ L 21飞艇航线
- ——▶ L 22飞艇航线
- ——▶ L 23飞艇航线
- ⋯⋯▶ L 24飞艇航线
- ⋯⋯▶ L 30飞艇航线
- ⋯⋯▶ L 32飞艇航线
- ——▶ SL 8飞艇航线
- ⋯⋯▶ SL 11飞艇航线
- ——▶ LZ 98飞艇航线
- ⋯⋯▶ LZ 90飞艇航线

SL 11在卡夫利
上空被击落   轰炸区域

德国飞艇建造工厂和基地
1918年
● 建造工厂
● 陆军基地
● 海军基地

打了一个电话。当他安全回到基地时，他的名声已经传遍整个帝国。乔治五世国王为他颁发"维多利亚十字勋章"嘉奖他的胜利。法国授予其"荣誉军团大十字勋章"。自此，飞艇的神话终于被打破。

1915年，德军一共进行了20次飞艇袭击，在英国投下37吨炸弹，致使181人死亡，455人受伤。尽管报纸和公众纷纷表示愤怒，但是德军对英国造成的打击相对德国所花费的努力是微乎其微的。

不可阻挡的决心

1915年5月，意大利参战，站在了协约国一方。其飞艇和卡普罗尼轰炸机轰炸了奥匈帝国的敌军。与此同时，法军飞艇对德国及法国被德国占领区发动了几次袭击。1916年，德国主要战略目标仍然是英国。此时，德国皇帝已经把轰炸伦敦或其他重要城市的顾虑置之脑后。这场极为残酷的战争将变得更加严重——飞艇一旦开始轰炸，就会将死亡和破坏带到许多城镇的街道。

1916年，德国一共对英国进行了23次飞艇袭击，但是大多数轰炸行动最终都无功而返。9月2日的袭击是整个一战中规模最大的一次，共有16艘飞艇参加行动。1916年，德国有两代飞艇正在服役。斯特拉瑟对更新、更大的L 30飞艇寄予厚望，当时已经制造了5艘该型飞艇。9月2日，德国海军共出动了12艘飞艇，其中有2艘是超级齐柏林飞艇，陆军出动了4艘飞艇，这些飞艇共搭载了32吨炸弹。在德军出动的全部16艘飞艇中，有14艘飞抵英国的东部和西部地区（海军的L 17飞艇和陆军的LZ 97飞艇因机械故障返航）。英国的警报响起，探照灯照亮了夜空，随后防空中队的飞机升空作战。1916年夏天，英军中队就开始装备新型机枪弹药。"布罗克"和"波默罗伊"这2种高爆弹与"白金汉"含磷元素的燃烧弹组合使用。这些子弹组合在一起射向氢气飞艇时，攻击效果是致命的。

飞抵英国上空的14艘飞艇中包括由威廉·施拉姆指挥的德国陆军SL 11飞艇。该艇于凌晨2时左右飞抵伦敦北郊。当它投弹时，被英军探照灯照到。当其掉头向北飞时，皇家飞行队第39中队的里夫·罗宾逊中尉发现了该飞艇，当时他驾驶着的是一架饱受诟病的BE.2c战斗机。他向指挥官报告如下：

> 想起我上一次的失败，我决定牺牲高度换取速度——我所在高度约为3930米（12900英尺），机头向下朝着齐柏林飞艇的方向飞去。我看见飞艇周围有炮弹爆炸和曳光弹飞过。当我飞到更近处时，我发现防空炮瞄准有的太高了，有的太低了；还有很多炮弹在飞艇后面约243米（800英尺）处爆炸，少量曳光弹与飞艇擦肩而过。距齐柏林飞艇约914米（3000英尺）时，我还能听到爆炸声。我飞到它的下方约243米（800英尺）处，从艇首飞到艇尾，发射了一弹匣鼓子弹（弹鼓内交替压入新型"布罗克"和"波默罗伊"子弹）。

▼
残骸

1916年9月22日至23日的夜间，齐柏林L 33飞艇被防空和空中火力击成重伤，坠毁在埃塞克斯郡小威格伯勒的田野里，该艇被艇上人员放火烧毁，艇上22名人员都成为英军俘虏。该飞艇指挥官是阿洛伊斯·伯克上尉。

▲

最后一次袭击

一战期间对英国的最后
一次袭击是在1918年8
月5日至6日的夜间。齐
柏林L 70飞艇（指挥官
是海军上尉冯·洛斯尼
策）被埃格伯特·凯伯
里少校和罗伯特·莱基
上尉驾驶的1架DH.4飞
机击落，该艇坠毁在诺
福克郡金斯林的海岸线
外。死亡的22名飞艇乘
员包括德国飞艇部队指
挥官彼得·斯特拉瑟。

▶▶

在1917年10月19日—20
日的攻击中，由于齐柏
林飞艇在英国上空的飞
行高度很高，并且英国
人为防止高射炮火光和
探照灯光暴露目标位置
而保持防空系统隐蔽，
因此被称为"静默袭
击"。

射击似乎对其没有任何影响，因此，我飞向另一侧，向飞艇一侧又发射了一弹匣鼓子弹，还是没有效果。然后，我飞到它的后边，此时我距飞艇后下方很近，约500英尺（152米），向一个部位集中射击一弹匣鼓子弹。攻击齐柏林飞艇时，我所在的高度为11500英尺（3500米）。在我几乎打光子弹时，终于看见我所击中的部位发出红光。几秒钟后，飞艇整个后部燃烧起来。在发射第3个弹鼓的子弹时，没有探照灯照射到齐柏林飞艇，也没有防空火力射击。我迅速离开正在坠落燃烧的飞艇。我感到非常激动，发射少量的红色"维利"信号弹并投下降落伞照明弹。

罗宾逊一时成为英雄，更重要的是，数百万英国公民知道了SL 11飞艇的结局，成千上万的民众去看了飞艇坠毁的现场。击落飞艇极大鼓舞了民众士气，飞艇不可摧毁的神话再次被击破。

9月23日凌晨，英国人的希望再次得到激发，在战斗机和高射炮的联合攻击下，德国海军伯克上尉指挥的L 33飞艇紧急迫降在埃塞克斯郡科尔切斯特附近的小威格伯勒。该飞艇采用全新的尖端技术制成，也是第一次执行任务。英国专家仔细研究该飞艇的残骸后，获得自行设计飞艇的思路。实际上，L 33飞艇上的1台250马力发动机还被拆下来安装到老式、动力不足的英国R 9飞艇上。

在1916年的袭击中，德军共投下125吨炸弹，导致293人死亡，691人受伤。然而，局势也在发生变化，作战效率高、装备精良的战斗机开始终结来自飞艇的威胁。

1916年底到1917年初，大多数德国指挥官断定，飞艇造价昂贵、维护复杂，并且相对脆弱，不适合进行战略空中攻击。然而，飞艇的研发仍在继续。飞艇体积越来越大，飞得越来越高，已超越战斗机和防空火炮的射程。在高空，飞艇操控人员的工作效率急速下降，且轰炸精度大打折扣。尽管如此，飞艇仍拥有一些忠实的追捧者，如

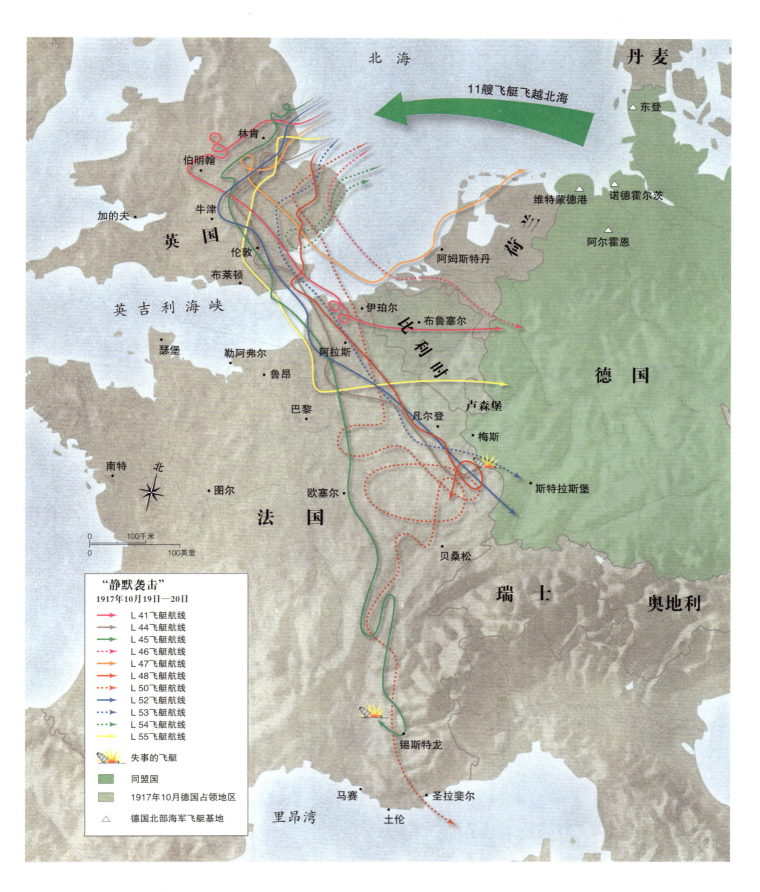

北 海

丹 麦

11艘飞艇飞越北海

东登 △

维特蒙德港 · 诺德霍尔茨 △

林肯 ·

伯明翰 ·

阿尔霍恩 △

加的夫 ·

牛津 ·

英 国

荷 兰

伦敦 ·

阿姆斯特丹 ·

布莱顿 ·

英 吉 利 海 峡

伊珀尔 · 布鲁塞尔 ·

比 利 时

德 国

瑟堡 ·

勒阿弗尔 ·

阿拉斯 ·

鲁昂 ·

巴黎 ·

凡尔登 · 卢森堡 ·

梅斯 ·

斯特拉斯堡 ·

南特 ·

图尔 ·

欧塞尔 ·

法 国

贝桑松 ·

瑞 士

奥地利

"静默袭击"

1917年10月19日—20日

L 41飞艇航线

L 44飞艇航线

L 45飞艇航线

L 46飞艇航线

L 47飞艇航线

L 48飞艇航线

L 50飞艇航线

L 52飞艇航线

L 53飞艇航线

L 54飞艇航线

L 55飞艇航线

失事的飞艇

同盟国

1917年10月德国占领地区

德国北部海军飞艇基地

锡斯特龙 ·

马赛 · 圣拉斐尔 ·

土伦 ·

里 昂 湾

北

0 __ 100千米

0 __ 100英里

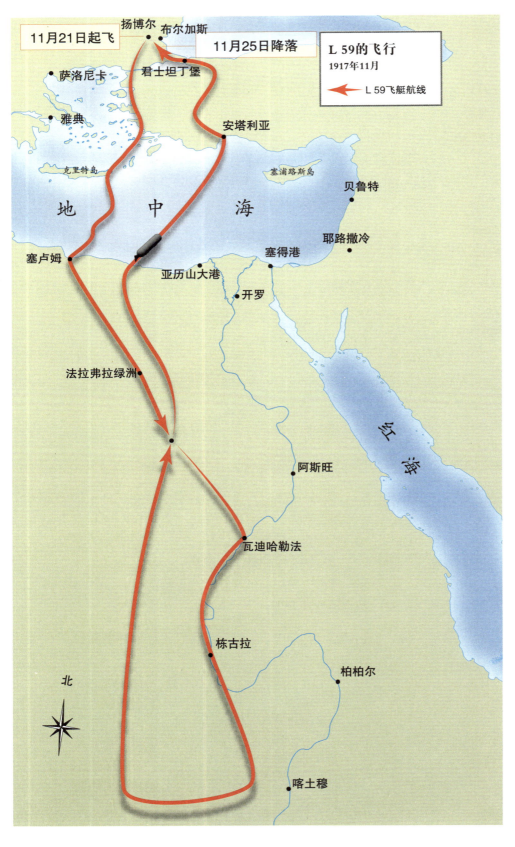

扬博尔 布尔加斯

萨洛尼卡

君士坦丁堡

雅典

安塔利亚

L 59的飞行
1917年11月

⬅ L 59飞艇航线

克里特岛

塞浦路斯岛

贝鲁特

地　中　海

耶路撒冷

塞卢姆

塞得港

亚历山大港

开罗

法拉弗拉绿洲

红　海

阿斯旺

瓦迪哈勒法

栋古拉

柏柏尔

北

喀土穆

海军飞艇部队指挥官彼得·斯特拉瑟。他认为英国对飞艇威胁的反应，以及飞艇的实际攻击战果都体现了它的价值。实际上，1917年时，英国防空部队有10个战斗机中队、数百门高射炮和探照灯，配备作战人员达到1万人以上。

支持减少，职能萎缩

1917年至1918年间，德国仅对英国进行了11次飞艇袭击。1917年9月24日，彼得·斯特拉瑟率领10艘飞艇袭击了英国北部地区，其中赫尔市是主要攻击目标。10月，斯特拉瑟卷土重来。11艘飞艇抵达英国东部上空，旨在对英格兰中部地区的各工业城镇进行轰炸。飞艇群的巡航高度为4600～6100米（15000～20000英尺）。当抵达英格兰中部地区时，它们遇到了风速为100千米/时（60英里/时）的东南风。至少有4艘飞艇飞过了目标或接近了伦敦防空圈。

在地面，浓雾笼罩着伦敦地区，英军下令高射炮保持静默，并且将探照灯关闭。袭击者们从寂静的英国首都上空飞过，因而这次行动获得了一个绰号——"静默袭击"。此次袭击向分散的目标投下了273枚炸弹，炸死236人，致伤55人。德军损失5艘飞艇，其中4艘在作战中毁坏，1艘在返回德国着陆时坠毁。德军飞艇袭击持续到1918年，彼得·斯特拉瑟继续发动为了打赢战争的齐柏林飞艇攻势。1918年8月5日，彼得·斯特拉瑟率领最新建造的L70飞艇进行了一战的最后一次飞艇袭击，并死于此次袭击行动。但是从1917年开始，飞艇碰到一个争夺荣誉的对手——轰炸机。

在一次比较奇特的行动中，德军利用飞艇的巨大航行能力为一支被孤立在东非殖民地的德军提供补给。德军选择了专门加长、加大的L59飞艇，并将其派往保加利亚扬博尔，它是德国可以使用的最靠南的飞艇基地。经过两次尝试，该飞艇最终于1917年11月21日起飞。当其飞抵英埃苏丹控制的喀土穆地区时，收到电台呼叫，称当地的德军已经投降。该飞艇转向北飞行，于11月25日上午成功返回基地。

德军共建造了88艘飞艇，其中74艘装备海军飞艇部队。德军共有60艘飞艇损失，其中34艘因为恶劣天气引发事故坠毁，余下26艘中有17艘是在攻击不列颠群岛时被击落坠毁，一些是返回本土时被法国高射炮火击落。其他一些飞艇在俄国前线或在法国上空作战时被击落。1914年至1918年间，德军飞艇共投下5806枚炸弹，导致557人死亡，1358人受伤。相对第一次世界大战的血腥"资产负债表"，这个数字只是九牛一毛——只相当于西线一天的平均伤亡人数。

◀◀
齐柏林L59飞艇史诗般的长时间飞行，为20世纪20年代和30年代的飞艇全球飞行铺平了道路。

1914—1918年间战斗机作战

FIGHTERS: 1914-1918

"战斗机"或许是军事航空术语中最常被人提及的一个词。战斗机是一种专门用于击毁敌机并主宰作战空域的机器——这个概念在1914年时几乎是前所未闻。

打破僵局

就在运动战让位于疯狂的堑壕战的几个星期里，西线的战争呈现出大规模包围战的样式。各方都试图突破几乎静止的战线，以便恢复运动战，并以此夺取决定性的胜利。但是这一情况并未发生，无论双方为此付出多么高昂的生命代价，但是双方陆军占领的阵地并没有发生多大的改变。此时，防御战比进攻战重要，因为火炮和机枪火力能够瓦解那些对铁丝网防御着的战壕发起的最坚决的攻击。

在血染的战场上空，小且脆弱的飞机在空中巡视，开展日常的例行侦察。但是，对作战一方来说，阻止敌人获得自己防御战线的信息变得越来越重要。1914年底，人们记录了对敌机进行的第一次空中攻击。单座机和双座机的机组成员开始使用手枪或步枪相互射击，尽管这些射击往往不能取得战果。一名带着短管霰弹枪升空的英国飞行员写道：

空战先驱

罗兰·加洛斯在他的莫兰–索尼耶N型飞机座舱中。在第一次世界大战爆发前，他已成为法国声名显赫的先驱飞行员之一。他在3个星期内击落了6架敌机，后来因发动机故障迫降，成为战俘。

我发现了一架奇怪且不熟悉的飞机，因此我悄悄向其靠近，发现他是一名德国人。于是，我拿出猎枪向他射击。在打光所有子弹后又拿出左轮手枪射击。我们用左轮手枪展开激战。我们距离很近，我可以清楚地看到他，他也能清楚地看到我，我打光6发子弹，他的子弹也打光了。我们挥手再见并返航。

——肯尼斯·范德斯普伊，英国皇家飞行队

即便是最精准的射击，从航速大约为110千米/时（70英里/时）的飞机中射出的1颗子弹能够造成致命一击的概率几乎为零。

第1位解决空战问题的人是罗兰·加洛斯。一战前，加洛斯在莫兰–索尼耶公司担任试飞员。雷蒙·索尼耶在第一次世界大战前一直进行试验，研究一种可让机枪子弹穿过旋转的螺旋桨叶片向外射击的设备。他为设计申请了专利，但是他还没来得及对设计进行完善，战争就爆发了。

加洛斯自己也掌握了这一设计。他并没有试图使用偏向射击，因为用机枪射击做到这一点很不容易，他决定让机枪通过螺旋桨弧向前射击。由于当时断续器未得到有效验证，因此他在螺旋桨上安装了金属偏导板。在地面试验中，他发现射击10发子弹只有一发击中螺旋桨叶片。

加洛斯带着其新改装的飞机起飞，他采用的战术是从后面靠近敌机，2架飞机向同一方向飞行，因而没有必要进行偏转。这使得命中次数大大增加——前提是子弹不会被飞机螺旋桨反弹回来击中飞行员自己或飞机重要部件。尽管设备存在固有的风险，加洛斯还是在18天内击落了3架德国飞机，对于当时发生遭遇战而双方均无损失的情况来说，这是个了不起的成绩。

▼
爱克DH.2战斗机

DH.2是一款单座推进式飞机，配备了1台100马力的单阀式发动机。在座舱左侧的枢轴上安装了1挺刘易斯机枪。

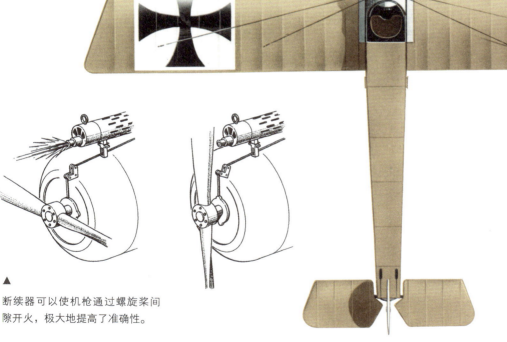

▶

福克E.III型单翼机

德国战斗机飞行员装备了福克型单翼机后如虎添翼。他们从巡航的高度从容地选择攻击目标，然后进行俯冲攻击，将整个飞机作为瞄准平台。

▲

断续器可以使机枪通过螺旋桨间隙开火，极大地提高了准确性。

　　4月18日，加洛斯的飞机燃油管堵塞，他被迫在敌军战线后方滑翔降落。他和他的莫兰-索尼耶N型战斗机很快被俘。这架被缴获的飞机被迅速送往柏林。在那里，安东尼·福克受命寻找解决法国这一新型威胁的方案。与其他国家的技术人员一样，德国工程师一直在研究前射机枪的断续器装置。福克对断续器装置设计进行了完善，并且将其安装到由1台80马力发动机驱动的福克E.I飞机上。

德国王牌飞行员

　　福克这架安装了新设备的飞机很快被送往前线，2名优秀的飞行员驾驶该机。第1位是1890年出生于德累斯顿的马克斯·殷麦曼。殷麦曼在14岁时就进入德累斯顿学生军训队。他是一名天生的工程师，但是因为表现不佳而离开军队。由于一战爆发，他再次加入陆军，并要求在航空部队服役。因为航空工程学、机械新技术以及飞行技能都深深吸引了他。经过训练，他的第1项任务是将邮件及补给品送往前线机场。

　　1915年6月3日，殷麦曼在执行侦察任务时被1架法国飞机击落。他在此次经历中幸存，并且荣获二级铁十字勋章。此时殷麦曼仍是一个不为人知的飞行员，被引向使他名声大噪的飞机：

> 　　我们刚从福克工厂得到2架小型单座战斗机。巴伐利亚王储视察我们的机场，参观这2架新型战斗机，并且检阅了我们和第20分队。该型战斗机的制造人福克也被引荐给王储。福克和帕尔绍中尉为他进行飞行表演，从空中向地面的目标射击。福克的能力让我们很吃惊。

> ——马克斯·殷麦曼

　　很快，殷麦曼就与奥斯华·波尔克一道驾驶新型福克E.I飞机的首批样机返回前线。8月1日，他们驾机追击10架轰炸其机场的英国BE.2C飞机。波尔克发动攻击，但是发射几发子弹后，他的机枪就卡壳了，于是返回基地。殷麦曼继续追击，攻击了几架战斗机直至跟定其中1架，最后击伤飞行员并迫使该机在德国占领区降落。为此，他获得一级铁十字勋章。

　　殷麦曼在与敌人作战中继续击落敌机。9月23日，他被1名法国飞行员击落，幸运再次降临，他得以幸存，并返回空中击落第4架敌机（英国皇家飞行队的1架BE.2c飞机）。他的功绩被德国媒体广为宣传，此时他被称为"里尔之鹰"。他的飞行技能使他成为一个"可怕的敌人"。他的功绩还在于开发了多种机动战术，包括"殷麦曼转弯"。曾有人质疑这种安装翘面机翼而不是副翼的轻型且动力不足的福克E.I飞机，能否完成这一绝技。如果有人能做到这一点，那这个人一定是有丰富工程知识和超级飞

通过翻滚脱离爬升，之后飞行员可以重新进行攻击

飞行员将飞机向着目标俯冲，通常顺着阳光

通过急跃爬升从俯冲中拉出，飞行员可以重新获得高度优势

行技能的殷麦曼。另一种与殷麦曼有关的机动飞行动作是"失速转弯",该动作是一种突然蹬舵转弯,飞机在垂直方向向上爬升,在即将失去空速之前蹬舵,这样,飞机就会转向大角度俯冲,再次恢复攻击敌人的姿态。

在1916年6月18日阵亡之前,殷麦曼共击落15架敌机,获得众多勋章,其中包括人人梦寐以求的功勋勋章,后来为了纪念他,该勋章改名为"蓝色马克斯"。

奥斯华·波尔克是另一位各型福克E.I飞机的坚定支持者。他组建了第2战斗机中队,并认真地传授他的空战经验。他极其谨慎地培育新学员,为飞行中队总结出了具有实践意义的笔记,即"波尔克战术守则":

1. 攻击前占据有利位置,如有可能,背对太阳。
2. 攻击一旦开始,就进行到底。
3. 仅在近距离和对手在视线范围内才进行射击。
4. 牢牢盯住对手,并且不要被敌手诡计蒙骗。
5. 不论以什么方式攻击,从对手的背后攻击都是必要的。
6. 如果对手向你冲来,不要躲避他的攻击,而是飞过去直面对手。
7. 当飞行在敌人战线上空时,不要忘记自己的撤退底线。
8. 原则上以4架或6架机队攻击,当脱离编队开展单机作战时,小心不要几架飞机同时追击1架敌机。

——波尔克战术守则

经过证明,这些守则非常有用,它们在二战时仍然被使用。

1916年10月28日,波尔克在第2战斗机中队进行最后一次作战飞行。他起飞拦截英国皇家飞行队第24中队的1架DH.2飞机。该中队由利奥·霍克少校率领,他是一名富有

◄◄
"殷麦曼转弯"包括通过向敌人俯冲建立速度优势,再从低处拉起并开火。开火后,福克飞机飞行员继续爬升,直到进入近乎垂直的位置,这时飞行员猛蹬舵,失速转弯并向对手俯冲,再次进行攻击。

▼
福克E.I飞机
福克E.I单翼机是第1款安装单挺斯潘道机枪,通过螺旋桨间隙开火的飞机。这一改进超越了协约国。协约国安装前向射击机枪的飞机只有速度很慢的推进式飞机。

马克斯·殷麦曼

1915年秋天见证了第一批德国空中王牌——马克斯·殷麦曼和奥斯华·波尔克的优势。直到年底，他们的成绩稳步上升。"王牌"一词由法国人首创，用以描述技术高超的战斗机飞行员，并被德国人在宣传中广泛采用。

传奇色彩的优秀射手，也是英国最伟大的飞行员之一）。双方发生空中格斗。波尔克的座机撞到僚机（由欧文·伯姆驾驶）的起落架，他驾驶的"信天翁"D.ll座机的上部机翼蒙布被撕裂。波尔克尽力控制飞机进行相对平稳的紧急迫降，但在匆忙中，波尔克没有系上安全带——这一疏忽是致命的。即使经历多次战斗，这位传奇的飞行员也犯下一个简单的错误。波尔克共击落40架敌机。即便是敌人对他的死也致以哀悼，1架英国飞机投下一个花圈，上面写道：

纪念波尔克上尉，我们英勇且具有骑士精神的对手。英国皇家飞行队致。

对"福克灾难"的回答

英国人对"福克灾难"的回答是装备爱克DH.2飞机。这种推进式飞机的发动机安装在飞行员的身后。在杰弗里·德·哈维兰的指导下，该机被设计成为战斗机或侦察机。推进式设计的美妙之处是为飞行员提供了清晰的前向射击视野。动力装置是1台100马力的诺姆单阀式发动机，并且操纵面设计得足够大，飞机易于操控。1915年7月，该型机首飞。11月，生产型飞机下线。

1916年2月，第1个装备DH.2飞机的皇家飞行队第24中队抵达法国。尽管从1915年7月25日开始，维克斯FB5双座推进式飞机就装备了第11中队，该型飞机基本上扮演着战

布里斯托尔F2B型战斗机

布里斯托尔F2B型双座战斗机在进攻飞行时的使用方式如单座战斗机一样，经证明是一个极好的武器并且创下了极佳的战斗纪录。英国皇家飞行队装备F2B的有6个在西线的中队、4个在英国的中队和1个在意大利的中队。

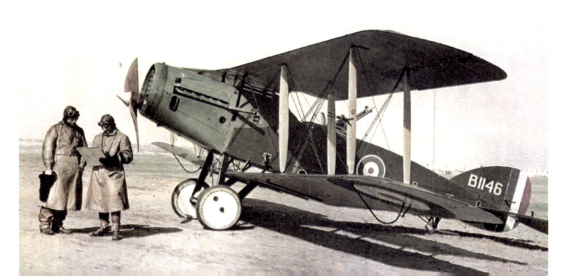

福克DR.1型三翼机

为纪念曼弗雷德·冯·里希特霍芬男爵而喷涂的红色使之更为著名。配备了转子发动机的DR.1型三翼机1917年10月服役。尽管这是一种极其灵活的战斗机，但已经被新一代的战斗侦察机超越。

斗机角色，但是第24中队享有皇家飞行队第一个"战斗机中队"的殊荣。与此同时，法国航空部队开始为新组建的战斗机中队装备性能强大的纽波特II"婴儿"飞机，这是第1种作为战斗机设计的飞机。该型机是一种单座牵引式双翼机，上层机翼之上安装了1挺刘易斯机枪，可在螺旋桨半径之外处向前射击。这2型战斗机的速度都比福克E.III飞机快16~24千米/时（10~15英里/时）。

德军当时禁止福克飞机飞行员飞越协约国领土上空，以便保住断续器装置技术秘密。但是在1916年4月，英国人成功俘获1架德国飞机。法国获得另外1架完整飞机（当时1名德国飞行员在大雾中迷失方向，误降法军机场）。协约国迅速通过逆向工程掌握了德国的断续器装置技术，并用于本国的飞机上，他们还弄清了福克飞机的飞行特性，这些特征同福克神话展示得一样完美。至此，福克飞机的制空权基本终结。

期待已久的认可

各作战部队最高统帅部终于开始认识到：速度不只是"一时的风尚"，机动性不只是一种"特技"，它们是作战飞行员必须掌握的必要技能。对于这一点，飞行员们在很久以前就已经明白。进行三维作战，飞行员不仅要练习驾驶飞机绕圈、俯冲，而且要迅速开发一些能够甩掉在机尾后方追击的敌机或者带来一些优势的新动作。

训练成为向作战中队补充至少能够在空中战场上有可能会赢的飞行员和机组成员的关键手段。英国人的训练方式特别随意。他们估计，制造1架侦察机的费用为1000英磅，而训练1名驾驶侦察机的飞行员的成本是5000英镑。英国飞行学员需要经过2个月军事学习后才能接受飞行训练。法国训练模式更有条理：只需提醒这些未来的飞行员，他们仍是共和国的士兵，他们要接受几个星期的步伐操练和密集队形操练，之后才学习飞行理论。飞行学员随后被带上一架截掉机翼、不能飞行的飞机上学习使用方向舵控制飞机方向。一点一点，当他们通过每项测试后，会被带上功率更大的飞机进行地面训练直至首飞。从开始到成为一名"有翅膀的"飞行员的整个训练过程，耗时大约50小时。

艰难而危险的工作

飞行员到达作战中队后，在部分前线，他们面临的死亡率常常达到16%。在大规模进攻作战期间，死亡率达到100%。在第一次世界大战中，飞行员面临的阵亡、负伤或被俘的平均概率在50%。在开放式座舱内和高速气流中，控制住飞机也是一项高超技艺，在高空中冻伤也是经常发生的事，这需要持续的注意力集中和良好的体能。

FE.2D飞机的后向射击

一位军官展示了这架FE.2D飞机为防御来自后方的攻击所需要的技术。防御机枪手没有座椅安全带，在不停俯仰、翻滚的空中格斗中，机枪手需要很大力气来操作机枪，同时要抱紧飞机。

随着空对空作战的发展，进攻和防御的编队飞行成为日常作战行动的一部分，需要发展新的技能。保持编队队形需要进行大量训练。当编队改变航向时，编队内侧飞机放慢速度，而外侧飞机加速。第一次世界大战期间的飞机没有安装汽化器和节流阀——这两个设备只需通过调节燃油和空气的混合比例就可以实现速度调整，而当时的飞行员要在没有这两个设备的情况下做到这一点。

1916年2月，冬季严寒即将消退，德国埃里希·冯·法金汉将军在凡尔登附近向法国阵地发动大规模攻击。他的计划不是突破法军防线（尽管突防是有益的），而是通过大规模消耗战让法国陆军的血流干。在850门大炮支援下，100万德军发动攻击，德军进攻部队上空有"气球阻塞网"，这种空中障碍是为了阻止法军飞机侦察并报告德军动向，或对德军的攻击行动进行阻挠。

在第一次世界大战的最初几年里，战斗机的重要性被认可后，战斗机战术便快速发展。英国飞行员经常处于不利位置，因为他们向前线飞行时往往是面向升起的太阳。

很好地利用云层的掩护，使战斗机飞行员能够攻击敌机并快速返回安全的云层中。

德国飞行员喜欢大编队队形，后来被称为"马戏团"。攻击时，编队常常顺着阳光俯冲下来——直到最后时刻才会被发现。被攻击的敌方飞行员根本没有时间俯冲或倾斜飞行来避免被击中。

英国飞行员喜欢6机编队。指挥官会在前边，左右各1架飞机，形成一个V字形，其上方和后方各1架飞机，其后边为第2指挥官。在战斗中，编队会分成两两一对，一架负责攻击，另一架负责防御。

战争后期，一些观察员将镜子安装在他们的机枪旁，用来将阳光反射到来袭敌机飞行员的眼睛中。

夺取制空权

　　法军遭到突然袭击，但是由于这场战争只是一场防御战，因而法军成功守住了阵地。法军只有2个中队来对抗大量德军飞机，霞飞将军要求地区空中指挥官特里科尔诺·德罗斯少校到其指挥部，并授予其在凡尔登战场上空的全部空中指挥权。德罗斯迅速行动，集结15个装备莫兰-索尼耶飞机和新型纽波特XI飞机的中队。他向飞行员下达的命令简单明了：

▲

法尔肯海因

法尔肯海因被迫采用了一个策略，那就是在凡尔登进行一场消耗战，希望大规模的屠杀能够迫使欧洲领导者结束战争并进行和谈。

▲

在开始于1916年2月21日的凡尔登战役中，空中行动密集。法国军事航空队继续攻击德国观察机，而德国人则通过增加战斗巡逻努力保护其观察机。

1914年3月时的前线

沙蒂永

莫兰维尔

莫莱恩维尔

贝尔

埃尔梅维尔

埃克斯

奥特古

当卢

沃

弗勒里

埃泰恩

迪耶普

杜奥蒙堡垒

威廉皇储

莫尔热穆兰

1914年2月时的前线

莫古

奥尔内

杜奥蒙

卢韦蒙

博蒙

格雷梅里

阿扎讷

维勒

弗拉B

② ② ① ①

各中队的任务是寻找敌人，与之作战并摧毁它们。

德国飞行员被限定在己方陆军士兵上空执行阻拦巡逻任务，而法国飞行员能够从任何方向、任何角度发动攻击。他们不是执行保护部队或巡逻任务，而是抓住一切有利时机攻击德军。德国飞机被驱离战场上空，其失败更多的是因为错误的战术，而非其他原因。霞飞将军及航空部队指挥官德罗斯，开展了历史上第一场夺取制空权的战役：专职战斗机，唯一任务就是消灭敌人。

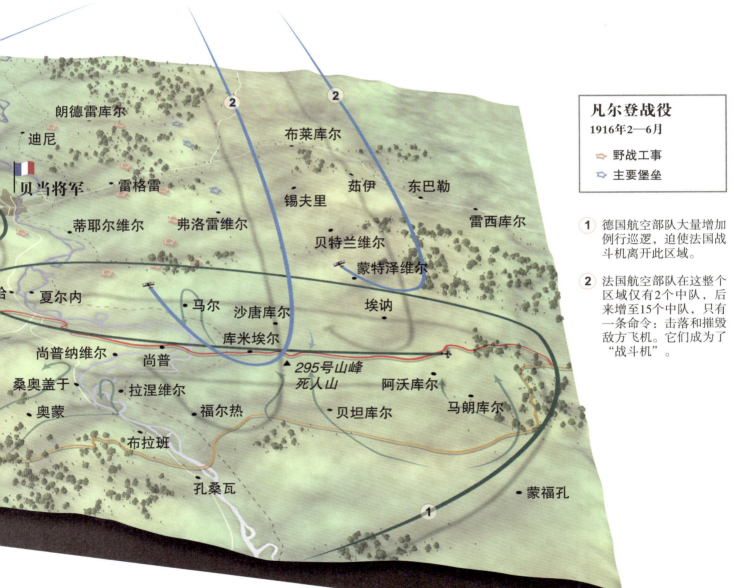

朗德雷库尔

迪尼

贝当将军　雷格雷

蒂耶尔维尔　弗洛雷维尔

夏尔内

尚普纳维尔　尚普

桑奥盖于　拉涅维尔

奥蒙

布拉班

孔桑瓦

布莱库尔

锡夫里　茹伊　东巴勒

贝特兰维尔　雷西库尔

蒙特泽维尔

马尔　沙唐库尔　埃讷

库米埃尔

▲ 295号山峰
死人山　阿沃库尔

福尔热　贝坦库尔　马朗库尔

蒙福孔

凡尔登战役
1916年2—6月

⇨ 野战工事
⇨ 主要堡垒

① 德国航空部队大量增加例行巡逻，迫使法国战斗机离开此区域。

② 法国航空部队在这整个区域仅有2个中队，后来增至15个中队，只有一条命令：击落和摧毁敌方飞机。它们成为了"战斗机"。

纽波特 X

从1916年春天开始，"纽波特"单座双翼战斗机与FE.2H和DH.2型战斗机一起承担对抗来自福克战斗机威胁的任务。"纽波特"战斗机在顶部机翼处装备了1挺刘易斯机枪，通过螺旋桨间隙开火。

爱克DH.2

DH.2于1916年4月2日取得了其第一次胜利，从此之后胜利纪录不断上升。1916年6月，该机型飞行员共摧毁了17架敌机，7月为23架，8月为15架，9月为15架，11月为10架。11月23日，利奥·G.霍克少校（右图）在巴波姆上空的一次35分钟的决斗中被一名德国飞行员击落。这名飞行员叫曼弗雷德·冯·里希特霍芬。

此时，各国航空部队开始将作战飞机调入专门的部队（狩猎大队、战斗机中队、追击中队），这样战斗机中队诞生了。

1916年7月1日，英国陆军在西线发动规模最大的一次攻击。此次大规模进攻的目的是突破德军防线，打破看起来无休止的僵局。英军在总攻之前发动进攻性空中作战，并进行为期一周的炮火准备。对德国航空部队的空中攻势行动出乎意料的成功。英国人和法国人可以执行侦察和炮兵弹着点观察任务，而不会受到德军飞机的干扰。协约国战斗机主宰了战场的天空，几乎没有一架德国飞机进入协约国空域。

在7月1日这个决定性的日子里，大炮停止了怒吼，10万名英军越过胸墙。血腥的一天战斗结束了，英军有19240人阵亡。50%以上英军受伤、阵亡或被俘。同一天，皇家飞行队在空中损失了20%的飞行力量。损失的部分原因可以归咎于飞行

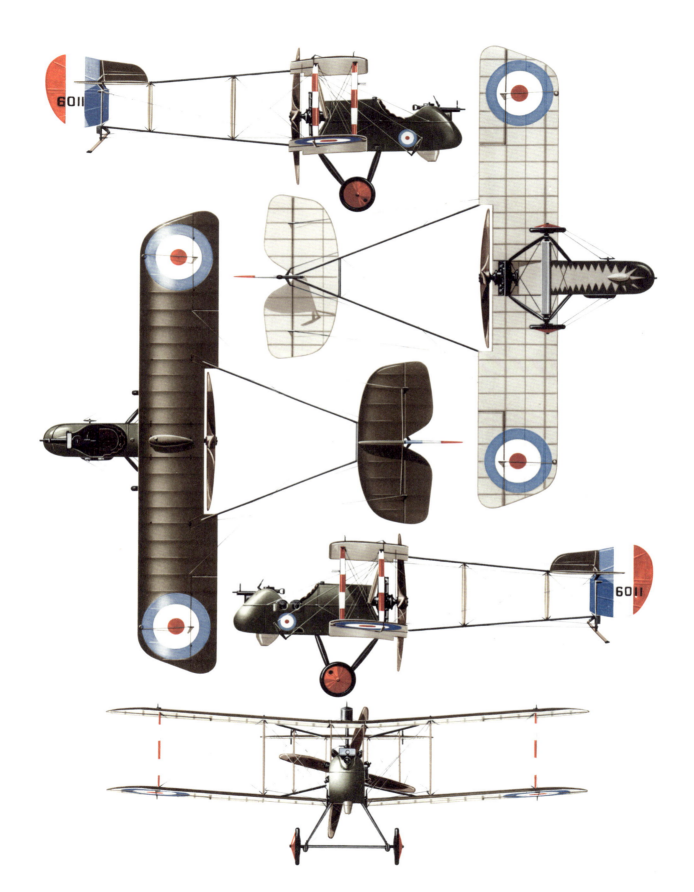

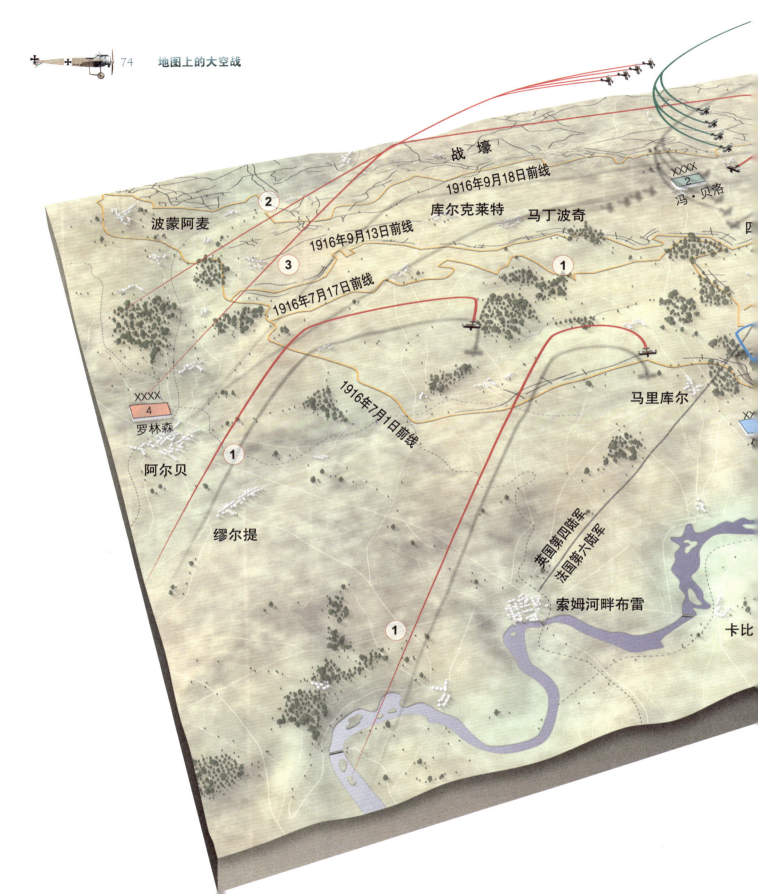

战　壕

1916年9月18日前线

库尔克莱特　　马丁波奇

2

波蒙阿麦

2

冯·贝洛

1916年9月13日前线

3

1916年7月17日前线

1

XXXX
4

罗林森

1916年7月1日前线

马里库尔

阿尔贝

1

缪尔提

英国第四陆军

法国第六陆军

索姆河畔布雷

1

卡比

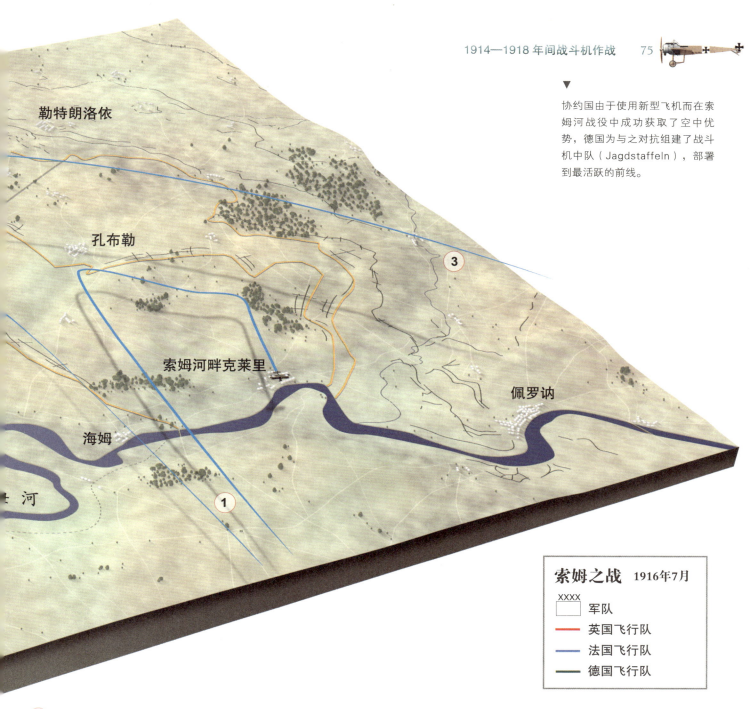

▼
协约国由于使用新型飞机而在索姆河战役中成功获取了空中优势，德国为与之对抗组建了战斗机中队（Jagdstaffeln），部署到最活跃的前线。

勒特朗洛侬

孔布勒

索姆河畔克莱里

海姆

…河

佩罗讷

③

①

索姆之战　1916年7月		
XXXX 军队		
——— 英国飞行队		
——— 法国飞行队		
——— 德国飞行队		

① 从7月1日起，协约国进行了联络巡逻飞行，互相报告协约国部队精确的进发位置。

② 协约国飞机进行的战斗巡逻，迫使法国拦截协约国的侦察和轰炸行动。协约国制空优势持续整个战役，为此损失了1000多架飞机。

③ 协约国空中侦察贯穿于五个月的战斗中。

员接受的糟糕训练。战役开始时，英军投入410架战斗机和426名飞行员。大约4个月之后，当战役结束时，英军已经损失了576名飞行员和782架飞机。这一攻势的目标不仅是夺取制空权，还想证明己方士气高于敌方，但是却付出了异常高昂的代价。

夺回攻势

到1916年底，在争夺制空权的战斗中，优势向德国倾斜得更多一些。德国战斗机中队开始装备新型战斗机，即造型优美的信天翁D.I战斗机。其唯一目标就是夺回战场上空的制空权。使局势发生改变的原因不只是新型战斗机，还有德国飞机部署方式。德军以更大规模编队作战，在必要的地方集中力量压倒协约国老旧的DH.2和索普维斯1 1/2 "阔步者"。在索姆河战役即将结束时，英国皇家飞行队的损失开始攀升。11月，在索姆河战区，皇家飞行队机组成员的预期寿命已经降低到不足4个星期。

1916年最后几个月至1917年春，德军将西线的整个防御系统进行了重组。德军构建了纵深防御体系：派出最优秀的部队驻守战略要点并构筑了机枪阵地，精心布置了数英里长的铁丝网防御带；与此同时，将步兵和炮兵部署在后备战线。其中一些部队部署在协约国火炮射程之外。第一道防线用于粉碎协约国部队攻击，而后备部队选择时机开展反攻。

在战场上空，信天翁飞机保持空中优势，阻止协约国侦察机和观测气球的侦察。德军可以看到敌人，而协约国军队却变成了瞎子。

▶
信天翁D.Ⅲ
第1架 "V形翼间支柱"
信天翁——信天翁D.Ⅲ
是第一次世界大战期间
生产的所有信天翁战斗
机中最实用的设计。

战斗机中队训练各类支援编队，便于长机专注于进攻——搜索空中的敌人，并决定采取最佳的战术。僚机或支援飞机专注于在后方或编队最外侧的防御。它们的唯一任务就是进行空中搜索，发现潜在的威胁。梯级式V形编队受到很多中队欢迎：1号机为长机，2和3号机位于长机后上方45米（150英尺）。再后边是4号和5号机，距离相同，这2架飞机专职任务就是防御，旨在保护1号、2号和3号机。编队也可以散开编成双机队形，构成攻击长机和防御僚机队形；或形成圆形队形，每架战斗机保护前面飞机的尾部空域。在混乱的空战中，编队队形很快会散开。在战斗中，即使受过良好训练的自行支援的编队也会分开。战斗机在某一时刻会忙于激烈的战斗，旋转、转弯，然后很快发现自己孤身一人。单机是空中最容易被攻击的目标，除非该机是一名优秀的飞行员驾驶。最好的生存机会是尽可能以最快速度返回基地。在大量飞行员中涌现出少量优秀的飞行专家。

传奇飞行员

1916年2月27日，英国将第1个专门的战斗机中队部署到西线。该中队的中队长利奥·G.霍克少校拥有传奇般的飞行技能。霍克经验丰富，对DH.2飞机的性能了如指掌。他也是1位极佳的射手，至少在最初几个月的作战里。他最喜欢的武器是造型精致的韦斯特利·理查兹.300口径单发步枪。他的目标是1次偏向射击就射中敌机飞行员或敌机上的重要部件。敌战斗机中队飞行员感到非常困惑，没有听到平常熟悉的机枪咔嗒声，飞机就从空中掉下去了。不过，随着德国信天翁D.I飞机装备部队，DH.2飞机日益变得落后，霍克继续依靠其驾驶和射击技能幸存。不过，他也被击落过2次，并且曾经受伤。

新型战斗机从英国工厂抵达部队：1916年秋天，索普维斯"幼犬"和性能优异、机动性强的索普维斯三翼机装备皇家海军航空队中队（但没有装备皇家飞行队）。这些新型战斗机使德国飞行员感到发自内心的恐惧，他们往往尽力躲避它们。霍克少校的第24中队继续装备老式DH.2飞机。他的名声几乎就像西部电影中的枪手，吸引德国新飞行员前来检验其作战技能，但是都失败了。直到曼弗雷德·冯·里希特霍芬上尉（"红男爵"）的出现，霍克的厄运终于到了。里希特霍芬是波尔克的一名学生，也是一位老练的猎手，他永远不会留给霍克对准目标所需要的几秒钟时间。1916年11月23日，二人狭路相逢。霍克的飞行技能一次又一次地使自己的飞机脱离里希特霍芬的瞄准线，二位飞行员驾驶飞机横滚、转弯，一方面保证自己的生存，一方面伺机给对手最后一击。霍克在低空寻找一切战机，他在建筑物之间和高树周围飞行，但是动力强劲的信天翁飞机继续不断拉近距离。在最后的一搏中，霍克使出标志性动作，踩DH.2战斗机左满舵，设法直面敌人。里希特霍芬利用飞机的极限动力停止转弯，并向霍克的身体和飞机打了一个长点射。DH.2飞机坠向地面，燃起大火。

第24中队遭受的损失，包括中队长霍克阵亡，是皇家飞行队指挥官休·特伦查德少将强制推行"攻势巡逻"策略的结果。采取这一策略导致前线需要大量飞行员。派往前线中队的英军飞行员训练时间要比德国飞行员的时间短。大多数飞行员仅进行了20飞行小时的训练就前往前线。在前线，只有最优秀的飞行员能够在开始作战的前几天幸存。中队中的一些成员帮助新飞行员努力提高其作战技能，但另外一些成员则故意躲避新同伴，甚至为正脸看新飞行员感到羞耻。

采用错误的策略

屠杀新飞行员的是里希特霍芬所在的第11战斗机中队。在这位富有传奇色彩的领导人带领下，此时该中队的名气达到巅峰。德国飞行员驾驶性能优越的飞机，而且可以选择作战的时间和地点。而英国的攻势飞行策略要求机组成员在任何时候寻找机会与敌人作战，这导致了本可以避免的严重损失。

将战斗机以较少的数量进行分散部署，每处战斗机负责保护一部分前线地区，并

▼
索普维斯"骆驼"

索普维斯"骆驼"飞机于1917年7月第1次装备到西线的英国皇家海军航空队第4中队和皇家航空队第70中队，尽管有很多缺点，但在一名技术熟练的飞行员手中，它却是一台卓越的战斗机器。到1918年11月时，使用该机型的各中队宣称至少击毁3000架敌机，比其他任何机型都要多。

索普维斯三翼机

索普维斯三翼机是索普维斯公司的天才设计师赫伯特·史密斯的成功尝试——为了在"幼犬"飞机的基础设计上创造出更强的机动性。这种三翼机拥有极高的灵活性和爬升率，直到1917年夏天被索普维斯"骆驼"取代时仍没有落伍。

且这些战斗机受当地的陆军指挥官的指挥——这是个错误。教训是从索姆河和凡尔登战役中得出的。法国航空部队指挥官让·杜皮蒂指出：

采取攻势的战斗机应聚集在一起，接受统一的指挥。

1916年底，德军吸取了这一经验，并且致力于组建大规模的独立战斗机部队。1916年年中时，德军在西线部署了大约60架战斗机。在年底时，德军在西线部署了33个战斗机中队，每个中队装备18架战斗机。这些中队由一位指挥官指挥作战。德军为这一组织赋予新的名字——空军。

德军仍喜欢采用让敌人靠近的战术，这种战术被特伦查德勋爵认为是没有道德节操的。他没有掌握最简单的作战原则，即以最佳方式攻击敌人。德国空军欢迎协约国飞机入侵其空域，然后德国人会选好时间和地点攻击敌机。法国人和英国人，特别是英国人，进入了损失越来越大的阶段。

作为一战最成功的一名王牌飞行员，里希特霍芬最初是一名骑兵军官。他在西线和东线都服役过。但是，铁丝网和机枪终结了骑兵传统的职能，他志愿加入航空部队。最初，他只是一名观察员。1915年6月至8月，他在东线第69飞行队执行传统骑兵侦察任务。后来，他调任到西线，在前线香槟区上空执行侦察任务。在那里，他使用

观察机上的机枪击落了1架法国航空部队的法尔芒飞机。由于该机坠毁在协约国领土上，他的胜利未被德军认可。1915年10月，他开始接受飞行员训练。1916年3月，他加入第2轰炸机联队，驾驶一架信天翁C.III双座机，这是他第1次作为飞行员参战。他曾经短暂驾驶过福克E.I飞机，并在凡尔登上空攻击了一架法国纽波特飞机，该机再次坠毁在协约国领土上，他的战绩再次没有被认定。

他再次返回东线，驾驶双座机。在那里时他见到了波尔克，波尔克正在前线中队巡视，为他新组建的战斗机部队——第2战斗机中队招募飞行员。里希特霍芬被选中了。再次回到西线，里希特霍芬驾驶信天翁D.II单座机，于1916年9月17日在康布雷上空作战时赢得了第1个被认定的胜果。里希特霍芬是波尔克的狂热崇拜者，并且在作战中谨遵其"格言"，从不选择有风险的战术交战，而是规划和实施精心安排的攻击。在这样的攻击中，他与僚机占据所有有利位置。这样，再加上性能占优的战斗机，敌机几乎没有机会逃脱。德国航空部队达到了杀伤效率的顶峰。

当月，法国新任陆军总司令罗贝尔·乔治·尼维勒取代了不苟言笑的约瑟夫·霞飞。霞飞成功守住了战线，但未能实现预期突破。新上任的尼维勒的答案是：用大约7000门大炮对敌人后方进行精心规划的炮击，然后是徐进弹幕射击，后面跟随着70万人的部队，以及更为庞大的预备队等待着必然实现的突破。在此次攻击前，英国及其自治领的第1、第3和第5集团军将会攻击阿拉斯和维米岭。这一作战体制或类似作战行动以前尝试过。过去的行动失败了，这次的行动将再次失败。行动导致的骇人损失使很大一部分法国军队陷入兵变状态。

在空中，协约国飞机像往常一样致力于开展侦察行动，由于大部队推进即将开始，侦察行动比以往更加重要，但此时德军空中力量的实力达到顶点，成百上千架协约国飞机被击落，"血色四月"因此得名。

唯一能对抗信天翁飞机的是索普维斯三翼机，但只制造了140架，装备在比利时沿海作战的英国皇家海军航空队中队。飞行员给该机的昵称是"三足猎犬"。按照德国标准，该机的武器仍然不足，但是它至少带来了即将装备性能更好的飞机的希望。

损失惨重

特伦查德在敌人战线上空展开攻势的策略仍在继续——该策略与协约国的地面战术如出一辙。也同样，伤亡开始攀升。1917年4月中旬，协约国低劣的战斗机和拙劣的战术意味着新飞行员的预期寿命只有17天。

　　　我回头一看，一架杀气腾腾的小型侦察机喷着火焰，以惊人的速度向我们冲来。我机观察员拼命还击，这时敌机机动飞行，再次飞到我机后方（透

◀◀

福克DR.1

福克三翼机的早期研发因一系列的致命坠毁而受阻。它得到众多赞誉的情况让安东尼·福克本人也感到惊讶，主要原因是驾驶该型飞机的飞行员技艺精湛，如里希特霍芬和沃纳·沃斯。该型飞机从未大量使用过。

过飞机的螺旋桨向我射击）。就在他准备向我们再次俯冲时，我机转弯并还击。就在他距我机上方约30码（27米）准备再次俯冲时，我机开始半滚倒转飞行，完全处于他的视线之外。因此，该机匆忙飞开，转向水平飞行。我机在该机后方又射出一阵弹雨后，最终回到我方战线，我们的双翼机已经被打出了16个洞。即便这个时候，他们也不让我们消停，他们的野战高炮向我们发射榴霰弹。

——伯纳德·赖斯

除了得到少许的边界收益外，预期前景很好的地面进攻未取得战果，并且付出的代价惨重。法国陆军已经失控，英军已经筋疲力尽，尼维勒被免职。

4月29日，战役快结束时，里希特霍芬击落4架飞机，这些战斗机都是在德国领土上空被击落。1917年4月，他共击落21架飞机。

地平线上的曙光

协约国新型战斗机最终装备部队，战场开始恢复均势。瑞士工程师比尔基格特在一定程度上满足了协约国对更强劲发动机的需求。比尔基格特居住在西班牙，但为法国政府服务。他研制的革命性发动机——西斯帕罗-苏扎，是一体式设计。气缸以V8形式排列，缸体由铝合金制成，活动部件装在发动机铸件中，设计精致、均衡。他制造出的第一型发动机功率为150马力，后期改进型功率增加到220马力。1917年初，皇家飞机工厂制造出SE.5a战斗机，该型机安装了比尔基格特发动机，使飞机航速能够超过210千米/时（130英里/时）。该型机最初出现过一些小问题，但后来成为皇家飞行部队的主要战斗机。

大约在同一时间，拮据的法国战斗机中队开始接收斯帕德XIII飞机。该机同样安装比尔基格特发动机。从1917年1月到战争结束，法国工厂制造出2万台西斯帕罗-苏扎发动机。在英国和美国许可生产了更多的该型发动机。

最后，协约国装备了性能和火力相当，甚至超越德军的战斗机。但是德国航空工业并没有被打败。1917年，修长小巧的福克Dr.I双翼机问世，它的爬升率和机动性都是非凡的，虽然只制造了420架，它也很好地证明了自己。里希特霍芬与一架红色的Dr.I飞机紧密联系在一起，尽管他的大部分胜果都是用信天翁D.III飞机取得的。战斗机战术继续发展；战斗机中队开始形成大队，里希特霍芬本人也组建并指挥第1战斗机联队，该联队由第4、第6、第10和第11战斗机中队组成。它是一支地面和空中机动部队。该部队配备大量的地面车辆，确保基地能移动到前线任何受威胁的地点。由于设立在帐篷里的指挥中心不断在移动，它就像一个马戏团——一个飞行马戏团。

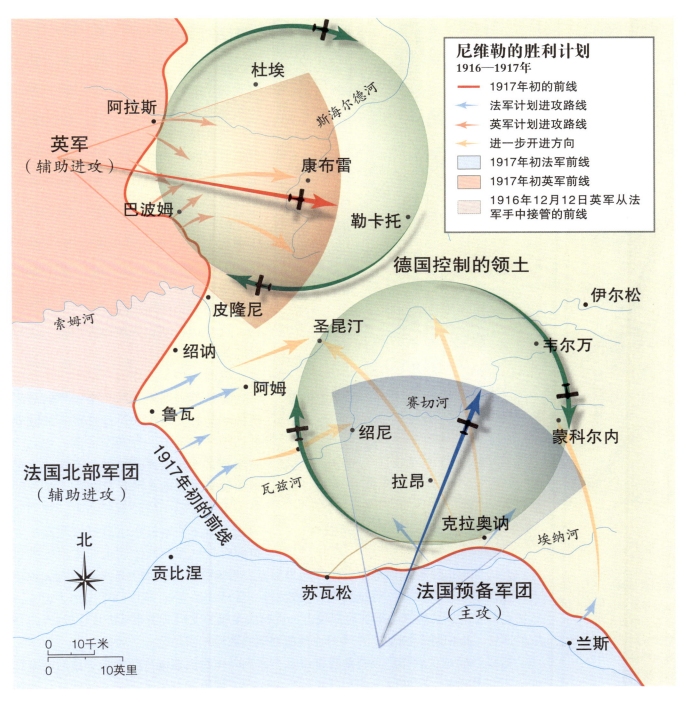

尼维勒的胜利计划
1916—1917年

- ▬ 1917年初的前线
- ← 法军计划进攻路线
- ← 英军计划进攻路线
- ← 进一步开进方向
- 1917年初法军前线
- 1917年初英军前线
- 1916年12月12日英军从法军手中接管的前线

杜埃

阿拉斯

英军
（辅助进攻）

斯海尔德河

巴波姆

康布雷

勒卡托

德国控制的领土

索姆河

皮隆尼

圣昆汀

伊尔松

绍讷

韦尔万

阿姆

赛切河

鲁瓦

绍尼

蒙科尔内

法国北部军团
（辅助进攻）

瓦兹河

拉昂

北

克拉奥讷

埃纳河

贡比涅

苏瓦松

法国预备军团
（主攻）

0   10千米

0   10英里

兰斯

▲

从1917年起，轰炸机在支援地面部队进攻中开始发挥越来越重要的作用。法国
在战术轰炸和战略轰炸方面都是先驱。它拥有卓越的宝玑Br.14型轰炸机。

梅西恩斯岭

航空摄影非常重要，因此有必要组织战斗机护航来保护侦察机，进而极大地推动了空对空作战的整体发展。

试图占据先机

尼维勒发动的攻击惨败后，英国陆军掌握了战场的主动权，开始发动新一轮攻势。不过，英军的攻击并不追求大规模突破德军防线，而是审慎地攻击，以期获得相应的收益，不会将陆军逼到极点。英国陆军沿着维米岭和法国在凡尔登的反攻路线发动了攻击。

6月7日，埋放在德军战线下方的地雷爆炸，第3次伊珀尔战役打响。就在这100万磅TNT炸药爆炸之时，伦敦都能听到爆炸声响。这场战役就是为大多数人所熟知的帕斯尚尔战役，战役持续进行，直至1917年11月英军才取得一定程度的胜利。

英国1917年的作战行动本应该结束了，但是英国陆军元帅黑格领导的最高统帅部却有其他想法。他选择一处较安静的地区测试了一种新型武器：坦克。驻康布雷地区的德军数量并不多，这里地面没有遭受炮火的反复轰击，重要的是，可以运用一项较新的技术。到当时为止，航空侦察提供了数百万张照片。英国根据这些照片绘制出非常精确的目标图。大炮可以准确地向地图上标注的坐标点发射炮弹，摧毁敌人各个据点。无须将大炮拉出来对准目标。这将达到奇袭的效果。短暂炮击之后，英国陆军出动了坦克，紧接着是步兵，这些部队得到对地攻击飞机和战斗机的支援。康布雷进攻作战1天内夺取的区域，与帕斯尚尔战役3个半月血战所夺取的区域相当。

西线空战对东线和意大利前线有着重大影响。作为同盟国中技术最发达的国家，德国不断受到英、法两国发展和赶超带来的压力。俄国和奥匈帝国都不能建成与西线相当的航空部队。但是，俄国已经制造出巨大的西科斯基"伊里亚·穆罗麦茨"4发动机飞机，到1914年时，已有少量可以用于作战。然而，俄国的帝国政权总体竞争力不强，再加上航空工业相对落后，这意味着俄国研究、制造和向正在组建的中队交付飞机的能力严重不足。即将分崩离析的奥匈帝国也好不了多少。尽管局势严峻，1914年俄罗斯帝国仍将大量可用的飞机投入战场。不过，该国的组织体制导致了它的失败，许多将军偏爱效率不高的单发战斗机，因为它们能够很快制造出来。在这样的国家里，庞大的数字最重要。在东线，军力与空间的比例与西线完全不同。陆军在广大战场空间机动，威胁力量迅速扩展，少量的飞机发挥的作用不大。1914年德军在坦能堡打败俄军。但是，1914年秋至1915年春，俄军给予奥匈帝国军队狠狠一击，差点将其打出战争，最后在德军的干涉下俄军的进攻才被阻止。

东线和南线的战事

　　1915年春，德国和奥匈帝国军队准备在戈里斯–塔诺夫发动攻击。俄军状态不佳，并且组织松散、疲惫不堪，航空部队的状态尤为不妙。德奥军队可以对俄军阵地进行侦察，而俄军则不能。德军统帅部希望在此次攻击成功后大规模入侵俄罗斯帝国，但是法金汉不同意。他停止了进攻作战，将部队调往西线准备凡尔登战役。奥匈帝国也未与其盟友协商，将军队调往意大利前线。由于得到这次意想不到的喘息机会，俄军奇迹般地恢复了作战力。

　　作为后人所熟知的"勃鲁西洛夫攻势"的一部分，俄国将数量不多的250架战斗机作战力发挥到极致。他们小心侦察奥匈军队的阵地，作为俄军一战中为数不多的王牌之一，亚历山大·卡扎科夫击落了多架敌机。1915年5月，他驾驶一架莫兰–索尼耶飞机首开战果，1916年中期，他成为第1空中作战大队的指挥官。1917年，他在罗马尼亚击落最后一架敌机。因为受伤，他的职业生涯结束。他的最后战绩是击落20架敌机。

　　俄罗斯帝国发动的最后一场大规模战役开始了。德国和奥匈帝国面临新压力，急忙将部队调往东线，因而其在法国和意大利阵地前线的实力变弱。但是俄军为帝国射出最后一枪后已经筋疲力尽，革命情绪使部队开始崩溃，只有忠于皇室的几个师在坚守前线。

　　1915年5月开始，奥匈帝国不仅要对付俄罗斯帝国，还要在沿阿尔卑斯边境一线对抗意大利。在1911—1912年与奥斯曼帝国作战期间，意大利是第1个进攻性部署"空军"的国家。到1915年，意大利航空军团已经装备了大约100架飞机，其中包括卡普罗尼Ca.3轰炸机。1915年8月20日，这些战斗力很强的战斗机首次参战。意大利军队将很多精力花在攻击坚固的奥匈帝国的阵地上。可靠的卡普罗尼轰炸机在战场上空飞行，主要攻击奥军战线后方重要的铁路节点和其他基础设施。在德国盟友的支持下，奥匈帝国组建了一支战斗力较强的战斗机部队，由戈德温·布鲁莫夫斯基等飞行员率领。他遵循里希特霍芬的教导，将其信天翁D.III涂成红色，以便与他心中的英雄保持一致。布鲁

▶

《布列斯特–里托夫斯克条约》

1918年3月，同盟国和俄国布尔什维克政府签订了《布列斯特–里托夫斯克条约》。这使德国可以将多个师转移到西线，为春季攻势做好准备。

莫夫斯基最终击落35架敌机。这一纪录使得意大利轰炸机飞行员不得不在夜间行动，从而使轰炸精确度降低。早在第一次世界大战前，意大利的朱里奥·杜黑将军就是制空权的倡导者。他也是出动轰炸机打击敌人士气的倡导者。不幸的是，在1915—1918年间，当时的技术和阿尔卑斯山脉成为巨大障碍。

瑞典

波罗的海

柯尼斯堡

但泽

德国

柏林

波森

华沙

奥得河

德累斯顿

布雷斯劳

波兰

布拉格

塔尔诺格鲁

克拉科夫

加利西亚

维也纳

奥匈帝国

布达佩斯

萨沃河

贝尔格莱德

《布列斯特-里托夫斯克条约》
1918年3月3日

—— 国际边界

1918年3月3日条约形成的被同盟国控制的俄国领土

其他由同盟国控制的领土

签订《布列斯特-里托夫斯克条约》时的东线（1917年12月）

停战协议规定的同盟国和乌克兰的西部边界线（1918年1月9日）

俄国放弃领土主权的西部区域边线

同盟国占领的最远战线

重要铁路线

普斯科夫
特维尔
里加
伏尔加河
尔兰
夫罗
莫斯科
维尔纳
维捷布斯克
明斯克
莫吉廖夫
图拉
普鲁扎尼
戈梅利
奥廖尔
普里佩特河
布列斯特-里托夫斯克
俄　国
库尔斯克
同盟国占领的最远战线
别尔哥罗德
基辅
哈尔科夫
贝格
第聂伯河
察里津
伏尔加河
乌克兰
伊卡德连诺斯拉夫
德涅斯特河
塔甘罗格
新切尔卡斯克
切尔诺夫策
敖德萨
亚速海
斯塔夫罗波尔
布加勒斯特
0　150千米
0　150英里
康斯坦萨
塞瓦斯托波尔
新罗西斯克
北
黑　海

1916—1918年间轰炸机作战

BOMBERS: 1916-1918

1911年11月1日，意军在利比亚对土耳其军阵地发动了世界上首次空中轰炸。此次行动是朱里奥·杜黑指挥的，在意土战争中，他是意大利一支小规模航空部队的指挥官。杜黑后来成为一流的制空权理论家，是战略轰炸的坚定倡导者。

为更好的空中战略而战

朱里奥·杜黑出生于1869年5月，毕业于摩登纳军事学院，后来被派往意大利陆军著名的神枪手部队担任步兵。服役期间，他在都灵理工学院学习科学和工程学。20世纪初，他被派到德国参谋部任职。他是第一批飞艇和飞机的发展及其在战争中首次有效运用的见证者。

▶

卡普罗尼Ca.3飞机

Ca.3等型卡普罗尼轰炸机针对亚得里亚海岸的目标进行了多次战略行动，包括的里雅斯特城市和海港。1917年11月初意大利军队在卡波雷托战败，奥匈帝国军队占领位于波带诺内的卡普罗尼飞机主要基地，战略行动实际上就停止了。

由于他在意土战争中承担的职责，杜黑被意大利总参谋部指定撰写一份有关战争的经验总结报告。杜黑在建议中指出军事航空部队的主要职责应该是轰炸。杜黑成为当时最有影响力的军事理论家，吸引了许多热诚追随者（他们通常与最高统帅部的论调不一致），受到有类似想法的军官的钦佩。

随着战争阴云笼罩欧洲，杜黑对意大利作战准备的不充分越来越担忧。在没有得到官方授权的情况下，他从朋友乔瓦尼·卡普罗尼那里订购了大量3发动机远程轰炸机。对意大利最高统帅部来说，这种"冒犯"是最后一根稻草。在此之前，最高统帅部已经认为，他的空中力量理论和组建一支独立航空部队的主张太激进。杜黑立即被解除航空营指挥官的职务，调往步兵师。然而，杜黑未经许可订购的卡普罗尼Ca.3飞机后来表现极为成功。这种非凡的3发动机轰炸机已经走在时代的前列，共有269架装备意大利航空军团，另有少量装备了法国航空部队。

尽管被放逐到陆军，杜黑继续著作并倡导提升意大利的作战能力，特别是空中作战能力。

对于直到现在仍被无情束缚在地面的我们来说，天空将成为一个重要性不亚于陆地和海洋的战场。未连接海洋的一些国家可以存在，但是没有哪个国家可以不呼吸空气而生存。

——朱里奥·杜黑

▲

西科斯基"伊里亚·穆罗麦茨"飞机

俄罗斯帝国拥有巨大的"伊里亚·穆罗麦茨"系列飞机，是交战国中首先认识到重型轰炸机潜力的国家。装备有8挺机枪重型防御、安装4台发动机的"伊里亚·穆罗麦茨"飞机执行了450次任务，投掷了65吨炸弹，在3年的作战飞行中仅损失3架，直至1917年的十月革命使其停止作战行动。

大约在同一时间，在意大利以东数百英里的地方，另一种革命性的飞机升空：它就是俄罗斯飞机设计师伊戈尔·西科斯基设计的4发动机"伊里亚·穆罗麦茨"飞机。该型机拥有不可思议的性能，航程达400千米（250英里），能够挂载大量的弹药。德国和奥匈帝国非常幸运，因为俄罗斯最高统帅部未能认识到该机的价值，因而该机的产量和装备数量都很少。不过，德军已经注意到该型机的出现。

　　1915年5月，战争席卷意大利，意大利陆军拙劣的表现使杜黑大为震惊，他采取更多行动让上级及政府相信，意大利摆脱败多胜少局面的答案在于空中作战力量。杜黑如实反映了关于意军作战力不强、准备不充分的看法，因而被送上军事法庭，受到入狱1年的惩罚，原因是散布虚假消息和动摇军心。

　　即便在监禁中，杜黑仍继续撰写有关空中力量的文章，建议协约国共同组建一支大规模机群，以轰炸同盟国，迫使其投降。1917年，杜黑被释放并返回部队服役，在航空总署担任航空处处长。1918年，杜黑辞职后继续著作，并于1921年完成其巨著《制空权》。他在书中指出，正如他一贯所坚持的，在打击敌人时，空中力量要比地面部队强大得多。浩瀚的天空使对手几乎不可能防御空中的攻击，这在本质上就赋予空中力量担负进攻的使命。轰炸敌人的电厂、城市、工厂和居民区，就能迫使敌人投降。富有进攻思想的英国皇家飞行队指挥官休·特伦查德认同杜黑的观点。德国的一些军官也持同样观点。

不断发展的德国空军

　　德国统帅部众多指挥官起初视飞艇为远程轰炸武器。1914—1915年间，飞艇航程和载弹能力远远超过当时已有的所有飞机。德国海军和陆军都装备飞艇轰炸英国，不过这2个军种间存在严重的竞争。1915年5月31日，陆军1艘飞艇首次轰炸伦敦。飞艇袭击持续至第一次世界大战末期，但是飞艇高昂的制造成本和越来越容易遭受攻击，导致德国最高统帅部开始制订计划，用飞机攻击英国本土。

　　1914年10月，陆军少校威廉·西克特到德国最高统帅部——最高陆军司令部（OHL）任职。他后来奉命指挥驻扎在比利时奥斯坦德附近的一支小规模航空部队。德国陆军的推进暂停下来，法国沿英吉利海峡的各港口仍然控制在协约国手中。西克特少校的小规模机群的航程太短，不能攻击英国的重要目标，因此他仅限于轰炸加莱和布洛涅。正是这些飞机不能抵达英国海岸，加之俄国伊里亚·穆罗麦茨飞机的影响和意大利卡普罗尼轰炸机的成功，刺激了德军要求制造商设计新型"巨型作战飞机"——首架飞机于1915年问世。此时德国最高统帅部已经认识到空中力量的重要性，任命恩斯特·冯·霍普纳将军指挥德国航空部队。此时德军已经装备新型远程作战飞机，因此西克特的计划被重新捡起，并进行重新审视。

意大利前线　1917—1918年

- 铁路
- 意军撤退路线
- 1917年10—11月卡波雷托战役后的意大利防线
- 1918年11月4日的停战线

（地图中地名标注：）

奥匈帝国

瑞士

蒂罗尔　科尔蒂纳　卡尔尼亚　普洛肯山口　朱利安阿尔卑斯山

斯泰尔维奥山口　吉奥山口　皮耶韦·迪卡多雷　卡波雷托

特伦蒂诺　托纳莱山口　贝卢诺　乌迪内　贝恩西查

吉德里亚里山口　博尔戈　维托里奥·维内托　戈里齐亚

特伦特　阿夏戈　皮亚韦河　蒙法尔科内　的里雅斯特

阿拉　布伦塔河　意大利　特雷维索　北

加尔达湖　维琴察　威尼斯

维罗纳　威尼斯湾　20千米　20英里

战役空中力量

　　到1917年春天，德国第一个轰炸机中队已经可以用于作战。该中队装备有哥达G.IV型轰炸机，随后第二个中队成立，装备更大型的飞机——齐柏林-斯塔肯R型轰炸机。西克特指挥的老部队改名为第1轰炸机联队。除了奥斯坦德附近最初修建的基地外，德国还在贡特罗德、圣德奈斯–韦斯特勒姆和玛丽亚凯尔克修建了基地。恩斯特·勃兰登堡上尉被任命为这支新部队的指挥官。经过集中训练后，他精心招募的轰炸机机组成员们做好了战斗准备。

　　1917年5月25日，23架哥达轰炸机起飞，进行该型飞机对英国的首次大规模轰炸。这些飞机在尼乌明斯特降落加油，之后继续飞往预定目标——伦敦。2架飞机因为技术问题返航，余下飞机继续前进。21架哥达轰炸机以大约3660米（12000英尺）的高度飞过埃塞克斯郡海岸的克劳奇河畔伯纳姆，在那里遇到塔状积云，能见度很差。德军轰

意大利对奥匈帝国持续进行了轰炸进攻行动，大部分飞行任务在夜间进行。卡普罗尼轰炸机还装备于意大利海军航空兵的第一批鱼雷轰炸机中队，以及法国军事航空队的2个中队。

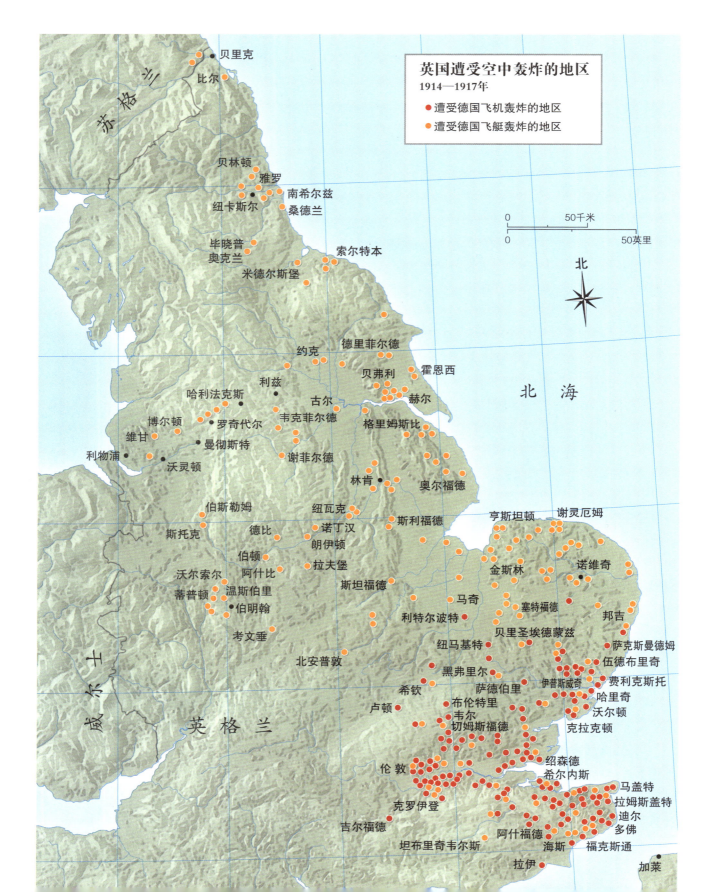

英国遭受空中轰炸的地区
1914—1917年
● 遭受德国飞机轰炸的地区
● 遭受德国飞艇轰炸的地区

苏格兰

贝里克
比尔

贝林顿
雅罗
南希尔兹
纽卡斯尔
桑德兰

毕晓普
奥克兰
索尔特本
米德尔斯堡

约克
德里菲尔德
霍恩西
贝弗利
赫尔

利兹
哈利法克斯
古尔
韦克菲尔德
格里姆斯比
博尔顿
罗奇代尔
维甘
曼彻斯特
谢菲尔德
利物浦
沃灵顿
林肯
奥尔福德

伯斯勒姆
纽瓦克
斯利福德
亨斯坦顿
谢灵厄姆
斯托克
德比
诺丁汉
金斯林
诺维奇
伯顿
朗伊顿
沃尔索尔
阿什比
拉夫堡
蒂普顿
温斯伯里
斯坦福德
马奇
塞特福德
伯明翰
邦吉
考文垂
利特尔波特
贝里圣埃德蒙兹
萨克斯曼德姆
北安普敦
纽马基特
伍德布里奇
伊普斯威奇
费利克斯托
黑弗里尔
哈里奇
希钦
萨德伯里
沃尔顿
卢顿
布伦特里
克拉克顿
韦尔
切姆斯福德
伦敦
绍森德
希尔内斯
马盖特
克罗伊登
拉姆斯盖特
迪尔
吉尔福德
阿什福德
多佛
坦布里奇韦尔斯
海斯
福克斯通
拉伊
加莱

威尔士
英格兰

北 海

北

0   50千米
0   50英里

炸机编队意识到在这种气象条件下不可能轰炸伦敦，它们转向南飞往肯特。轰炸一些随机目标成为该编队当天的主要任务。其中最佳目标是福克斯通港。勃兰登堡发出攻击信号，英吉利海峡的这个小港口遭到了德军本想投向伦敦的炸弹的轰炸。德军轰炸机仅投下5吨炸弹就造成当时最大的空袭行动伤亡——95人死亡，195人受伤。英军高射炮向来袭敌机开火，但是炮弹的爆炸高度低于德国轰炸机的飞行高度。英军起飞74架战斗机，但是未能攻击到德军轰炸机编队。德军只有1架哥达轰炸机损失，可能是因为发动机故障坠毁在海里。

6月5日，德军派22架轰炸机进行第二次袭击，目标是泰晤士河出海口的希尔内斯和谢佩岛海军船坞。英军战斗机这次拦截了德军飞机，并击落1架哥达轰炸机。6月13日，勃兰登堡率领哥达轰炸机再次轰炸英国。德军共派出20架轰炸机，其中3架因为各种技术问题返航，另有3架轰炸机沿泰晤士河出海口轰炸英国海军目标。余下的轰炸机继续向前飞行，约在上午11时32分抵达东伦敦上空。德军向船坞周围投下少量炸弹，但是该编队的预定目标是利物浦街火车站。在这里，德军投下约2吨炸弹，但是破坏性最大的一颗炸弹落在波普拉东郊的一所学校内，炸死16名孩子。此次攻击行动共造成162人死亡，432人受伤。德军的轰炸激起英国人的愤怒，促进了英国民众的团结。少数打劫者和暴徒开始变得安分。英国士气并没有像杜黑和其他人预测的那样崩溃。

为了更好地保卫国家，英军从西线召回2个训练有素的中队，此举令休·特伦查德少将非常恼火，他的部队在防御和维持攻势策略的行动中已经非常紧张。英军的防御力量最终变得越来越强，战斗机能够拦截轰炸机，或至少将其驱离主要轰炸目标。

▲

德国轰炸机部队

到1917年时，德国已经拥有了多架重型轰炸机，即哥达G.IV和哥达G.V（如图）。

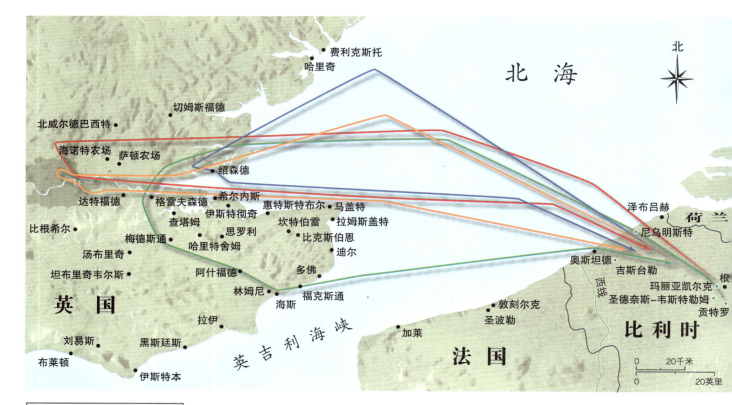

哥达飞机的昼间空袭
主要由第3轰炸机联队攻击

→ 1917年5月25日，5.1吨
炸弹：95死，195伤

→ 1917年6月13日，4.3吨
炸弹：162死，432伤

→ 1917年7月7日，4.3吨炸
弹：57死，193伤

→ 1917年8月12日，2.1吨
炸弹：32死，46伤

• 德国机场

▲
有效的攻击但代价惨重

在对英国目标的空袭行
动中，共有24架哥达飞
机被击落或损失。另有
36架在事故中损毁。

加大赌注

英国领导人不得不将空战提升到一个新阶段。大英帝国总参谋长威廉·罗
伯逊爵士认为，英国需要组建一支统一的独立航空部队。在劳合·乔治首相的
帮助下，扬·史末资将军领导一个新的关于航空部门的委员会。很快，英国认
识到陆军和海军之间的分散、割裂的指挥体制必须结束。取而代之的是建立新
型协调指挥结构，而且对伦敦进行了更全面的防御，使之不再成为轰炸机或飞
艇能够相对轻松轰炸的目标。德国轰炸机中队对英国的举措做出反应，开展夜
间轰炸。英国建立起特定的高射炮区域和拦阻气球线。高射炮进行了布置，以
配合为战斗机划定的巡逻区域。

与此同时，德国航空部门研制出一种巨大的飞机：齐柏林–斯塔肯R型飞机，最初
是为东线作战而设计的。为加强对英国的空中攻势，德军派出1个中队即第501中队前
往比利时增援。这样R型轰炸机与哥达轰炸机可以一同在夜间执行轰炸任务。1917年9
月29日夜，1架R型轰炸机与2架哥达轰炸机一同飞抵伦敦上空展开了轰炸。英国在继续
加强防空力量的同时，也对德军在比利时西部的轰炸机机场展开轰炸。英军还开始制

北

英 国

哈德利
费利克斯托
哈里奇

北　海

圣奥尔本斯
防空指挥

切姆斯福德
防空指挥

戈尔德汉格
斯托马里斯

北威尔德巴西特

海诺特农场

伦敦

萨顿农场

罗奇福德
绍森德

达特福德

格雷夫森德

希尔内斯

泰晤士河与
梅德韦河防
空指挥

伊斯特彻奇

惠特斯特布尔

马盖特
拉姆斯盖特

查塔姆

坎特伯雷

比根希尔

德特灵

思罗利

比克斯伯恩

雷德希尔
防空指挥

梅德斯通

哈里特舍姆

迪尔

汤布里奇

阿什福德

福克斯通

防空指挥
（多佛和东肯特防区）

坦布里奇韦尔斯

林姆尼

海斯

拉伊

加莱

刘易斯

黑斯廷斯

英吉利海峡

法 国

伊斯特本

0 ─── 20千米
0 ─── 20英里

英国防空　1918年

- ✛ 空中巡逻路线
- ▨ 地面高射炮防御区
- ◉ 索普维斯"骆驼"战斗机中队
- ◉ 布里斯托尔F.2B战斗机中队
- ○ 防空指挥控制（AADC）

▲
英国的防空

英国皇家航空队和皇家海军航空队的本土防御大队战斗机中队，于1917年发展出新的战术来抵御空袭。"战备"是用3次短促的蜂鸣器响声表示。听到警报后，飞行员和机械师跑向他们的飞机，将飞机推出掩体。起动发动机，飞行员坐在座舱中，等待下一步命令。收到"巡逻"命令后，防空飞机按编队爬升到指派的空域，由地面信号指挥控制。

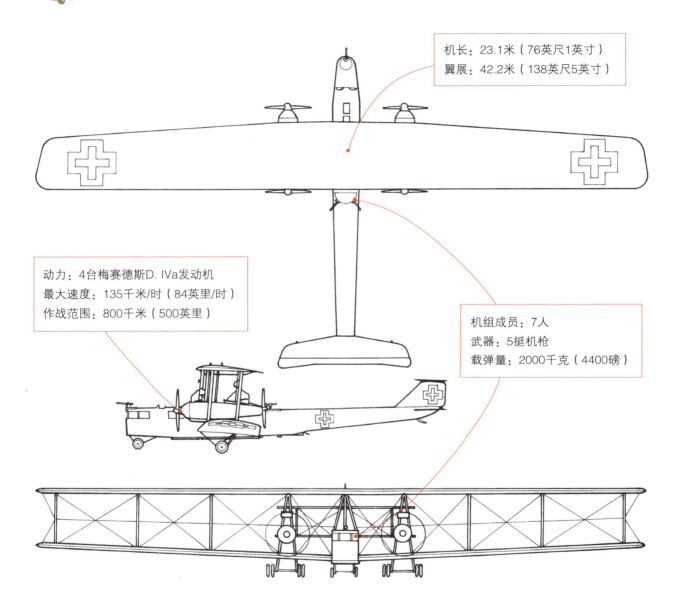

机长：23.1米（76英尺1英寸）
翼展：42.2米（138英尺5英寸）

动力：4台梅赛德斯D.IVa发动机
最大速度：135千米/时（84英里/时）
作战范围：800千米（500英里）

机组成员：7人
武器：5挺机枪
载弹量：2000千克（4400磅）

定轰炸德国的计划。

　　法国迅速认识到战略轰炸的重要性。从1916年开始，法军白天出动优良的宝玑Br.14轰炸机，在战斗机有力护航下对莱茵兰的德国目标进行轰炸。而英国从对抗之初就在努力研制航程更远的轰炸机，其成果是汉德利·佩季O/100轰炸机。该机源自1914年12月发布的"使敌人彻底瘫痪的飞机"的需求，用于轰炸德国。1916年11月，汉德利·佩季O/100轰炸机装备西线的皇家海军航空队第3联队。从1917年春天开始，该联

队的第14、第16中队专注于在夜间轰炸德国的重要设施，如潜艇基地、火车站和工业中心。

　　尽管特伦查德反对将部队撤离日常作战任务紧迫的西线，但他还是很不情愿地答应了组建一支专门的轰炸机部队。英国为轰炸机部队装备新型的汉德利·佩季O/400轰炸机，并希望该部队在1917年底做好作战准备。新组建的轰炸机部队，1917年10月17日出动仅有的8架DH.4轻型轰炸机首次轰炸德国。这些轰炸机轰炸了位于萨尔布吕肯的钢铁厂。1918年4月，史末资提出，组建一支能够将战火烧到德国本土的独立的英国航空部队，这一建议变成现实。1917年10月，第41联队配属的3个中队开始执行轰炸任务，不过此时仅有1个中队装备了汉德利·佩季O/400双发轰炸机。到5月时，该联队扩编为5个中队，成为由皇家航空队和皇家海军航空队联合组建的皇家空军的一部分。

　　这支新组建的部队由空军参谋长特伦查德指挥。特伦查德积极推行轰炸策略。实际上，大多数轰炸只是支持陆军作战的战术行动。不过英国设计的新型远程轰炸机，如德·哈维兰DH.17、汉德利·佩季V/1500"柏林轰炸机"都在生产中。如果这些轰炸机在战争结束前装备部队，那么德国的大城市就会遭受英军集中轰炸。

▲　◄◄

齐柏林-斯塔肯R.VI型飞机

巨大的R.VI是第1款拥有封闭式座舱的军用飞机，也是最大的木质飞机——直到1947年，这一纪录才被霍华德·休斯制造的H-4"大力士"（又称"云杉鹅"）打破。

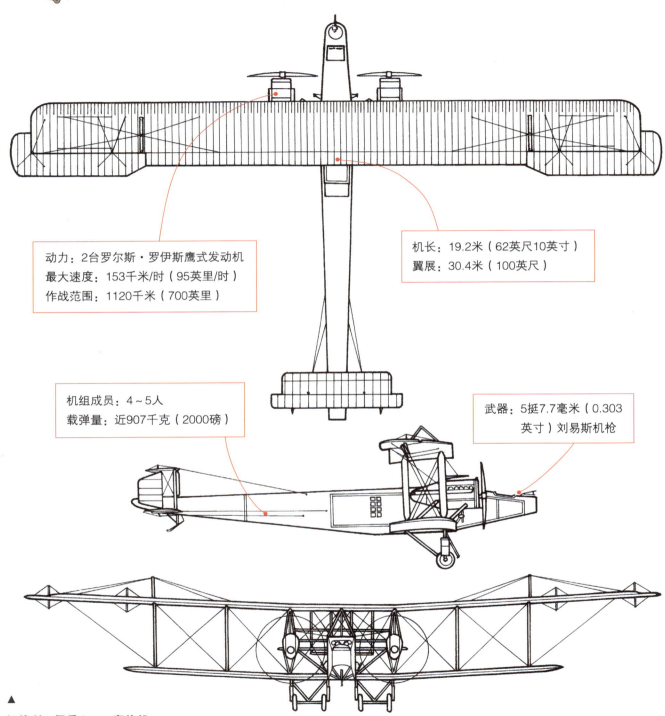

动力：2台罗尔斯·罗伊斯鹰式发动机
最大速度：153千米/时（95英里/时）
作战范围：1120千米（700英里）

机长：19.2米（62英尺10英寸）
翼展：30.4米（100英尺）

机组成员：4~5人
载弹量：近907千克（2000磅）

武器：5挺7.7毫米（0.303
英寸）刘易斯机枪

▲
汉德利·佩季O/400轰炸机
英国也计划打造一支有效的重型轰炸机部队。
1916年研制了汉德利·佩季O/100型轰炸机。
1917年推出改进型号，即图中的O/400型。

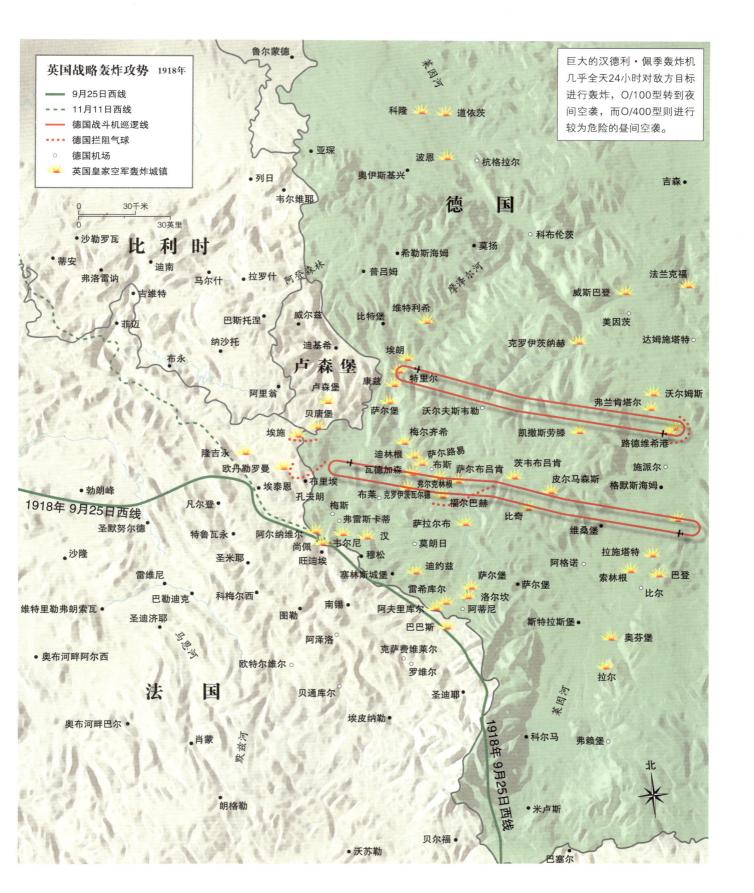

英国战略轰炸攻势 1918年

—— 9月25日西线
----- 11月11日西线
—— 德国战斗机巡逻线
····· 德国拦阻气球
○ 德国机场
英国皇家空军轰炸城镇

0   30千米
0   30英里

巨大的汉德利·佩季轰炸机
几乎全天24小时对敌方目标
进行轰炸，O/100型转到夜
间空袭，而O/400型则进行
较为危险的昼间空袭。

鲁尔蒙德

莱茵河

科隆   道依茨

亚琛   波恩   杭格拉尔   吉森

奥伊斯基兴

比利时

沙勒罗瓦

蒂安   迪南

弗洛雷讷   吉维特   马尔什   拉罗什   阿登森林   普吕姆   科布伦茨

列日   希勒斯海姆   莫扬

韦尔维耶   巴斯托涅   威尔兹   比特堡   维特利希   摩泽尔河   克罗伊茨纳赫   达姆施塔特

纳沙托   迪基希   埃朗   威斯巴登

布永   卢森堡   特里尔   沃尔姆斯   法兰克福   美因茨

卢森堡   康兹   弗兰肯塔尔

阿里翁   萨尔堡   沃尔夫斯韦勒   凯撒斯劳滕   路德维希港

贝唐堡   梅尔齐希   萨尔路易   茨韦布吕肯   施派尔

埃施   迪林根   布斯   萨尔布吕肯   皮尔马森斯   格默斯海姆

隆吉永   瓦德加森   弗克克林根   福尔巴赫   比奇

欧丹勒罗曼   布里埃   布莱   克罗伊茨瓦尔德   维桑堡   拉施塔特

勃朗峰   埃泰恩   孔弗朗   梅斯   莫朗日   阿格诺   索林根   巴登

凡尔登   弗雷斯卡蒂   萨拉尔布   比尔

1918年9月25日西线

圣默努尔德   特鲁瓦永   阿尔纳维尔   尚佩   韦尔尼   汉   迪约兹   萨尔堡   奥芬堡

沙隆   圣米耶   旺迪埃   穆松   雷希库尔   洛尔坎   斯特拉斯堡   拉尔

雷维尼   圣迪济耶   科梅尔西   南锡   阿夫里库尔   阿蒂尼

维特里勒弗朗索瓦   巴勒迪克   图勒   巴巴斯   萨尔堡

克萨费维莱尔   科尔马

奥布河畔阿尔西   阿泽洛   罗维尔   弗赖堡

贝通库尔   圣迪耶

奥布河畔巴尔   埃皮纳勒   1918年9月25日西线   米卢斯

肖蒙   法国

默兹河   莫兹河   莱茵河

朗格勒   贝尔福   巴塞尔

沃苏勒

德国

北

1917年美国战争动员

AMERICA MOBILIZES: 1917

在那边!

当美国1917年4月6日宣布对德进入战争状态时，美国陆军通信兵航空处仅拥有不到300架飞机，没有1架作战型飞机。而且1100名人员中仅有35名合格的飞行员。1917年7月的《航空法》带来了大幅增加的资金投入和积极踊跃的征募运动。

德国发动的潜艇战旨在切断英国与庞大的海外帝国之间的补给线，特别是与大西洋对面的邻国——美国之间的补给线。尽管潜艇战在短期内取得一些胜利，但是最终却事与愿违。美国总统伍德罗·威尔逊向德国清楚地表明，如果德国攻击美国的商船，那么美国将把该行为作为向德国宣战的理由。在损失大量商船，特别是"卢西塔尼亚"号沉没导致168名美国公民死亡后，1917年4月，美国加入协约国对德宣战。

单纯从军事力量考虑，除了海军外，美军其他军种的作战力量并不强。美国无法以任何有意义的方式参与欧洲大陆的战事——因此美国开始大规模动员。

志愿者的奉献

美国直到1917年才正式参战。不过，几乎从一战刚一开始，美国就积极参与到战争中，如美国野战救护服务队。后来，在富有冒险精神的美国新英格兰人诺曼·普林斯率领下，美国志愿者在法国航空部队中成立了1个中队，并从1916年4月16日开始执行作战任务。美国共有209名志愿者加入法国航空部队。大多数志愿者在法国布克接受例行训练，驾驶的是布雷里奥飞机。其中只有31人加入了拉斐特中队，其余志愿者在法国其他飞行中队服役。

法国训练学校并不是安乐窝，我们天不亮就起床，喝下一杯权当咖啡的温热菊苣汁后，一直到11点才吃第一顿饭。白天在机场，冻得直发抖的我们轮流登上"布雷里奥单翼机"这种恐怖但又出色的奇特装置进行训练。

尼乌波特
圣乔治
迪克斯梅德
伊珀尔
圣埃洛伊
里尔
贝蒂讷 新沙佩勒
屈安希 拉巴赛
韦尔梅勒
阿拉斯
阿尔贝
皮隆尼
圣昆汀
鲁瓦
努瓦永
拉费尔
贡比涅 苏瓦松
拉昂
兰斯
马恩河
埃佩尔奈
莫城
蒂埃里城堡
沙隆
法 国
塞纳河
特鲁瓦
朗格勒

比 利 时
荷 兰
北

根特
鲁汶
布鲁塞尔
瓦夫尔
蒙斯
沙勒罗瓦
莫伯日
阿韦讷
柏利奥巴
佩尔特斯
瓦雷讷
凡尔登
孔桑瓦
巴勒迪克
圣米耶
蓬塔穆松
南锡
图勒
吕内维尔
肖蒙

列日
那慕尔
默兹河
梅济耶尔
色当
隆维
加尔维茨集团军群
卢森堡
迪登霍芬
(蒂永维尔)
梅斯
布拉蒙
瑟诺讷
圣迪耶
埃皮纳勒
坦恩
贝尔福

亚琛
德 国
摩泽尔河
莱茵河
特里尔
卢 森 堡

阿尔布雷希特集团军群
萨尔堡
集团军分遣队 B
集团军分遣队 A

比利时集团军群
✈ 140架飞机

4
6
17
鲁普雷希特集团军群
2
18
7
1
3
C
5
19
A
B

英国远征军
✈ 1750架飞机

✈ 2700架飞机 德国陆军航空队
✈ 350架飞机 德国海军航空队

法国中央预备军团

1918年11月11日停战线

美国远征军
✈ 740架飞机

✈ 3222架飞机 法国军事航空队
✈ 1254架飞机 由法国海军控制

法国东部集团军群

西线战场部署的飞机
1917—1918年

- 1917年3月15日前线
- 1918年3月21日前线
- 1918年9月26日前线
- 1918年11月11日停战线
- XXXXX 集团军群
- -XXXX- 集团军群边界

0   50千米
0   50英里

作为美国远征军的一部分，美国陆军航空勤务队正式组建，梅森·帕特里克少将担任该部队司令。美国远征军总司令约翰·J.潘兴将军最初要求组建260个作战中队。后来，这一数字减少至202。美国航空勤务队包括101个侦察中队、27个夜间轰炸中队、14个昼间轰炸中队和60个追击（战斗机）中队。他们计划在法国与16个军组建的3个集团军协同作战。在一战爆发时，美国的空中力量微不足道，也没有像样的航空工业为其提供飞机。因此，美国政府向法国、英国订购大量飞机，包括用于侦察和轰炸的DH.4和莎尔玛生飞机，以及用作战斗机的纽波特28、斯帕德XIII和S.E.5。美国还计划让尽可能多的合适公司共享飞机制造许可。这一做法并不成功。

欧洲生产技术要求使用大量技工进行手工修整和装配，因而不能很好地转换成美国的大规模生产方式。在美国，生产线规模很大。而且，民营工业部门来不及转换成军用的模式。尽管遇到这些困难，美国仍制造出了4000多架DH.4飞机，这些战斗机的动力装置是美国自行设计的180马力发动机绰号，"自由"。1917年，国会通过了6.4亿美元专用于扩大航空工业的巨额拨款——这是到当时为止，专门为一个目标批准的最大一笔拨款。

抵达欧洲

1917年8月，美国第1个作战中队，即担负侦察任务的第1航空中队抵达法国。1918年2月，美国航空勤务队参加作战行动，并于当月5日首开战果。在美军开展地面作战行动时，美军航空中队极大支援了第三次埃纳河战役、圣米耶战役以及默兹–阿贡尼攻势。

那些在法国拉斐特中队的美国飞行员加入了美国航空勤务队第103航空中队。到1918年11月11日，美军有7个轰炸机中队、18个侦察机中队和20个战斗机中队在西线作战。作战活动包括对德军战线后方275千米（120英里）范围内的目标进行轰炸。美军声称击落756架敌机和76个热气球。作战中诞生了31个空中王牌飞行员，其中包括击落26架敌机的埃迪·里肯巴克上尉。美国航空勤务队损失了289架飞机、48个气球和237名机组成员。战争结束时，美国部署在世界各地的空中作战中队数量达到185个，并且有全方位的建造、补给、工程和训练设施为其提供支持。

1918年最后的决战

FINAL BATTLES: 1918

1917年底，俄罗斯帝国已经疲惫不堪，丧失威信的沙皇政权在革命运动中倒台。新成立的民主临时政府最初企图履行俄罗斯与西方盟国间的义务。克伦斯基领导的政府认为，只有在战场打个大胜仗，才会赢得管理俄国新政府的权力，于是在1917年6月发动了布鲁西洛夫攻势。进攻行动开始取得小胜，但攻势很快减弱，随后终止。俄罗斯帝国土崩瓦解。政权落到布尔什维克党手中。布尔什维克党的最初计划是把革命传播到欧洲，从各国内部结束战争。虽然他们未取得成功，但至少在俄罗斯各城市掌握了政权。因为布尔什维克要加强对俄罗斯的控制（当时的政权还未稳固），不惜任何代价与德国缔结和约就变得至关重要。双方谈判的结果是达成了《布列斯特–里托夫斯克条约》，向德国和奥匈帝国割让大面积国土。这在一定程度上缓和了协约国对德国封锁产生的压力。在东线局势相对平稳后，同盟国把目光投向其他战线。

德军在法兰德斯遏制住英军攻击后，于1917年10月开始攻击意大利前线，德军部队被调派增援奥匈帝国军队。攻势在卡波雷托发动，意大利军队全面溃败。德军向前推进了约129千米（80英里），但是在英、法两军的支援下，意军守住了皮亚韦河一线。

在法国康布雷，英军利用大量新型坦克发动攻击，这使德国最高统帅部产生警觉，立即停止了意大利战线的行动。但意军在局势极大改观之前仍旧无法进攻；尼维勒在春天发动的攻势的惨重代价仍然困扰着法国；美军仍在训练和运送部队至欧洲战场，其在战场仍只是一支象征性的力量。因此在德军眼里，英军是德军1918年面临的主要对手。

迫切需要扩大生产

美国刚一开始对战争施加影响，德国最高统帅部就认识到了美国工业的制造潜力。1917年年中，德国发起"美国计划"，号召工业部门每月制造2000架飞机和2500台发动机，以应对法国、英国和美国工业部门生产规模的扩大。德国工业生产承受的

压力增加，飞机价格上涨。德国产业工人士气也受到打击。德国人民对战争的狂热消退，出现了罢工现象，飞机的制造工艺水平也有所下降。1917年，德国制造出13977架飞机，但只有12029台发动机。同一时期，法国和英国一共制造出28781架飞机和34755台发动机。更让德国人感到不祥的是，美国工厂开始制造出飞机。

　　在1918年头几个月里，德国每月制造的飞机数量不到1100架。这对德国航空队来说是一个不好的消息。德国航空队不得不利用训练和后备力量来维持前线作战水平，否则它的实力就会被削弱，从而导致其失去对空域的控制。长期防御策略变得必要。尽管德国和奥匈帝国控制东欧大部地区，但这些地区都是贫穷的农业地区，不具备支援同盟国战争活动的工业基础。意大利本来会遭受一次严重的攻击，但由于美国的军事集结给协约国带来数量优势，因此对于德国来说西线的局势更加恶化。1918年春天，胜利对德国来说已经遥不可及。此时，同盟国仅掌握微弱优势。尽管在签订《布列斯特–里托夫斯克条约》之后，德国需要派兵保护广大的东欧地区，但是其仍能向西线派遣部队。同盟国的兵力仍处于优势状态，达192个师，而协约国只有169个师。

　　3月21日，西线"米歇尔行动"打响，德军攻势直指阿拉斯和圣昆汀的英国第3、第5集团军。德国陆军采用新战术。为保持攻击行动的出其不意，专门组建的暴风突击队装备自动武器，迅速前冲，绕过据点；后面的支援部队负责拔掉据点。空中是新组建的攻击中队，按照攻击联队进行编组，装备了对地攻击飞机，负责攻击敌人补给线、机枪据点和任何抵抗点，并向陆军指挥官报告战事进展情况。每个攻击大队负责

▼

前线跑道

图中这条临时前线跑道上的飞机是皇家飞机制造厂制造的RE.8，用于接替BE.2型飞机执行侦察任务，后来被广泛使用，装备了33个皇家飞行队。像BE.2一样，RE.8在作战中灵活性太差，并遭受了巨大损失，通常是在严密护航的情况下作战。

一片前线区域的掩护，随着弹药和油料补给越来越少，飞机成了不间断的替代品。德国陆军指挥官拥有了这种高度机动的"轻型空中炮兵"，并掌握了不断更新的信息。协约国部队也将采用类似战术。

向索姆河推进

德国空中作战力量已经从1917年底的2270架增加到1918年3月的3670架。1918年初，德国福克D.VII新型飞机开始服役。对一般水平的德国飞行员而言，它是一个危险的对手；但在经验丰富的飞行员控制下，它往往成为协约国飞行员在世上看到的最后一件东西。德军攻势是要向西南方向的索姆河推进。转向西北席卷英国和比利时军队防线的行动起初进展顺利。协约国战线被冲出了一个巨大的突出部。但是，4月4日，德国后勤补给跟不上部队前进的速度，德军的攻势失去动力。协约国重组了最高统帅部，对各个师进行重新部署，并且守住了战线。4月9日，鲁登道夫发动第二次攻势，取得初步战果，但是到4月17日，英军的反攻也取得一定的战果。

这期间，德国航空队每月损失约14%的飞行员，损失率很高，导致训练学校来不及向部队

西线的德国集团军，1918年8月

海岸线（英吉利海峡）　　　　　　　　　　　　　　　　　　　瑞士边境

日期　XXXX 4　XXXX 6　XXXX 17　XXXX 2　XXXX 18　XXXX 9　XXXX 7　XXXX 1　XXXX 3　XXXX 5　XXXX C　XXXX 19　XXXX A　XXXX B

（1—31日）

飞机损失情况
1918年8月
· 德国
· 协约国

这幅图展示了协约国和德国在1918年8月的战斗中损失的飞机。注意第一次世界大战最后一次攻势开始时（8月8日和9日）协约国航空部队遭受的惨重损失。

补充飞行员。德军4月伤亡的飞行员中还包括曼弗雷德·里希特霍芬。他在离索姆河不远的莫朗库尔岭上空被击落。最新研究表明，他是被澳大利亚机枪手击落的，而非最初认定的第209中队的罗伊·布朗上尉。里希特霍芬的死给德国以沉重的打击。鲁登道夫陆军元帅指出，他的死对德国人士气的影响相当于10个德军师被歼。

5月27日，法国陆军受到攻击，德军在头24小时推进了21千米（13英里），这是1914年以来德军在西线1天内推进最远的距离。6月3日，德军抵达马恩河。1914年8月至9月，大规模作战场景重现。同早些时候与英军作战一样，德国维持进攻的后勤补给力衰竭，攻击停止。

为了体验即将来临的战事，美军2个师也在协约国反击部队序列之中，第1师于5月28日抵达坎蒂尼，第2师于6月2日抵达贝洛森林。6月9日至7月15日，德军又发动2次进攻，但攻势逐渐减弱。此时，德军疲惫不堪。几次攻势已经致使100万人伤亡，包括德国许多最优秀的飞行员，以及大约2900架飞机。

致命的坠落

在降落伞采用之前，飞行员宁可坠地摔死，也不愿意活活烧死。德国是第一个采用降落伞的国家；德国飞机普遍拥有更为强劲的发动机，可以进行更好的布置，以承受额外的重量。

局势逆转

此时，轮到协约国展开攻势了。7月18日，法国陆军越过马恩河开始反攻。8月2日，法军推进至苏瓦松；8月8日，英国第4集团军和法国第1集团军进攻阿尔伯特南部德军。协约国军队的攻击取得巨大成功，特别是英澳部队的攻击。协约国军队的空中侦察仔细识别了德军的主要防线。经过短暂的准确轰炸，在近距离空中支援下，协约国军队的坦克和步兵发动攻击，这是最初的闪电战作战模式。刹那间，协约国军队穿过了"无人区"致命地带，突破德军防线，鲁登道夫将这一天称为"一战中德国陆军最不光彩的一天"。

就在德国陆军后退之时，装备和人员严重不足的德国战斗机联队，在努力牵制协约国的轰炸机。他们成功保护了索姆河上的桥梁，防止其被协约国轰炸，特别是新型福克D.VII飞机给来袭敌机造成了沉重伤亡。在40千米（25英里）长的战线上，仅有的365架德国飞机苦战，以阻挡协约国1900多架飞机。

9月12日，鲁登道夫组织部队撤退时，新组建的美国第1集团军进攻了圣米耶突出部。8月和9月，德军仍在空中拼命抵抗，给协约国造成了重大伤亡。美国第1昼间轰炸大队，在圣米耶突出部上空损失了31名机组成员。不过，攻势飞行实际上阻止了德军侦察。美国第27航空中队的气球射击专家、王牌飞行员弗兰克·卢克在18天内击落17个德军气球。德军最高统帅部无法得到正在进行的战事的清晰图像。

　　协约国的攻势仍在继续，迫使大多数战线上的德国集团军撤退。每一次撤退，德国航空部队都不得不退却到准备不充分、设施不完善的机场，因而其作战力也相应地下降。3月至11月，德国空中力量从大约3700架飞机减少至2700架。飞机生产数量凸显了德国面临的糟糕局势：到11月，德国生产出8055架飞机和9000多台发动机。同一时期，英国和法国已经生产出56378架飞机和约66651台发动机，足以补充本国部队和美国航空勤务队。虽然美国雄心勃勃的生产计划还没有取得巨大成功，但预计会在1919年产出巨大的结果。

　　世界航空工业已经发生巨大变化。1914年，飞机只被视为一种飞行观察哨，但是到1918年战争结束时，开展作战行动时不部署飞机已变得不可思议。甚至连《凡尔赛条约》都提到了各种飞机，特别是福克D.VII在1918年夏末产生的影响。世界几大强国加入第一次世界大战时，其航空部队仅装备数百架飞机和配属相应数量的机组成员；但是战争结束时，其航空部队的飞机数以千计。空中战争的发展已不可逆转了。

▼
宝玑Br.XIV飞机

路易·宝玑在第一次世界大战中最有成效的产品，无疑就是Br.XIV双座侦察轰炸机。首架生产型飞机于1917年春天进入法国军事航空部队服役，很快便赢得了坚固可靠的赞誉。

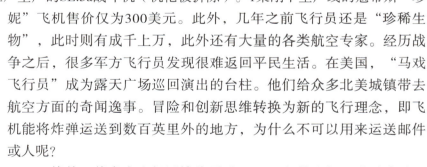

两次世界大战之间的岁月

THE INTER-WAR YEARS

▼

查尔斯·金斯福德·史密斯

第一次横跨太平洋的飞行，是1928年由查尔斯·金斯福德·史密斯作为机长驾驶福克F.VIIB-3m飞机（名为"南十字"号）完成的。这一惊险飞行在经历了多次雷暴和沿途几次经停后，最终在布里斯班的老鹰农场着陆。"南十字"号航程11890千米（7389英里），历经83小时38分。

　　1918年11月11日，实际战斗已经停止了，大约6个月后，德国与协约国于1919年6月28日签署《凡尔赛条约》，这一和约正式结束了这场"结束所有战争的战争"。该条约对德国施加严厉的惩罚，包括禁止其发展军用航空业。不过，协议并没有禁止德国发展民用航空业，也没有禁止德国涉足新领域。战争结束时任协约国陆军总司令的法国元帅费迪南·福煦指出，该条约只不过是一份为期20年的休战协议。

废墟之上

　　随着和平的降临，数以千计供过于求的飞机被废弃、出售或封存。5英镑就可以买到1架皇家飞机工厂生产的SE.5a战斗机（机枪被拆除）。1架刚下生产线的寇蒂斯"珍妮"飞机售价仅为300美元。此外，几年之前飞行员还是"珍稀生物"，此时则有成千上万，此外还有大量的各类航空专家。经历战争之后，很多军方飞行员发现很难返回平民生活。在美国，"马戏飞行员"成为露天广场巡回演出的台柱。他们给众多北美城镇带去航空方面的奇闻逸事。冒险和创新思维转换为新的飞行理念，即飞机能将炸弹运送到数百英里外的地方，为什么不可以用来运送邮件或人呢？

　　一战前，德意志飞艇运输公司（DELAG）的飞艇运送过成千上万名乘客。1913年，佛罗里达首次尝试定期航空运输服务，但直到1919年8月25日，英国飞机运输和旅行有限公司才在巴黎和伦敦之间首次开通持续的空中运输服务。欧洲各国首都间的航线很快建立起来。尽管在最初大多数欧洲国家都为航空服务提供补贴，但是英国做得更晚一些。当几家私人开办的航空公司的业务失败之后，4家幸存的公司合并组成了一个由政府提供补贴的航空公司。1924年3月13日，该公司被命名为帝国航空公司。该公司的主要目标是将英国

及遍及世界的帝国领地进行空中战略联结。战争结束后的1个月里，1架经过特殊改装的汉德利·佩季V/1500轰炸机（原计划轰炸柏林）从英国起飞，首飞至印度。这是皇家空军进行的第一次先驱飞行。

　　通过马耳他、开罗、东非和西非，空中航线可以拓展至南非。法国飞行员飞到其在非洲领地的枢纽——达喀尔，将大多数殖民地前哨联结起来。荷兰人通过中东、印度飞往东亚。德国的海外领域虽然因《凡尔赛条约》而被瓜分，但它也开通了前往苏联和中国的航线。在20世纪20年代和30年代初，德国和苏联关系非常友好，这是规避令德国人深感憎恶的《凡尔赛和约》的一种方式。就在欧洲各国计划联结各自帝国领地之时，美国人将视野转向挑战大西洋。

大西洋的诱惑

　　在此之前，英国《每日邮报》的老板、酷爱飞行的诺斯克里夫勋爵提供了一笔1万英镑的奖金，奖给第1位飞越北美与不列颠群岛之间大西洋的人。当时，作为英国一部分的爱尔兰是极佳的降落地点。事实上，在1914年，一名英国人和一名美国人正各自进行相关的尝试，但是由于战争爆发而中止了飞行计划。格伦·寇蒂斯一直是美国最初飞行计划的参与者，他制造出可用的水上飞机，并于1918年制造出更好、更先进的飞机。第1架寇蒂斯NC-1飞机的动力装置是3台400马力的牵引式 "自由" 发动机。后续试验催生出NC-2、NC-3和NC-4型飞机，动力装置都是4台同型发动机。这种双翼机翼展38米（126英尺），船形机身长13.7米（45英尺）、机宽3米（10英尺）。该型机原计划用于支持美国海军在欧洲海域的作战行动，但是没来得及部署到海军航空站，一

▲
轰炸机的改造

一战后的几年间，一些汉德利·佩季O/400大型轰炸机被改造成运输机。该图就是第一次商业飞行的情况，运输机于1919年4月30日携带报纸和11名乘客从克里克伍德出发，3小时后到达曼彻斯特。

寇蒂斯NC-4

1919年5月27日，美国海军第1水上飞机分队A.C.里德少校指挥的一架寇蒂斯NC-4水上飞机完成了首次跨大西洋飞行。它从纽芬兰出发，途经亚速尔群岛，抵达葡萄牙里斯本。它的两架伴航机NC-1和NC-3都早早退出了行程。这架成功抵达里斯本的飞机在那里停留了10天，然后继续飞往英国普利茅斯。

战就结束了。

　　然而，人们并没有失去对远程部署飞机的兴趣。美国海军航空局组建了一个特殊的跨大西洋飞行部门，致力于研究跨大西洋飞行面临的所有问题，组织飞行探险。这一行动在1919年得到外界的广泛支持。

　　NC水上飞机的最大航程约为2366千米（1470英里），这意味着不经停飞越大西洋是不可能的，因此选择了经停亚速尔群岛的航线。每架水上飞机配备6名机组成员：2名飞行员、1名导航员、1名无线电操作人员和1名后备飞行员兼工程师。4架水上飞机每架携带油料6094升（1610加仑），油料存放在机身中部。美国沿航线在特里佩西湾、纽芬兰岛、亚速尔群岛之间部署了50多艘军舰。在准备起飞之前，NC-2水上飞机因机械故障不得不退出。

成功飞越大西洋

　　5月16日，寇蒂斯NC-1、NC-3和NC-4飞往亚速尔群岛。在长达数小时的黑暗环境中，部署在海上的舰船试图利用探照灯、发射照明弹为飞机指引航线。5月17日清晨，NC-4的导航员发现了亚速尔群岛最西端的岛屿——弗洛勒斯岛。随后他绘制出前往最大的岛屿——圣米格尔岛的航路，但是大雾迫使其在法亚尔岛上的奥尔塔降落。此时，他们已经飞行了约2229千米（1380英里）。3天后，NC-4飞到圣米格尔岛。在该岛，该机又停留了7天。5月27日，NC-4离开亚速尔群岛飞往里斯本，这是一段长达1489千米（925英里）的飞行。该机在最后一段距离飞行了9小时43分，完成了第1次空中飞越大西洋的壮举。飞机上除了机长A.C.里德少校外，还有W.欣顿上尉、J.W.布里斯上尉、E.斯通上尉、H.C.罗德少尉和总机械师助理E.S.罗兹军士。而另外2架水上飞机，

NC-1的机组成员，由于担心在雾中与亚速尔岛上的群山相撞，因而在中途降落。该机在海浪中损坏，"爱奥尼亚"号商船救起了机组成员，不久之后该机沉没在海里。NC-3为确定位置而降落，之后却无法起飞，最后被海浪打坏，破损严重，机翼蒙布破成了碎片。最后，这架水上飞机被安全拖到亚速尔群岛的首府蓬塔德尔加达，受到当地民众热烈欢迎。

NC-4离开里斯本后向北飞行，在经历几次较小的事故之后，这架水上飞机于1919年5月31日下午抵达英国。从特里佩西湾起飞到降落在英国卡特沃特，该机共飞行53小时58分，航程约为6952千米（4320英里）。

不经停飞越

首次成功不经停跨大西洋飞行，是英国人约翰·阿尔科克上尉和亚瑟·怀特恩·布朗中尉完成的，距离美国人的跨大西洋飞行仅2个星期。他们驾驶的是一架维克斯 "维米" 飞机，该型飞机是一战末期制造的轰炸机，动力装置是2台罗尔斯·罗伊斯 "鹰" VIII发动机，航速能达到160千米/时（100英里/时）。机上所有军用设备均被拆除，加挂了副油箱，使得机上总油量达到3274升（865加仑），足够飞行3936千米（2440英里）以上。

1919年6月14日16时13分，阿尔科克与布朗在纽芬兰的一个机场起飞。他们小心包上小瓶咖啡、三明治和巧克力，向东飞向大西洋。他们飞越圣约翰斯时，海上的舰只鸣笛为他们鼓气。陆地渐渐消失在背后，但没多久，他们碰到了浓雾。无线电发射机的发电机出现故障，身上穿的新式加热飞行服不能加热，但是由于他们顺风飞行，因而平均飞行速度提高了。他们在令人恐惧的条件下坚持飞行，机上的空速指示器、散

维克斯 "维米" 飞机

第一次不经停跨大西洋飞行是在1919年6月15日，由约翰·阿尔科克上尉驾机、亚瑟·怀特恩·布朗中尉领航，他们驾驶1架经过改装的维克斯 "维米" 飞机，从纽芬兰莱斯特机场出发，抵达爱尔兰戈尔韦的克利夫登。这一壮举为他们赢得了《每日邮报》的1万英镑奖金、爵士头衔、全世界的赞誉以及航空史上的显赫地位。

横跨大西洋航线
1919年—1938年

里德 1919年
阿尔科克和布朗 1919年
林德伯格 1927年
钱伯林 1927年
冯·许内费尔德 1928年
阿索朗 1929年
金斯福德·史密斯 1930年
莫利森 1932年
威尔科克森，班尼特和科斯特
（经圣劳伦斯湾）1938年

0   1000千米
0   1000英里

格陵兰

费尔韦尔

拉布拉多海

北

拉布拉多半岛

卡特莱特

古斯湾

格伦利岛

加
拿

魁北克

格雷斯港

特里佩西湾   圣约翰斯

大

明尼阿波利斯

蒙特利尔

哈利法克斯

芝加哥

圣路易斯

纽约

美   国

华盛顿

大   西   洋

亚特兰大

达拉斯

▲
大西洋的探险旅程

空中飞越大西洋的壮举完成于两次世界大战之间的"黄金时代"。在里德带领的美国海军航空局成功飞越，以及阿尔科克、布朗与林德伯格等先驱的不经停直飞之后，其他的空中探险也开始进行。钱伯林第一个搭载了一名乘客，冯·许内费尔德第一个从东向西直飞横跨大西洋，而阿索朗是第一个驾驶金黄色的"金丝雀"号飞越大西洋的法国人。作为澳大利亚航线的先驱者，金斯福特·史密斯将跨大西洋飞行看作其下一步的挑战。1938年7月20日至21日，威尔科克森、班尼特和科斯特飞越大西洋的第一次商业飞行，将飞越大西洋的众多"第一"推向高潮。

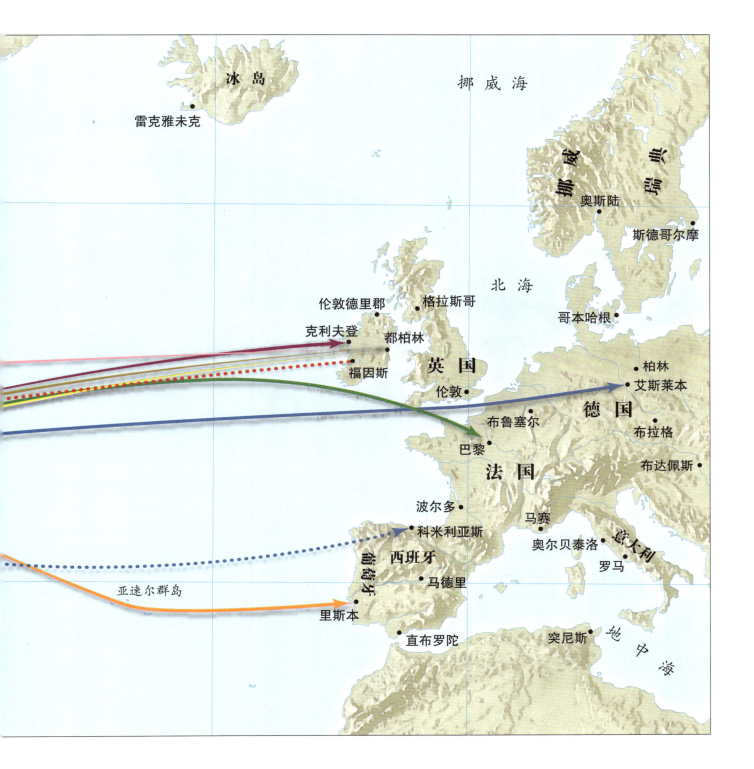

冰岛

挪威海

雷克雅未克

挪威　瑞典

奥斯陆

斯德哥尔摩

北海

伦敦德里郡　格拉斯哥　哥本哈根

克利夫登　都柏林　柏林

英国　艾斯莱本

福因斯　德国

伦敦　布拉格

布鲁塞尔　布达佩斯

巴黎

法国

波尔多　马赛

科米利亚斯　奥尔贝泰洛　意大利

西班牙　罗马

亚速尔群岛　马德里

里斯本

直布罗陀　突尼斯　地中海

▶

查尔斯·林德伯格

1927年5月21日，一架名为"圣路易斯精神"号的瑞安NYP单翼机在黑夜中降落在巴黎勒布尔热。它以平均163千米/时（108英里/时）的航速从纽约飞到了巴黎，腼腆而又表情严肃的年轻飞行员查尔斯·林德伯格也飞进了航空史册的篇章。对于林德伯格来说，作为独自飞越大西洋的第一人，仅仅是他荣誉和悲剧交织的多舛人生的起点。

热器百叶窗和副翼的铰链都结上了冰。阿尔科克紧紧控制飞机，布朗不得不6次从2个发动机机舱的油料进口测量器爬上机翼除冰。

黎明来临，该机在3353米（11000英尺）的高度飞行。布朗成功进行了六分仪定位——他们的位置正好位于爱尔兰以西。阿尔科克从云层中飞下，在视野清晰、距离海面仅61米（200英尺）的高度飞行。最终，他们看到克利夫登无线电台上的桅杆。2名飞行员选择在一处合适的原野着陆，但不幸这是一块沼泽地，飞机的机头一头扎在地上停下来。阿尔科克和布朗因为系上安全带而安然无恙，无线电台的工作人员将他们救了出来，并为他们欢呼。他们从诺斯克里夫勋爵那里获得1万英镑奖金，并把2000英镑送给使此次飞行成为可能的机械师。

全美英雄

最著名的跨大西洋飞行可能是查尔斯·A.林德伯格——不经停、孤身一人从纽约至巴黎的飞行。林德柏格是一位经验丰富的航空邮政运输飞行员，也是一名完全合格的陆军后备役飞行员。首先，他说服圣路易斯的几位商人出资15000美元，支持其长期以来的飞越大西洋的梦想，然后着手寻找一架适合的飞机，最后找到圣迭戈的瑞安航空公司，这是一家小公司。该公司同意在60天内为其设计、制造一架飞机。该公司制造出1架简单、灵巧的上单翼机，动力装置是久经考验的莱特"旋风"J–5发动机。林德伯格将新飞机命名为"圣路易斯精神"号，以答谢其支持者。该机开始进行全方位试飞，从圣迭戈途经圣路易斯飞往纽约。

太平洋时间1927年5月10日15时55分，林德伯格从圣迭戈罗克韦尔机场起飞。他飞越海拔3810米（12500英尺）的落基山脉，该机离山顶仅152米（500英尺）。林德伯格在圣路易斯兰伯特机场停留一天，然后起飞前往纽约，于当地时间5月12日17时33分降落。跨美国大陆飞行后，该机进行全面的检修，并进行了测试和改进。随后，在1个星期内，预报说天气将好转。该机转移到罗斯福机场更长的跑道做最后的准备工作。该机油箱加满1703升（450加仑）油料。林德伯格清楚面临的巨大风险，打开了飞机节流阀，滑上跑道。此时是5月20日上午7时52分，距林德伯格返回圣迭戈审查第1份设计草图才12个星期。飞机以仅仅6米（20英尺）的高度差飞过机场上的一条电话线，他小心地驾驶飞机向东北飞往纽芬兰，然后飞越大西洋。

林德伯格飞过厚厚的云层，穿过夜幕，坚定不移地向东飞行。黎明来临，他看到一些小型渔船，并在其上空盘旋，希望找到当前的位置，但是无法进行沟通。他只好继续飞行，1小时后他飞越了爱尔兰西南端，并且飞过英格兰，越过英吉利海峡和法国的瑟堡港。黄昏中，巴黎的灯光出现在地平线上。他绕着勒布尔热机场飞行，确认了自己的着陆地点之后，于1927年5月21日上午10时24分着陆。经过33.5个小时、5809千米（3610英里）的飞行，林德伯格一时成为英雄和美国的象征。

▼
萨沃亚–马尔凯蒂S.55
1926年，萨沃亚–马尔凯蒂S.55创下至少14项世界纪录，包括飞行高度、速度和距离，以及该型机横跨大西洋的飞行。

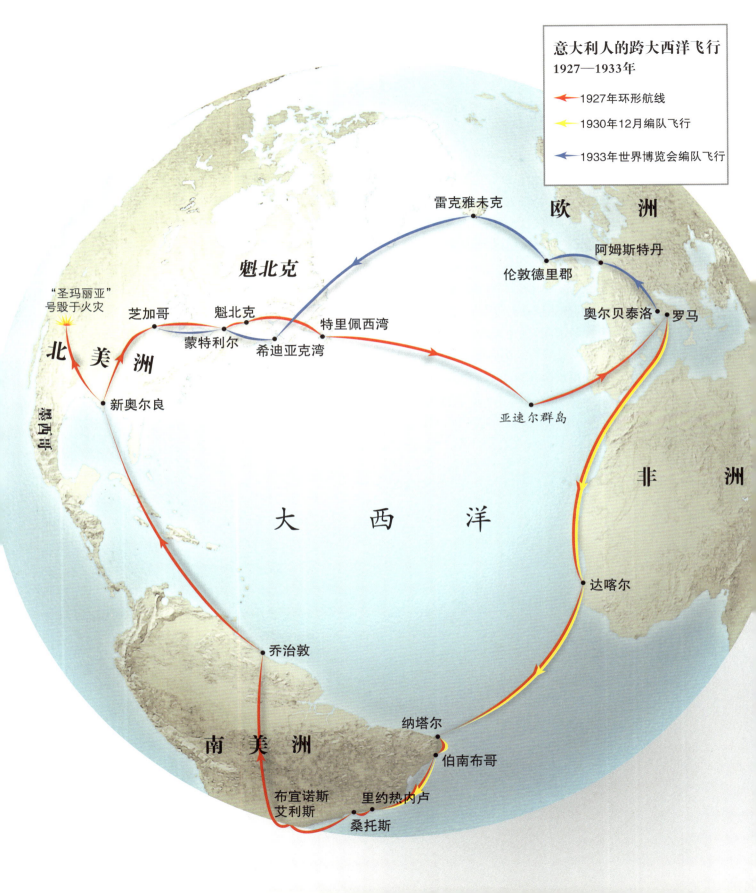

意大利人的跨大西洋飞行
1927—1933年

← 1927年环形航线
← 1930年12月编队飞行
← 1933年世界博览会编队飞行

雷克雅未克

欧　洲

阿姆斯特丹

伦敦德里郡

魁北克

"圣玛丽亚"号毁于火灾

芝加哥　魁北克　　　特里佩西湾

蒙特利尔　希迪亚克湾

奥尔贝泰洛　罗马

北　美　洲

新奥尔良

亚速尔群岛

非　洲

墨西哥

大　西　洋

达喀尔

乔治敦

南　美　洲

纳塔尔

伯南布哥

布宜诺斯
艾利斯　　里约热内卢

桑托斯

逆向飞行

1919年7月，英国R34飞艇曾从东向西飞越大西洋，1928年4月13日，第一架沿此航向飞行全部航程的飞机是容克W.33"不来梅"飞机。2名德国人冈瑟·冯·许内费尔德、赫尔曼·科尔和1名爱尔兰人詹姆斯·菲茨莫里斯驾驶该机从都柏林附近的波德诺机场起飞，飞往拉布拉多海岸附近的小岛——格伦利岛。当时的一些伟大飞行员包括艾米·约翰逊、吉姆·莫里森也飞越过大西洋。一系列特殊的飞行引人注目。20世纪20—30年代，在远程水上飞机研制方面一直处于领先地位的意大利，雄心勃勃地决定派出1个由24架萨沃亚—马尔凯蒂S.55水上飞机组成的编队，在航空部长伊塔洛·巴尔博将军的带领下进行一次环大西洋飞行。

1927年，在弗朗西斯科·德·皮内多的率领下，意大利已经在使用"圣玛丽亚"号水上飞机试验这种飞行的可行性。这种萨沃亚—马尔凯蒂水上飞机有3名机组成员，从意大利奥尔贝泰洛起飞，途经达喀尔、佛得角群岛，飞越南大西洋，抵达南美海岸，再飞往里约热内卢。然后该机向北飞向美国，在亚利桑那州因着火被烧毁。另1架全新的"圣玛丽亚II"号飞机取代了该机。同一批机组人员驾驶新飞机飞往芝加哥、蒙特利尔和魁北克。然后，他们沿美国1919年首次飞越大西洋的航线飞行，经亚速尔群岛到达里斯本，最终返回罗马，受到民众的热烈欢迎。1930年12月17日，巴尔博将军率领一批由14架水上飞机组成的编队沿同一航线飞往里约热内卢，10架飞机安全抵达。只有一架完全损毁，全体机组人员死亡。

世界各国对意大利飞越北大西洋的尝试产生浓厚的兴趣。经过几次起飞失败后，1933年7月1日，编队升空。在航程的陆地上空飞行中，这些水上飞机尽可能在河流湖泊上空飞行，以备需要时进行紧急着陆。他们最后抵达须德海，并在阿姆斯特丹附近着陆。1架飞机毁坏，另外的替换机很快送达。从阿姆斯特丹出发，他们飞往北爱尔兰的伦敦德里区。经过几天耽搁之后，他们抵达冰岛的雷克雅未克。从那里，他们向拉布拉多的卡特莱特进发，然后经过希迪亚克湾、新不伦瑞克前往蒙特利尔。编队最后于7月16日抵达芝加哥，按时参加了世界博览会。这些水上飞机完成了一次9799千米（6095英里）的旅程。

回程时该编队飞经纽约，在这里巴尔博将军与富兰克林·D.罗斯福总统共进午餐——意大利机组成员无论走到哪里都得到热情招待。在返程航线上，恶劣天气使他们的飞行路线更往南一些，途经亚速尔群岛。他们于8月8日抵达亚速尔群岛。不幸的是，1架飞机在起飞时发生倾覆，其余23架飞机继续飞往里斯本。8月12日，他们以完美编队抵达罗马。世界见证了这一令人震惊的成就，意大利的民族自豪感达到空前的程度。

空中帝国

EMPIRE OF THE AIR

第一次世界大战的高昂代价不仅是惨重的生命死亡，还有经济和财政上的沉重损失——这些影响将是长期的。在英国，皇家空军在两次大战之间面临着严重的经费短缺，装备研究经费少得可怜。战争结束后，拥有精明政治头脑的休·特伦查德爵士在战争结束后继续担任皇家空军参谋长，他竭力避免空军未来发展面临威胁，并与陆军和海军争夺经费预算。他认为空军的主要任务是战略轰炸，以保护英国本土和海外利益，协助维持帝国的统治。利用飞机对广袤区域进行巡航和控制是对有限财政资源的一种经济的使用。根据一战后签署的和平条约，英国获得长期控制伊拉克的权利。皇家空军迅速镇压了伊拉克的部落起义，其付出的代价比派遣地面部队要小得多。20世纪20年代，皇家空军还积极沿印度西北边境地区部署，该地区是一个相对不受法律约束的部落地区。英军利用轻型轰炸机开展惩罚性攻击往往就足以恢复社会秩序，至少能暂时恢复秩序。

在特伦查德领导下，皇家空军将大量经费预算用于本土及海外的基础设施和空军基地建设上，这对英国20世纪30年代末期进行的扩张来说是一项明智投资。1933年至1935年间，英国在欧洲大陆受到德国、在地中海和红海受到意大利、在东亚受到日本的威胁越来越大。英国本土深陷于经济萧条中。英国及遍及世界的帝国领地存在的脆弱性是显而易见的。

与此同时，英帝国航空公司日常业务继续进行。它负责开拓欧洲空中航线，更重要的是将整个帝国连接起来。在第一年运营中，该航空公司引进一种新型飞机，即汉德利·佩季W8F飞机。同年该机使公司的乘客及邮件运送量分别增加到11395人和212380件。在随后的10年里，英国建立的航线几乎连接整个帝国。一种拥有鲜明特征的飞机脱颖而出，它就是汉德利·佩季HP.42飞机，它是一种4发动机双翼机，可为乘客提供

大 西 洋

欧 洲

亚 洲

非 洲

·伦敦
·巴黎

·布林迪西
·雅典

马耳他

亚历山大港   赫里奥波里斯
开罗   摩苏尔
赫勒万   安曼
伊斯梅利亚   ·巴格达
              ·巴士拉
              科威特

瓦迪哈勒法

谢赫奥斯曼

·喀土穆

里沙浦
科哈特   白沙瓦
          ·米兰沙赫
奎达   ·德里

瓜达尔   卡拉奇

加尔各答

仰光

曼谷

·孟买

阿拉伯海

·亚丁

恩德培·

·内罗毕

·马德拉斯

实里达

印 度 洋

英国拥有世界上最大的帝国版图，
因此它比其他国家有更强的动机来
开辟洲际空中航线。正是将邮件运
输到帝国的各个角落的需求为开辟
空中长途航线提供了动力。

空中帝国

英国领土或殖民地
战略航线
空军基地

平稳、舒适的航行。空乘人员在宽敞的机舱内为乘客提供餐饮。这8架飞机中的每1架在服役期间总航程均超过160万千米（100万英里），没有出现一名乘客死亡。

连接其他利益体

在欧洲，新兴国家苏联也组建了一家航空公司——俄国志愿航空机队（Dobrolet），成立于1923年。该公司建立的第一条航线是从新首都莫斯科到新兴工业城市下诺夫哥罗德。在苏联，航空公司是国家政策和价值体系的工具，尤其是国际航线。1921年，被世界遗弃的两个国家——德国和苏联组建了合资公司，专营俄国到西方的航班。1927年5月1日，东普鲁士的柯尼斯堡与莫斯科间开通定期航班。由于两国的"局外人"身份，它们建立起密切关系。德国在莫斯科附近的利佩茨克秘密研制和试验了新型飞机。为补偿苏联提供的服务，德国向苏联提供有关的技术知识。

法国也在拓展空中航线，把各殖民地联结起来。新的航空公司也在美国迅速发展，航线遍及北美、中美和南美地区。在欧洲，意大利的野心集中于地中海和北非，这直接威胁了英国及其他影响力稍弱国家的利益。

▼

汉德利·佩季HP.42飞机

从1931年开始，汉德利·佩季HP.42客机不仅被用于在欧洲的航空服务，还用于大英帝国在海外的航线。在此之前，帝国航空公司在欧洲的航空服务主要由阿姆斯特朗-惠特沃思"大商船"和汉德利·佩季W.8飞机组成的机队提供。

海上航空

SEABORNE AVIATION

1914年，海上空中力量首次亮相。当时日本海军水上飞机母舰"若宫"号攻击了德国在中国青岛的远东基地。英国同样部署了类似舰船攻击了德国诺德霍尔茨和库克斯港飞艇基地。1918年4月，当时世界第一海军强国——英国已经装备3000架飞机和103艘飞艇，散布在西线的130多个沿海基地和机场。当月，世界上第一支独立空军——英国皇家空军组建。严格来说，只有1架飞机和1名飞行员的芬兰空军的组建时间还要早几天。

第一艘航空母舰

最初，飞机出海支援舰队作战是以水上飞机母舰搭载水上飞机的形式实现的。水上飞机被从船侧吊放到海面，可以在良好的天气下起飞执行指定的任务。英军舰队也需要战斗机保护。从1917年开始，索普维斯战斗机已经可以从安装在战列舰和巡洋舰主炮炮塔上方的平台起飞。事实上，1918年8月，1架从巡洋舰上起飞的战斗机击落了1艘齐柏林飞艇。

战斗机飞行员从海上起飞后面临的一个难题，是执行任务后找到友军舰只并在其附近降落，或是飞往最近的陆地机场。英国海军利用1艘快速驱逐舰拖曳1艘平顶驳船，建成一座移动机场。1917年7月，英国皇家海军将"暴怒"号巡洋舰改装成1艘临时航空母舰。8月，英国皇家海军中校E.H.邓宁成功驾驶索普维斯"幼

▲

W.L.比利·米切尔

W.L.比利·米切尔将军是一名航空力量的热情倡导者，并着手证明轰炸机可以有效对付军舰。他意识到在未来的战争中日本可能成为美国的主要敌人，编写了一份长篇报告，指出日本在太平洋的攻势将会如何发展，预言了对珍珠港的突袭。

犬"飞机在"暴怒"号前甲板降落，这是历史上第一次在航空母舰上降落。在后续舰船上，类似"暴怒"号的舰艉上层结构全部拆除，飞机起降的后勤保障也更为简单。由远洋客轮改装而成的"百眼巨人"号第一个安装了全长（近乎）甲板。

随后的改装是基于1艘未完工的战列舰船体，即英国皇家海军舰艇"鹰"号，于1918年6月下水。在该舰之后，英国专门作为航母建造的"竞技神"号于1919年9月下水。此时，英国皇家海军已失去了航空部队的控制权，部队已经移交给新组建的皇家空军。皇家海军同时失去的还有经验和创新的财富，皇家海军失去了在海上航空领域的早期领先地位（美国和日本海军保留了对航空部队的控制权）。

在财政资源的激烈争夺中，英国皇家空军将轰炸潜在的或真实的敌人作为自己的主要职责，其他的项目并不在优先目标名单之列。因而，英国皇家海军不得不使用老式过时的飞机。但是，在1928年至1930年间，它努力建造或改装了另外2艘航母。英国第一艘专门建造的"现代"航母"皇家方舟"号于1935年铺设船骨，1938年完工，满载排水量27700吨，其飞行大队的60架飞机大多已老旧过时。

▼

轰炸"东弗里斯兰"号

美国通过轰炸被俘的德国"东弗里斯兰"号来测试其空中力量，美国陆军、海军和海军陆战队飞机在2天之内共投掷了63枚炸弹，最后将其击沉。

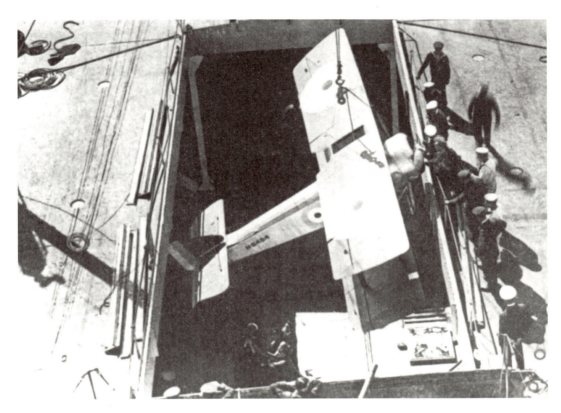

修建和改进航母舰队

美国以两艘战列巡洋舰的船体为基础建造首批大型舰队航母。1925年4月"萨拉托加"号下水;同年10月,"列克星敦"号下水。尽管美国宣称航母排水量达33000吨(不含战斗装备),但是这2艘航母实际排水量达37600吨,满载排水量达43000吨。这些大型、快速的航母各搭载一个装备65架飞机的飞行大队,再加上相当于1艘重型巡洋舰的主要武器装备,即8门8英寸(203毫米)火炮。航母的确切任务仍在探索中,但是到20世纪20年代末,在拥有这2艘大型航母后,美国海军就已经能够以配备专门设计的飞机的大型飞行大队演练作战。

尽管经费有限,但是重大技术进步、更先进的工具以及油压减震器和折叠翼的使用,共同提高了航母的性能。舰载机的新型战术得以发展,包括后来人们熟知的俯冲轰炸战术。用鱼雷对舰船进行攻击的战术得到练习和改进。在演习中与主力舰队舰艇的协作配合证明了航空力量在海上的价值。

日本海军也未落在后面。日本海军第1艘航母"凤翔"号是由1艘商船的船体改装而成的。1922年,该航母开始服役。由战列巡洋舰龙骨改装而成的"赤城"号于1927

年服役，由1艘战列舰的船体改装而成的"加贺"号于1928年服役。后2艘航母是大型、重装甲航母，排水量在4万吨以上。其飞行大队装备90多架飞机。由于在第一次世界大战中站在协约国一边，日本从德国手中获得了太平洋中部各个领地。此时，为了保护其遥远的领地，空中力量似乎成为日本支援大型战斗舰队的基本手段。日本飞机设计人员还花费大量时间设计专门用在航空母舰上的远程飞机。

在20世纪20年代和30年代，舰队演习开始表明飞机可以摧毁重型装甲军舰。1921年，美国轰炸机飞行员威廉·米切尔准将证明了这一点，他击沉了德国老式战列舰"东弗里斯兰"号。未来海上的舰队作战可以是对舰船的空袭，而不再是传统的舰对舰交战。

▼
美国"萨拉托加"号航母

美国海军"萨拉托加"号航空母舰是由1艘战列巡洋舰改造而成，被称为CV-3。它于1925年4月7日下水；同年10月，姊妹舰"列克星敦"号下水。2艘航母都于1929年1月第一次参加美国太平洋舰队演习。在它们建成时，它们是世界上最大的航空母舰。

第3部分

德国空军诞生

BIRTH OF THE LUFTWAFFE

▲
汉斯·冯·塞克特

尽管德国武装部队受到《凡尔赛条约》的限制，但一个小的国防部得以在柏林保留，由汉斯·冯·塞克特将军指挥。

《凡尔赛条约》——第一次世界大战结束时德国签署的和平协议，对德国实施了足以令其瘫痪的工业和经济制裁措施，以惩罚和清除普鲁士军国主义。经济制裁和领土损失反而使很多德国人下定决心：他们的祖国虽然不再是一个帝国，但是一定要恢复世界大国的地位。

通过代理组建一支"空军"

1918年时，德国航空队是一支拥有约2万架飞机的部队。根据《凡尔赛条约》的条款，这些飞机和德国作战舰队的大部分舰船要移交给协约国；德国陆军也被削减到只剩下10万人。自此以后，德国被禁止组建军事航空力量，不能制造或进口军用飞机及其部件。但是，协约国显然忽视了民用航空业。一战前，几乎没有民用飞机存在，因而《凡尔赛条约》基本上没有提及民用飞机。该条约对民用飞机制造的限制只持续了6个月。

德国被允许保留了国防部，各军种的重要军官在其中得以保留。在这种合法表象之下，德国以军队办公室名义组建了条约所禁止的总参谋部。军队办公室由能干且老谋深算的汉斯·冯·塞克特将军领导。他通过各种手段秘密而谨慎地发展德国武装部队。塞克特任命恩斯特·勃兰登堡上尉为新组建的运输部民航司司长。勃兰登堡在第一次世界大战期间是第3轰炸机联队指挥官，1917年曾率领哥达轰炸机轰炸英国。民用航空及研发牢牢掌握在德国国防军的手中。为推动航空发展进程，德国公司在"友好"国家建立工厂，以避开在德国国内活动受盟国的责难和审查。亨克尔公司在瑞典建立工厂，容克公司在土耳其和瑞典建立了工厂。1924—1926年间，它们开始增加在德国国内的合法活动。1924年，威利·梅塞施密特受邀加入巴伐利亚飞机公司设计"运动飞机"。这使他又向前迈出一步，设计德国在第二次世界大战中最强大和最重要的飞机之一——梅塞施密特Bf 109。

更大、更好

　　《凡尔赛条约》禁止德国制造大型商用飞机。1926年，条约禁令解除。德国设计和制造大型飞机的能力立即转化为实际行动，以弥补德国在此领域的不足。同年，德国组建一家新的国有航空公司——德国汉莎航空公司，该公司很大程度上是一战飞行员艾尔哈德·米尔希的努力成果。米尔希制订出一个大规模飞行员训练计划，并建设和配备大量地面设施。在第一年运营中，汉莎航空公司开通柏林至莫斯科航线，并且开通更远的到达南美的试运营航线。1928年，汉莎航空公司成为欧洲效率最高的一家航空公司，大幅度领先于其他公司。实践证明，开通莫斯科航线非常有用，因为1923—1924年间，塞克特与苏联政府秘密达成一项交易。双方在莫斯科东南438千米（232英里）的利佩茨克建立一个基地，在这里，德国新型飞机和武器得以测试，新型战术思想得以发展，并且还远离西方强国的监视。在这里，德国还秘密开展了"黑色国防军"行动。

　　与此同时，德国鼓励在公民中树立"航空思维"理念。1920年，德国成立航空运动协会，1929年协会会员达到5万人。协会利用滑翔机向民众介绍飞行理念，以便德国在拥有动力驱动的飞机时，至少不缺乏飞行员。

　　1929—1930年，世界陷入经济萧条之中，德国对飞机制造工业和航空公司的补贴减少50%。赫尔曼·戈林时代到来。1923年，戈林支持阿道夫·希特勒发动慕尼黑政变，但政变未取得成功。戈林被认为是忠实的纳粹党成员，并被提名为国会议员。

Bf 109V-4原型机

Bf 109V-4原型机是首架具有在发动机后方安装第3挺MG 17机枪的特色的飞机，机枪通过螺旋桨桨毂开火。

1933年希特勒成为德国总理后，戈林被任命为航空部长。戈林任职受到德国民众欢迎，或许缘于媒体对其一战期间作为一名飞行员所取得的战绩宣传的结果。米尔希呼吁戈林继续支持他的计划。戈林急于加强新组建部门的实力和影响力，默许了他的计划。德国的飞行训练和研究得以继续而未受影响。这与西方强国的局面有所不同，西方国家的国防预算一次又一次被削减。

1932年2月，国际联盟在日内瓦召开裁军会议。德国代表团意识到西方强国明显地急于阻止德国军备重整。1933年3月，国际联盟未承认日本扶持的满洲国傀儡政权，日本退出国际联盟，大会不欢而散。

纳粹掌权组建新空军

1932年7月31日，纳粹党在其野心勃勃的党魁阿道夫·希特勒的领导下，通过选举成为德国执政党。1933年1月30日，希特勒当选为德国总理。1934年，德国退出国际联盟，并且实行征兵制。德国撤销现有的国防部，设立战争部长、武装部队总司令二岗合一的新职位。同年，希特勒的前任保罗·冯·兴登堡总统去世，旧的德国体制也随他而去。希特勒这位新任的激进纳粹领导人完全控制德国。他与戈林一道继续秘密开展军事机构的军备重整活动。

赫尔曼·戈林

作为在第一次世界大战中击落22架敌机的战斗机王牌飞行员，赫尔曼·戈林是里希特霍芬联队的最后一位指挥官。1933年，随着民族社会主义政府的成立，他被任命为航空部长，在此位置上他创建了纳粹德国空军。

尽管塞克特1925年时曾通过一份秘密的备忘录建议德国空军独立于陆军或海军，但是最终影响德国空军早期发展的却是米尔希等陆军军官。第一任空军参谋长瓦尔特·韦佛将军一直设想组建一支远程轰炸机部队。1936年，道尼尔Do 19 和容克Ju 89两种大型4发动机单翼机进行了首飞。后一型飞机最高航速大

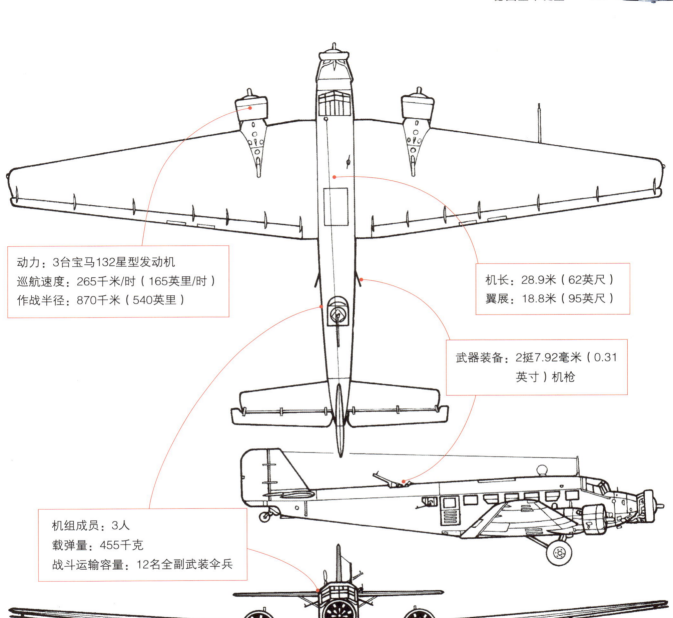

动力：3台宝马132星型发动机
巡航速度：265千米/时（165英里/时）
作战半径：870千米（540英里）

机长：28.9米（62英尺）
翼展：18.8米（95英尺）

武器装备：2挺7.92毫米（0.31
英寸）机枪

机组成员：3人
载弹量：455千克
战斗运输容量：12名全副武装伞兵

▲
容克Ju 52

1934年，Ju 52/3m民航客机的军用型号被制造出来，供此时仍处于保密状态的纳粹德国空军使用。该
机型被称为Ju 52/3mg3e，是作为重型轰炸机设计的，机组成员4人，装备2挺MG 15机枪，1挺安装
在机背，另1挺安装在机身下部可收缩的"垃圾箱"中。但是Ju 52给世人留下印象的是作为运输机。

约390千米/时（242英里/时），航程1609千米（1000英里），载弹量达4000千克（8800磅）。英国皇家空军轰炸机到1941年底才达到这种性能。1936年6月，韦佛将军在一次飞行事故中丧生。他的继任者是阿尔贝特·凯塞林，一位只有3年空军服役经历的前陆军军官。对一系列航空项目进行审查后，凯塞林取消了上述2项轰炸机计划。因此，纳粹德国空军发展成了一支战术支援型空军，而不是向战略打击型空军发展。假如德国的战略轰炸机计划能发展成众多的轰炸机中队，那么1940年不列颠之战结果可能会截然不同。

作战中的斯图卡轰炸机

"斯图卡"（Stuka）一词是德语单词"俯冲轰炸机"（Sturzkampfflugzeug）的缩写，尽管这一词可以用于表述第二次世界大战期间德国所有具备俯冲轰炸能力的轰炸机，但该词将永远与容克Ju 87紧密相连。它拥有丑陋的线条，倒鸥形机翼，尤其是扑向目标时机翼上安装的风笛发出的女妖般嚎叫声。

研制中和已装备的飞机

新型飞机不断走下生产线，新飞行员不断从德国航空训练学校毕业。1935年3月，新的纳粹德国空军正式组建，戈林担任总司令。在纳粹德国空军诞生时，其兵力有2万人，装备1888架飞机，40家工厂每月可生产184架飞机；到12月，这一生产数字增加到每月300多架。

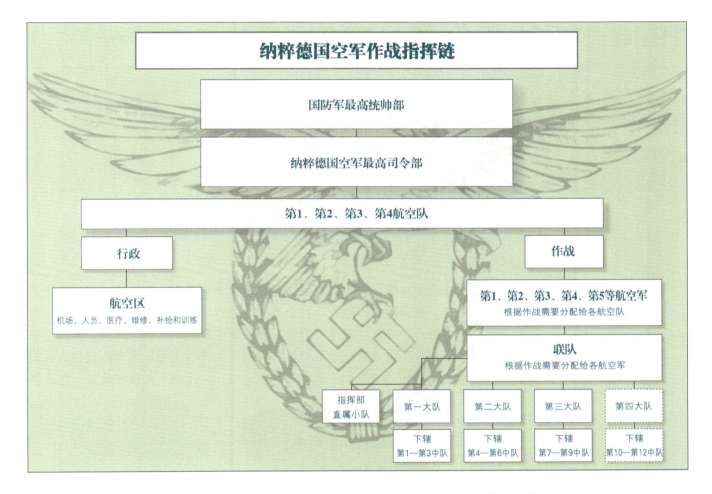

亨克尔He 111、道尼尔Do 17、梅塞施密特Bf 109、容克Ju 87和容克Ju 52等型飞机使工厂的生产速度进一步加快。这些型号的飞机都在1936年的西班牙内战中拿下第一滴血。希特勒和意大利法西斯领导人贝尼托·墨索里尼都为西班牙弗朗西斯科·佛朗哥将军的国民军提供支持。纳粹德国空军的志愿者加入了一个名为"秃鹰军团"的独立航空部队，该部队由胡戈·施佩勒少将领导，斯佩勒很早就与莫斯科附近的利佩茨克训练学校有联系。该军团发挥的作用远远超过了其规模所应发挥的作用。前线的流动性历练出一支在灵活性和机动性上达到完美的空军。

1936—1939年西班牙内战

SPANISH CIVIL WAR: 1936-1939

1936年，在大选中以微弱优势赢得政治胜利后，不可靠的、执政能力弱的西班牙社会主义政党获得了管理国家的权力。社会主义政党政府急于开展彻底的改革，重新分配国家财富和土地，将西班牙带向一个受欢迎的繁荣昌盛的未来。同时，政府还想大规模削减军队，减少政治动荡。改革导致右翼领导人佛朗哥将军发动一场内战。国际社会在这次理念之战中选边站队，苏联支持共产主义–社会主义共和政府，意大利

▶

波利卡波夫伊–15

苏联向西班牙共和政府空军提供了大量的波利卡波夫设计局伊–15双翼战斗机。其改进型伊–153由于独具特色的机翼形状，得到了"海鸥"的绰号，该型机是一种一流的作战飞机，并在空战中证明了自己的价值，在战斗中可以击败几乎所有与之对抗的飞机。

和德国法西斯国家支持佛朗哥的国民军。战争双方开始获得军事援助，特别是作战飞机，几乎立刻就获得了。德国抓住机会将这次战争作为其新型飞机的试验场。

对国民军的明显支持

　　1936年7月17日，战争爆发。战争开始的几天里，在西班牙共和政府发言人与希特勒本人举行临时会面后，佛朗哥的军队获得20架容克Ju 52运输机，并获得经验丰富的飞行员。仅在1天之内，便有3000名国民军官兵从摩洛哥北部的得土安被空运到西班牙本土。国民军返回本土的海上航线被阻断了，因为当时西班牙海军大多忠于共和政府。8月和9月，国民军有12000多人通过空运的方式飞越海峡。这是第一个大规模空运部队至战区的战例，但绝不是最后一次。

　　1936年底，德国已经向西班牙国民军提供了3个装备亨克尔He 51双翼机的战斗机大队。该机型是一种很快就过时的飞机，它在对抗同类飞机时取得一些胜利，但是很快被苏联向共和政府提供的更为现代化的战斗机超越。德国还提供了4个中队的容克Ju52运输机，该型机经过改装后可执行轰炸任务，但是这些轰炸机上并没有有效的和准确的轰炸瞄准设备。

▲
萨沃亚–马尔凯蒂 SM.81

1935年首次服役亮相的SM.81"蝙蝠"飞机，相对于意大利皇家空军已有的轰炸机型号来说是一个巨大的进步。它具有速度快、武器精良、航程远等优点，意大利很快将该型飞机有效地运用在1935年10月开始的阿比西尼亚战役中。从1936年8月开始，该型飞机也在西班牙内战中使用。

宝贵经验

　　意大利和德国向西班牙国民军提供的飞机还附带着"志愿"飞行员。特别是纳粹德国空军，抓住这一机会让飞行员获得宝贵的作战经验。纳粹德国空军还组织参战人员轮换，从而使尽可能多的飞行员参加作战行动。通过采取这一措施，纳粹德国空军有效地训练了19000名人员。这些人员又将他们的经验传授给成千上万名飞行员和机组成员。这对德国在1939年二战开始时入侵波兰，以及1940年入侵西方国家的行动取得胜利非常重要。

　　德军的王牌飞行员开始涌现，阿道夫·加兰德就是其中一位。这位富有传奇色彩的飞行员常常叼着雪茄执行巡逻任务。加兰德是创新型战斗机战术的拥护者。他创造

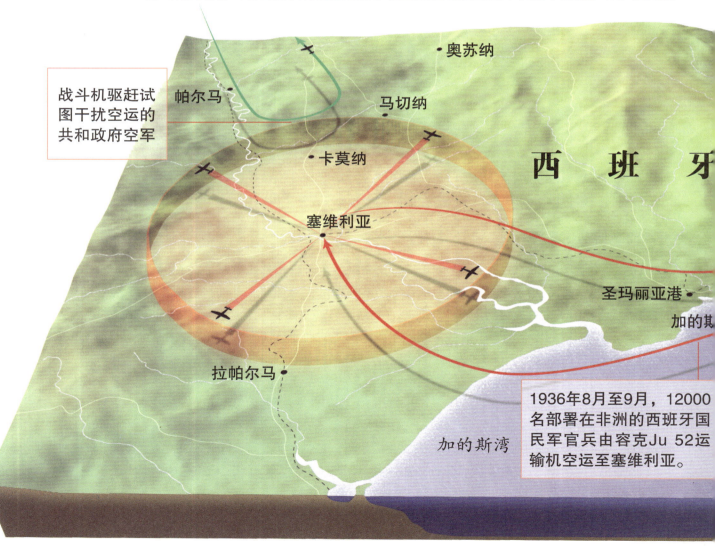

战斗机驱赶试图干扰空运的共和政府空军

奥苏纳

帕尔马

马切纳

卡莫纳

西　班　牙

塞维利亚

圣玛丽亚港·

加的其

拉帕尔马·

加的斯湾

1936年8月至9月，12000名部署在非洲的西班牙国民军官兵由容克Ju 52运输机空运至塞维利亚。

出双机编队战术，一种采用1架长机和1架保护其尾部的僚机的战术体系。这一战术能够使长机集中精力识别目标，而僚机在长机侧后方飞行，高度比长机略高一些，保护长机。这种编队方式至今仍被许多空军使用。

　　加兰德的作战之旅结束后，接替他的是维尔纳·莫尔德斯。莫德尔斯也是一位飞行天才，他继续拓展加兰德的战术，使用2个或多个双机编队创建了4机编队战术。4机编队在1940年夏天的不列颠之战中，在英格兰南部保护了大编队轰炸机。

　　1937年，意大利法西斯分子组建凯撒军团，开始为佛朗哥的部队提供人员和武器，包括萨沃亚–马尔凯蒂SM.81 3发动机轰炸机，和菲亚特CR.32先进双翼战斗机。与此同时，共和政府为了自己的事业也尽可能从各方尤其是从苏联获取飞机。不过这些飞机在交付前必须用黄金购买。其中包括波利卡波夫伊–16"老鼠"，这是一种机身短粗的小型单翼战斗机，飞行速度很快，武器精良。很快，该型机就在对抗国民军的双

▼

飞越海峡

当国民军的暴动开始时，佛朗哥将军需要把国民军强力控制的塞维利亚变成一个坚固的基地，并以此为基础发动未来的作战行动。此时，他的装备有Ju 52运输机的小规模机群显得极具价值，运输机将部署在非洲的大量国民军空运飞越直布罗陀海峡回国。

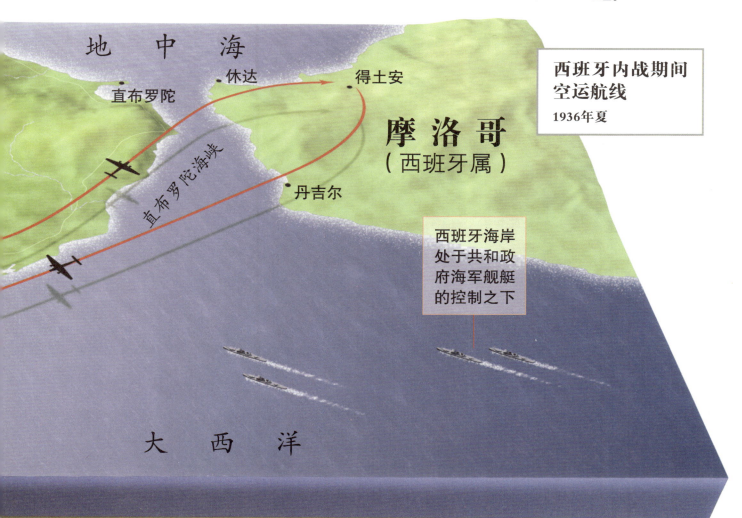

地 中 海

直布罗陀　　休达　　　　得土安

摩 洛 哥
（西班牙属）

直布罗陀海峡

丹吉尔

西班牙海岸处于共和政府海军舰艇的控制之下

大 西 洋

**西班牙内战期间
空运航线**

1936年夏

西班牙内战 1936—1938年

- ▬▶ 1936年8—10月国民军推进
- ▬▶ 1936年共和军抵抗
- ┄┄ 1936年8月西班牙内战双方分隔线
- ▮ 1938年7月国民军控制区域
- ▬▶ 1938年11月共和军在埃布罗河的进攻和1939年1—3月在埃斯特雷马杜拉的进攻
- ▬▶ 1938年国民军在加泰罗尼亚的反攻
- ○ 机场或水上飞机基地

▲

西班牙内战

1939年3月西班牙内战结束，马德里向佛朗哥的部队投降。内战给德国带来无价的空中战术经验，而它的盟友意大利却没有能够吸取到。意大利人和为共和政府作战的俄国人继续以庞大而笨拙的编队作战，没有为单机作战留下空间，并为此付出了代价。

翼机时占据优势。然而，在1939年，梅塞施密特Bf 109B出现在战场上。这种飞机无疑是当时西班牙上空最先进的战斗机，很快就主宰了战场上空。

在残酷的3年内战中，许多战术都得到试验。德国指挥官认为最成功的是空地协同，空军支援地面部队进攻的一种战术。当地面部队呼叫空中支援时，空中飞机轰炸或清除阻挡陆军前进的障碍。这种战术经过进一步发展，成为闪电战的萌芽。战斗机编队战术得到试验，双机编队成为西班牙国民军的标准编队方式。

新型战争

纳粹德国空军指挥官饶有兴致地抓住机会，对敌方部队集结地和城市进行战略轰炸，其高潮是对西班牙北部巴斯克小镇格尔尼卡实施的臭名昭著的轰炸。德军最初攻击目标只是镇外一座桥梁。第1波攻击由秃鹰军团的43架飞机实施。在亨克尔He 51战斗机的护航下，亨克尔He 111中型轰炸机和由容克Ju 52运输机改装的轰炸机向集镇投下大量炸弹。炸弹在繁华的市场广场爆炸，导致许多平民死亡。第1波攻击扬起的灰尘尚未散去，第2波攻击轰炸机没有识别目标就向灰尘中投下炸弹，造成更大程度的破坏，1500多人死亡。

冷血的先行者

对格尔尼卡的轰炸激起国际社会的愤怒，但此次轰炸预示着未来的一种不祥之兆：平民将会像军人一样成为攻击目标，城市因为恐怖的轰炸而被焚成废墟。西班牙国民军及其德国支持者一度对轰炸予以否认，但后来承认了此次轰炸，并声称镇里躲

▼
内战期间恐怖的轰炸机
德国"秃鹰军团"部署在西班牙支持佛朗哥的国民军，其装备中大约有50架Ju 52/3mg4e轰炸机。

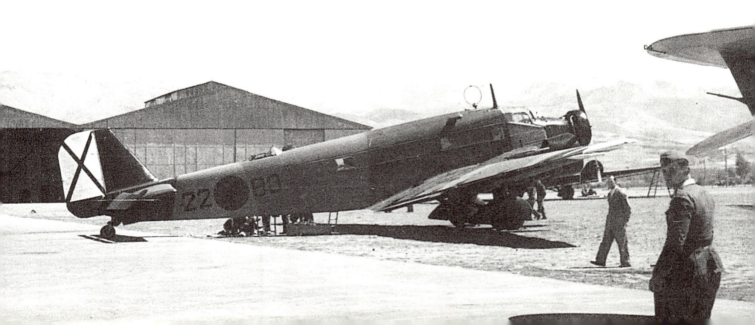

▲
菲亚特CR.32

菲亚特CR.32共生产了
1212架，使其在数量上
成为那个时代最重要的
双翼机。

藏着共和政府的后备役部队，并且该镇是一条交通要道。但是真相终得显露，外国记者在随后一天里，并没有在他们的生动描述中对真相有所隐瞒。西班牙艺术家巴勃罗·毕加索根据这一事件创作了一幅讽刺画，反映出那一天的恐怖和即将到来的痛苦。

1939年初，在快速夺取一连串胜利之后，佛朗哥的国民军控制了西班牙。苏联向共和政府提供了1000多架飞机以及大批机组成员。德国和意大利分别向国民军提供600架和660架飞机，以及成千上万名机组成员和地勤人员。事实证明，德国从战争中获得的经验，在即将爆发的席卷整个欧洲的战争中发挥了重要作用。纳粹德国空军成功地把从西班牙内战中获得的丰富作战经验带回国内。英国、法国和苏联空军指挥官明显落后，这些国家需要几年时间才能赶上德国战争机器。

1937—1941年日本侵华战争

JAPANESE WAR IN CHINA: 1937-1941

▼

三菱A5M

三菱A5M是日本第1款
舰载单翼战斗机，标志
着日本从此摆脱了对外
国设计的依赖。三菱
A5M广泛应用于中国战
场，但是除了进行过一
次对菲律宾达沃的攻击
之外，该型机未被用在
第二次世界大战中对抗
其他盟军。

　　1918年至1930年间，日本航空业迅速发展。三菱、川崎、中岛三大公司对航空业产生兴趣，并且基本上建立起日本航空制造业。这些公司最初生产的都是根据许可证制造的外国型号飞机，特别是道格拉斯飞机和福克飞机。到20世纪20年代中期，日本自行设计的飞机开始装备日本帝国海军和陆军的飞行中队，不过它们仍需要美国新型星形发动机技术。

　　日本政府逐渐为右翼力量控制。日本认为邻国中国走向统一不符合其利益。于是，日本决定巩固对亚洲大陆的控制。1931年，经过5个月短暂和残酷的作战，日本控

制了中国东北地区。日本航空部队主要承担支援陆军的任务，有时执行空战任务。规模较小但却不断强大的日本航空部队获得了宝贵的作战经验。

侵略加剧

从1931年开始，中日不时发生一些零星的交战。1937年7月，中日战争全面爆发。日本的目的是占领中国，夺取宝贵的原材料。8月，中日空军展开激烈的空战，1938年底，中国航空部队几乎损失殆尽。中国没有修理和制造新型飞机所必需的工业设施。从国外进口的少量飞机在战争中不能持续较长时间。尽管中国军队顽强抵抗，但是日军仍旧夺取了制空权。

日本航空部队除了在空中支援陆军的作战部队，轰炸中国工业中心和补给线，还着手破坏中国大型城市。特别是重庆和武汉受到日军的猛烈轰炸。日本海军飞机也加入轰炸行列，派遣新型航母舰载机轰炸了上海和广州等城市。在首次对平民目标进行大规模持续轰炸的行动中，数以百万计的中国老百姓被炸死、炸伤或无家可归。

整个文明世界获知这些轰炸后，言语已经不能表述这种深度的恐惧。对现有军事目标的轰炸似乎成为一项次要的任务。日军的主要目标是通过不加区分地屠杀百姓，以引起他们的恐惧。

——英国外交副大臣克兰伯恩勋爵

直至1941年，中国都是孤军作战。1941年日军偷袭珍珠港，将中日战争带入到范围更广的第二次世界大战中。

"飞剪"：1934—1939年远程运输机

CLIPPERS: LONG RANGE TRANSPORT 1934-1939

　　19世纪在北美大陆地区，纵横交错的铁路是人们旅行和开展商业活动的支柱。20世纪，虽然铁路仍然担负运送货物和原材料任务，但是空运开始承担高端旅客运输任务。

线条流畅的新型运输机

　　1933年2月8日，一架外形与现代客机相似的先进客机首飞。这架波音247是一种低翼悬桁单翼机，动力装置是2台550马力的普拉特·惠特尼星型发动机。该型飞机采用全金属结构，安装了收放式起落架，能够搭载10名乘客，巡航速度为240千米/时（150英里/时）。线条流畅的波音247立即取代了容克公司、福克和福特公司制造的3发动机固定起落架客机。美国联合航空公司是最早装备波音247客机的一家公司，主要使用该机飞行横跨美国大陆的航线。该型客机在经停几次的情况下，从东海岸到西海岸的横跨美国飞行仅需20小时，比原来老式3发动机飞机节约了7小时。

　　跨大陆及西部航空公司（TWA）迫切希望购买到波音247飞机，但是波音公司无法按照规定时间交付。之后，跨大陆及西部航空公司发布一项需求规范，促使道格拉斯飞机公司制造道格拉斯DC-1飞机（DC是道格拉斯商用飞机的英文首字母缩写）。1933年7月，DC-1飞机首飞，并交付跨大陆及西部航空公司。

　　不久之后，道格拉斯DC-1就创造了一项飞行纪录，

▼
为舒适而建
道格拉斯DC-2给航空旅行带来了新维度，不只是舒适。图中，乘客们正在DC-2宽敞的机舱内享受餐饮。

DC–2

跨大陆及西部航空公司（TWA）成为DC–2型飞机的首个客户，共购进了32架。此图拍摄于堪萨斯市。

从洛杉矶飞到纽约仅需13小时4分。跨大陆及西部航空公司订购了28架该型飞机。其升级型就是道格拉斯DC–2，安装了性能更佳的发动机和可调螺距螺旋桨。该型飞机可以搭载14名乘客。1934年，荷兰皇家航空公司（KLM）运营的一架DC–2飞机参加英国至澳大利亚航空竞赛，取得较好成绩，飞行时间仅比经特殊设计的德哈维兰"彗星"飞机多几小时。

在DC–2飞机之后，道格拉斯飞机公司推出20世纪中期最具有标志性的飞机：DC–3飞机。该型机将世界各地建立的可靠航线联结，这反过来又推动了体积更大的4发动机飞机的制造。DC–3型机及其军用型C–47飞机制造数量超过14000架。

开通世界商业航线

就在美国国内航空市场发展之时，在美国邮政部的帮助下，类似的进展在国际航线上出现。1927年，以美国前海军飞行员、企业家和商业航空梦想家胡安·特里普为首的一群富有朋友组建了美洲航空公司。特里普的团队获得泛美航空公司控股，该公司当时手持美国向古巴运送邮件的合同。在特里普管理下，这家新航空公司开始开拓飞越加勒比海到南美地区的空中航线。1929年1月9日，该航空公司第一班客机从佛罗里达州迈阿密起飞，经伯利兹、英属洪都拉斯和尼加拉瓜首府马那瓜，抵达波多黎各首府圣胡安。这次航程3200千米（2000英里）的飞行耗时56小时，其中包括2次整夜停留。

　　泛美航空公司不断开通新航线，通过并购方式击败竞争对手。泛美航空公司几乎所有航线上使用的都是水上飞机，颇为浪漫地称为"飞剪"（起源于美国的一种高速帆船）。在灵活的营销活动中，特里普任命著名的跨大西洋飞行员查尔斯·林德伯格为技术顾问。在公众的广泛关注下，林德伯格在妻子陪伴下环绕加勒比海和中美洲进行了一次声势浩大的越岛飞行。利用精明的商业和营销技能，胡安·特里普获得政府批准，承包了几乎所有的邮政运输合同。泛美航空公司几乎成为美国政府外交政策的必选工具。

　　泛美航空公司心怀飞越大洋的雄心。不过开通新航线需要新型飞机才能飞越广阔的太平洋。1934年，特里普接收了2种新型水上飞机，即西科斯基S-42飞机和马丁M-130飞机。这2种飞机将开拓并建立起可行的新航线。新的无线电导航技术也得到发展，而在广阔的太平洋中寻找岛屿本身就是一大壮举。

　　1935年11月22日，一架马丁M-130飞机"中国飞剪"号从旧金山起飞，运送邮件至马尼拉。许多人在现场见证了该机的起飞和安全抵达。1936年10月21日，第一批15名付费乘客跨太平洋飞行，每名乘客为此次飞行支付了约799美元。

　　由于各国都希望推动和发展本国在这一新兴市场上的份额，因此在与欧洲国家谈判取得相互着陆的权利时遇到困难。飞越大西洋的航线推迟到1939年5月才开通。

▼
波音314

波音314代表着水上飞机技术的一次跨越。泛美航空公司订购了6架，1939年5月20日，其中的1架名为"扬基飞剪"的飞机开始承担纽约和马赛之间的邮件运输服务。"扬基飞剪"也成为泛美航空公司著名的呼号。

英法重新武装

ANGLO-FRENCH REARMAMENT

▲
雷金纳德·米切尔
雷金纳德·米切尔为超级马林公司设计的竞赛用水上飞机推动了高速航空动力学和高功率发动机的发展，此后不到十年，这帮助英国在最危险的时刻渡过难关。

一战使各国蒙受惨重损失，特别是法国损失巨大。为打赢战争背负同样沉重的债务，使法国和英国在沉重的经济负担压力下苦不堪言。与部队复员一同进行的还有飞机制造业的大幅度削减或取消。1918年，英国和法国两国航空工业雇佣数万人，到1920年时，2个国家航空产业工人只剩下几千人。一些公司完全放弃航空产业，如西斯帕罗-苏扎公司停止了航空发动机制造业务，转向豪华汽车生产。

战后重建

法国和英国都对殖民地承担防务义务，以至于国防预算经费被摊得很薄。在争取国防预算经费时，法国陆军和英国皇家海军仍然是本国获得预算经费最多的军种。法国航空部队仍受陆军管理，直到1934年才独立。英国皇家空军虽然于1918年就独立，但是由于开支削减，英国陆军和皇家海军都力争将空军控制到本军种手下。休·特伦查德爵士尽最大努力保护和发展已经被严重削弱的皇家空军。但在1920年时，英国的本土防空曾一度仅依靠1个装备1918年老式索普维斯"鹬鸟"飞机的中队。

大多数航空公司依靠制造少量商用飞机生存。1920年至1922年间，尽管有少量新型军用飞机的研制合同，但是合同的规模并不大。在20世纪30年代，英国和法国努力争取采购足够数量飞机以承担防务任务，并且保持飞机制造业的缓慢运行。1935年，德国的重新武装计划明显暴露，新组建的纳粹德国空军羽翼渐丰。德国境内各工厂以稳定的速度制造出新型飞机。英国政治家对德国重新武装的早期发展迹象一直疏于戒备，虽然不情愿，但现在认识到需要做好准备，以应对德国不断增长的威胁。

1935年，英国和法国空军仍然装备着20世纪20年代中期设计的双翼机，这些飞机最多安装了4挺机枪。英国立即着手订购性能最佳的、可以获得的新型战斗机。1936年，霍克公司获得了3012架飞机的订单，其中1582架被分包给其他飞机制造商。这些合同拯救了英国航空工业，一些公司可以雇佣和训练更多员工，采购新机器和建设新工厂。

在法国，羸弱的法国飞机制造业也得到了一些订单。在16年的不被重视之后，法国航空业已经不能够按照规定的时间交付飞机。皮埃尔·科特成为新成立的空军部部长，他指出，军用飞机制造对国家安全非常重要，因而不能交付私人企业进行。1936年7月，法国政府开始对航空工业实施国有化，最后组建了6个大型国有公司。正是新成立的这些公司为法国交付大量新型飞机，如莫兰-索尼耶406型战斗机，布洛克210轰炸机等型飞机。

皇家空军战斗机部队还在依靠传统的双翼战斗机，其中较新的型号——格洛斯特"角斗士"一直生产到1935年。与空军部讨论后，霍克飞机公司设计师悉尼·卡姆提议设计一种新型单翼机，动力装置采用在德比制造的新型罗尔斯·罗伊斯P.V.12发动机（后来命名为"梅林"发动机）。该型机可以在机翼上安装8挺按照许可证生产的性能可靠的柯尔特机枪。这种设计基于早期的"狂怒"双翼机，主要采用金属框架，并覆盖帆布。这就是霍克"飓风"飞机。超级马林公司还在进行另外一种单翼机设计，以同样的发动机为动力，并采用同样的武器配置。该型机由雷金纳德·米切尔设计，它

▼
霍克"飓风"
霍克"飓风"是英国第一种新型单翼战斗机，配备了罗尔斯·罗伊斯"梅林"发动机和8挺0.303英寸口径柯尔特－勃朗宁机枪。这里看到的是其原型机K5083，1935年11月6日首飞。

的结构更先进，由全金属构成。这种坚固、精致的设计，再加上椭圆形机翼，可能是当时最美观和最具标志性的战斗机，这就是超级马林"喷火"。

1935年11月6日，霍克"飓风"首飞；1936年3月5日，超级马林"喷火"首飞。在成功的飞行验证后，随之而来的最初订单为500架"飓风"和310架"喷火"，更多的订单将随后而至。1937年12月，"飓风"飞机开始服役；"喷火"则于一年后的1938年12月开始服役。

新型轰炸机

新的轰炸机设计也很快问世。1936年6月15日，维克斯"威灵顿"轰炸机首飞，6天之后，汉德利·佩季"汉普敦"轰炸机升空。投入生产的最大的新型轰炸机是阿姆斯特朗·惠特沃斯"惠特利"双发飞机，它拥有当时来说较大的航程和较强的炸弹搭载能力。"惠特利"轰炸机的首飞时间更早一些，是在1936年3月。英国皇家空军迫切需要新型轰炸机。1936年底，英国皇家空军订购了520架"惠特利""汉普敦"和"威灵顿"。这些轰炸机从1937年3月开始装备作战中队。

皇家空军轰炸机游说团请求在空军的扩充计划中获得最大经费份额的支持。但是在年度作战演习中，英国防空部队的战斗机中队成功拦截、攻击了轰炸机编队。在1932年举行的演习中，当时还远未装备雷达和清晰的指挥和控制系统的战斗机，在白天能拦截50%的轰炸机，在夜间能拦截25%的轰炸机。这些防御系统的使用可以追溯到1918年。

1937年，大量的现代轰炸机在英国得以制造。1938—1939年间各中队装备了适当数量的轰炸机。法国也是如此，只是在时间上落后1年。1939—1940年间，法国空军部队装备了性能更佳的飞机。不幸的是，2国空军仍在制造老式飞机，其中一个典型就是费尔雷"战斗"轻型轰炸机，在作战中，该机只要一出现就会被击落。

1939年9月，飞行速度很快的单翼战斗机已经完全取代老式双翼战斗机，特别是在英国，战斗机与同样完备的防空系统得以相互配合。轰炸机也大批量装备部队，但是轰炸机突防飞抵目标的系统仍然缺乏组织，仍靠飞行员的技术和盲目的信任。

▼
"喷火"战斗机的生产线

距伯明翰不远的布罗姆维奇城堡的工厂生产出了数千架"喷火"战斗机。由飞行员亚历克斯·亨肖领导的小组专门负责新产品的试飞。

1939年世界上的空军部队

1939年，世界上规模最大的空军是苏联空军，装备了约2万架飞机，其中约7000架飞机部署在苏联西部地区。像其他军事机构一样，空军的发展也取决于同时代的政治格局。苏联在很早以前就做好准备，以确保国家生存，坚决避免俄罗斯帝国在一战时命运的重现。

20世纪20年代末，苏联工业得到发展，但是苏联时刻牢记应对军事危机，因而生产打字机和拖拉机的工厂在必要时也能够制造飞机和坦克。德国和苏联在利佩茨克秘密基地进行多年的合作，但是这2个不断强大的国家却走向相对立的两极。

► **道格拉斯TBD"蹂躏者"**
道格拉斯TBD"蹂躏者"面对战斗机的攻击显得非常脆弱，在太平洋战争早期遭受巨大的损失。

欧洲空军：作战序列，1939年9月1日

德国

第2、第3航空队(西线)

26个战斗机中队：336架梅塞施密特Bf 109D和Bf 109E战斗机

5个驱逐大队：180架梅塞施密特Bf 109C战斗机、Bf 109D和Bf 110战斗机

9个轰炸机大队：280架亨克尔He 111、道尼尔Do 17和容克Ju 88轰炸机

3个对地攻击机大队：100架容克Ju 87俯冲轰炸机

后备部队：26个战斗机联队，其中一些为刚成立，仍在训练当中。

法国

4个战斗机联队：225架莫兰-索尼耶MS.406战斗机

2个战斗机联队：100架寇蒂斯"鹰"75A战斗机

13个轰炸机联队：155架布洛克MB.210轰炸机

剩下的240架服役中的轰炸机大都是老旧型号，如布洛克200和阿米奥143。只有5架利奥雷-奥利维耶451飞机可以列为真正的现代化飞机，另外还有59个装备波泰63和ANF莱米罗115/7的架侦察机/观察机联队。

英国

皇家战斗机司令部

16个中队：347架霍克"飓风"Mk I战斗机（包括备用机）

10个中队：187架超级马林"喷火"Mk I战斗机（包括备用机）

2个中队：24架格洛斯特"角斗士"Mk II战斗机

7个中队：63架"布伦海姆"Mk IF战斗机

皇家空军轰炸机司令部

15个中队：158架维克斯"威灵顿"轰炸机

5个中队：73架阿姆斯特朗·惠特沃斯"惠特利"轰炸机

10个中队：169架汉德利·佩季"汉普敦"轰炸机

12个中队：168架布里斯托尔"布伦海姆"Mk I和IV

轰炸机

16个中队：340架费尔雷"战斗"轰炸机

皇家空军陆军协同司令部

5个中队：60架韦斯特兰"莱桑德"联络机

皇家空军海岸司令部

10个中队：120架阿芙罗"安森"侦察机

3个中队：36架洛克希德"哈德逊"侦察机

4个中队：40架肖特"桑德兰"Mk I水上飞机

波兰

驱逐旅（华沙防空部队）

4个中队：48架PZL P.11c战斗机

1个中队：8架PZL P.7A战斗机

陆军航空队

8个中队：100架PZL P.11c战斗机

2个中队：24架PZL P.7A战斗机

轰炸机旅

4个中队：36架PZL P.37"麋鹿"轰炸机

5个中队：45架PZL P.23"鲫鱼"轰炸机

比利时

3个航空团

9个中队：150架费尔雷"狐狸"轰炸机

2个中队：20架雷纳德R.31侦察机

1个中队：15架格洛斯特"角斗士"战斗机

2个中队：23架菲亚特CR.42战斗机

1个中队：11架霍克"飓风"战斗机

1个中队：14架费尔雷"战斗"轰炸机

荷兰

陆军航空旅

36架福克D.XXI战斗机

9架福克TV轰炸机

25架福克G.I战斗机

55架侦察机（各种类型）

日渐分裂

西班牙内战为苏联和德国试验各自的战斗机和战术提供了场所，双方派出的志愿者达到数千人，2国都获得第一手作战经验。1939年，苏联空军在边境地区与日军作战，后与芬兰作战。2次作战行动为苏联空军提供了更多的实际作战经验。但是20世纪30年代末苏联内部的政治气氛影响了该国武装部队的有效训练。斯大林开展肃清工作，许多有作战经验的军官因为某种理由而被指控和遭到逮捕。

1939年8月11日，苏联与英国、法国举行一系列关于共同防御协议的会谈：一旦与德国发生战争，双方将会投入140个师的兵力。英国声称能够立即部署16个师（他们当时仅有6个师）。法国正在修建马其诺防线，可以提供90至100个师。与此同时，德国建议与苏联构建全新的关系。

8月14日，德国提出与苏联签署互不侵犯条约。希特勒需要确保其入侵波兰的行动（计划于1939年9月1日进行）不会挑起与苏联的战争。最后通过政治协商和外交斡旋，1939年8月23日，苏德签署了协议。波兰命运在协议中被确定下来：波兰西部划归德国，东部划归苏联，同时划给苏联的还有一些波罗的海国家。德国现在可以放心地把目光转向西方，不必担心苏联的攻击。

9月，德国空军在第一线集结作战飞机达到3750架，这是世界上最先进也是拥有丰富作战经验的一支部队。德国工厂每月生产300至400架战斗机，训练学校每月培训出1100名飞行员。9月，这支强大军队中70%力量向东方的波兰靠近。

其他欧洲国家

在西方，法国飞机制造工厂制造出大量的先进战斗机。不幸的是，空军部队未做好准备。210个中队中只有119个做好了战争准备，这也是依靠年龄在40多岁的后备役飞行员实现的。分散部署在法国各机场的都是新型飞机，美国生产并交付的飞机尚未启封。陆军和空军之间的体系内斗严重削弱了法军的防御能力。

英国一直在勉强扩大皇家空军的规模。在"影子工厂"计划之下，主要汽车制造商增加了新产能，开始制造机身和航空发动机部件。皇家空军刚好配备足够多的机组成员，但是保持受过训练的飞行员和机组成员的补充仍是一个问题。为了保持并继续扩大规模，英国生产线每月制造出700多架飞机，再从美国进口飞机作为补充。

1939年，意大利皇家空军已经扩张成为一支装备3000架战斗机的部队。意大利1935年时针对埃塞俄比亚的作战行动，以及在西班牙内战时派出大量志愿人员支持佛朗哥的国民军使机组成员获得作战经验。意大利空军职责是主导地中海中部的空域，支援意大利军队在北非领地的补给，阻止潜在的敌人进入这一区域。意大利的战斗机相对陈旧，但是一些新型战斗机正装备部队。其轰炸机部队是最直接有效的部队。

远东地区及其他国家

从1933年开始，远东地区的日本不断扩大在中国的作战规模。在1939年之前，日本夺取了中国的制空权。1939年5月至9月，日本在边境地区打了一场艰苦的战役。一件涉及当地游牧民的无伤大雅的事件演变成与苏军的大规模武装冲突。日本中岛九七式战斗机击败了苏联波利卡波夫伊–15战斗机，并与伊–16单翼机战成平手。日军的纪律和训练标准在西方从未报道。1939年底，日本海军航空兵和陆军航空兵部队装备了约2500架性能出色的飞机，而且机组成员也非常优秀能干。

1939年，美国的新设计和新飞机订单不仅来自本国政府，还来自英国和法国。美国航空工业已经扩张，它建立起对未来几年至关重要的新型工厂和生产线。1937年，波音B–17远程轰炸机等重要的新型飞机开始投入服役。1939年，寇蒂斯P.40"战鹰"走下生产线。美国航空部队装备了约5000架飞机，不过只有约1500架适合作战。航空工业部门已经装备了新的生产工具；波音B–29"超级堡垒"的最初设计图纸即将出现在制图板上。6年后，正是该型机结束了第二次世界大战。

◄

波利卡波夫伊–16

苏联波利卡波夫伊–16是第一种安装收放式起落架的悬臂式单翼战斗机，服役于世界上众多国家。

1939年向波兰发动闪电战

INTRODUCTION TO BLITZKREIG: POLAND 1939

德国入侵波兰使世界认识了"闪电战"这种先进、灵活的攻击方式，德军以较少的伤亡快速夺取胜利。由于一名为《时代》周刊工作的美国记者在报道入侵事件时将其称为"闪电战"，"闪电战"闻名于世。在短时、快捷的战术作战行动中，空中力量成为德军夺取战场胜利的决定因素。尽管德国空军弹药缺乏且并不是所有空军中队都装备最新型飞机，但是他们发挥了自己的作用。

被敌人包围

波兰的境地很难不让人担忧，它的北、西、南面与德国接壤，东面与苏联接壤。波兰决定，如果遭受攻击，它将保护西部边境，因为波兰的主要重工业部门位于西部。波兰还认为它的抵抗可以为法国和英国的支持赢得时间，因为2国已经做出保证，

闪电战轰炸机

Ju 87 "斯图卡" 轰炸机参与了波兰战役初期的战斗。它精准地轰炸了交通线，之后执行对地支援任务。

一旦发生战事，2国将会进行动员，援助波兰。英法的援助最终没有兑现。波兰在近1600千米（1000英里）长的边境设防，导致陆军部队分散得极为薄弱。无论波兰如何设防，德国空军都只会从其上空飞过，破坏波军后方与前线之间的运输和通信线路，致使守军耗尽弹药和其他补给，并且扰乱其指挥链。

德国空军的首要任务是夺取全部制空权。德军在边境的集结使波兰军队提高了警惕，波军命令战斗机转场至匆忙建造的疏散机场。1939年9月1日，德军入侵波兰，德空军突袭波兰各机场时仅发现少量战斗机。被摧毁在地面的大多数是教练机或运输机。波兰战斗机迎战德国空军，双方战斗机相遇，波兰老式战斗机的情况很糟糕，但其出现仍然使德军大吃一惊。

德军发动入侵行动的当天上午攻击克拉科夫之后，波兰空军上尉米奇斯瓦夫·梅德韦基及其僚机飞行员弗拉迪斯瓦夫·格尼斯驾驶PZL P.11起飞。他们一起飞就遭到德国空军2架容克Ju 87"斯图卡"的攻击。梅德韦基被击落身亡。这是德国空军在二战中的首次空战胜利。格尼斯追击这2架"斯图卡"，但是它们避开了攻击。格尼斯继续独自巡逻，碰上了2架返航的德军道尼尔Do 17轰炸机。他利用高度优势，向毫无戒备的2架轰炸机俯冲过去，并将它们

波兰战役		
1939年9月1日—28日		
←	德国进攻路线	
←	苏联进攻路线	
←--	波兰撤退路线	
—	波兰边境线	
∿∿∿	波兰阵地	
—	德国工事	
⋯⋯	波兰阵地	
—	苏德分界线	
XXXX	集团军群	

▲

集结部队

1939年8月31日，德国空军入侵波兰的战斗序列包括：648架轰炸机、219架俯冲轰炸机、30架对地攻击机和210架战斗机，以及474架侦察机、运输机和其他飞机。这些飞机被分到第1和第4航空队。

"斯图卡"轰炸机平均飞行高度3650米（12000英尺），飞行员选择好目标并滚转进行大角度俯冲

"斯图卡"的俯冲减速板打开，以60°~90°的角度向目标俯冲

在大约460米（1500英尺）的高度，飞行员投掷炸弹，同时也会激活自动拉起装置

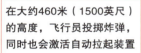

"斯图卡"可搭载不同种类的炸弹，可以是2枚250千克（550磅）普通炸弹，或者1枚500千克（1100磅）炸弹，或者多枚人员杀伤炸弹

80%的情况下，德国空军飞行员能够将炸弹投放到目标20米（66英尺）的范围内

全部击落。这是盟军在二战中的首次空战胜利。格尼斯撤离到罗马里亚最终加入英国皇家空军之前，还击落了另一架敌机。波兰战斗机损伤主要发生在匆忙建造的小型机场着陆时。由于运输系统陷入混乱，波兰空军得不到零部件和替换飞机。波兰空军战斗机仍然尽力升空对付德国空军Do 17和"斯图卡"轰炸机，但很快与护航的梅塞施密特Bf 109和Bf 110战斗机爆发激战。波兰空军驾驶的P.11性能远远落后，并且数量也不足。在最初作战中幸存的少数飞行员飞往中立的罗马尼亚，许多波兰飞行员继续开展复仇行动，并在不列颠空战中成为王牌飞行员。

改变重点

这时，德国空军的任务重点发生改变，转为对地支援任务，这项任务也是空军组建的首要原因。容克Ju 87和很快就要过时的亨舍尔Hs 123被用于支援地面部队的快速推进。它们用杀伤弹和燃烧弹轰炸敌方据点和袋形阵地，给波兰陆军抵抗部队造成严重的伤亡。此外，"斯图卡"轰炸机在俯冲时发出的尖叫声（绰号为"耶利哥号角"）更增加了波兰地面部队的痛苦，严重削弱了部队士气。

"斯图卡"轰炸机还对海军目标发动攻击。由于能精确俯冲，这些轰炸机能精确投放穿甲弹，波兰驱逐舰"大风"号和1艘布雷舰被该型机击沉。这对即将在英吉利海峡，特别是地中海上展开的战斗来说都是不祥预兆。

德国陆军在地面的快速推进导致侧翼过于暴露。波兰陆军抓住这一有利时机，在布楚拉河一带猛烈攻击德军交通线，致使德军的推进暂停下来。德国陆军把这一问题交给了德国空军，德国空军派出轰炸机，炸毁了所有的桥梁和逃脱路线，有效地困住了波兰军队。然后，德国空军不间断地出动俯冲轰炸机，残酷地将其消灭。

　　9月17日，苏联从波兰东部发起攻击，基本注定了波兰的命运。波兰没有机会阻拦德国和苏联骇人的毁灭力量。波兰的东部很快就被占领，因为这里没有军队和飞机击退苏联进攻。

　　9月底，德国陆军逼近华沙，希特勒发布特别命令，轰炸这座历史名城，将其夷为平地。一波又一波的道尼尔和亨克尔轰炸机向这座城市投下炸弹，炸毁许多建筑。最终，这座城市约50%的建筑被毁，成千上万人死亡。

　　10月6日，波兰所有抵抗停止，德国空军让一切战事看起来非常容易，但是德军仍遭受严重伤亡。特别是经过训练、拥有丰富经验的机组成员不能及时得到补充。德国在1个月的战争中消耗约30%的弹药，这一事实使指挥官们感到震惊。

斯堪的纳维亚战场：1939—1940年芬兰

SCANDINAVIA: FINLAND 1939-1940

1939年，约瑟夫·斯大林希望巩固北部边境的安全，因而对芬兰产生很大兴趣。斯大林想租借芬兰汉科港30年，并提出用卡累利阿的领土进行补偿。不过，芬兰和苏联间的谈判没有实现苏联预期的目的，这是因为芬兰1917年才获得独立，因而与苏联打交道时非常谨慎，担心让步会导致斯大林得寸进尺。谈判失败后，斯大林采取了军事干预措施。

顽强抵抗

芬兰的防御部队只有10个陆军师，另有少量的特殊部队，并且芬兰军队装备很差，缺少自动化武器和火炮，更重要的是没有反坦克武器。每个陆军师仅装备30多门1918年前制造的火炮，弹药储存数量也不多。虽然缺少装备，芬兰军队靠训练和献身精神来补足。他们特别擅长在茂密的森林和白雪覆盖的原野开展机动作战，出动滑雪部队发动突然袭击，然后迅速消失在丛林中。芬兰士兵斗志高昂，愿意为芬兰独立而战，并由受过良好教育的军官和士官率领。

芬兰国防军司令是卡尔·古斯塔夫·冯·曼纳海姆元帅，在20世纪30年代初，他就开始在水面宽阔的拉多加湖与芬兰湾之间一条长65千米的前线的基础上，建立了一道防线，封锁敌人入侵的要道，保护芬兰人口最密集的地区。这条防线由沿着卡累利阿地峡修建的现代碉堡和反坦克壕沟构成。虽然这道防线较为坚固，但是却阻挡不住苏联的庞大军队。并且，该防线构建的目的只是为获得国外的援助争取时间。

对抗芬兰守军的苏联陆军约26个师，120万人。这些部队拥有1500辆坦克，约750架各型飞机，包括230架波利卡波夫伊–15双翼机，以及后来的更为现代化的伊–16。这些飞机沿着苏芬边境全线部署。苏军轰炸机部队装备的是双发的伊留申DB–3F和图

波列夫SB-2。这些飞机集中部署在列宁格勒地区，不过爱沙尼亚地区也部署了少量飞机。轰炸机的攻击目标是芬军的防线及芬兰南部人口集中居住区。对抗苏军攻击的芬兰空军仅有145架飞机。战斗机防空依赖于2个中队的福克D.XXI和1个中队的老式布里斯托尔"斗牛犬"。轰炸机部队由2个中队的布里斯托尔"布伦海姆"MK.1轰炸机组成。在苏联入侵前夕，芬兰的前线部队仅有55架飞机。

缺乏有经验的军官

即使数量占据优势，苏军也遇到了麻烦，主要是飞机、装甲战车和步兵之间通信不畅，并且补给也存在问题。苏军计划从各条战线向前推进直至完全占领芬兰。曼纳海姆甚至没有投入战略预备队，就相对轻松地阻止了苏军在卡累利阿地峡的推进。一方面的原因是斯大林在早些时候对军官实施血腥的肃清，导致苏军缺少拥有丰富作战经验的军官。

飞机数量优势也未给苏军带来多大帮助。芬兰冬天白天较短，没有多长时间可

▲

寇蒂斯"鹰"75A型战斗机

德国向芬兰提供了28架寇蒂斯"鹰"75A型战斗机。这些战斗机是德国于1940年打垮法国时缴获的。芬兰飞行员声称使用该机型取得了190次对阵苏军的胜利。

以飞行。苏军战斗机出现重大损失，但是取得战果甚少。面对大量的苏军坦克，芬兰军队也面临着巨大问题，因为芬军装备的反装甲武器很少，甚至没有，芬军对装甲作战知之甚少。在恶劣的作战环境下，芬军很快就克服了不足，使用大量简易武器，如"莫洛托夫鸡尾酒"（一瓶安装导火索的汽油，扔出去之前需要点燃）攻击坦克。由于苏军坦克独立于步兵行动，芬军在夜间偷偷接近坦克并轻松进行攻击。在北部，苏军已经占领佩萨莫港，开始向南部的瑙奇进发，将芬兰与北冰洋隔开。

芬军反击

1月6日，芬兰陆军在东部前线发动全面反击，滑雪部队渗透到必须使用道路网的苏军周围或后方。芬军的攻击导致苏军构建孤立的袋形阵地，但这些阵地慢慢地被芬军一个接一个摧毁。苏军遭受严重的损失，几乎损失4个师，而芬军利用缴获的装备，包括飞机对付苏军。在空中，芬兰空军继续苦苦支撑。1月6日这一天，苏军8架伊留申DB-3轰炸机空袭乌提，但都被击落，其中6架是被飞行员乔马·萨凡陀中尉一人击落的。

2月初，苏军强化训练坦克步兵协同之后，对曼纳海姆防线发动新一轮攻击。2月11日，苏军突破防线。芬军退守到第二条防线，但是再次被苏军的大规模进攻部队突破。然后苏军穿过维堡以西结冰的海面在芬兰防线后方发动攻击。芬兰从英国得到一些支援，包括24架格洛斯特"长手套"、30架格洛斯特"角斗士"战斗机和11架"布伦海姆"IV轰炸机。法国送来30架莫兰-索尼耶MS.406战斗机，意大利支援了几架菲亚特G.50战斗机。一支小规模的瑞典志愿部队驾驶老式飞机抵达芬兰支援，但是力量太弱，而且为时已晚。面对黯淡的前景，曼纳海姆敦促芬兰政府媾和。

苏联提出的条件是获得汉科港和整个卡累利阿地峡，包括维堡和拉多加湖北部区域。芬兰希望英法两国干预，但是希望落空。苏联和芬兰最终于1940年3月12日签署《莫斯科条约》。苏军损失12.6万人以上，另外约30万人因受伤或冻伤而撤离，许多作战物资损失。更重要的是在对抗弱小的芬兰军队时，苏联军队缺乏战斗力，这导致苏军随后开展大规模重组，而此次战役的经验教训也未被德军观察员忽视。

斯堪的纳维亚战场：1940年德国入侵丹麦和挪威

SCANDINAVIA: DENMARK AND NORWAY 1940

为支持希特勒第三帝国扩张计划，德国需要为不断扩大生产的工业部门提供原材料。德国迫切需要从中立国瑞典进口铁矿石。矿石运到挪威纳尔维克港后，再通过船只运抵德国北部各港口。法国和英国也认识到这一原料的重要性。双方开始展开竞赛，看谁能先控制矿石的供给。德国的计划是入侵挪威，为达到这一目的，德国首先必须对付丹麦。

丹麦是一个中立国家，陆军部队数量少，空军和海军规模更小。德国国防军对付丹麦部队并不是一件艰难的任务。1940年4月9日清晨，德军入侵丹麦。德军仅在北石勒苏益格遇到短暂的抵抗，但很快就制服了丹麦军队。负责保护众多港口的丹麦海军任由德国军舰进入哥本哈根。历史上第一次空降突击就发生在这次进展神速的战役中，德国精锐的空降猎兵（伞兵）迅速占领马斯内德要塞和日德兰北部的奥尔堡机场。上午，德军占领了首都哥本哈根，丹麦政府下令停火，德军入侵丹麦的行动成功结束。

为挪威而战

芬兰与苏联冲突伊始，法国和英国就计划向挪威北部港口纳尔维克派遣一支远征军。这实际上是占

梅塞施密特Bf 110

梅塞施密特Bf 110战斗机拥有较远的航程，是为在挪威作战的理想选择，它在那里遇到的盟国战斗机对抗极为微弱。

►
格洛斯特"角斗士"
挪威和英国皇家空军的
"角斗士"战斗机都加
入到这次战役中。尽管
老旧，它们仍努力抵挡
了一些入侵者。

领挪威港口的理由，以控制极为重要的瑞典铁矿石的运输。

　　德国部队先发制人。德军轻松占领丹麦之时，另一支德国联合部队启程前往挪威。德国军队从空中和海上而来，完全出乎意料。空降部队搭乘久经考验的容克Ju 52运输机占领了斯塔万格和奥斯陆机场，这对后续空运更多部队和物资的行动至关重要。从南部的克里斯蒂安桑至北部的纳尔维克一线的挪威沿海城市也被占领了。梅塞施密特Bf 110远程双发战斗机提供空中掩护，轻松击溃挪威空军为数不多的格洛斯特"角斗士"战斗机。守卫这些港口的挪威部队很快溃败，不过他们成功使用鱼雷和位于奥斯陆峡湾中的奥斯卡堡要塞的火炮击沉了德国"布吕歇尔"号巡洋舰。

　　遭到挫败之后，挪威政府撤离到内地，哈康七世国王将军队指挥权交给奥托·鲁格少将。鲁格很快制订计划，边战边退，迟滞德军进攻，以尽可能拖长时间，等待外界的援助抵达。英国远征军从特隆赫姆港南部增援这一区域的挪军，但是对该港攻击没有成功，英军远征军很快撤离。在这之后，盟军所有抵抗行动主要在挪威北部地区展开。

　　在北部地区，盟军拼命将德军驱逐出纳尔维克地区。英国皇家海军在把德国海军驱离该地区的行动中发挥了应有的作用。英国皇家海军"勇敢"号航母起飞了皇家空军第263中队的18架格洛斯特"角斗士"，这些战斗机将在翁达尔斯内斯附近一个结冰湖面上起降。它们的作战行动并不成功，大多数飞机被德国空军摧毁在冰面上。4月25日，少数幸存飞机被德军摧毁，机组成员撤退以期重新获得装备。英国舰队航空兵也

►►
注定失败
对盟军来说，挪威战役
从一开始就注定要失
败。德国完全拥有制空
权，这导致英国皇家海
军在挪威海域无法有效
作战，而且盟军的指
挥、控制和补给网络的
协调十分糟糕。

取得了一次重大胜利，舰队航空兵第803中队的布莱克本"贼鸥"，在卑尔根附近击沉了德国海军巡洋舰"柯尼斯堡"号。

盟军的作战行动仍集中在纳尔维克地区。陆军部队防守控制地区。第263中队新配备一批"角斗士"战斗机，并与装备霍克公司"飓风"战斗机的第46中队一同返回战区，在博德地区开展作战行动。德军巩固了对挪威南部和中部的占领，并加大对北部地区的空中攻击力度，盟军日益被孤立。

关注度减少

5月28日，法国和挪威军队再次占领纳尔维克港。德军入侵比利时、荷兰和法国，盟军将目光转向其他地方。突然间，挪威并不像原先想象的那样重要。6月初，皇家海军开始撤离，一同撤离的还有挪威政府及其国王。挪威国王自此在伦敦流亡直至战争结束。

德军遭受的伤亡最为严重，5500人阵亡，260架飞机损失，更重要的是还损失了2艘大型现代化军舰，德国水面舰队再未完全恢复。英军阵亡约4000人，其中1500人因为"光荣"号航空母舰被德国"格奈森瑙"号和"沙恩霍斯特"号战列巡洋舰击沉而阵亡。挪威阵亡1800人，法军阵亡约500人。

德国入侵丹麦和挪威

1940年4—6月

→ 盟军进攻
⇠ 盟军撤退
➤ 德军进攻
— 英军阵地
⛉ 德军伞降
☄ 舰船沉没
🏃 盟军撤离
▭ 师 XX
▭ 旅 X

4月8日，两艘英国驱逐舰被德国驱逐舰击沉 ③
4月10—13日，10艘德国驱逐舰被英军击沉 ④
4月15日 XX 24（英）
4月28日 XX 27（法）
5月9日 XX （波）
XX 6（挪）
哈尔斯塔特
纳尔维克

6月8日，航空母舰"光荣"号被"格奈森瑙"号和"沙恩霍斯特"号击沉 ⑤

挪威海

博德

第1大队

4月8日，重型巡洋舰"希佩尔"号击沉英国驱逐舰"萤火虫"号 ①
4月16日 XX 146（英）
4月19日 XX 5（法）
XX 6（挪）
纳姆索斯

驱逐分遣队
第2大队
斯泰恩谢尔

4月18日 XX 148（英）
特隆赫姆
斯特伦
XX 2（挪）

4月10日，轻型巡洋舰"柯尼斯堡"号遭轰炸后沉没 ③
翁达尔斯内斯

挪威

利勒哈默尔

卑尔根

第3大队

奥斯卡堡
XX （挪）

本土舰队

斯塔万格
斯拉
艾格松
弗莱克菲尤尔
XX 3（挪）
阿伦达尔
拉尔维克

克里斯蒂安桑

4月9日，巡洋舰"卡尔斯鲁厄"号被鱼雷击沉 ②
第4大队

第5大队

4月9日，重型巡洋舰"布吕歇尔"号被海岸炮兵击沉 ②

第6大队

奥胡斯

丹麦

哥本哈根

弗伦斯堡

基尔
吕贝克
罗斯托克
汉堡
什切青

德国

北海

瑞典

厄斯特松德

耶夫勒

北雪平

厄勒布鲁

哥德堡

哈姆斯塔德

卡尔马

卡尔斯克鲁纳

马尔默

奥尔堡

北

阿姆斯特丹
柏林

1940年德军入侵西欧国家

INVASION OF THE WEST: 1940

1939年9月27日，波兰投降。希特勒表露了攻击西欧强国的意图。10月19日，最高统帅部提交一份攻击方案，即"黄色计划"。该计划要求德军推进到荷兰和比利时沿海，为未来在法国北部攻击英、法军队建立安全的基地。希特勒认为该计划并不完善。恶劣天气导致德军一次又一次推迟行动。1940年1月9日，带着计划副本的一位德军军官在比利时紧急着陆，"黄色计划"被迫取消。

对最高统帅部的"黄色计划"持批评态度的埃里希·冯·曼施泰因将军提出一个新计划，即"镰刀闪击"计划。该计划更符合希特勒的意图，因此成为用来包围英法军队的主要作战计划。详细的作战计划由德国陆军总司令部制订，并于1940年2月24日

▶

德瓦蒂纳D.520

德瓦蒂纳D.520无疑是1940年法国最好的战斗机。但由于供应过慢，它对法国的战争结果影响很小，后来为法国维希政府所用，在叙利亚对抗盟军。

准备完毕。

防御马其诺防线

　　盟军依靠马其诺防线保护法德边境。法国投入大量的国家财力建造防线。盟军与德军兵力大致相当：法军有94个师，英军有12个师，荷军有9个师，比利时军队有22个师，与其对抗的德军有136个师。但是，盟军几乎没有专门的坦克部队。德军将坦克力量集中起来，组建成10个坦克师，因此德军2500辆坦克的作战力要比盟军3000辆分散配置的坦克的作战力强得多。德军还部署了3200多架现代飞机支持陆军作战。盟军部署约2000架飞机，但是其中很多飞机质量存疑。也许作战行动中最具决定性的因素是德国闪电战作战思想。盟军只是防御作战，盟军统帅部没有一个坚实的、清晰的指挥控制结构。

　　1939年9月，英国和法国对部队进行部署，法国派出了约300万人，英国集结了约45万人，其中约30万人作为英国远征军被派往法国。这些部队几乎全部是英国机动部队和坦克部队。在9月和随后几个月里，英军被部署到瑞士、马其诺防线、比利时边境至英吉利海峡沿岸的前线地区。

　　经过盟军几个月的"静坐战"，希特勒做好了入侵西方国家的准备。德军预测，盟军将会认为，德军主力沿比利时和法国北部发动进攻，于是曼施泰因制订计划，让一部分德军沿荷兰和比利时发动佯攻，将盟军主力和预备队牵制在北部地区，而德军装甲主攻部队将穿过阿登森林，向沿海地区突击，将盟军主力包围在巨大的口袋中。

　　由费多尔·冯·博克上将指挥的德军B集团军群包括29个师的常规步兵，他们推进到比利时和荷兰，吸引盟军主要防御力量向其所在方向运动。A集团军群由格尔德·冯·伦德施泰特上将指挥，拥有44个师的兵力，其中包括几乎全部的德国装甲师，足以突破阿登森林。C集团军群由威廉·里特尔·冯·勒布上将指挥，拥有17个师兵力，被部署在瑞士至卢森堡之间，将法军牵制在马其诺防线。

　　法军兵力如果不强于德军，那么至少在规模上相当。不过，法军毫无优势可言，因为莫里斯·甘末林将军的指挥理念造成部队在面对变化的局势时反应迟钝。法军对坚固的马其诺防线充满信心，绝对没想到德军会绕过防线发动攻击。英国派出由10个师组成的一支远征军，接受法军指挥，以加强法军防御力量。盟军认为，德军会像1914年那样通过比利时边境发动对法国的攻击，并据此进行防御演习。英军和法军共同制订"迪莱计划"，将盟军主力部队部署在从迪莱河到布鲁塞尔以东的瓦夫尔一

▲

海因茨·古德里安将军

作为一位天才战术家，海因茨·古德里安将军1940年5月率领第19军向西线进攻。他在军事史留下的遗产是他所创造的装甲兵，装甲部队至今仍是现代陆军的核心。

线。1940年，该防线延至荷兰境内的马斯河，形成一条从英吉利海峡沿岸至法国–比利时边境的漫长防线。

5月10日晨，德军空降部队攻击比利时埃本–埃马尔地下要塞。空降部队搭乘滑翔机在要塞顶部降落。专业工兵使用锥形炸药摧毁了各个炮塔，这些炮塔俯临通向默兹河与阿尔贝特运河交会处上的各座战略大桥。就在工兵破坏炮塔工事之时，德国伞兵部队在大桥附近着陆，迅速占领各座大桥。24小时内，第4装甲师抵达这里，巩固了对桥头堡的控制权。与此同时，余下仍试图建立防御工事的比利时部队投降。德军在此次机动作战中仅损失6名士兵。此战成为二战最成功的一次空降攻击行动。

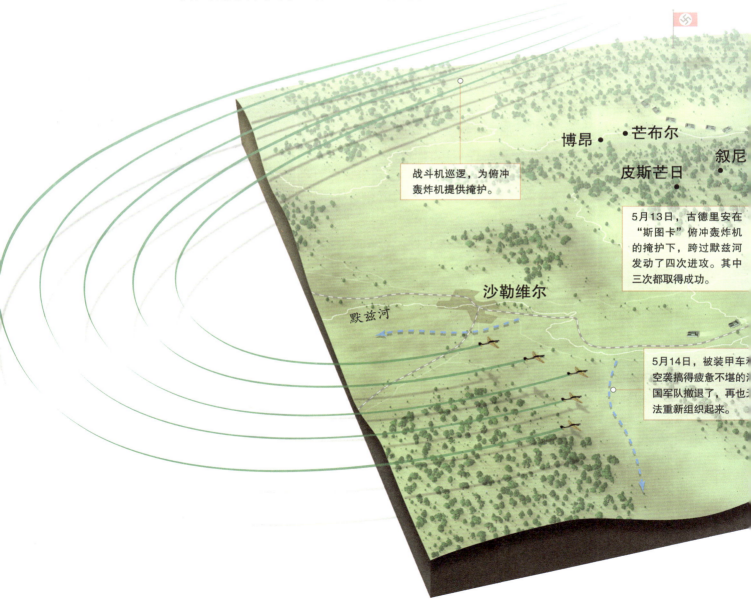

战斗机巡逻，为俯冲轰炸机提供掩护。

博昂• •芒布尔

皮斯芒日 叙尼
•

5月13日，古德里安在"斯图卡"俯冲轰炸机的掩护下，跨过默兹河发动了四次进攻。其中三次都取得成功。

沙勒维尔

默兹河

5月14日，被装甲车和空袭搞得疲惫不堪的法国军队撤退了，再也无法重新组织起来。

攻击阿登

　　曼施泰因引诱盟军进入比利时北部防线的计划非常成功。伦德施泰特经阿登地区向前推进，目的是占领色当地区跨默兹河的一座大桥。德军装甲部队隆隆驶过浓密的林区，仅遭到盟军仓促抵抗。德军的空中优势使英军和法军没有机会看到面前的德军装甲车辆拥挤堵塞的局面。5月12日夜，德军7个装甲师的部队从北面的迪南绵延至南部的色当，德军做好了前进的准备。5月13日，海因茨·古德里安将军接到命令，装甲

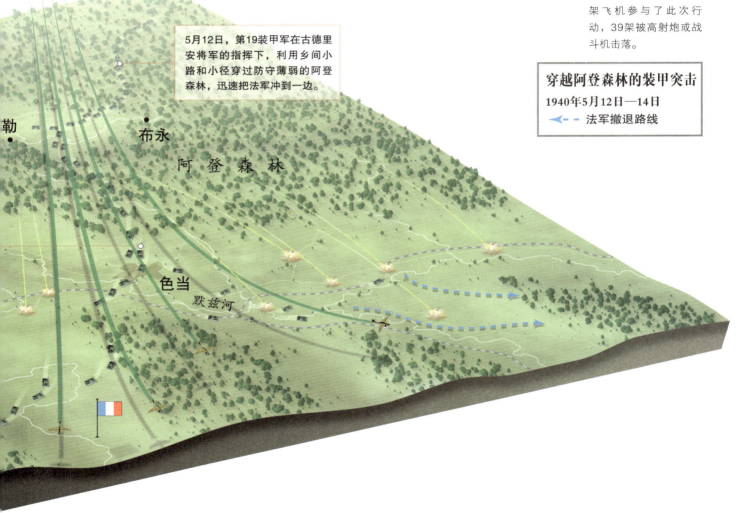

5月12日，第19装甲军在古德里安将军的指挥下，利用乡间小路和小径穿过防守薄弱的阿登森林，迅速把法军冲到一边。

穿越阿登森林的装甲突击
1940年5月12日—14日
◄- - 法军撤退路线

布永　阿登森林　色当　默兹河　勒

▶▶

法国沦陷

1940年5月10日至6月22日的6个星期见证了战争史上最快速、最具毁灭性的战役。德国人采用了装甲战的新理念——在大规模空中支援下，用坦克进行闪电式冲击，并加以聪明而灵活的运用。这是一场赌博，如果他们遇到法军的顽强抵抗、更好的指挥官以及高昂的士气，他们或许就不能成功。

▼

费尔雷"战斗"

先进空中攻击部队的费尔雷"战斗"轰炸机中队在法国战役中遭受巨大的伤亡。图中是第218中队的"战斗"轰炸机及其3名机组成员。该中队仅在1940年5月14日对默兹河大桥的一次攻击中就损失了11架飞机中的10架。

部队要在大规模空中支援下强渡默兹河。"斯图卡"俯冲轰炸法军防线，吓坏了夏尔·恩齐热将军指挥的法国第2集团军。当天，德国第1装甲师占领了一个宽5千米（约3英里）、纵深7千米（约4英里）的桥头堡。法军反攻速度很慢。法军第3装甲师急切地攻击了德军尚不牢固的侧翼，但是其攻势被德军阻挡住了，法军只能沿着一条脆弱的防线展开防守。盟军部队得知德军建立起桥头堡，他们试图破坏德军第1装甲师强行渡河时使用的那座浮桥。法军派出一支老式费尔雷"战斗"轰炸机部队。盟军损失惨重，而该桥却毫发未损。

法国未能在默兹河阻挡住德军装甲部队，德军立即抓住这一时机转向西，向英吉利海峡前进。法军指挥官们陷于混乱，无法判断德军的主攻目标是巴黎还是英吉利海峡。除了年轻、战功卓越的战术家夏尔·戴高乐上校指挥法军在蒙科尔内镇附近发动一场局部反攻外，法军再没有开展过任何大规模的反攻。戴高乐的部队很快被强大的德军击退。5月19日，古德里安指挥的装甲部队抵达英吉利海峡，结束了10天近330千米（约200英里）的推进。盟军最优秀的部队多数被包围在法国北部和比利时这一巨大口袋里，没有逃脱机会，他们被消灭的命运已成定局。

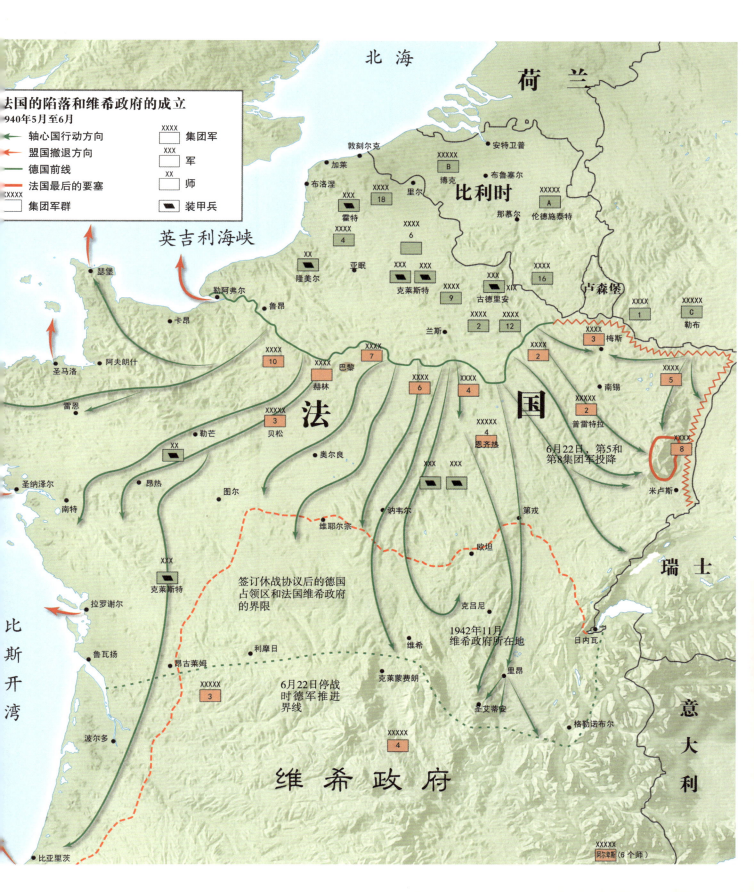

北海

荷兰

法国的陷落和维希政府的成立
940年5月至6月

→ 轴心国行动方向　｜XXXX｜集团军
→ 盟国撤退方向　｜XXX｜军
— 德国前线　｜XX｜师
— 法国最后的要塞　■ 装甲兵
｜XXXX｜集团军群

英吉利海峡

敦刻尔克
加莱
布洛涅　里尔　博克　B　布鲁塞尔　比利时　安特卫普
霍特　18
4　6　那慕尔　伦德施泰特　A
隆美尔　亚眠
克莱斯特　古德里安　XIX　16　卢森堡
9　XXXX
2　12　兰斯　1　C　勒布
10　7　梅斯　3
赫林　巴黎　6　4　2　南锡　5
法　3　贝松　国　普雷特拉　2
勒芒　奥尔良　恩齐热　6月22日，第5和第8集团军投降
圣马洛　阿夫朗什　米卢斯　8
昂热　图尔　瑞士
圣纳泽尔　讷韦尔
南特　维耶尔宗　欧坦
克莱斯特　签订休战协议后的德国占领区和法国维希政府的界限　克吕尼
拉罗谢尔　第戎　日内瓦
比斯开湾　鲁瓦扬　昂古莱姆　利摩日　1942年11月维希政府所在地　意大利
维希　里昂
波尔多　3　6月22日停战时德军推进界线　克莱蒙费朗　圣艾蒂安　格勒诺布尔
维 希 政 府　4
比亚里茨　阿尔卑斯（6个师）

反攻和撤离

5月24日，盟军试图对德军第2装甲师侧翼发起一次反攻，但是在这一天结束时，他们又被驱逐回攻击起点。德国元首希特勒给德军装甲部队指挥官下达了令人震惊的命令，所有装甲部队停止进攻。他想让补给线跟上坦克部队，从而将坦克部队投入到在法国进行的剩余作战行动中。希特勒希望戈林空军能消灭英军远征军，因为空军只需要从空中就能击败陆军。

撤离一支军队是一项艰巨的任务，但盟军需要紧急撤退。戈特将军（勋爵，曾获维多利亚十字勋章）率领的英国远征军建立了一个防卫圈，防止德国步兵沿着阿河、斯卡尔普河和伊瑟河向海滩渗透。丘吉尔要求伯特伦·拉姆齐海军中将负责指挥海上撤退，并及时发布命令，要求在英国南部沿海地区讨要、借用甚至盗用3至10米（9至30英尺）长的所有船只。英军得到的这些小船多数为船主们驾驶，他们冒着被飞机轰炸和扫射的危险，勇敢划到对面海滩接运被围部队。在接下来的8天里，在数量处于劣势的情况下，皇家空军英勇阻击了纳粹德国空军的攻击，协助海军及其他各型船只共撤离了338226人。

英军撤退后，5月28日，比利时投降，法国孤军奋战。德国国防军转向攻击法国剩余的地区，法军沿索姆河和埃纳河一线构建防御工事。尽管法军英勇战斗，但是德军仍很快突破。6月14日，德军进入巴黎，法国被迫于6月22日签署停战协议。

盟军没有制订连贯的空中作战计划是导致失败的主要原因。在对战役至关重要的那些天，即1940年5月，法国最高统帅部不愿投入轰炸机部队，担心遭到德军报复，这意味着在法国数量不多的英国皇家空军不得不承担抵御德军攻势的任务。

不过，法国也为空战做出了巨大牺牲。到1940年6月24日，英国航空部队在法国损失了578架飞机，法国空军和海军航空兵则损失892架，其中约三分之一被摧毁在地面。盟军空军声称摧毁德军1735架敌机，显然这一数字被夸大了。德国空军承认在作战中损失了543架飞机，但是不包括因故障或严重战损而减少的战斗机。

1940年6月至10月不列颠之战

THE BATTLE OF BRITAIN
JUNE — OCTOBER 1940

希特勒在欧洲大陆快速夺取胜利之后，德意志帝国面对的敌人就只剩下英国。希特勒不想入侵英国，主要因为德国海军实力弱小。战胜英国的唯一办法就是消灭阻挡德国海军前进的英国皇家海军，并将皇家空军从空中清除，从而使德国空军和规模相对较小的德国海军可以保护本国的入侵部队。英国首相丘吉尔让英国做好准备应对即将到来的战争，他把希望寄托在年轻的战斗机司令部和尚未经过检验的雷达早期预警系统上。这些预警系统刚好于战前在不列颠群岛南部沿海一带建设完毕。

赫尔曼·戈林指挥下的德国空军信心百倍，不过仍在恢复元气，因为自开战以来与低地国家和法国的持续作战，导致空军人员和装备大量损失。不过德军武器系统经过了检验，飞行员具备了丰富的作战经验，战术完好。

新型武器——雷达

战争前夕，英国皇家空军战斗机司令部拥有800架飞机，其中640架是超级马林"喷火"和霍克"飓风"这2种一流的战斗机。这2型战斗机各配备8挺机枪，具有强大火力。英军还装备一种指挥控制系统，该系统是由杰出的空军上将休·道丁爵士构思并倡导使用的。该系统使用的是相对较新的无线电测向技术，后来更名为无线电测向和测距系统（英文为Radio Direction and Ranging），最后简称为雷达系统。该系统是一系列向外发射无线电波的塔状物，沿英国南部沿海建设。发射的电波遇到飞机等目标就会反射，据此可以计算攻击者的位置、高度和航向。这些信息与观测部队用肉眼和望远镜观察的信息都会传送到总司令部，总司令部依次将信息发送给地区司令部，地区司令部再将命令下达给相应中队。雷达系统使飞机有足够的时间起飞，使它们占据有利高度迎战来袭敌机，而不必持续在空中巡逻。毕竟在空中巡逻易使飞行员过度疲

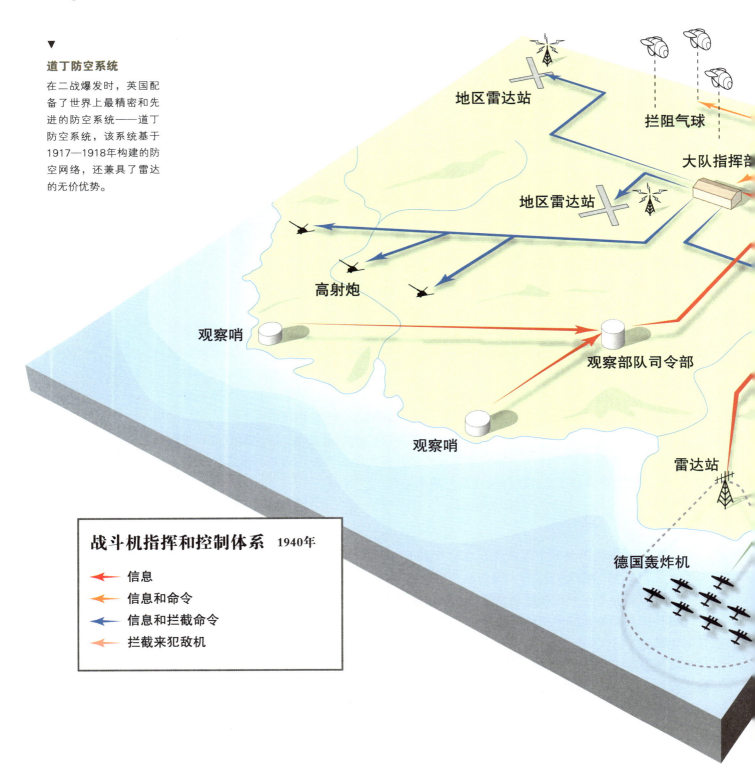

▼

道丁防空系统

在二战爆发时，英国配备了世界上最精密和先进的防空系统——道丁防空系统，该系统基于1917—1918年构建的防空网络，还兼具了雷达的无价优势。

地区雷达站

地区雷达站

拦阻气球

大队指挥部

高射炮

观察哨

观察部队司令部

观察哨

雷达站

德国轰炸机

战斗机指挥和控制体系 1940年

← 信息
← 信息和命令
← 信息和拦截命令
← 拦截来犯敌机

劳和飞机过度损耗。德军清楚地知道英军装备雷达系统，但是没有给予重视，因而对这些目标的攻击计划没有通过。因为雷达系统很难被击中，这些塔状的雷达天线与当时的电线塔相似。如果不是直接击中，爆炸产生的冲击波会穿过塔架，造成的损害很小。

在 7 月的第一个星期里，纳粹德国空军拉开不列颠之战序幕的行动是攻击沿海目标（如雷达站），特别是英吉利海峡中的海军目标，目的在于探查英军的防御系统。这一阶段不仅试探了英军的防御系统，同时也将英国皇家空军吸引到公开战斗中来，便于将其全部歼灭。幸运的是，英国的雷达系统发挥效用，使皇家空军实力得以保存。

在开始的小规模战斗中，双方部队得到了很多作战经验，双方均认为有必要组建一支专业的空海救援部队，营救被击落的机组成员。这也是德国空军在战争开始时就认识到并积极争取的事。英国博尔顿·保罗"无畏"战斗机的不足之处显而易见，德国"斯图卡"俯冲轰炸机也首次表现出了这种不足。这 2 型飞机都易受高机动和高速战斗机的攻击。"无畏"战斗机没有装备前射武器，会被梅塞施密特 Bf 109 的正面攻击轻松击落，而德国"斯图卡"轰炸机速度慢，灵活性不够，容易成为"飓风"和"喷火"战斗机的猎物。

战斗机司令部

战斗机命令

地区雷达站

英国战斗机

开始第二阶段攻击

第二阶段作战从 8 月开始，德国空军向英国皇家空军的机场、控制中心和飞机制造工厂展开全面轰炸。德国空军第 5 航空队首次从挪威基地起降，试图攻击英国东部地区的目标。这些任务区远在 Bf 109 单发战斗机作战范围外，因此德国空军出动 Bf 110 战斗机执行护航任务。英军的抵抗异常顽强。Bf 110 抵挡不住英国战斗机，因而德国空军各型飞机被从天空中击落。第 5 航空队不再试图像大规模轰炸机编队一样在白天展开攻击，而是选择在夜色掩护之下潜入英国领空进行轰炸。

德国空军对英军第 11 大队各机场的攻击造成的后果更为严重，德军专门瞄准了地区控制机场。德国空军对比根希尔的轰炸，致该地区的作战行动严重瘫痪。不过，雷达仍然使英国皇家空军在正确的时间抵达正确的地点，战斗损失比更有利于防守一方。德国空军的梅塞施密特 Bf 109 在英国上空滞留时间很短，在护航时不得不更靠近轰炸机。这样，它们就丧失了高度和突然袭击的有利条件。德国空军的损失开始上升，

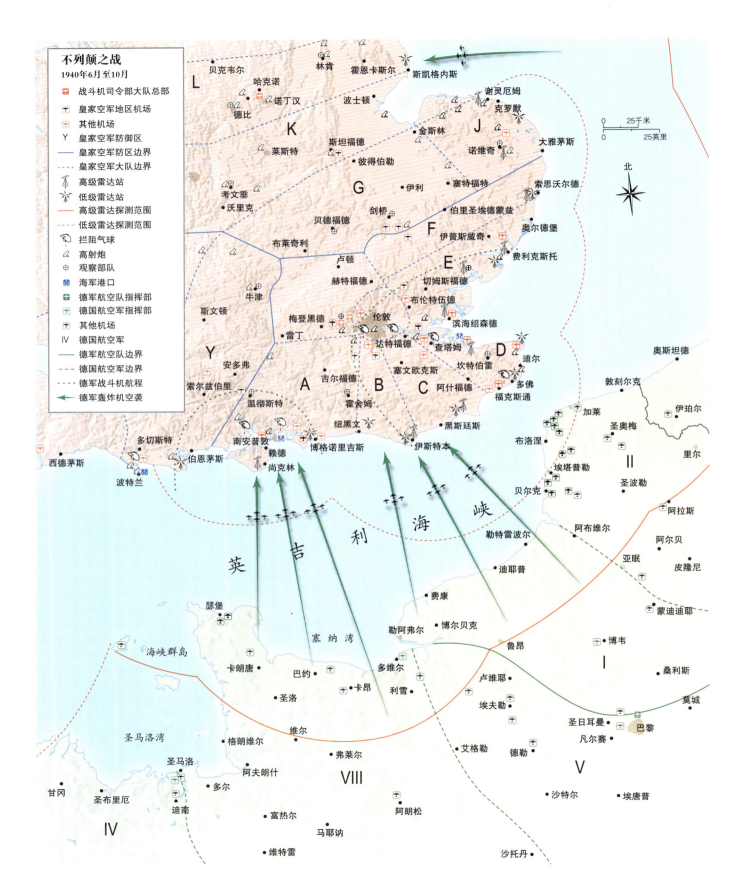

不列颠之战
1940年6月至10月

战斗机司令部大队总部
皇家空军地区机场
其他机场
Y 皇家空军防御区
皇家空军防区边界
皇家空军大队边界
高级雷达站
低级雷达站
高级雷达探测范围
低级雷达探测范围
拦阻气球
高射炮
⊕ 观察部队
海军港口
德军航空队指挥部
德国航空军指挥部
其他机场
IV 德国航空军
德军航空队边界
德国航空军边界
德军战斗机航程
德军轰炸机空袭

贝克韦尔　林肯　霍恩卡斯尔　斯凯格内斯
谢灵厄姆
哈克诺　克罗默
诺丁汉　波士顿
德比　金斯林　J　大雅茅斯
L　斯坦福德　诺维奇
K　莱斯特　彼得伯勒　索思沃尔德
考文垂　G　伊利　塞特福特　奥尔德堡
沃里克　剑桥　伯里圣埃德蒙兹
贝德福德　F　伊普斯威奇
布莱奇利　伊普斯威奇　费利克斯托
卢顿　E
赫特福德　切姆斯福德
牛津　布伦特伍德
斯文顿　梅登黑德　伦敦　滨海绍森德
雷丁　达特福德　查塔姆　D
安多弗　塞文欧克斯　坎特伯雷　迪尔
Y　吉尔福德　A　B　C　阿什福德　多佛
索尔兹伯里　霍舍姆　福克斯通
温彻斯特　纽黑文　黑斯廷斯
多切斯特　南安普敦　博格诺里吉斯　伊斯特本
西德茅斯　伯恩茅斯　赖德　尚克林
波特兰　尚克林

奥斯坦德
敦刻尔克
伊珀尔
加来　圣奥梅　里尔
布洛涅　II
埃塔普勒　圣波勒　阿拉斯
贝尔克　阿布维尔　阿尔贝
亚眠　皮隆尼
勒特雷波尔　蒙迪迪耶
迪耶普
费康　博韦　I
勒阿弗尔　博尔贝克　鲁昂　桑利斯
卢维耶　莫城
埃夫勒　圣日耳曼　巴黎
艾格勒　德勒　凡尔赛
V
沙特尔　埃唐普

英　吉　利　海　峡

瑟堡
海峡群岛　卡朗唐　塞纳湾
巴约
圣洛
维尔
圣马洛湾　格朗维尔
圣马洛　阿夫朗什　弗莱尔　VIII
甘冈　多尔
圣布里厄　富热尔
迪南　马耶讷　阿朗松
IV　维特雷　沙托丹

0　25千米
25英里
北

大规模空袭

不列颠之战中最激烈的战斗发生于1940年8月15日，德国同时对英国南部和北部的目标进行大规模空袭。在北方，德国于尔根·施通普夫将军的第5航空队，在遭遇未曾预料的战斗机抵抗时损失惨重。德国共损失了71架飞机，是不列颠之战中单日损失最高的一天，而英国皇家空军损失了28架飞机。

不列颠之战

1940年6月，当法国战役还在进行时，德国空军就开始在英国的东部和东南沿海的边缘目标发动小规模攻击。这些攻击持续了约8个星期，造成的损失也不大，其目的是为德国空军机组成员提供作战和导航经验，为大规模空中攻击做准备。

德国空军最大规模空袭
1940年8月15日

← 德国空军空袭编队
← 英国战斗机袭击
IV 德国航空军

0 ————— 100千米
0 ————— 100英里

北

蒙特罗斯

苏格兰

德雷姆

阿克灵顿

泰恩河畔纽卡斯尔

北 海

卡特里克

德里菲尔德

丘奇芬顿

莱肯菲尔德

V

克尔顿因林德塞

威尔士

大不列颠

伯彻姆牛顿

福尔米尔

马特莱谢姆

北威尔德

霍恩彻奇

罗奇福德

伊斯特彻奇

埃克塞特

伯士康当

克罗伊登

曼斯顿

西马林

霍金斯

坦梅尔

林普尼

比根希尔

II

比利时

英 吉 利 海 峡

西瑟堡 瑟堡

特拉默库尔

I

亚眠

VIII

卡昂

V

IV

法 国

一个飞行在英国南部上空的Ju 88轰炸机编队。由于在3处安装了机炮，并且有良好的转弯速度，所以Ju 88是一种难以被击落的飞机。

护航的梅塞施密特Bf 109位于轰炸机上方，以获得高度和速度优势。如果英国皇家空军突入，德国战斗机的优先任务是将轰炸机的伤亡降至最低。

在德军护航战斗机有时间反应之前，皇家空军战斗机试图获得高度优势，并且快速俯冲通过德军轰炸机机群。

▲

战斗机攻击

英国皇家空军几乎总是在数量上占据优势，战斗机利用雷达这双"眼睛"占据优势，使它们可以在正确的位置发动攻击。

包括战斗机和轰炸机。英国皇家空军开始用机动性更强的"喷火"战斗机对付德军护航飞机，而用"飓风"战斗机组成的强大机枪平台去击落成群结队的德国轰炸机。

如果德国空军能一直坚持轰炸英国皇家空军的机场，那么他们可能赢得最终的胜利。但是，受德国空军一次意外攻击伦敦的驱使，英国皇家空军空袭了柏林。9月初，戈林命令将攻击目标转向轰炸英国城市，伦敦遭受了其中的大部分攻击。

战斗落幕

作战目标的改变给了皇家空军疗伤的机会。现在皇家空军利用相对安全、未损坏的机场，集中力量将德国空军驱离英国领空。这对第12大队指挥官皇家空军少将特莱弗德·利–马洛里质疑其对手——第11大队指挥官基斯·帕克的战术来说是一个机会。马洛里建议将2个或3个中队编为一个"大联队"，这样英国皇家空军就可以攻击德国的大规模轰炸机群。编队工作需要花费很长时间才能完成，而且经过实战检验，采用大联队编队取得的战果有限，与帕克派出小编队在德国轰炸机群飞向目标和返航时，持续全程侵扰的战术所取得的战果相当。大联队编队只有在构建队形后才能进行攻击，这种局限性意味着在大联队实施攻击前，轰炸机已经在目标上空投弹且返航。

伦敦上空的空战给德军带来无法承受的损失，导致希特勒9月17日将入侵英国计划无限期推迟。9月底时，德国空军恢复纯夜间轰炸。随后，英军取得不列颠之战的胜利。丘吉尔写下不朽的诗句：

> 在人类战争的领域里，从来没有过这么少的人对这么多的人作出过这么
> 大的贡献。
>
> ——温斯顿·丘吉尔

　　德军再没有试图入侵不列颠，这意味着在整个战争期间，仍然残存一处基地，在未来会对第三帝国"心脏"发动进一步攻击，这为其他国家带来信心和鼓舞，英国有信心打败希勒特领导的德国。希特勒的注意力现在转向入侵东方及其提出的"生存空间"。

不列颠之战：1940年7月10日至10月31日	
英国	德国、意大利
指挥官	
休·道丁	赫尔曼·戈林
投入兵力	
754架单座战斗机 149架双座战斗机 560架轰炸机 500架水上飞机 总计:1963架	1107架单座战斗机 357架双座战斗机 1380架轰炸机 569架侦察机 233架水上飞机 总计:4074架
伤亡和损失	
皇家空军：飞行员和机组成员阵亡（战斗机司令部）544人 飞机损失： 战斗机：1023架 轰炸机：376架 水上飞机：148架（海岸司令部） 总计：1457架飞机损失	德国空军：飞行和机组成员阵亡2500人 飞机损失： 战斗机：873架 轰炸机：1014架 总计：1887架飞机损失

1940—1941年英国和德国相互轰炸

BOMBING: BRITAIN AND GERMANY 1940-1941

1940年8月24日夜间至25日，德国开始发动众所周知的"大轰炸"行动，轰炸目的是摧毁英国的战争能力。德国空军反复轰炸英国的各类工业目标，如工厂、造船厂、炼油厂和一些民宅。1940年8月至1941年5月间，德军对城市中心进行无限制的轰炸。此后，德国将大量轰炸机转移到东方，准备轰炸苏俄。

这并非出乎意料。英国为各种可能做好了准备，尤其是空袭的可能。大多数居民收到了防毒面具，训练了很多空袭管理员在城市街道和乡间小路巡逻，强制实施灯火管制。夜间，工厂、家庭，甚至鸡窝都不允许有一丝灯光，避免引导德国轰炸机飞向目标。在策划的最大规模平民疏散行动中，孩子和年轻母亲从大城市将搬到相对安全的乡村。中心城市附近部署了拦阻气球、探照灯和高射炮。这些宝贵和稀缺的装备大多被部署在英国东南部地区和伦敦，另有42门高射炮部署在其他地区，以保护重要工厂，例如位于德比的为超级马林"喷火"和霍克"飓风"制造"梅林"发动机的罗尔斯·罗伊斯工厂。

8月，德国空军集中力量对伦敦展开轰炸，主要是昼间空袭。事实证明，这些空袭导致德国付出的飞机损失代价太过高昂。到9月中旬，夜间空袭成为常态。然而，夜间轰炸精确度更差，在黑暗中投放的炸弹散布在更广的区域，击中民宅的概率和击中工厂的概率相当。尽管英国做了大量准备工作，但是空袭的强度仍使英国普通民众感到震惊。普利茅斯等大城市的居民每晚会到附近的乡村宿营，以躲避炸弹。伦敦地铁系统成为人们在夜间的天堂，人们睡在街道之下深深的平台上，寻找躲避夜间空袭飞机的掩蔽所。然而，到9月底时，空袭仍造成近7000名平民死亡，成千上万人受伤，数万人无家可归。

▶

"大轰炸"和"弯腿"无线电波束

英军迅速识别了敌军沿海的"弯腿"无线电发射信号，并采取措施对抗。在考文垂轰炸之后，英国提出了多种"弯曲"德国人的无线电波束的方法，其影响可以使一支计划空袭贝尔法斯特的敌军轰炸机群最后空袭了都柏林。

德国轰炸加剧

1940年11月14日夜间至15日，德国"探路者"轰炸机使用无线电导航技术轰炸考文垂。考文垂是英国的工业基地之一，许多武器装备都在这里制造。跟在"探路者"后面的是400多架轰炸机。轰炸机瞄准"探路者"轰炸引发的大火的指引，投下了503吨高爆炸弹和约3万枚燃烧弹，导致数百人死亡，1200人严重受伤，数千人无家可归。数千栋住宅被毁或严重受损。尽管损失惨重，但是工厂还是在几天之内恢复生产，且士气迅速恢复。看来轰炸没有摧毁英国人战斗和生存的意志。面对共同的敌人，英国国民的民族自豪感和战胜敌人的决心被唤醒。

大轰炸
1940年9月至1941年5月

"弯腿"无线电引导波束，1940年11月14日—15日

—— 民事防护区边界

威尔士　民事防护区

疏散区

接收区

中间区

遭受猛烈轰炸

▲
维克斯"威灵顿"轰炸机
该机由巴恩斯·沃利斯设计,采用最短线式设计,从而使其拥有很大强度来避免巨大的战斗毁坏。它是1940年皇家空军最重要的轰炸机。

到1940年圣诞节时,德军的轰炸已覆盖了英国大多数地区。格拉斯哥、贝尔法斯特、利物浦和谢菲尔德都遭受到猛烈轰炸,伦敦也未能幸免。刚过圣诞节,在12月29日夜间至30日,130多架轰炸机轰炸伦敦市中心,市政厅与圣保罗大教堂之间燃起大火。圣保罗大教堂虽然保住了,但是周边办公楼、住宅和多个历史悠久的教堂都化为灰烬。拥有数百年历史的建筑不复存在。尽管经历了惨痛的时期,但是英国生存了下来。新型装备从遭受德军轰炸破坏的工厂里制造出来,如雷达引导的高射炮,其可以预测轰炸机高度和航向。随后,夜间战斗机也安装了雷达,夜间拦截轰炸机的成功率越来越高,消防和救援小组的救援技能也越来越熟练。炸弹处理小组努力排除危险的未爆炸弹。很明显,英国面对德军的无情轰炸没有屈服。

英军的还击

在第二次世界大战之初,英国皇家空军装备了4种轰炸机:布里斯托尔"布伦海姆"、汉德利·佩季"汉普敦"、维克斯"威灵顿"和阿姆斯特朗·惠特沃斯"惠特利"。所有这些飞机设计合理,没有大的机械缺陷。它们的最大载弹量从"布伦海姆"的454千克(1000磅)至"惠特利"的3630千克(8000磅)不等。"布伦海姆"的航程有限,其他3种机型都可以飞抵德国除最东部地区以外的所有地区。英国皇家空军轰炸机司令部一直希望在白天以密集的、自卫式编队进行大规模轰炸行动;只有装备

北 海

叙尔特岛　弗伦斯堡

基尔　瓦尔讷明德

库克斯港　吕贝克　罗斯托克

威廉港　汉堡　维斯马

埃姆登　不来梅港　斯德丁

特瑟尔岛　荷　兰　奥尔登堡　不来梅

史基浦　阿姆斯特丹　萨尔茨贝根　柏林

苏斯特贝赫　奥斯纳布吕克　不伦瑞克　马格德堡

鹿特丹　埃默里希　比勒费尔德

哈姆斯泰德　明斯特　帕德博恩　梅泽堡

埃因霍温　哈姆

法拉盛　索斯特　卡塞尔

泽布吕赫　门兴格拉　德　国

德巴赫　蒙海姆

布鲁塞尔　科隆

比 利 时　科布伦茨

法兰克福　北　布拉格

法 国　曼海姆　纽伦堡

卡尔斯鲁厄　斯图加特

慕尼黑

| 轰炸纳粹控制的欧洲地区 |
| 1940—1942年 |
| ☀ 25～1000吨炸弹轰炸 |
| ✹ 1000～3000吨炸弹轰炸 |

0　100千米
0　100英里

▲
代价惨重的报复
初期，皇家空军针对德国目标开展的夜间轰炸行动由单架飞机进行。
在战争初期几个月里的编队轰炸被证明代价惨重。

了"惠特利"轰炸机的第4大队各中队训练过夜间轰炸。

1939年9月1日，美国总统富兰克林·D.罗斯福呼吁战争各方保持克制，不要针对平民目标进行轰炸。法国和英国立即表示同意。9月18日，德国也表示同意，但只是因为波兰战役即将结束。与此同时，皇家空军受命对不在码头或船坞的德国运输舰只进行攻击。轰炸机也可以飞到敌人的领空投放传单。皇家空军许多指挥官认为此举是浪费时间，但是这些行动为英军开展全面轰炸积累了在敌人领空作战的经验。它还为制造更多轰炸机、培训更多数量的机组成员赢得了时间，其数量比战争爆发时能立即投入作战的数量更多。

法国陷落之后，德国控制了从西班牙边境至挪威北部一线的大西洋沿岸。不列颠之战中，皇家空军轰炸机司令部的主要任务，是沿着德军占领的英吉利海峡沿岸轰炸德国的驳船集结地。根据当时的需要，对德国工业部门的攻击计划处于次要位置。尽管如此，英国人每晚也派出少量轰炸机前往德国执行轰炸任务，与油料有关的目标成为英国人的主要攻击对象。实际上，每晚都有小队飞机引导轰炸机飞向各个目标进行轰炸。每个机组负责各自的导航。当时，导航装备和技术还很落后，但是在有月亮的夜晚，轰炸机机组成员通过目视寻找河流或其他可识别的地标来帮助确定其目标。

由于德国高射炮和探照灯的作战效率越来越高，英军轰炸机不得不飞得更高些，从而导致对目标的识别更加困难。英国皇家空军的少量飞机安装了轰炸照相机，并配备最优秀的机组成员。在英国皇家空军轰炸机司令部中，弥漫着乐观的气氛。

1940—1941年海上空中巡逻

MARITIME AIR PATROL: 1940-1941

欧洲战争爆发之时，德国海军开始实施在一战中未取得成功的消耗战术。德军采用该战术基于以下考虑：如果每个月击沉盟军，特别是英国船舶75万吨位，持续一年之久，那么，英国会因为饥饿而被迫投降。作为岛国，英国为海上巡逻的准备并不是很充分，并且皇家空军最高统帅部将大型远程飞机优先配给了轰炸机司令部。

水面下的敌人

德国在开战时有57艘潜艇。德国海军决策者认为需要350艘潜艇才能击沉预期的盟国船舶吨位，不过这仍需要水雷、飞机、军舰和水面袭击舰的帮助。为了对抗这支力量，英国能够部署的舰艇有12艘战列舰和战列巡洋舰、6艘航空母舰、58艘巡洋舰、200多艘具备反潜能力的驱逐舰和护卫舰，以及69艘潜艇。法国海军也能够提供一些帮助，不过其主要任务是在地中海对抗意大利舰队。

1939年9月，除向大西洋派出2艘水面袭击舰外，德国海军只能在距英国海岸几百英里外的海域活动，这一区域被称为"西部水道"。北海和英吉利海峡都位于潜艇活动范围内，因此，在这些区域的大量盟国舰船都成为德国海军的目标。1939年9月至1940年6月，盟国共损失702艘商船。

二战之初，英国装备了少量性能优越的肖特"桑德兰"水上飞机，用于海上巡逻行动。"桑德兰"水上飞机是根据联结大英帝国的各条航线飞行任务的"帝国"级水上飞机设计而成的，其巡航时间可达13小时以上。1941年以后，"桑德兰"安装了雷达，声名鹊起。它还进行了多次空海救援行动。

随着德国占领挪威，并于1940年7月占领法国，大西洋上的潜艇战的性质发生了改变。1940年7月，德国海军位于法国西部的洛里昂的第1个潜艇基地投入使用。潜艇前

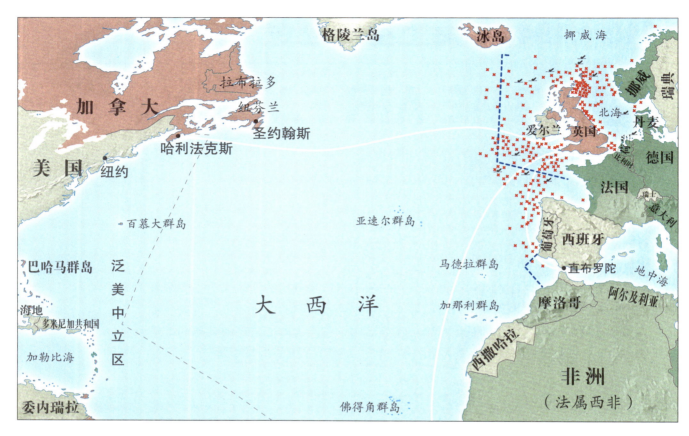

大西洋海战
1939年9月至1940年5月

- – – – 泛美中立区边界（1939年）
- ----- 空中护航区界限
- ▨ 大型护航船队航线
- ✕ 被潜艇击沉的盟国商船
- ⬋ 被击沉的潜艇
- ▨ 盟国控制领土
- ▨ 轴心国控制领土
- ▨ 中立地区

往巡逻区域的距离立即减少了大约750千米（450英里）。更多的潜艇可以用于巡逻的时间更长了，而且数量更多的潜艇可以投入作战行动。尽管二战开始后损失了25艘潜艇，但是德国依旧加快了潜艇的建造速度。尽管有损失，但是此时德军仍有51艘潜艇在役。

除了潜艇，德国还装备了道尼尔Do 18和亨克尔He 115水上飞机，适合在欧洲西部沿海、北海和比斯开湾一带作战。更远能够飞到大西洋的当属福克–沃尔夫Fw 200"秃鹰"4发动机飞机。该型飞机是一种线条流畅的现代飞机，于1936年作为远程客机首飞。1940年8月，在汉斯·盖斯中校的指挥下，德国第40轰炸机联队开始驾驶该型飞机在波尔多附近的一个机场起降。飞机的航程可以深入大西洋，其任务主要是侦察，报告盟军护航船队的位置和航向。完成任务之后，飞机就可以向任何随机目标投弹。8月至9月，第40轰炸机联队的15架飞机共击沉盟军船舶吨位9万吨。

盟军的空中反击

　　当时，大多数护航船队只有1至2艘护航舰艇；而且这些护航舰艇主要执行反潜任务，不能进行任何有意义的防空行动。在空中或海面之下，德国似乎掌控着夺取胜利的关键。盟国成千上万名商船水手丧生，而对于英国来说，意味着生存的大量货物也最终沉没海底。

　　战争进行到这一刻，盟军已经没有可以动用的航母。权宜之计是在商船上部署使用弹射器起飞的战斗机。英国海军选择的这种飞机是霍克"海飓风"。一旦飞行员驾机起飞，降落时就不得不在盟军舰船附近海面迫降，希望能及时被盟军救起。如果航程允许，飞行员可以飞到最近的陆地上降落。1941年8月3日，盟军取得首场胜利。英国舰队航空兵飞行员R.W.H. 埃弗雷特上尉（皇家海军志愿后备队），驾驶一架"海飓风"从海军辅助舰"马普林"号上弹射起飞，击落德国一架福克–沃尔夫Fw 200飞机。该机当时正跟踪盟军从塞拉利昂驶向英国的一支护航船队。战斗之后，埃弗雷特驾驶飞机在海上迫降，并被安全救起。他被授予"卓越服役十字勋章"。盟军发展出一种更可靠的解决方案，为商船安装可以起降飞机的飞行甲板，即商船航空母舰（MAC）。这时，战斗机飞行员就可以从商船上起飞，然后返回船上，等待再次起飞。

◄◄

大西洋中部的空白区

大西洋中部的空白区为敌方潜艇提供了一个理想的屠杀场，因为没有足够的水面护航舰艇来对抗它们。只有盟军开始装备远程巡逻飞机后，这个空白区才被关闭，商船的损失才开始减少。

◄

肖特"桑德兰"水上飞机

第一批生产型"桑德兰" Mk I飞机于1938年6月初交付部署新加坡的第230中队，战争爆发后，"桑德兰"飞机对英国的反潜作战做出了贡献。1939年9月21日，2架"桑德兰"飞机救援了被鱼雷击沉的商船"肯辛顿宫"号的全部船员，将34人送到安全地带。

▲
福克-沃尔夫Fw 200

1940—1941年，福克-沃尔夫Fw 200 "秃鹰" 远程海上侦察机，给盟国在大西洋和北海的航运带来严重威胁，击沉的盟国船舶吨位比潜艇还多。

1941年4月，德军击沉盟国商船的数量达到顶峰。随着盟军护航体系的覆盖范围更为广阔，被德军击沉的运输舰只数量开始下降。德军计划每月击沉75万吨船舶吨位的计划未真正实现过。英国在国内谨慎地采用食品配给制度，对舱位进行严格限制。战争期间，英国进口需求减少了一半。更多海上巡逻飞机开始配备作战中队，其中一种机型就是联合PBY "卡特琳娜" 水上飞机。虽然该机的速度和武器装备都比不上 "桑德兰" 飞机，但仍然是一种可靠的远程飞机。"卡特琳娜" 的生产数量比其他任何一款水上飞机都多。英国的护航行动效力越来越大，正在壮大的加拿大海军也加入了护航行动，迫使潜艇进入远离巡逻机航程的大西洋开展巡逻。由于潜艇是向西巡逻，于是，遇到数量更多的美国商船和军舰的风险会增加。美国军舰开始向英国方向展开巡逻。很显然，美国决定帮助并确保英国的生存。随着德国陆军在苏联边境集结，希特勒想避开与美国直接对抗，他对潜艇在大西洋上的尽职尽责也颇为放心。大西洋中部仍是一个 "空白区"，处于盟国的巡逻飞机航程之外。这一状况直到1942年底，"解放者" 轰炸机的海军型被引进后才有所改观。

1940—1942年地中海作战

THE MEDITERRANEAN: 1940-1942

控制地中海对盟国和轴心国都非常重要。双方都需要确保补给航线畅通，支持各自在北非的作战行动。对英国来说，保持苏伊士运河畅通也非常重要，因为这是英国往返东方殖民地的最短航线。

谈判争取法国舰队

1940年夏天，法国向德国投降，英国认识到德国可能会控制法国强大的海军，并用其来夺取海上力量的平衡。英国不能容许这种情况发生。法国2艘先进的战列舰"敦刻尔克"和"斯特拉斯堡"号，以及另外2艘老式战列舰部署在阿尔及利亚沿海的米尔斯克比尔港。英法进行了谈判。英国试图说服法国舰只向英国皇家海军投降，英国海军承诺将其护送到英国基地，或是位于加勒比海的法国基地，而这些地点对德国海军来说都是遥不可及的。否则的话，法国舰只可能会面临毁灭的命运。法国舰队一直拖延并用搪塞来对付谈判。英军没有其他方案可供选择。1940年7月3日，英国海军向法国舰船开火，密集的炮弹击中了"布列塔尼"号战列舰的弹药库，致该舰爆炸。"敦刻尔克"号和"普罗旺斯"号严重损伤。2艘驱逐舰沉没，"斯特拉斯堡"号战列舰成功逃到位于土伦的法军基地。2天后，英军出动费尔

费尔雷"剑鱼"

费尔雷"剑鱼"也称为"细绳袋"，似乎是一款过时的飞机，但是它的设计恰好符合它所要执行的主要任务，坚固的结构使其非常适合在航空母舰上起降。在二战中，从北大西洋至印度洋战场都有它的身影，并获得极大的赞誉。

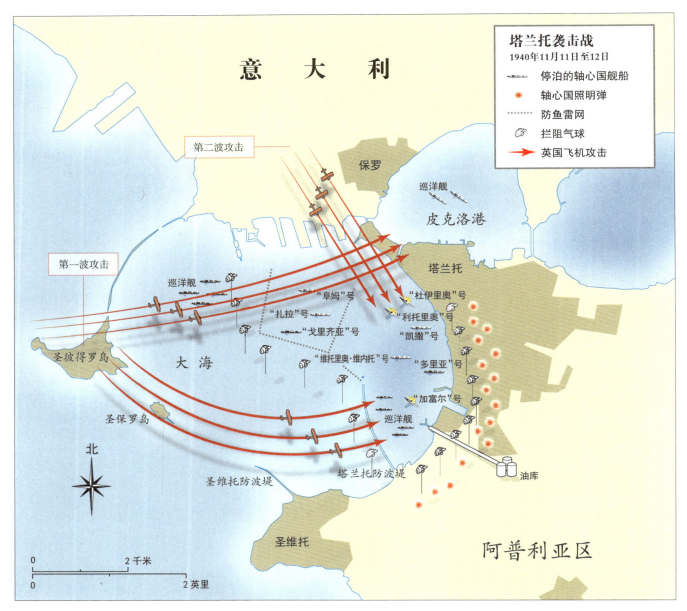

意 大 利

塔兰托袭击战
1940年11月11日至12日

停泊的轴心国舰船
轴心国照明弹
防鱼雷网
拦阻气球
英国飞机攻击

第二波攻击

保罗

巡洋舰

皮克洛港

第一波攻击

塔兰托

巡洋舰

"阜姆"号

"杜伊里奥"号

"扎拉"号

"利托里奥"号

"戈里齐亚"号

"凯撒"号

大 海

"维托里奥·维内托"号

"多里亚"号

圣彼得罗岛

"加富尔"号

圣保罗岛

巡洋舰

北

塔兰托防波堤

油库

圣维托防波堤

圣维托

阿普利亚区

0   2千米

0   2英里

▲

塔兰托海战

英军攻击塔兰托是航母作为一种灵活、机动海上力量的第一次真正展示，它不是只能作为舰队的附属，并且此次作战对未来海空作战有着深远的影响。

雷"剑鱼"双翼机进行空袭，以击沉被围困的法国舰船，"敦刻尔克"号战列舰严重受损，只得冲滩搁浅。这次空袭导致1297名法国海军官兵丧生，致使英法关系极度恶化，但是该行动让美国对英国的坚定意志印象深刻。

攻击塔兰托港

11月11日夜至12日，皇家海军出动舰队航空兵，展开一次被许多战术家认为是不可能的空袭行动，攻击目标为塔兰托港的意大利舰队。一架从马耳他起飞执行侦察任务的飞机证实，塔兰托港内有5艘战列舰（皇家空军一架水上飞机证实，第6艘战列舰在稍后时间进港）、7艘重型巡洋舰、2艘轻型巡洋舰、8艘驱逐舰。这支强大的海军力量随时可以攻击为马耳他和驻守在埃及的陆军提供补给的脆弱的英国运输船。英国皇家海军舰艇"光辉"号上共起飞21架飞机。攻击飞机分成2个波次，搭载鱼雷和炸弹的费尔雷"剑鱼"攻击了锚泊的意大利舰艇，使用的是专门改装适于在浅水中航行的鱼雷。它们成功击中"利托里奥"号战列舰3次，另外2艘战列舰各被击中1次，英军仅损失2架飞机及其机组成员。此次成功攻击使意大利人提高了警惕，他们将舰队的其他舰船转移至意大利北部更加安全的港口。受损的"利托里奥"号丧失作战力达4个月之久。这次仅由21架看似老旧的飞机发动的攻击，使地中海海上力量平衡转向英国，虽然只是暂时的。日本对此次行动产生很大兴趣，攻击塔兰托港的行动对日本制订空袭珍珠港太平洋舰队计划产生很大影响。

马塔潘角海战

1941年3月27日至29日，一支庞大的意大利舰队和英国皇家海军，在伯罗奔尼撒半岛外海展开一次大规模海战，即马塔潘角海战。英国海军上将亨利·普里德姆-威佩尔爵士的舰队部署在克利特岛南部沿海，由英国皇家海军的3艘巡洋舰、澳大利亚皇家海军的"珀斯"号巡洋舰，以及一支驱逐舰掩护舰队组成。海军上将安德鲁·布朗·坎宁安爵士的舰队部署在埃及亚历山大港，包括"可畏"号航母以及3艘战列舰（他的旗舰"厌战"号也

马塔潘角海战
1941年3月27日至29日

英军来自马利姆的"布伦海姆"轰炸机和来自"可畏"号的鱼雷轰炸机进行的空袭

英国舰船的行进路线

轴心国舰船的行进路线

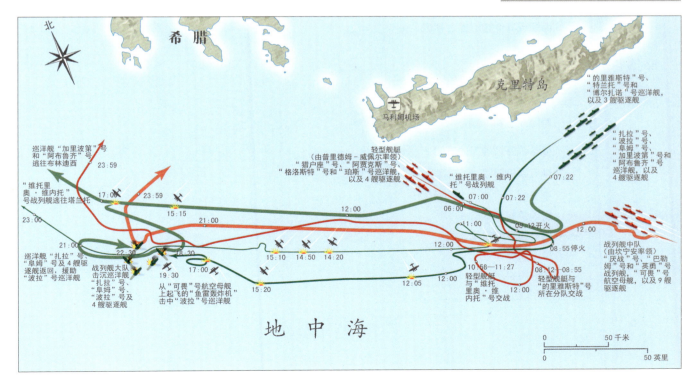

里昂

波尔多

法 国

都灵

热那亚

毕尔巴鄂

尼姆

拉科鲁尼亚

尼斯

轰炸机作战范围

波尔图

安道尔

马赛

土伦

萨拉曼卡

萨拉戈萨

科西嘉岛

马德里

巴塞罗那

西 班 牙

葡萄牙

撒丁岛

里斯本

巴伦西亚

卡利亚里

巴利阿里群岛

塞维利亚

卡塔赫纳

加的斯

直布罗陀（英属）

阿尔及尔

安纳巴

比塞大

丹吉尔

突尼斯

奥兰

苏塞

卡萨布兰卡

斯法克斯

地中海

1942年底

摩洛哥
（法属）

突尼斯
（法属）

阿尔及利亚
（法属）

拜勒希兰

德国或其他轴心国占领区

德国盟友区

意大利领土

意大利占领区

盟国或盟国控制区

维希政府领导下的法国

轴心国控制区

中立国

盟国护航船队航线

轴心国护航船队航线

盟国机场

轴心国机场

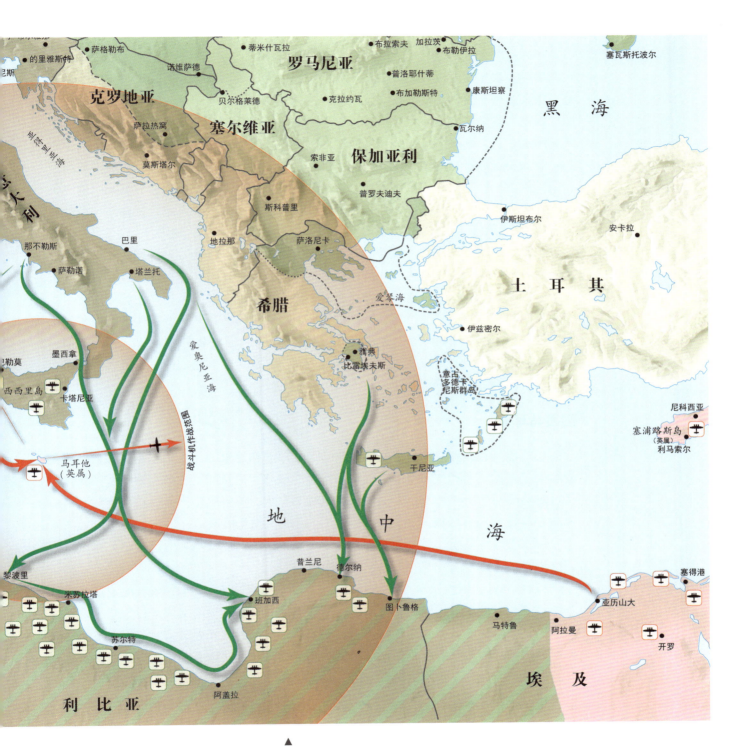

战略目标

夺取马耳他岛是地中海胜利的关键，在地中海战争最初的几个星期里，轴心国军队本来可以相对轻松地夺取该岛。实际上，希特勒将注意力放在克里特岛，旨在保证其南翼的安全。

在其中）。坎宁安通过"超级机密"（ULTRA）侦听到，意大利海军上将安杰洛·亚基诺指挥的一支舰队正向东航行，包括现代化的"维托里奥·维内托"号战列舰，企图拦截盟军前往希腊的运兵船。普里德姆-威佩尔的舰队发现意大利舰队正在靠近克里特岛南部。意大利舰队认为英国舰队试图逃跑，便开始追击并在最远射程处开火。不久，意大利巡洋舰放弃了追击，转向"维托里奥·维内托"号靠拢，因为英军舰船正在跟踪该舰。坎宁安的舰队已经涌入这一海域，之后动用从"可畏"号上起飞的飞机和驻扎在克里特岛的皇家空军陆基中程轰炸机发动了一次空袭。意大利海军"维托里奥·维内托"号返回意大利，和德国陆基空中力量保护的安全区域。

英军发动第二轮空袭，致使"维托里奥·维内托"号受伤。经过修理，该舰还能继续航行。英军第三轮空袭使"波拉"号巡洋舰瘫痪。留下一支由巡洋舰和驱逐舰组成的舰队保护"波拉"号后，"维托里奥·维内托"号继续其返回塔兰托的航行。英军在夜间靠近被困的"波拉"号及其护航舰艇，在近距离内开火，很快就击沉了"阜姆"号和"扎拉"号巡洋舰。意大利驱逐舰试图反击，但是其中2艘也被击沉。英军决定用鱼雷击沉受伤的"波拉"号，而不是将其拖到亚历山大港。此后，意大利舰船再也不敢驶入地中海东部区域。

围困马耳他

马耳他是意大利与北非之间的战略要地，部署在这里的飞机和舰船能够袭扰敌人补给线，因此意大利一向英国宣战就开始轰炸该岛。最初部署在岛上的防御部队，包括过时的格洛斯特"海斗士"双翼战斗机和高射炮。英国决定不惜一切代价保卫马耳他，并尽最大努力增援该岛。8月，霍克"飓风"战斗机抵达，还有一些马丁"马里兰"侦察机和维克斯"威灵顿"中型轰炸机也抵达该岛。从马耳他起飞，英军可以袭击位于北非的轴心国军队，以及意大利境内的目标。

1941年6月，纳粹德国空军以第10航空军的形式抵达，掩护乘船驶往突尼斯的非洲军团。"威灵顿"轰炸机对纳粹德国空军和意大利皇家空军的基地进行轰炸，这引发了一次大规模反击。德国第10航空军攻击了马耳他机场及其他设施。岛上余下的小股英军轰炸机部队转移到北非基地。护航船队继续向马耳他运送补给，但是损失惨重。岛上居民靠少量的食物配给艰难生活。经过短暂间歇之后，皇家海军"暴怒"号运来61架超级马林"喷火"战斗机协防，但是岛上仍迫切需要食物、油料和药品。1942年8月，英军发动"基座行动"，出动了一支大规模海军力量，包括3艘航母、2艘战列舰和32艘驱逐舰对14艘商船进行护航。英军只有5艘运输舰只幸存，1艘航母、2艘巡洋舰和1艘驱逐舰在护航行动中损失。随着盟军在战争中占据上风，轴心国对马耳他的围困有所松缓。为表彰岛上居民的英勇，他们获得英国最高平民奖章——乔治十字勋章。

巴尔干战区：克里特岛的沦陷

THE BALKANS: THE FALL OF CRETE

希特勒占领欧洲大部分地区后，他的注意力开始转向东方。他迫切想征服苏联，从而为德国获取非常重要的生存空间；他还需要占领乌克兰广袤的田野，为德国获得食物；占领高加索油田，为不断壮大的帝国提供油料，保持部队运转。但是就在准备实施计划之时，墨索里尼入侵希腊失败打破了他的行动计划。在入侵希腊的行动中，意大利军队先取得胜利后又被赶回到阿尔巴利亚。希特勒必须保证南翼的安全，因为他担心盟军会在希腊登陆，从而危及其通向苏联的补给线和更重要的罗马尼亚油田。

首先，希特勒需要占领南斯拉夫。通过威慑软弱的南斯拉夫政府，希特勒初步实现这一目标。后来，南斯拉夫政府被反法西斯政变推翻。继而，德国对南斯拉夫政权进行干涉。1941年4月6日，德军对贝尔格莱德发动大规模空袭。同时德国军队涌入希腊边境。攻击行动一直持续至南斯拉夫4月14日投降。

盟军撤退到克里特岛

德军攻击希腊之时，英国派出3个布里斯托尔"布伦海姆"中队和2个格洛斯特"角斗士"中队来加强希腊空军力量，希腊装备的大都是过时的飞机。德军另外又派3个中队的霍克"飓风"从埃及转场前来增援希腊空军部队。对抗这支杂牌部队的是德国空军第4航空队，该大队装备1200架各型飞

1941年，克里特岛
德国空降部队在克里特战役中损失巨大，约25％人员死亡或受伤，此后他们再也没有开展大型作战行动。这一事实可能使盟国保住了马耳他。左图是一架容克Ju 52在伊拉克利翁上空冒着浓烟坠毁。

机。英国皇家空军和希腊空军顽强抵抗，同时希腊陆军在北部山地也开展作战行动。但是战况很快就明朗了，盟军将不得不撤退到克里特岛。一些飞行员留在后面掩护部队撤退，直至最后一刻。

希腊本土现处于轴心国控制下，下一个目标是克里特岛。因为控制该岛就意味着可以控制地中海的东部海域，希特勒想要占领该岛。岛上驻军主要是澳新军团（ANZAC）部队、一个旅的英军部队和撤退到该岛的希腊部队。尽管这些部队装备很差，但是他们进行了顽强的抵抗。岛上没有战斗机部队的支援，因为这些战斗机在撤退过程中在希腊损失，或撤退到了埃及。5月20日，在梅塞施密特Bf 109和Bf 110战斗机的保护下，700架容克Ju 52拖曳着大量DFS230滑翔机飞向克里特岛，并开始空投它们搭载的伞兵。德国伞兵的目标是降落在分布于克里特岛西北部的各个机场或机场附近。在占领这些机场后，来自德国第10山地师的后续部队将乘飞机进入该岛。

"水星行动"

克里特战役展示了海军舰艇在没有空中力量保护下，易受空中力量攻击的缺点。英国皇家海军共损失了3艘巡洋舰和6艘驱逐舰。2艘战列舰、1艘航空母舰、6艘巡洋舰和7艘驱逐舰遭受不同程度的损伤。

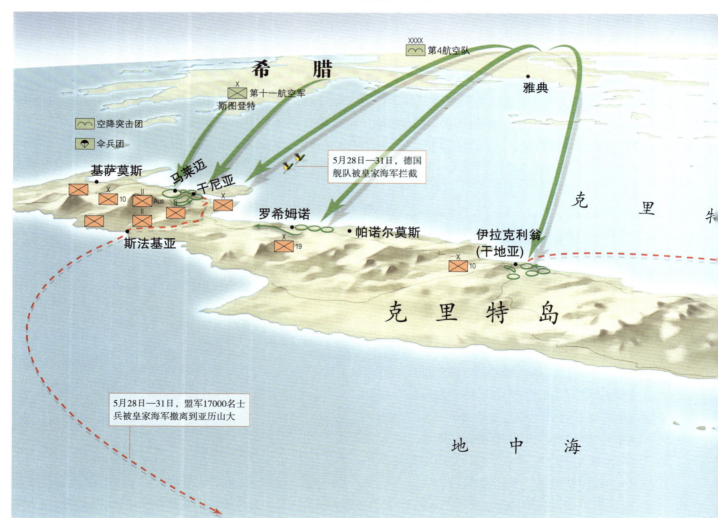

血染的胜利

　　登陆行动简直是一场大屠杀，空降部队的伞兵缓慢飘向等待多时的盟军机枪和步枪枪口。德国伞兵跳伞时未携带单兵作战装备，着陆后，他们必须匆忙赶到武器存放点并保护其装备的集装箱。唯有作战技能、坚韧力和强大攻击力支撑着德军取得进展。德军很快夺取了各机场。Ju 52运输机蜂拥而至并卸下更多部队。如果盟军最高统帅部留下少量"飓风"战斗机保卫克里特岛，那么德国可能会慎重考虑此次攻击，但是局势就是如此。德军已经扩展了空降场，因此盟军只能向后撤退。盟军需要再开展一次后卫作战行动，于是，皇家海军成功撤走了克里特岛上的大部分部队。希腊军队留在后面打起游击战，拖住了可能被派往其他前线的德国军队。希特勒部队南翼的安全得以保证，"巴巴罗萨"行动也得以进行。

麦尔库尔作战行动
1941年5月20日至6月1日

　德军空袭
　滑翔机和伞降区
　德军行进路线
　英军撤退路线
　航空队
　滑翔机团
　伞降团
　步兵师
　步兵旅

北

5月28日—29日，盟军4000名士兵被皇家海军撤离到亚历山大

巴尔干战争1941年4月6日—21日

　德军推进路线

布达佩斯
匈牙利
罗马尼亚
贝尔格莱德
南斯拉夫
保加利亚
索非亚
阿尔巴尼亚
斯科普里
地拉那
希腊
北
雅典

0　100千米
0　100英里

克里特岛

"巴巴罗萨"行动和轰炸莫斯科

BARBAROSSA AND THE
BOMBING OF MOSCOW

▶▶

在苏军最高统帅部完全不知情的情况下，德军入侵苏联。直到1941年6月22日中午苏联空军才开始作战，这些作战行动完全没有协同，也与地面部队没有沟通。在这一天及随后的几天里，他们的主要任务是攻击德国装甲部队和机械化部队，为执行该任务，苏联轰炸机损失严重。

由于希特勒打败英国的希望变得渺茫，他把目光逐渐转向东方的乌克兰和俄罗斯西部的广袤国土，以及为饥渴的战争机器提供油料的俄罗斯南部大草原上储存的石油。不过，他犯了一个致命的错误。投入部队攻击俄罗斯是一个雄心勃勃但又非常艰巨的任务，特别是德军部队仍在其他战区作战。与即将真正投入大规模部队攻击苏联的行动相比，德军在北非地区的武力展示只是一个花絮事件。希特勒敦促他的将军们发动另一场快速、决定性作战。因为这对攻击部队在陷入俄罗斯漫长且寒冷的冬天的

▶

苏军飞行员

苏军飞行员休息时玩多米诺骨牌，他们的身后是一架波利卡波夫伊–16战斗机。伊–16是苏联空军在"巴巴罗萨"行动开始阶段的主力机型。

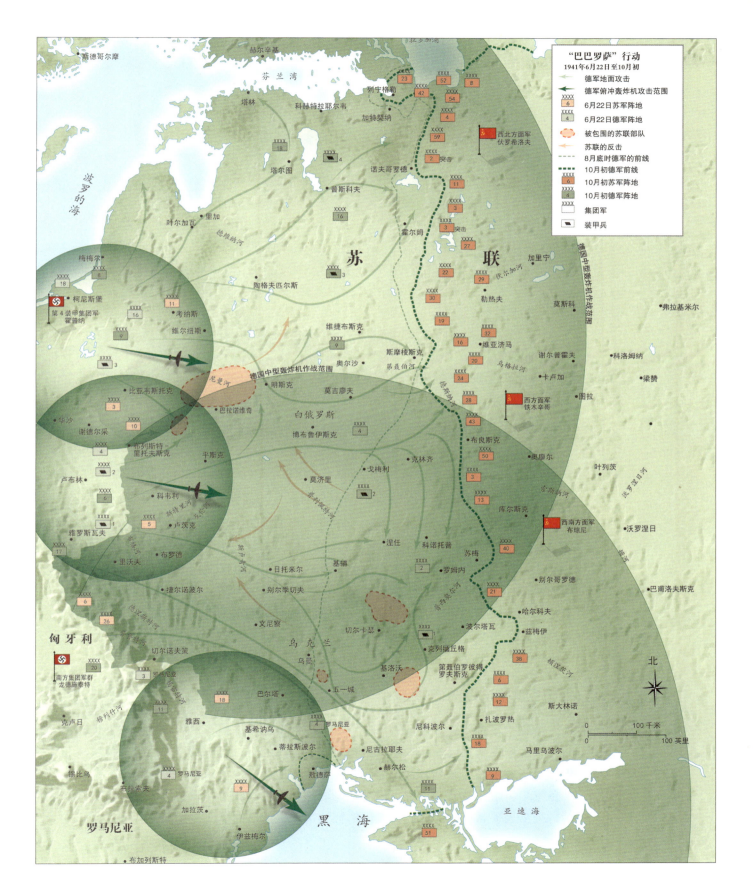

"巴巴罗萨"行动
1941年6月22日至10月初

德军地面攻击
德军俯冲轰炸机攻击范围
6月22日苏军阵地
6月22日德军阵地
被包围的苏联部队
苏联的反击
8月底时德军的前线
10月初德军前线
10月初苏军阵地
10月初德军阵地
集团军
装甲兵

斯德哥尔摩
赫尔辛基
芬兰湾
波罗的海
列宁格勒
塔林
科赫特拉耶尔韦
加特契纳
西北方面军
伏罗希洛夫
里加
叶尔加瓦
诺夫哥罗德
普斯科夫
加里宁
莫斯科
弗拉基米尔
苏联
科洛姆纳
梅梅尔
柯尼斯堡
第4装甲集团军
霍普纳
考纳斯
维尔纽斯
勒热夫
谢尔普霍夫
卡卢加
梁赞
陶格夫匹尔斯
维捷布斯克
斯摩棱斯克
维亚济马
华沙
谢德尔采
比亚韦斯托克
明斯克
莫吉廖夫
奥尔沙
第聂伯河
图拉
叶列茨
布列斯特-里托夫斯克
巴拉诺维奇
白俄罗斯
博布鲁伊斯克
布良斯克
奥廖尔
卢布林
科韦利
莫济里
戈梅利
克林齐
库尔斯克
西方方面军
铁木辛哥
雅罗斯瓦夫
卢茨克
涅任
科诺托普
苏梅
西南方面军
布琼尼
沃罗涅日
里沃夫
布罗德
日托米尔
基辅
罗姆内
别尔哥罗德
巴甫洛夫斯克
捷尔诺波尔
别尔琴切夫
哈尔科夫
匈牙利
文尼察
切尔卡瑟
波尔塔瓦
兹梅伊
南方集团军群
龙德施泰特
切尔诺夫策
乌克兰
乌曼
基洛沃
第聂伯罗彼得
罗夫斯克
克卢日
巴尔塔
五一城
斯大林诺
雅西
基希讷乌
尼科波尔
扎波罗热
锡比乌
蒂拉斯波尔
尼古拉耶夫
马里乌波尔
罗马尼亚
救德萨
赫尔松
布拉索夫
加拉茨
黑海
亚速海
伊兹梅尔
布加勒斯特

德国中型轰炸机作战范围

德国中型轰炸机作战范围

北

0   100 千米
0   100 英里

▶

苏联高射炮

在战争中苏联红军装备了大量的高射炮。高射炮部队是红军部队训练最充分、装备最精良的部队，并且该部队的数量、质量不断提高，直至战争结束。

困境之前夺取胜利是至关重要的。"巴巴罗萨"行动在5月发动最为理想，但是德军需要保持巴尔干地区的南翼安全，由于意大利军队的无能，再加上不断增多的补给问题，这意味着希特勒必须等到1941年6月底才能发起攻击。

为了在苏联广阔的国土上夺取完全胜利，德军决策者偏向采取先前作战中取得成功的快速推进作战方式，包围守护边境的苏军，然后集结大规模部队向莫斯科推进。希特勒还想保证苏联工业战利品的安全，于是命令德军先占领列宁格勒后再向首都推进。经过证实，这种对战场指挥的干预产生的影响导致整个入侵行动、整个战役，甚至整个战争的失败。

德国空军在苏联的任务

德国空军首要任务是消灭苏联空军，夺取全部制空权，然后将转向支援地面进攻行动，这一模式在以前战役中得到检验。有意思的是，德空军没有制订任何战略轰炸俄罗斯工业中心的计划，这可能因为德军认为地面进攻行动将会神速推进，苏联武器装备工厂将很快被占领。德军乐观地推测一部分源自苏军在冬季战争中对抗芬兰军队时的拙劣表现，另一部分源自他们掌握的情况，即斯大林20世纪30年代的清洗运动，导致苏军已没有几位有能力的指挥官。

德国空军的集结在极其保密的情形下进行，他们在东普鲁士建设了机场，但直到入侵前几天才让飞机抵达这些机场。1941年6月21日傍晚，1000架轰炸机和俯冲轰炸机、600架护航战斗机经过最后的检查，准备攻击沉睡中的巨人苏联。

破晓时分，德军部队蜂拥越过波兰东部领土，突袭苏联守军。此时德国空军奋力歼灭苏联空军。德国空军战斗机发现，苏联空军许多中队的战斗机都整齐排列在机场上，因而轻松地摧毁了它们。苏联空军少量飞机起飞迎战，但是很快被击中，冒着黑烟摔向地面。这一天快结束时，苏联损失约1200架各型飞机，这种局面在随后的几天一直持续，苏联的损失急剧下降，因为此时前线已经没有苏联飞机可供德国空军摧毁了。根据德军记录，他们摧毁了4000多架敌机，而自己少有损失。看起来一切按照计划进行着。

在地面，德国陆军装甲部队的"钳形作战行动"包围了成千上万的苏军，在包围明斯克的行动中，德军俘虏了25万苏军。据悉，同样数量的苏军在该地区作战中阵亡。在北方前线，8月初列宁格勒已经位于德军进攻先头部队的视线内。在南方前线，

▼
米高扬-格列维奇米格-3

第12战斗机航空团的一队米格-3战斗机做好了保卫莫斯科的战斗准备。亚历山大·波克雷什金是击落敌机数量排行第二的苏联战斗机王牌飞行员，在其击落的59架敌机中，有20架是他驾驶米格-3击落的。

强大的武器

苏军迅速在莫斯科周围组建起一个强大的防空阵列，因此在1941年10月德军发动的，由10至50架不等数量轰炸机组成的机群进行的31次攻击中，仅有72架轰炸机真正突防进入首都。在1941年发动的76次攻击中，59次攻击是由3至10架不等数量轰炸机组成的机群进行的。

76.2毫米M1938高射炮
炮口初速：815米（2673英尺）/秒
射程：9.5千米（5.9英里）

85毫米M1939高射炮
炮口初速：800米（2624英尺）/秒
射程：8.2千米（5.1英里）

37毫米M39高射炮
炮口初速：960米（3149英尺）/秒
射程：6千米（3.7英里）

M1910高射炮
炮口初速：740米（2472英尺）/秒
射程：1千米（3280英尺）

德国轰炸机袭击

拦阻气球

目标

最大射程

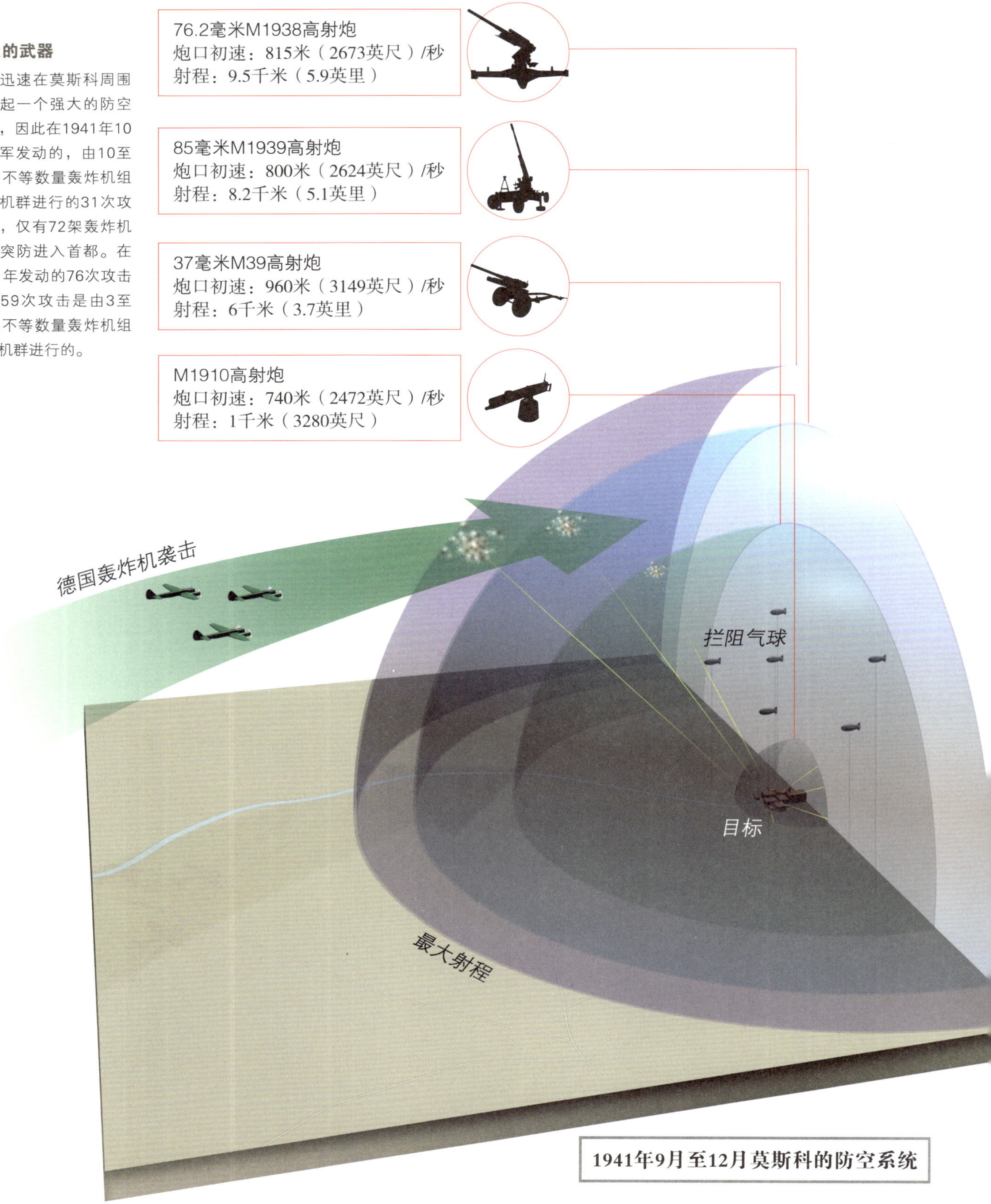

1941年9月至12月莫斯科的防空系统

基辅已经被德军包围，据德国报道，德军俘虏65万苏军。

　　然而这些特大胜利影响和削弱了德军的作战力。为成千上万俘虏提供食宿，同时维持后勤补给，将德国资源后勤补给线拉伸到极限。德军越深入到苏联境内，其补给线拉得越长、前线变得越宽，意味着德国空军必须飞得更远，消耗更多宝贵的油料。苏联巨大的国土面积开始为德国指挥官们所认知。他们以前习惯于在西欧狭窄的前线作战，现在他们是在相当于大陆级别地域上作战。在准备不充分的前线机场起降导致的问题，同样给德军人员及装备带来灾难。地面发生事故给前线德军实力带来的消耗，要比与敌人开展作战行动大得多。

减缓德军推进

　　7月底，因为后勤补给原因，德军的推进放慢。此时，苏军仍不能组织有效的防御。补给物资一旦抵达前线部队，德军就恢复推进。德军北方和南方前线的补给处于优先位置。就在芬兰人向卡累利阿地峡推进之时，德军对列宁格勒的包围已持续数月之久。乌克兰及其宝贵粮食供给地处于德军控制之下，德军还俘虏约50万名苏军。

　　在7月初，德国空军开始执行轰炸莫斯科的任务。100多架飞机执行第一次轰炸任务。它们投下高爆炸弹和燃烧弹，希望在莫斯科郊区引发大火，因为那里的建筑仍然以木制为主。

　　莫斯科的防空力量非常强大。外层探照灯和战斗机是必须突破的第一道障碍，然后是在市内及周边地区部署的800门高射炮。苏联对许多重要建筑物如克里姆林宫进行了大量伪装，莫斯科在20世纪30年代末建造的巨大地下工事，在最初设计时就包含了建造掩体。

　　经过最初大规模轰炸之后，德国空军对莫斯科的轰炸转在夜间进行，不过其规模不如伦敦上空的大轰炸。苏联的应急机构快速、熟练工作，迅速修理或清除障碍，以保证日常生活得以继续。

德军终结的开始

　　到11月初，德军已经逼近莫斯科。德国空军的战斗机已经部署到轰炸机航程范围内，护送轰炸机飞向莫斯科执行轰炸任务。但是补给问题，以及从简陋机场起飞，仍是飞行员面临的一大障碍。苏联飞行员拥有在优质水泥跑道上起降的有利条件，并且有暖和的宿舍。不过，苏联平民的伤亡数量开始增多，当然这只发生在白天轰炸行动中，因为人们在工作时往往远离掩体。

　　到1月，经过苏军一次大规模反击，德军的推进开始放缓，距离莫斯科45千米

▶

轰炸莫斯科

第6战斗机航空军受命保卫莫斯科，该部队装备了昼间战斗机，苏联飞行员冒着巨大危险，尽力驱赶敌人夜间的攻击，但是他们声称的击落德国轰炸机数量被夸大了。

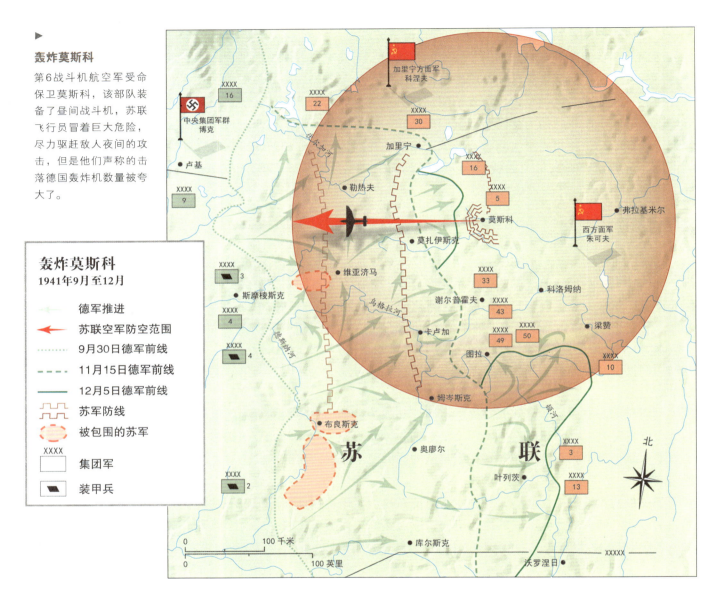

轰炸莫斯科
1941年9月至12月

- 德军推进
- 苏联空军防空范围
- 9月30日德军前线
- 11月15日德军前线
- 12月5日德军前线
- 苏军防线
- 被包围的苏军
- 集团军
- 装甲兵

（约27英里）成为其极限。德国军队开始向后撤退，一同后撤的还有轰炸机部队。在寒冷的俄罗斯平原，轰炸机部队注意力开始分散，除了要为地面提供战术支援外，它们还要担负轰炸任务。他们从不适合的机场起飞，并且无法得到全方位的补给和保障。他们的任务注定要失败。

1941年12月珍珠港事件

PEARL HARBOR: DECEMBER 1941

　　日本想要在太平洋地区扩张，就必须夺取和控制本土所缺少的那些自然资源。没有这些资源，特别是荷属东印度群岛和英属马来亚的石油，日本工业就会停止运行。法国和荷兰向德国投降后就基本退出战争，而英国专注北非作战。这些国家在远东地区殖民地上的资源就被日本随意开采和利用。当时，日本扩张面对的唯一障碍是美国及其强大的太平洋舰队。

　　美国太平洋舰队的规模与日本帝国海军相当。当日本掘取东南亚地区资源之时，美国太平洋舰队会对日军侧翼带来严重威胁。日本的解决方案是对停靠在夏威夷瓦胡岛珍珠港内的太平洋舰队发动突然袭击，消除美军的威胁。利用美国恢复元气的时间，日本可以夺取资源，巩固在环太平洋地区的优势地位。

◄
"零"式战斗机
三菱A6M2 "零" 式战斗机于1940年装备日本帝国海军，图中这架是第12航空队的一架该型机飞行在中国上空。

从"赤城"号和"加贺"号航母起飞的18架A6M"零"式战斗机

从"翔鹤"号航母起飞的26架爱知D3A九九式俯冲轰炸机

希卡姆机场

海军船厂

福特岛

埃瓦海军陆战队航空站

怀

从"瑞鹤"号和"翔鹤"号起飞的11架A6M"零"式战斗机脱离编队，并攻击卡内奥赫海军航空站

库 劳 岭

惠勒机场

从"瑞鹤"号航母起飞的25架爱知D3A九九式俯冲轰炸机攻击了惠勒机场，之后继续攻击埃瓦海军陆战队航空站

北

日军攻击珍珠港，第一攻击波 1941年12月7日

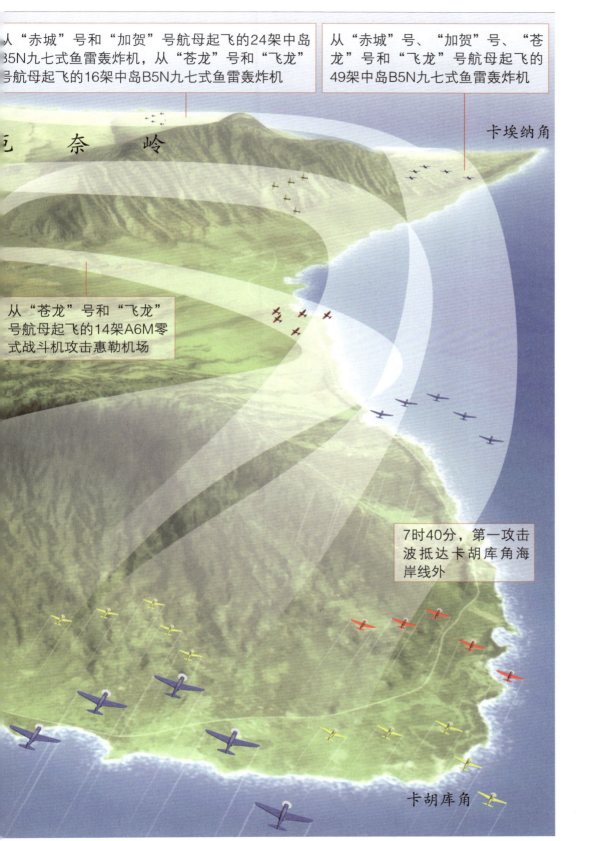

从"赤城"号和"加贺"号航母起飞的24架中岛B5N九七式鱼雷轰炸机，从"苍龙"号和"飞龙"号航母起飞的16架中岛B5N九七式鱼雷轰炸机

从"赤城"号、"加贺"号、"苍龙"号和"飞龙"号航母起飞的49架中岛B5N九七式鱼雷轰炸机

卡埃纳角

瓦奈岭

从"苍龙"号和"飞龙"号航母起飞的14架A6M零式战斗机攻击惠勒机场

7时40分，第一攻击波抵达卡胡库角海岸线外

卡胡库角

◀

突袭

在策划对珍珠港的毁灭性打击中，日本联合舰队司令山本五十六深受一年前英军突袭塔兰托的影响。但是日军的攻击未能消灭美军的航空母舰，而航母将成为未来海军特遣舰队的核心。

怀 厄 奈 岭

惠勒机场

福特岛

海军船厂

希卡姆机场

火奴鲁鲁

凯慕奇

科科角

日军攻击珍珠港，第二攻击波 1941年12月7日

库劳岭

从"苍龙"号、"飞龙"号、"赤城"号、"加贺"号航母起飞的35架A6M零式战斗机分成2队，分别有17架和18架飞机，后者攻击卡内奥赫海军航空站

从"苍龙"号、"飞龙"号、"赤城"号、"加贺"号航母起飞78架俯冲轰炸机

卡内奥赫海军航空站

从"瑞鹤"号航母起飞的18架中岛B5N九七式鱼雷轰炸机

贝洛斯机场

北

玛卡普乌角

消灭太平洋舰队

负责策划作战行动的是日本海军大将山本五十六，他曾于20世纪30年代在美国工作过。起初，山本五十六反对攻击美国太平洋舰队，因为他深知美国工业实力远超过日本。他在研究英国塔兰托作战行动的胜利之后认为，如果日本能够摧毁位于港口内的美海军航母和战列舰，那么日本就拥有真正的取胜机会。他下令在标准鱼雷上安装木制安定翼，使其在珍珠港内浅海中航行而不会扎入港内的泥泞中。

沿北方航线驶向夏威夷群岛之前，参与攻击行动的日军都在极其保密的情况下，在日本北部偏远的千岛群岛进行训练。日本海军攻击舰队有"赤城"号、"飞龙"号、"加贺"号、"翔鹤"号、"苍龙"号和"瑞鹤"号6艘航母，2艘战列舰和2艘重型巡洋舰，一些驱逐舰和支援舰船组成。攻击舰队搭载了430架攻击和侦察飞机。

美国十分清楚日本的意图，要求所有海外领地指挥官保持全面警惕。不幸的是，驻珍珠港的美国陆军指挥官认为，如果日本要攻击，也应首先攻击菲律宾、威克岛或中途岛。他预测日军对夏威夷的攻击只会是小规模的袭扰行动。珍珠港的高射炮甚至没有配发炮弹。

1941年12月7日凌晨，日本攻击舰队从西北方向驶向瓦胡岛，准备起飞发动攻击。6时整51架爱知D3A九九式俯冲轰炸机和49架中岛B5N九七式鱼雷轰炸机，在43架三菱A6M"零"式战斗机的护航下升空，作为第一攻击波空袭珍珠港。日军最初在多云弥漫的条件下完成攻击编队，但是日机飞近瓦胡岛时，乌云散开，呈现出晴朗的早晨。美军一名雷达操作员发现了飞近的日机编队，并报告给值班军官，但是被告知不用采取行动。他们认为是波音B-17飞机从本土飞抵该岛。日军攻击部队再次得到美军的无心帮助，他们侦听到美军的无线电广播，这使日军更加靠近攻击目标。

深思熟虑选择时间

日军特别选择星期天的早晨发动攻击，这是因为在日军

1. "惠特尼"号补给船，"塔克"号、"康宁汉"号、"雷德"号、"凯斯"号和"塞弗里奇"号驱逐舰
2. "布鲁"号驱逐舰
3. "凤凰城"号轻型巡洋舰
4. "埃尔文"号、"法拉格特"号、"戴尔"号和"莫纳亨"号驱逐舰
5. "帕特森"号、"拉尔夫·塔尔博特"号和"亨利"号驱逐舰
6. "多宾"号补给船，"沃登"号、"赫尔"号、"杜威"号、"菲尔普斯"号和"麦克多诺"号驱逐舰
7. "安慰"号医院船
8. "艾伦"号驱逐舰
9. "楚"号驱逐舰
10. "甘布尔"号和"蒙哥马利"号扫雷驱逐舰，"拉姆齐"号轻型布雷舰
11. "特雷弗"号、"布利斯"号、"赞恩"号、"佩里"号和"沃斯默斯"号扫雷驱逐舰
12. "美杜莎"号维修船
13. "寇蒂斯"号水上飞机勤务舰
14. "底特律"号轻型巡洋舰
15. "罗利"号轻型巡洋舰
16. "犹他"号战列舰（靶舰）
17. "丹吉尔"号水上飞机勤务舰
18. "内华达"号战列舰
19. "亚利桑那"号战列舰
20. "维斯塔"号维修船
22. "田纳西"号战列舰
22. "西弗吉尼亚"号战列舰
23. "马里兰"号战列舰
24. "俄克拉荷马"号战列舰
25. "尼欧肖"号油船
26. "加利福尼亚"号战列舰
27. "反嘴鹬"号水上飞机勤务舰
28. "肖"号驱逐舰
29. "唐斯"号驱逐舰
30. "卡辛"号驱逐舰
31. "宾夕法尼亚"号战列舰
32. "抹香鲸"号潜艇
33. "奥格拉拉"号布雷舰
34. "海伦娜"号轻型巡洋舰
35. "阿尔贡"号辅助船
36. "萨克拉门托"号炮舰
37. "贾维斯"号驱逐舰
38. "马格福德"号驱逐舰
39. "天鹅"号水上飞机勤务舰
40. "参宿七"号修理船
41. "拉马波"号油船
42. "新奥尔良"号重型巡洋舰
43. "卡明斯"号驱逐舰，"普雷布尔"号和"特雷西"号轻型布雷舰
44. "旧金山"号重型巡洋舰
45. "格雷贝"号扫雷驱逐舰，"施莱"号驱逐舰，"普鲁伊特"号和"西卡尔"号轻型布雷舰
46. "火奴鲁鲁"号轻型巡洋舰
47. "圣路易斯"号轻型巡洋舰
48. "巴格莱"号驱逐舰
49. "独角鲸"号、"海豚"号和"遍罗鱼"号潜艇，"桑顿"号和"赫尔伯特"号补给船
50. "珀利阿斯"号潜艇勤务舰
51. "萨姆纳"号辅助船
52. "卡斯托"号辅助船

发动攻击这一天，会有许多海军人员上岸休息。俯冲轰炸机刚好在8时前冲向目标。不久，九七式鱼雷轰炸机向排列整齐的战列舰发射鱼雷。与此同时，护航"零"式战斗机对附近机场的扫射未遇到抵抗。美军飞机整齐地排列在机场，很容易被训练有素的日军飞行员摧毁。美军仅有少数几架飞机升空拦截，几门高射炮开火（因为找不到弹药储存柜的钥匙，炮手们不得不砸掉挂锁），日本飞行员有条不紊地瞄准目标，投下致命的炸弹。

美舰"亚利桑那"号被穿甲弹击中弹药库，立即爆炸并且下沉，舰上1200名船员丧生。随后，美舰"西弗吉尼亚"号、"加利福尼亚"号都成了鱼雷攻击的牺牲品。美舰"内华达"号冲向相对安全的开阔海域，但也遭到攻击，行进到港口不远处冲滩搁浅。第一个攻击波的飞机耗尽弹药、炸弹和鱼雷后，胜利返回航母。

珍珠港美军还未松口气，日军第二个攻击波的飞机已经飞越瓦胡岛上的山岭，展开攻击。美军幸存者齐心协力向来袭的日机发动还击。由于许多被第一个攻击波击中的目标冒起浓烟，第二波攻击没有像第1次那样成功，但仍然给美军造成严重损失。到午饭时分，日军所有飞机已经返回航母，返航日本。在珍珠港内，美国有2335名军人和平民死亡，4艘战列舰沉没、另外4艘重伤，3艘驱逐舰沉没，2艘巡洋舰重伤。188架美军飞机被摧毁在空中或地面，而日军仅损失29架飞机及其机组成员。

这是一场令人惊异的胜利，但只是一场表面胜利，因为美国此时将不可避免地参战。此外，此次攻击的主要目标美国航母在攻击那天出港，将飞机送往中途岛或在本土修理。港口设施也未遭破坏，珍珠港很快恢复了原来的用途。

▼
福特岛的狼藉景象
珍珠港福特岛上，水手和地勤人员奋力抢修、灭火，但浓烟仍不断从"亚利桑那"号战列舰上升起。

1942年东南亚沦陷

FALL OF SOUTHEAST ASIA: 1942

1941年12月8日，日本山下奉文将军率领第25集团军在暹罗（泰国）南部和马来半岛北部登陆。日军必须尽快掠夺该地区的原材料以供应日本战争工业的需要。参加此次大规模攻击的陆、海、空军部队在中国参加过残酷的作战行动，而他们面对的是刚抵达不久、毫无作战经验的盟军。

新加坡的沦陷

盟军在该地区最大且最有影响的基地是新加坡。英国将大部队集结在这里。英军的主要战斗机防御力量，是装备了4个中队的老旧的布鲁斯特"水牛"战斗机。轰炸机部队包括4个中队的布里斯托尔"布伦海姆"早期型飞机，2个中队的洛克希德"哈德逊"飞机，2个中队的老旧的维克斯"牛羚"双翼鱼雷机，另有一些其他型号的飞机。盟军保卫马来亚和新加坡的飞机总数达362架，但其中仅约60%的飞机可随时参战。

盟军地面部队约有6万人，来自英国、印度、澳大利亚和新西兰的增援部队，一般情况下在1周内可抵达战场。在海上，英国2艘主力舰部署在新加坡，1艘是"威尔士亲王"号战列舰，另1艘是"反击"号战列巡洋舰。这2艘舰船与一支由巡洋舰、驱逐舰和潜艇组成的小规模舰队一起行动。12月8日，"威尔士亲王"号战列舰和"反击"号

▲

布里斯托尔"布伦海姆"

皇家空军在马来亚部署了第34、第60和第62中队，这3个中队装备了布里斯托尔"布伦海姆" Mk I。

暹罗
(泰国)

缅甸

丹老

曼谷

尖竹汶

洞里萨湖

柬 埔 寨

金边

贡布

迪石

西贡

曼谷湾

班武里

春蓬

克拉

维多利亚角

12月8日登陆

芭囊河口

洛坤

甲米

博他仑

干当

宋卡

合艾

加央

吉打

双溪大年
乔治城

北海

宜力

北大年

哥打巴鲁

瓜拉吉赖

瓜拉登嘉楼

龙运
12月25日

金瓯

柬埔寨角

日本海军部队
12月5日离开

日本海军
部队

山下奉文

佗美浩分遣队

Z舰队的预定航线

暹 罗 湾

12月8日,09时05分:28艘
运兵船及护航军舰集结

12月8日登陆

北

马
六
甲
海
峡

怡保

金宝

12月28日

直罗拉

马
来
半
岛

瓜拉立卑

而连突

1月10日

吉隆坡

巴生港

马六甲
1月15日

兴楼

丰盛港

三板头

关丹
12月30日

荷属东印度群岛

新加坡
2月1日进攻,2月15日投降

阿南巴斯群岛

刁曼岛

12月10日,12时33分:
"反击"号沉没

13时20分:
"威尔士亲王"号沉没

12月9日,6时35
分:"忒涅多斯"
号驱逐舰被派遣
到新加坡

12月10日10时,"忒涅
多斯"号驱逐舰被轰炸

0   125千米
0   125英里

12月26日

战列巡洋舰率领一支小规模舰队去寻找、攻击日军支援入侵行动的运兵船，但是日军侦察机首先发现了它们。60架三菱G3M2九六式陆上攻击机（盟军给它的代号是"内尔"）和26架G4M1一式陆上攻击机（盟军给它的代号是"贝蒂"），使用炸弹和鱼雷攻击了英军舰队。击沉了这6艘大型舰船，凸显出空中掩护在海战中的重要性。这导致在太平洋对抗强大的日军舰队的盟军主力舰，仅剩美国海军的3艘航空母舰。

作战经验丰富的日军横扫马来半岛，他们从侧翼包围并击败毫无作战经验的盟军。在空中，日军轰炸机在性能优异的三菱A6M2"零"式战斗机的护航下执行支援任务。"零"式战斗机速度快、机动力强、航程远等特征深深震慑了盟军守军。盟军部分支援力量抵达，51架霍克"飓风"战斗机从海上抵达，这些战斗机很快就被拆封、组装和测试。部分战斗机已于1942年1月20日前做好作战准备。同一天，一支"飓风"战斗机大队攻击28架准备轰炸新加坡的日军轰炸机，并击落其中8架入侵飞机。日军轰炸机再次折回时，由速

◀◀

入侵马来亚

日军在入侵马来亚时拥有一大优势，他们视丛林为一种帮手而不是对手，如果在必要时可以靠丛林生活。日军靠定量配给生活，这对西方军队来说是无法接受的。

▼

攻占新加坡

日军大规模空袭对新加坡平民的士气造成极大打击。该岛的防御一直预期攻击会从海上发动，而不是从马来半岛上发动。

攻占新加坡
1942年2月8日至15日

→ 日军推进路线
---- 2月9日英军前线
- - - 2月11日英军前线
—— 2月15日英军前线
✚ 英军机场
⚓ 英军海军基地

2月9日—10日
新山
柔佛海峡
海军基地
巴西古当
克兰芝
兀兰
实里达
万礼
2月8日—9日
义顺
蔡厝港
登加
实龙岗
樟宜
巴耶利峇
武吉知马
裕廊
勿洛
北
巴西潘姜
新加坡
新 加 坡 海 峡
2月15日，守军投降

度快的"零"式战斗机护航。5架"飓风"战斗机被击落。日军部队继续推进，他们的作战经验和果断与英军新兵形成鲜明对比。英军的新兵缺乏训练，准备也不充分。1942年2月15日，新加坡沦陷。日军通往荷属东印度群岛的大门被打开。

日军加强控制

在4个月内，日军几乎实现所有目标。他们侵入了缅甸，加强了对菲律宾和荷属东印度群岛的控制，并向所罗门群岛进军。美国陆军航空队在菲律宾的部署规模是美国本土以外最大的，日军迅捷的空袭将美国的B-17轰炸机机群摧毁在地面上。部署在克拉克机场及周边地区的飞机，都没对位于台湾的日军基地实施先发制人的打击。12月8日下午，12架B-17被完全炸毁，另外3架毁损过于严重而无法修理。在跑道上滑行的寇蒂斯P-40遭到"零"式战斗机扫射。美国在菲律宾的近半空中力量被日军一举摧毁，随后几天里，残余的飞机也遭受同样的命运。日本帝国似乎不可阻挡。

1942年珊瑚海海战

日军没有放慢推进步伐，进一步向南侵犯。日军在向澳大利亚北部进攻甚至入侵的道路上，全部的障碍就是茂密的巴布亚新几内亚丛林。巴布亚新几内亚岛可以被日军用来作为入侵行动的后勤补给点，以及中型轰炸机的前进基地。占领新几内亚首都莫尔兹比港是攻击该岛的关键。为此，日军在新不列颠岛的拉包尔和新爱尔兰岛的卡维恩集结了一支入侵部队。

日军3支护航船队离开各自港口，其中最大1支船队驶往莫尔兹比港。另外2支规模较小的护航船队驶往路易西亚德群岛中的图拉吉岛，开始建设一个水上飞机基地。日军4艘重型巡洋舰、1艘驱逐舰和"祥凤"号轻型航母，在海军少将五藤存知的指挥下负责提供掩护。另外一支攻击舰队包括袭击珍珠港的"翔鹤"号和"瑞鹤"号航母，2艘重型巡洋舰和几艘驱逐舰。这支舰队由海军中将高木武雄指挥，他希望此护航船队能够将盟军舰艇吸引过来。然后，他的特遣舰队将迅速包围盟军舰艇，先行发动攻击并将其摧毁。

攻击日军

日军的攻击计划主要依赖出其不意，但是实际情况并非如此。盟军已经全面掌握日军意图，因为他们新近利用美国"魔术"密码破译系统破译了日本海军JN-25密码。密码破译的价值是无法衡量的。为了对付日军的行动，美国海军以舰队航母"列克星敦"号和"约克城"号为核心组建2支特遣舰队，由弗兰克·杰克·弗莱彻少将指挥，澳大利亚海军少将约翰·克雷斯指挥的第3支舰队则作为预备队。

5月3日，日军第一支部队开始在图拉吉岛登陆，没有发生意外。美国海军"约克城"号航母上起飞的侦察机，第二天发现了这支日军。美军随即对日军发动攻击，给

珊瑚海海战
1942年4月28日至5月11日

五月初日本控制的范...

伸斯麦海

拉包尔　新爱尔兰岛

塔拉塞亚

塞多阿

埃拉普　芬什港　阿拉韦

莱城

萨拉毛亚　休恩湾

莫罗贝

所罗门海

凯鲁库

布纳

图菲　洛苏亚

莫尔斯比港

巴尼亚拉　埃萨阿拉　特罗布里恩群岛

马加里达

萨马赖

约马尔德水道

路易西亚德群岛

米西马岛

库卢马道

伍德拉克岛

所罗门群岛

布干维尔岛　基埃塔

布因

舒瓦瑟尔岛

肖特兰岛

新乔治...

5月4日18时：
来自拉包尔的
入侵部队运输
船及驱逐舰

5月5日—6日
24时：与来
自特鲁克岛的
入侵部队会合

掩护舰队
"祥凤"号航母
4艘巡洋舰

5月6日9时3...

5月9日9时：
入侵部队撤退

5月7日11时35分：
"祥凤"号航母沉没

5月7日10时：进
攻部队发起攻击

从澳大利亚起
飞的B-17对
"祥凤"号航
母进行轰炸

5月6日—7日24...

5月7日17时

5月7日8时

5月7日14时至14时45分：第
44特遣舰队巡洋舰支援大队
受到岸基飞机高强度空袭

5月8日8时

5月7日8时

5月8日20时

5月7日8时

第44特遣舰队向
北移动，袭扰莫尔
兹比港的入侵部队

5月8日9时：
进攻部队发
起攻击

5月8日20时：
"列克星敦"
号航母沉没

5月11日"尼
奥绍"号油船
沉没

珊　瑚　海

5月7日12时30分
在空袭中，"西
斯"号驱逐舰...
没，"尼奥绍"...
油船受损

珊瑚海海战
1942年4月28日至5月11日

日军行动路线

盟军行动路线

日军空袭

盟军空袭

日本沉没舰船

盟军沉没舰船

5月4日—5日24时

伊萨贝尔岛

图拉吉岛　马莱塔岛

●霍尼亚拉　　5月5日8时

瓜达尔卡纳尔岛

圣克里斯托巴尔岛

5月5日—6日24时

伦内尔岛

5月4日6时30分

5月5日8时

5月6日20时

在"约克城"号的航空大队结束对图拉吉岛的空袭后，舰队集结

"列克星敦"号航母，"约克城"号航母，8艘巡洋舰，11艘驱逐舰

5月6日11时30分

北

0　　100千米

0　　100英里

日军造成严重伤亡，击沉了1艘驱逐舰和几艘运输船。5月5日，美国海军2支攻击舰队在瓜达尔卡纳尔岛以南670千米（400英里）处会合，之后开始向西北方向航行，以拦截驶往莫尔兹比港的日军主力护航船队。就在其航行途中，高木武雄的舰队从东面驶入珊瑚海。5月7日，弗莱彻得知日军入侵莫尔兹比港的舰队已被发现，他立刻下令攻击，并确定主要目标是"祥凤"号航母。美国海军道格拉斯TBD"蹂躏者"鱼雷轰炸机和SBD"无畏"俯冲轰炸机猛扑向日军航母。开火后几分钟内，该航母开始下沉。日军入侵舰队不得不回撤，返回特鲁克和拉包尔基地。此时，美日2支特遣舰队距离太近，以至于日军6架侦察机在夜幕降临返航时，试图在"约克城"号上降落。

第二天早晨，日军和美军特遣舰队都派出搜索飞机，双方侦察机几乎在同一时间发现对方。美军和日军同时发动攻击，此时双方相距约340千米（200英里）。"瑞鹤"号航母努力避开了美国俯冲轰炸机和鱼雷轰炸机的攻击，而"翔鹤"号航母甲板被3枚炸弹击中，严重受损，来不及回收返航飞机就撤回特鲁克岛。

与此同时，性能更好、作战经验更加丰富的日军攻击机群接近了美国特遣舰队。1枚炸弹落在"约

◀

珊瑚海海战

珊瑚海海战是历史上第一场没有敌对双方舰船直接交战的海战。美国航母舰队通过逼退敌方负责掩护的航母舰队，阻止了日军登陆新几内亚岛莫尔兹比港的企图。

克城"号甲板上，但是它仍然可以作战。"列克星敦"号受到鱼雷2次直接命中，甲板下方开始燃起大火，向一边倾斜，后来，该舰因油料被引燃，产生的爆炸将该舰炸成两截。舰上船员撤离后，该航母由美军驱逐舰自行击沉。

▼

道格拉斯SBD"无畏"

在中途岛海战期间，SBD"无畏"俯冲轰炸机从"企业"号、"大黄蜂"号和"约克城"号航母起飞进行轰炸，取得了巨大的成功，击沉了日本"赤城"号、"加贺"号和"苍龙"号航母，严重击伤了"飞龙"号航母，以至于日本不得不自己将之沉入海底。

宝贵教训

尽管"列克星敦"号的损失对美国的打击要比"祥凤"号轻型航母损失对日本的打击大得多，但是珊瑚海海战没有真正的赢家。"翔鹤"号严重受损，不能参加中途岛海战，日军丧失许多有作战经验的飞行员。虽然美国遭受一定损失，但从中获得不少重要的经验教训。这是历史上第一次2支交战舰队都没目视看到对方的海战，凸显了航母及其舰载机的重要性。从此时起，海军舰队围绕这种新型武器发展，战列舰及其主炮时代终结。

1942年中途岛海战

THE BATTLE OF MIDWAY: 1942

在日本海军在珊瑚海"战胜"美国海军特遣舰队后不久，策划上一年12月偷袭珍珠港的日本海军大将山本五十六，着手计划攻击美国在中途岛的前哨基地。中途岛位于广袤太平洋的中部，是一个面积很小的环礁，也是美国当时控制的最西端的领土，它阻挡在日军舰队直接驶向夏威夷岛的航路中间。

不成功的引诱

如果山本五十六要实现其计划，就必须将美军引诱到阿留申群岛。为了确保计划成功，山本五十六必须分散部队，采用牵制战术，将2艘轻型航母和其护航舰艇及运兵船派往阿留申地区。山本五十六的计划还寄希望于美国"约克城"号航母在上一个月的珊瑚海海战中损失。但是事实并非如此，该航母缓慢驶回珍珠港，在短短48小时内得到修理。

山本五十六派舰队向北佯攻阿留申群岛，而主力舰队驶往中途岛的计划并不成功。美国指挥官得到了破译的日本海军电码，并且再次做好相应的作战准备。太平洋战区总司令切斯特·W.尼米兹海军上将，一位受人尊敬的德克萨斯人，将舰队部署在有利的位置。他立即命令海军少将雷蒙德·A.斯普鲁恩斯指挥的"企业"号航母和"大黄蜂"号航母在严密护卫下，在预计的日军潜艇抵达适当位置侦察之前，就到达中途岛以北海域。海军少将弗莱彻指挥的，以修理完成的"约克城"号为核心组建的第2支特遣舰队将在那里与之会合。

日海军拥有3支主力部队，第一支包括强大护卫舰支援的入侵部队，由山本五十六

▲
日本海军大将山本五十六

山本五十六计划在中途岛一场面对面的大战中摧毁美国太平洋舰队。此战的结果却是日本在海上失去了对美国的主动权。

指挥；由"飞龙"号、"加贺"号、"赤城"号、"苍龙"号4艘航母组成了攻击舰队，另外还有2艘战列舰和其他一些稍小的舰船，由指挥攻击珍珠港的老将南云忠一海军中将指挥。第三支主力舰队包括3艘战列舰和一些支援舰船。有了这些舰船，日军舰队的实力已经远远超过所要面对的美军舰队。

6月3日下午，部署在中途岛的B-17"飞行堡垒"首先发现日军入侵部队并开始轰炸日军航母，但未取得战果。这表明高空轰炸机在攻击机动能力较强的海上目标时明显存在不足。这类任务应由鱼雷轰炸机，特别是俯冲轰炸机担负。攻击让日军航母舰队忙于应付，日军航母派出"零"式战斗机，他们必须不断起飞和返回，以便拦截这种4发动机轰炸机，从而为美军航母舰队驶到中途岛东北部海域的有利位置赢得时间，而且不被日军发现。

▼
中途岛
位于珍珠港西边的中途岛是美国军队的重要前哨阵地，也是日本侵占的重要目标。

发动第一波攻击

　　6月4日上午，山本五十六准备对中途岛发动第一波空袭。就在美军中途岛基地的攻击机群依次飞去轰炸刚发现的日军舰队之时，日军100多架轰炸机（大多是九九式）在"零"式战斗机的护航下飞往中途岛。美军飞机未取得胜果，没有1枚炸弹击中目标，反而损失了17架鱼雷轰炸机。日军攻击中途岛的战果也极为有限，只是损失率要比美军低得多。

　　就在日军飞机返回航母之时，弗莱彻和斯普鲁恩斯正位于中途岛的东北方向。他们在这一位置正好可以攻击来袭日军舰队的侧翼。美国航母起飞了所有可以出动的飞机，包括道格拉斯TBD"蹂躏者"鱼雷轰炸机、道格拉斯SBD"无畏"俯冲轰炸机和负

▼
航母攻击

1艘美国航母上的SBD"无畏"和TBD"蹂躏者"飞机。装备SBD"无畏"的中队的损失率，在太平洋战场美国所有舰载机中是最低的，这得益于它能够承受令人惊叹的战损程度。

中途岛海战

日本在中途岛海战中除损失了4艘航母外，还损失了258架飞机和大部分有经验的舰载机飞行员。日本在这场决定性的海战中的失败，中止了他们成功的攻势，并且有效地改变了太平洋的局势。

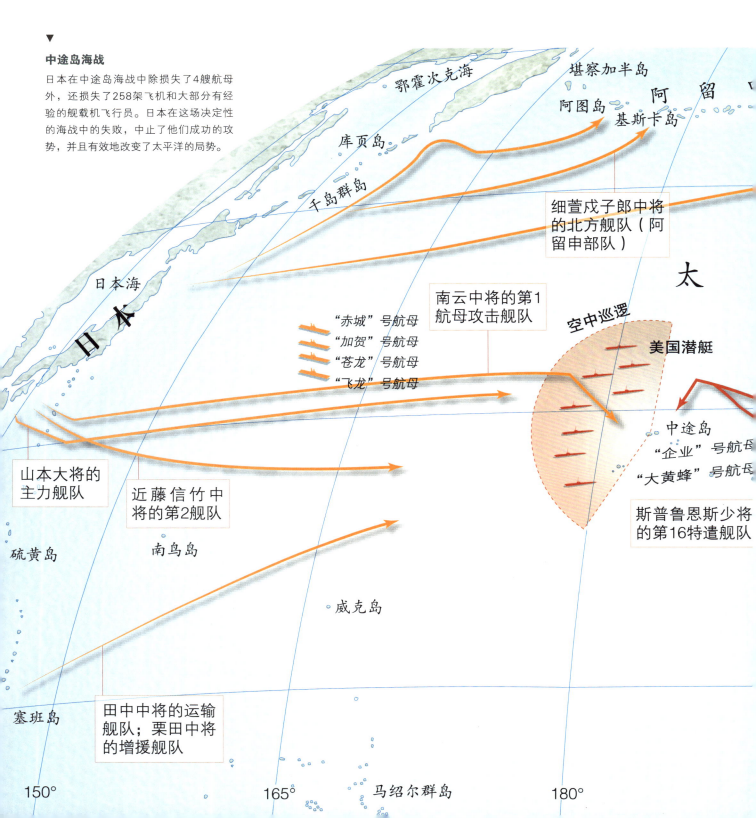

鄂霍次克海

堪察加半岛

阿图岛　阿　留

基斯卡岛

千岛群岛

库页岛

细萱戌子郎中将的北方舰队（阿留申部队）

太

日本海

日　本

"赤城"号航母
"加贺"号航母
"苍龙"号航母
"飞龙"号航母

南云中将的第1航母攻击舰队

空中巡逻

美国潜艇

中途岛
"企业"号航母
"大黄蜂"号航母

山本大将的主力舰队

近藤信竹中将的第2舰队

斯普鲁恩斯少将的第16特遣舰队

硫黄岛

南鸟岛

威克岛

塞班岛

田中中将的运输舰队；栗田中将的增援舰队

150°　　　　165°　　马绍尔群岛　　180°

角田中将的第2航母攻击舰队

弗莱彻少将的第17特遣舰队

"约克城"号航母

日本潜艇警戒部队

珍珠港

夏威夷群岛

加拿大

美 国

平　洋

北

60°

45°

山本五十六大将夺取中途岛的计划 1942年5月至6月

→ 日本攻击舰队

----- 日军空袭

→ 美国舰队行动路线

💥 主要攻击点

165°　　150°　　135°

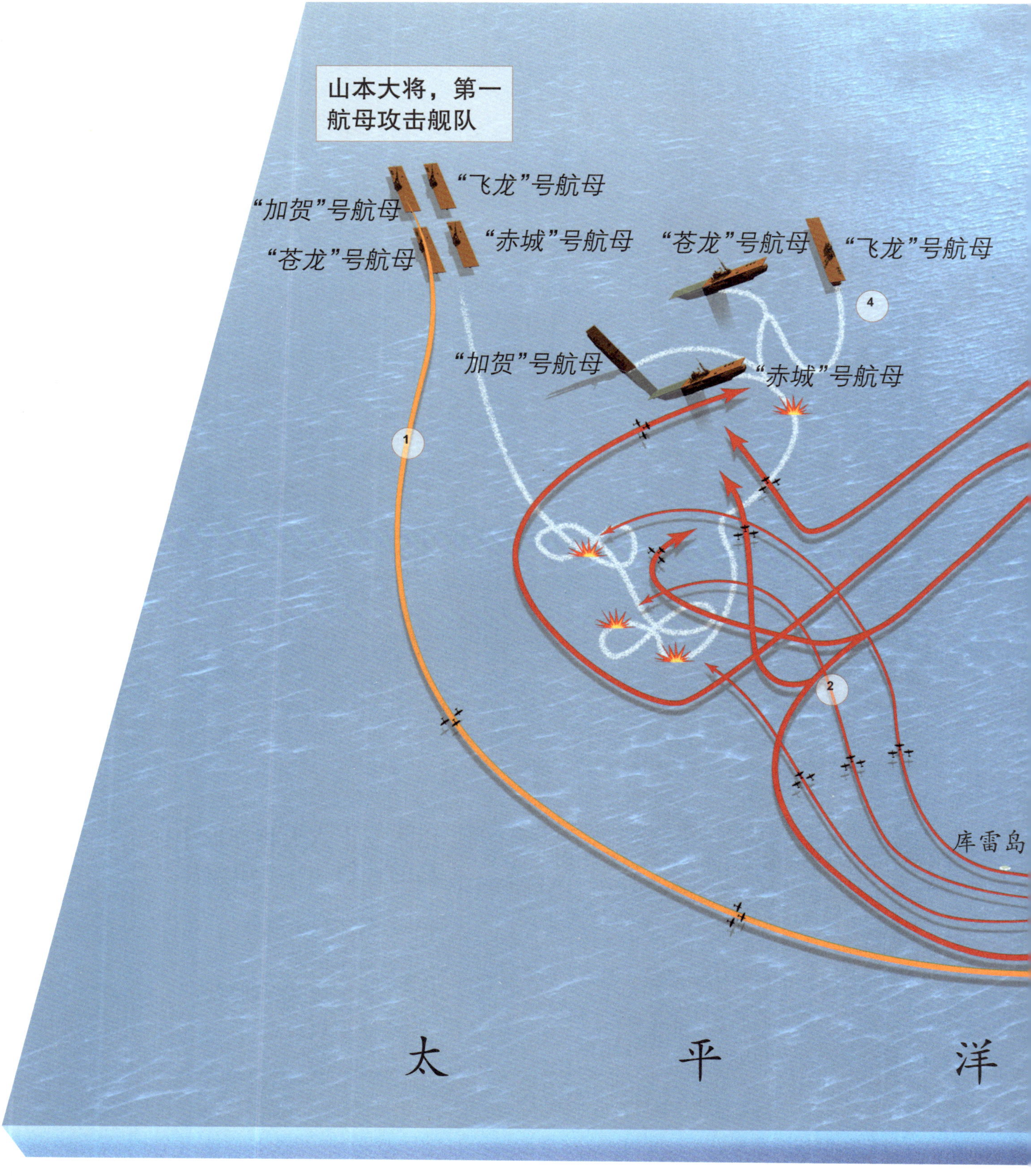

山本大将，第一
航母攻击舰队

"加贺"号航母
"飞龙"号航母
"苍龙"号航母
"赤城"号航母
"苍龙"号航母
"飞龙"号航母

"加贺"号航母
"赤城"号航母

1

2

4

库雷岛

太　平　洋

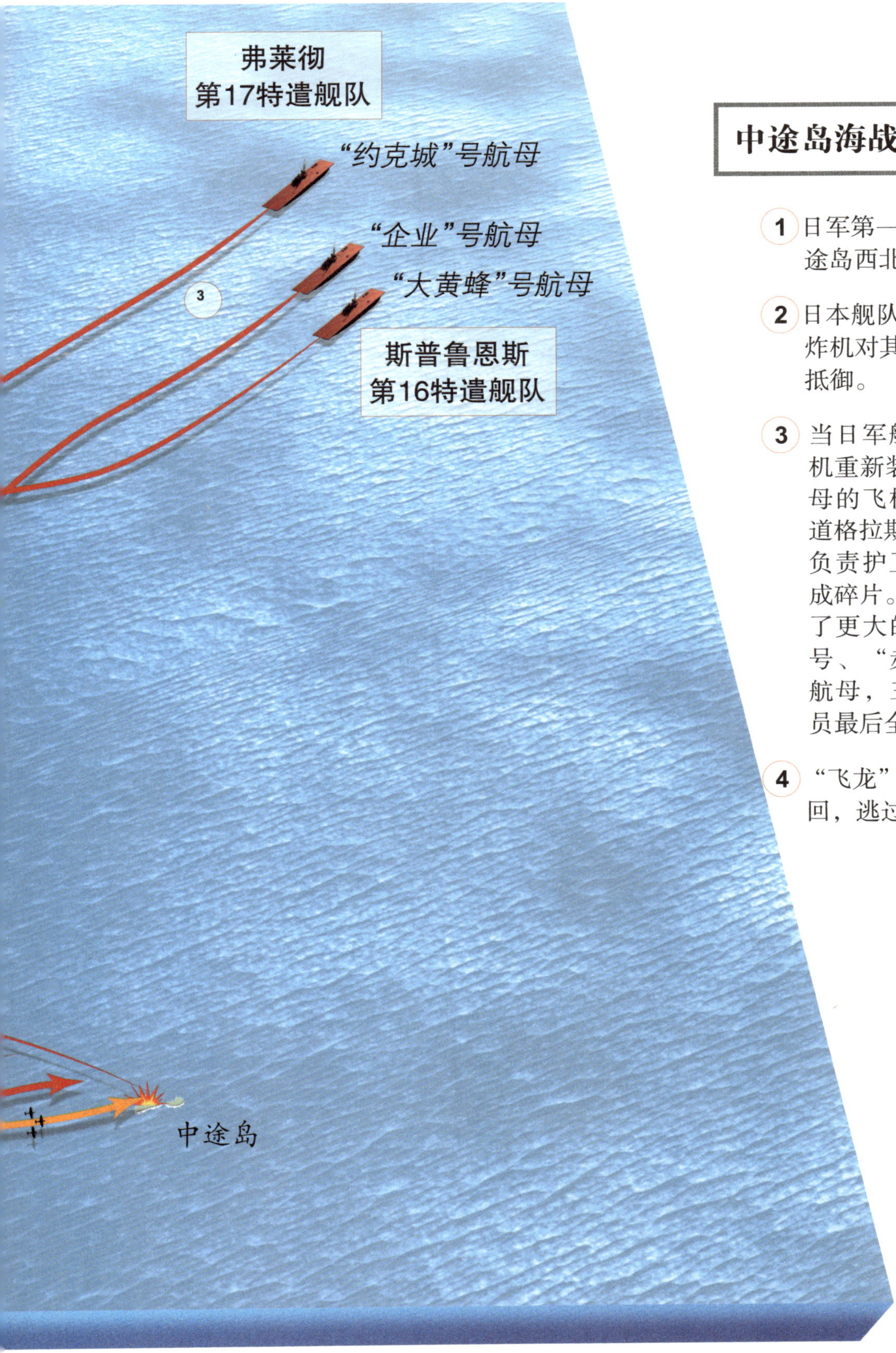

弗莱彻
第17特遣舰队

"约克城"号航母

"企业"号航母

"大黄蜂"号航母

斯普鲁恩斯
第16特遣舰队

③

中途岛

中途岛海战 1942年6月4日—6日

① 日军第一支航母攻击舰队位于中途岛西北方,对该岛发起攻击。

② 日本舰队被侦察机发现,岸基轰炸机对其发起攻击。攻击被成功抵御。

③ 当日军舰队正在为其返航的飞机重新装弹时,来自3艘美国航母的飞机对其发起攻击。美国道格拉斯TBD鱼雷轰炸机被日本负责护卫的"零"式战斗机击成碎片。而SBD俯冲轰炸机取得了更大的成功,击中"加贺"号、"赤城"号和"苍龙"号航母,三艘航母和上面大量人员最后全部沉入海底。

④ "飞龙"号航母先于主力舰队返回,逃过了此次攻击。

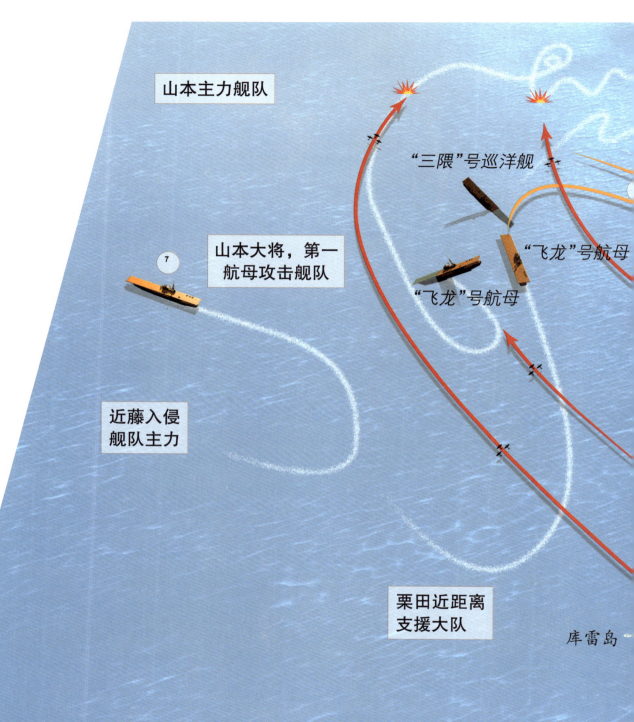

山本主力舰队

"三隈"号巡洋舰

山本大将，第一
航母攻击舰队

⑦

"飞龙"号航母

"飞龙"号航母

近藤入侵
舰队主力

栗田近距离
支援大队

库雷岛

太

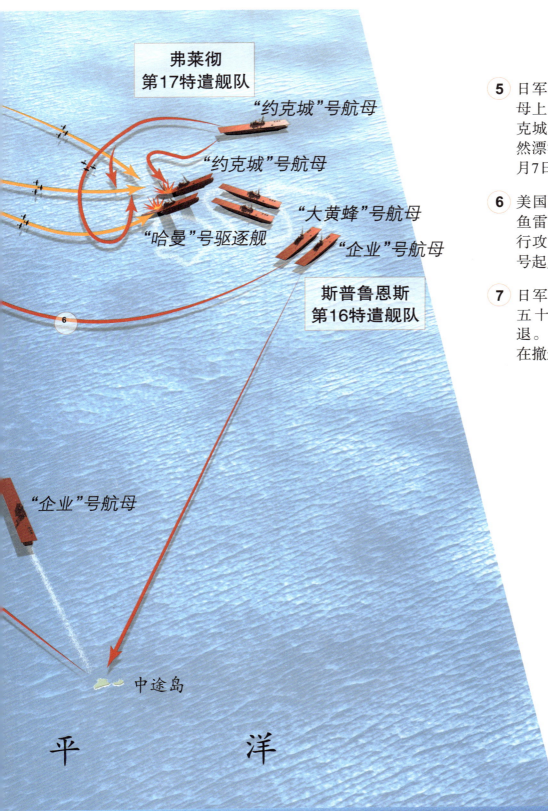

弗莱彻
第17特遣舰队

"约克城"号航母

"约克城"号航母

"大黄蜂"号航母

"哈曼"号驱逐舰

"企业"号航母

斯普鲁恩斯
第16特遣舰队

6

"企业"号航母

中途岛

平 洋

5 日军用仅剩的"飞龙"号航母上的飞机进行反击。"约克城"号多次被命中，但仍然漂浮在海面。最终，它于6月7日被1枚日军鱼雷击沉。

6 美国立即使用俯冲轰炸机和鱼雷轰炸机对"飞龙"号进行攻击。6月5日，"飞龙"号起火并沉没。

7 日军航母全部被摧毁，山本五十六别无选择，只有撤退。日军"三隈"号巡洋舰在撤退时被空袭击沉。

责护航的格鲁曼F4F"野猫"战斗机。

　　日军航母上，南云中将得知美军航母就在附近的消息后，命令返航轰炸机携带穿甲弹，而不是之前装备的高爆炸弹。这就浪费了日军做好作战准备所需要的宝贵几分钟。当TBD"蹂躏者"鱼雷轰炸机抵达日军舰队上空时（没有SBD，SBD在空中编队时失去了踪迹，更要命的是也没有护航的F4F战斗机），负责掩护航母的日军"零"式战斗机猛扑过来。美军投放的鱼雷再次失去准头，鱼雷轰炸机在"零"式战斗机的机炮和航母、护航舰艇的高射炮的攻击下全部损失。不过"零"式战斗机都在贴近海面的高度飞行，就在此时，SBD俯冲轰炸机抵达。这些轰炸机从6100米（20000英尺）的高度垂直俯冲向日军航母，而日军航母甲板上布满了弹药和航空燃料。"飞龙"号航母躲开了这次猛攻，因为在攻击时它位于编队前方，但是"加贺"号、"赤城"号和"苍龙"号都被直接命中，开始燃起大火，后2艘航母在当天晚些时候沉没。"加贺"号航母则发生爆炸，舰上很多船员丧生。

　　"飞龙"号航母只能孤军作战，它对美军"约克城"号航母发动攻击，3枚炸弹和2枚鱼雷击中该舰。"约克城"号在几天后沉没。随着攻击行动的继续，"飞龙"号航母自己也被SBD轰炸机击中，甲板受到4次直接命中。

　　损失4艘航母及舰载机与机组成员，山本五十六别无选择，只能承认战败，率领曾经庞大但现在所剩无几的残余部队向东撤离。美军轰炸机一路对其进行轰炸骚扰。太平洋上军力平衡倒向美军，空中力量再次证明它是起决定性的作战力量。从这时起，美军在太平洋战场成为进攻方，日军损失其最先进的航母中的4艘、大量舰载机，以及最宝贵的、最具有丰富作战经验的飞行员，因而海军航空力量严重不足。

▶

格鲁曼F4F"野猫"战斗机

尽管F4F"野猫"结构坚固并能够承受巨大的战斗损伤，但它需要具有丰富经验的飞行员驾驶，才能在与日本战斗机的交战中生存下来。

1942年高加索和苏联南部战场

THE CAUCASUS AND SOUTHERN RUSSIA: 1942

　　1942年春天，德军最高统帅部计划再次向莫斯科发动攻击，将格奥尔吉·朱可夫将军逐出前一年冬天收复的失地，并彻底占领苏联首都。德军最高统帅部认为，占领莫斯科会挫伤苏联军民士气，快速结束入侵苏联的战争。

　　希特勒不同意最高统帅部的这一计划。他有一个更远大的设想：德军应向斯大林格勒推进，夺取高加索油田。随着埃尔温·隆美尔陆军元帅及其非洲军团将英军赶回苏伊士运河一带，将高加索与中东地区联结起来的可能得以实现，最后德军派出大规模部队向北横扫莫斯科侧后方，到达乌拉尔山区。德军部署在苏联前线的2750架飞机中，有1500架担负起新的攻击任务。6月28日，德军发动"蓝色行动"。德军采用其常用的联合作战方式，坦克在第4航空队飞机的支援下在前面推进，步兵紧跟在后面收拾残局。德军绕开坚固据点，并俘获成千上万的战俘。

　　7月9日，德军抵达沃罗涅日，然后转向南与从克里米亚出发转战乌克兰南部的德军会合。7月23日，苏军几乎没有放一枪一炮就放弃了顿河畔罗斯托夫。1941年夏天，苏联红军部队到处弥漫着一种恐慌气氛。7月底，希特勒对取得大规模胜利充满信心，因而不再集中力量夺取油田，而是将部队分成两部分。B集团军群在马克西米连·冯·魏克斯上将的指挥下，奉命向东占领斯大林格勒。与此同时，A集团军群和第1装甲集团军在埃瓦尔德·冯·克莱斯特上将的指挥下，继续执行夺取油田任务。

开始反攻

　　苏联红军遭受挫折的消息未能瞒住苏联人民，苏军战败的传言很快散布开来。顿河畔罗斯托夫沦陷之后，特别是想到人们在莫斯科和斯大林格勒城下做出的巨大牺牲，普通大众心中的愤怒在蔓延。但是，苏联红军再次仓促撤退，红军战士抛弃了装

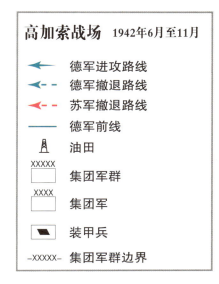

高加索战场 1942年6月至11月

- →　德军进攻路线
- ←- -　德军撤退路线
- ←- -　苏军撤退路线
- ──　德军前线
- 油田
- 集团军群
- 集团军
- 装甲兵
- -xxxxx-　集团军群边界

备，也不理会军官们的命令。绝望中的斯大林发布第277号令："绝不后退一步！"

7月25日，德军开始实施"雪绒花行动"。在最初的3个星期左右，德军每天推进30至50千米（20至30英里）。但是苏军慢慢恢复过来，而德军将高加索前线的作战资源再次调往斯大林格勒，特别是第4航空队受命调派几乎全部飞机支援对斯大林格勒的进攻。

德国A集团军群继续向南推进，但是速度放慢。8月中旬，德军平均每天仅推进约1.6千米（1英里）。在苏军一方，新兵和新指挥官抵达战场。其中有一部分是内务部队，督促前线部队抵抗。

德军第17集团军和罗马尼亚第3集团军直面苏联外高加索方面军，他们努力控制从新罗西斯克到苏呼米的海滨公路。9月6日，第17集团军抵达新罗西斯克郊区，苏军顽强抵抗并阻止德军前进的步伐。冬天到来之前，德军对海滨公路的攻击也是进展甚微，德军任何更有意义的推进已不可能。同1941年一样，德国空军再次给苏联空军造成严重伤亡，而自己的损失很小。不过，德国空军在简陋机场起降，补给线过长，因而飞机的维护和出动率出现问题。德国空军每月损失约120架轰炸机和同样数量的战斗机。尽管德国飞机产量在1942年有所提高，但是其无法与苏联高效的生产水平相比。苏联新型飞机源源不断交付作战部队，从1942年9月开始，这些飞机将发挥巨大作用。

同时，第17集团军东面的第1装甲集团军推进较为轻松，它们绕过高加索山脉的北部山麓，9月2日在莫兹多克渡过捷列克河。面临苏军反击，德军的推进放慢下来，11月最终在纳尔奇克到奥尔忠尼启则一线停下来。大雪阻止了德军进一步推进，而且此时德军的补给线太长，到了德军所能承受的最大极限。

整个冬天，双方都在挖掘工事，尽可能做到最好的防御部署。初冬时，苏军的人员和装备补充加强了北高加索和外高加索方面军。

坚决进攻

苏联人在莫斯科制定了冬季攻势计划，这很大程度上是斯大林的要求，以包围德国A集团军群，不过这需要南方面军与外高加索方面军相互配合。外高加索方面军的部队沿着从图阿普谢到克拉斯诺达尔这条轴线发动攻击；不幸的是，他们在寒冷冬天里进展缓慢。同时，德国第1装甲集团军边打边撤。安德烈·叶廖缅科将军指挥的南方面

苏军控制区域

德军控制区域

伊久姆

XXXXX
顿河
曼司泰因

卢甘斯克

斯大林格勒

XXXXX
A

马里乌波尔

XXXX
6

XXXX
5

XXXX
坦克第5集团军 - 罗曼年科

XXXX
5 突击第5集团军 - 波波夫

XXXX
2 近卫第2集团军 - 马利诺夫斯基

XXXX
51 新沙赫京斯克

XXXX
51 特鲁法诺夫

罗斯托夫

XXXX
2

叶伊斯克

XXXX
28

顿河

XXXX
51

XXXX
4 霍特

XXXXX
南方面军
叶廖缅科

亚速海

XXXX
58

XXXX
44 霍特

XXXX
4

XXXX
28

XXXX
28 埃利斯塔

XXXX
44

格拉西缅科

乌兰埃尔格

XXXX
1

XXXX
58

XXXXX
A

XXXX
58

XXXX
58

XXXX
9

XXXX
9

塔曼

XXXX
17
劳夫

XXXX
37

克拉波特金

XXXX
9

新罗西斯克

XXXX
47

克拉斯诺达尔

阿尔马维尔

斯塔夫罗波尔

XXXX
5

XXXX
1
克莱斯特

XXXX
56

迈科普

XXXX
37

格奥尔吉
耶夫斯克

XXXX
4

XXXX
18

XXXX
46

图阿普谢

索契

皮亚季
戈尔斯克

莫兹多克

XXXX
44

XXXX
58

XXXXX
外高加索方面军
秋列涅夫

XXXX
9

格罗兹尼

黑海

苏呼米

XXXX
37 奥尔忠尼启则

高加索山脉

北

波季

库塔伊西

第比利斯

0   50 千米

0   50 英里

巴统

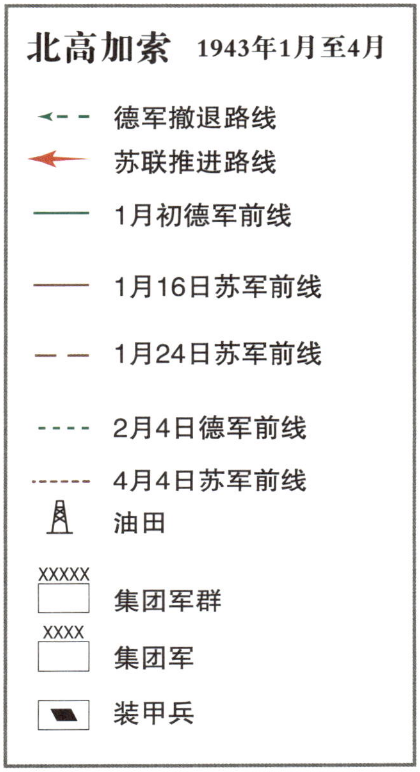

北高加索　1943年1月至4月

‹--- 德军撤退路线

← 苏联推进路线

── 1月初德军前线

── 1月16日苏军前线

── 1月24日苏军前线

---- 2月4日德军前线

---- 4月4日苏军前线

⚒ 油田

XXXXX
☐ 集团军群

XXXX
☐ 集团军

◼ 装甲兵

军的苏军部队未能合拢包围圈。德军装甲部队逃脱，与埃里希·冯·曼施坦因新组建的顿河集团军群会合。德国第17集团军与罗马尼亚军队则留了下来，据守塔曼半岛。

　　在夏天大部分时间里，双方注意力都集中在顿河畔罗斯托夫和北部地区。高加索战线相对平静。9月9日，这一局面彻底改变。苏联对新罗西斯克进行了一次海上突击作战，直接进入港区。苏军第58、第9、第56和第18集团军向德军施加压力，再加上在沿海地区的进一步登陆，10月9日，苏军已经消灭半岛上的德军。高加索地区的解放终结了希特勒夺取和开采该地区宝贵油田的梦想。

1942—1943年斯大林格勒保卫战

STALINGRAD: 1942-1943

1942年秋天，希特勒命令位于东线的德国集团军集中力量夺取高加索油田，保证对德国战争机器的油料供给，同时扼制对斯大林的油料供给。德军向南推进，意味着德国空军主要作战力量将被派往南方集团军群的前线，东线的其余部队暂停行动，以占据有利地形。不过，希特勒未能抑制住占领伏尔加河上斯大林格勒市的诱惑。这不仅是出于战略原因，也是出于占领与敌方首领同名的城市所产生的宣传效果。事实证明这是一个极其严重的战略误判。

不惜一切代价保卫斯大林格勒

希特勒将南方集团军群分成2支部队。A集团军群继续攻击南方地区，B集团军群包括弗雷德里克·保卢斯指挥的第6集团军，在第4装甲集团军的支援下攻击斯大林格勒。此举确保德军进攻部队的左翼安全，阻止苏军利用里海到北方的主要交通线。事

▼
亨克尔He 111
德国轰炸机部队对试图为伏尔加河西岸飞地提供补给的苏联部队进行攻击。后来，胜利女神不站在德国人这边，这些飞机又被用于为被包围的德国第6集团军提供补给。

实上，占领斯大林格勒市导致激烈的巷战和近距离战斗，装甲部队基本派不上用场，不过这对希特勒来说不算什么，他对作战胜利充满信心，认为苏军一定会被打败。

8月最后1周，B集团军群靠近斯大林格勒，沃尔弗拉姆·冯·里希特霍芬将军指挥的第4航空队，对城市进行了无情的轰炸。德军希望轰炸行动能削弱苏联守军和人民的抵抗意志。斯大林下令，苏联守军不得撤离斯大林格勒。德国空军"斯图卡"轰炸机重点轰炸航行在宽阔的伏尔加河上，为被困苏军提供补给、撤离伤员的运输舰只。1周内，苏军32艘舰只被击沉，在持续轰炸下，横渡伏尔加河是一次令人痛心且非常危险的经历。斯大林格勒市沦为焦土。德军在大街上射出强大火力，杀死成千上万名平民。

苏联空军试图起飞战斗机对抗德国空军的屠杀，但是它们成群结队地被德国空军击落，这是苏联空军缺乏经验和德国空军极为专业的综合结果。德国空军完全控制斯大林格勒的上空，并且继续攻击伏尔加河上这一伟大的城市。

但是自始至终，苏联都在组建一支战略预备队。德军进入斯大林格勒市时，苏联做好了发挥其强大的制造能力的准备。苏军始终控制着伏尔加河西岸一条狭长地带，此时德军攻势开始松懈。德国空军仅有60%的飞机能够升空作战，主要原因是作战磨损，在日益恶劣天气中发生的事故导致飞机毁损，而不是被苏军击落。此外，盟军在北非发动"火炬行动"，使第4航空队得不到各型飞机补充，德国空军的局势更加严峻。

11月19日黎明，苏军发动代号为"天王星行动"的大规模反攻。这项反攻计划是前一个冬天成功保卫莫斯科的指挥官格奥尔吉·朱可夫将军制订的，旨在突破德军在斯大林格勒北面和南面的侧翼防线，然后快速行动合围斯大林格勒市，包围保卢斯将军率领的第6集团军。德军侧翼是罗马尼亚各师，他们在苏军的猛烈攻击下崩溃。作为预备队的德国第22装甲师也被击败，并开始撤退。第6集团军幸存的唯一机会，就是在苏军钳形攻击"利爪"收拢之前快速向西撤退。

拒绝面对失败

希特勒位于远离战场的贝希特斯加登"鹰巢"总部，他拒绝保卢斯撤退的请示。苏军在攻势开始后的第5天完成对斯大林格勒德军的合围，保卢斯再次请求从苏军口袋里突围，但再次遭到拒绝。戈林向希特勒担保，第6集团军将会从空中得到补给。但这根本不可能。因为每天需要400至500吨补给才能满足第6集团军基本需求。已经筋疲力

▲

地狱般的冬季

为了支援位于斯大林格勒的第6集团军，德国空军损失了266架Ju 52运输机。损失的运输机总数达到490架，相当于5个飞行联队。戈林所吹嘘的他将通过空中支援斯大林格勒的企图落空了。

▼

斯大林格勒

在进攻斯大林格勒的过程中，德国依靠匈牙利和罗马尼亚的部队来保护其侧翼。这是一个致命的错误。德军的这些友军在苏军的无情攻击下很快崩溃，导致德军第6集团军陷入包围。

尽的第4航空队，每天最多能够投送100吨物资，再加上恶劣的天气条件，以及苏联空军的持续威胁，每天送达第6集团军手上的补给物资不到100吨。

然而，德国飞行员驾驶着容克Ju 52运输机和匆忙改装的亨克尔He 111轰炸机，穿过苏联战斗机封锁线和猛烈的地面炮火，为第6集团军运送补给。在向外飞行时，德军运输机将伤员和无关紧要的人员撤离战场，成功将42000名官兵撤离出"地狱熔炉"——这个绰号是那些不幸留在冰冻的废墟中的德军官兵起的。

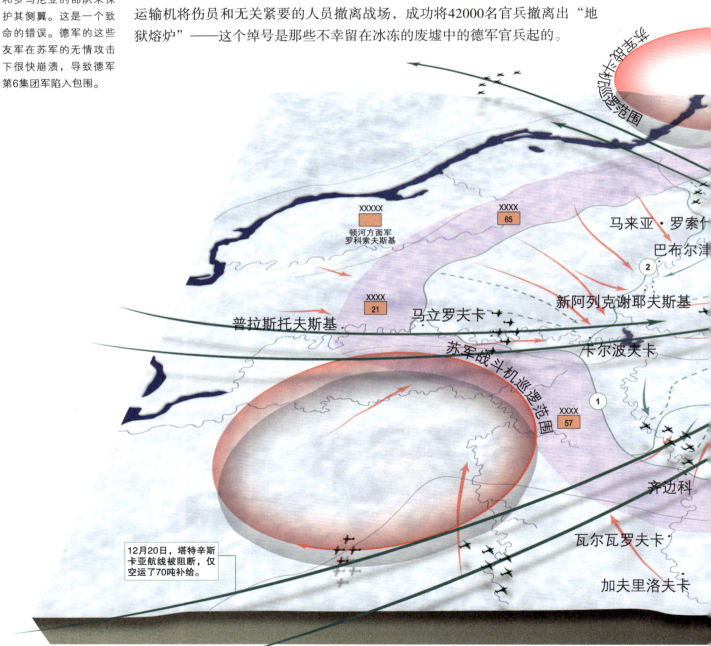

顿河方面军
罗科索夫斯基

XXXXX

XXXX 65

马来亚·罗索f

巴布尔津

2

新阿列克谢耶夫斯基

XXXX 21

普拉斯托夫斯基

马立罗夫卡

卡尔波夫卡

苏军战斗机巡逻范围

1

XXXX 57

齐边科

12月20日，塔特辛斯卡亚航线被阻断，仅空运了70吨补给。

瓦尔瓦罗夫卡

加夫里洛夫卡

1943年1月下旬，斯大林格勒外围机场已经被苏军占领，德军的空中桥梁中断。在空运过程中，共有266架Ju 52运输机被摧毁，约占德国空军在东线运输机总数的三分之一。更为悲惨的命运降临在91000名德军官兵及其指挥官保卢斯身上。他们在斯大林格勒被俘，被迫步行前往远在苏联内地的劳改营，许多人在途中死亡。多数幸存者直到20世纪50年代才返回德国。

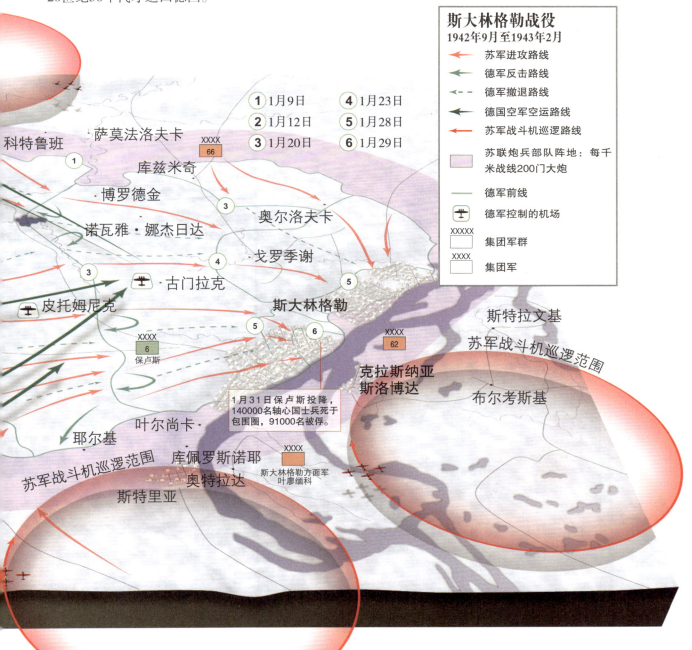

斯大林格勒战役
1942年9月至1943年2月

→	苏军进攻路线
→	德军反击路线
←--	德军撤退路线
→	德国空军空运路线
←	苏军战斗机巡逻路线
	苏联炮兵部队阵地：每千米战线200门大炮
—	德军前线
✈	德军控制的机场
XXXXX	集团军群
XXXX	集团军

1 1月9日　　4 1月23日
2 1月12日　　5 1月28日
3 1月20日　　6 1月29日

科特鲁班
萨莫法洛夫卡
XXXX 66
库兹米奇
1
博罗德金
诺瓦雅·娜杰日达
3
奥尔洛夫卡
4
戈罗季谢
古门拉克
✈
3
✈ 皮托姆尼克
斯大林格勒
5
XXXX 6 保卢斯
5
6
XXXX 62
斯特拉文基
苏军战斗机巡逻范围
克拉斯纳亚斯洛博达
布尔考斯基

1月31日保卢斯投降，140000名轴心国士兵死于包围圈，91000名被俘。

叶尔尚卡
耶尔基
库佩罗斯诺耶
XXXX 斯大林格勒方面军 叶廖缅科
苏军战斗机巡逻范围
奥特拉达
斯特里亚

战争中的航空工业

AVIATION INDUSTRIES AT WAR

"喷火"战斗机基金

"喷火"战斗机基金是英国政府为飞机制造业筹集资金的特殊方式之一。很多组织，包括很多城镇、省和国家都筹集资金来购买他们自己的"喷火"战斗机，这些战斗机以他们的名义进行命名。

第二次世界大战是在盟国工厂里打赢的。德国在1933至1934年间开始建设新型空军，英国在1935至1936年开始重整装备。苏联在这一期间开展了大规模工业生产，到1939年时为空军制造了约2万架飞机。

制造实力对比

1940年，装备约4500架作战飞机的德军前线部队占领了挪威、丹麦、低地国家和法国，将这些国家工业或多或少地纳入到德国制造体系中。德国计划在短时间内结束战争，因此为前线部队储备的补给物资相对较少。1940年春天，英国追上德国飞机制造速度，英国预见这将是一场长期的战争，显然不会在短时间内结束。如果说英国有一项计划，那么该计划就是首先争取生存，然后争取美国盟友尽早参战。法国沦陷和意大利变成德国盟友之后，美国参战变得势在必行。

虽然英国的工业实力赶不上德国，但是它更早就动员有用的工业设备开展战争准备——24小时轮班制造。即使在1941年，德国仍然每天只生产8小时，但是德国很容易就能扩大生产，增加产量。英国拥有一个优势：与美国的友好状态。1939年，英国和法国向美国制造商订购了大批军火，有效刺激美国的航空业，使美国能建设新型生产线，招募和训练新员工。这些人员对后来的生产都是必要的。

1941年6月，德国对苏联发动攻击之后开始扩大生产，以满足大规模作战对装备的需求。即便这样，德国决策者也认为战争不会持续超过1年的时间。苏联许多飞机制造厂位于易受攻击的西部，会在德军的猛烈攻击中被摧毁。加上作战损失，这将意味着苏联空中威胁会减弱，虽然德国遭受英国的轰炸，但是其飞机生产工业基本未受影响。

▲

威洛生产线

联合B-24"解放者"轰炸机为了满足作战和训练任务，具有多种生产型。该机型生产数量比二战期间
美国其他任何一种战机数量都多，总数达到18431架，在航空史上比任何其他轰炸机的装备数量都多。

年份	美国	苏联	英国	加拿大	东方国家	总数		德国	意大利	匈牙利	罗马尼亚	日本	总数
1939	5856	10382	7940	n/a	n/a	24178		8295	1692	—	n/a	4467	14454
1940	12804	10565	15049	n/a	n/a	38418		10826	2142	—	n/a	4768	17736
1941	26277	15735	20094	n/a	n/a	62106		11776	3503	—	n/a	5088	20367
1942	47836	25436	23672	n/a	n/a	96944		15556	2818	6	n/a	8861	27235
1943	85898	34845	26263	n/a	n/a	147006		25527	967	267	n/a	16693	43454
1944	96318	40246	26461	n/a	n/a	163025		39807	—	773	n/a	28180	68760
1945	49761	20052	12070	n/a	n/a	81883		7544	—	n/a	—	8263	15807
总数	324750	157261	131549	16431	3081	633072		189307	11122	1046	约1000	76320	89488

1939—1945年间同盟国和轴心国军用飞机年生产量 （架）

注：n/a表示无法获取到可以使用的数字。"—"表示"未发现"。

但是，德国没有预料到斯大林战略。面对德军在最初进攻中的胜利局面，斯大林政府命令将1000多家工厂完全转移到德军不能到达的东部地区。飞机制造工厂与其他武器装备工厂的设备都被打包，装上火车。设计员、制图员、机械工具操作员、各类技术工人，以及制图板、档案橱柜，数百万计的装备离开（运离）明斯克、基辅和哈尔科夫等城市，搬迁到乌拉尔山脚和其他成百上千处地点。在奇迹般的组织机构中，数百万计的劳动者，包括志愿者、劳工们用尽一切力气重建苏联工业。除此之外，苏联还找时间对已经投产的飞机型号进行改进并设计新型飞机。

苏联空军并没有像德国决策者预测的那样衰败下去，而是变得更加强大。苏联国土面积广大、人口数量众多、政府决心坚定，这些因素帮助苏联度过1941年6月至1942年12月这一段最绝望的时期。1942年，尽管经历搬迁，但苏联航空工业还是制造出了15735架飞机，而德国制造出11776架飞机。

迎接挑战

1940年5月，美国总统富兰克林·D.罗斯福向美国工业部门发起一项艰巨的挑战——每年制造5万架飞机。1939年，美国航空工业部门接到订单不到500架。因为英国缺少资金，因此美国放宽"现金购物、自行运送"的政策。丘吉尔在写给罗斯福的恳请信中指出，美国飞机制造工厂可为战争的胜利奠定基础。他认为，给英国战争工具，英国就能完成任务。尽管美国政府许多高级官员心存疑虑，罗斯福还是制定了

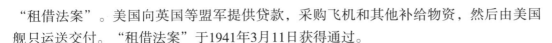

"租借法案"。美国向英国等盟军提供贷款，采购飞机和其他补给物资，然后由美国舰只运送交付。"租借法案"于1941年3月11日获得通过。

1941年，英国飞机制造达到最大产能，制造了23672架飞机，其中包括越来越多的4发动机重型轰炸机。这些轰炸机大多被用于英国对德国的持续不断的夜间轰炸行动，这一轰炸行动一直持续到战争结束前的最后几天。

对美国来说，1942年是参战后的第一年。在罗斯福政策刺激下，美国汽车工业被调动起来，加入武器装备的制造行业。1941年，福特公司开始在底特律不远的威洛建设全新飞机制造工厂。福特公司在一个屋顶之下建设了面积为28公顷（70英亩）的工厂，移动生产线长达1千米（0.66英里）。这一工厂象征着美国战时生产的方式——批量生产。在美国全境，老工厂得到扩建，新工厂不断落成，并且开展大规模招募和训练活动。工人们蜂拥至新的工厂，渴望为国家尽绵薄之力，并且挣一笔奖金。1942年，美国组装线生产了47836架飞机。再加上加拿大和澳大利亚生产的少量飞机，盟国在1942年共生产97000多架飞机；而轴心国的总产量仅为27235架。

失败的战斗

1943至1944年，德国飞机制造量开始攀升。纳粹德国的思想是不鼓励妇女在战时工厂工作，她们的任务是照料家庭和生小孩。德国劳力不足由国外工人补足，工人中除少数志愿者外，大部分由强制劳工组成，其中一些是战俘，1944年，还有来自集中营的囚犯。1944年底，约40万集中营囚犯为德国战争工厂工作。奥兰宁堡集中营为亨克尔公司的一个大型工厂提供劳力，约6万名囚犯在哈尔茨山下挖掘隧道，为V2火箭建造生产线。

纳粹党对轴心国工业部门的粗劣管理在著名的阿尔伯特·施佩尔指导下得到许多改进。武器制造工厂的生产力在其管理之下得到提升，浪费和不必要的复杂程序开始减少。1944年，德国飞机制造总量达39807架。

1942年，在世界另一端，日本规模相对较小的工业部门制造出8861架飞机。1943年，这一数字几乎翻了一倍。日本的问题是在美国潜艇封锁下如何获得原材料的供应。尽管如此，日本1944年仍制造出28180架飞机，但是远没有美国的制造量多，美国在同年制造出96318架飞机。

1944年，苏联工业部门在爱国主义驱动、说服教育和残酷无情的惩治措施等综合因素推动下进行全面生产。在这关键一年，盟国共制造出163025架飞机，轴心国制造出68760架飞机。尽管德国工业制造出许多创新型飞机，如梅塞施密特Me 262喷气式战斗机，日本也制造出搏命的MXY7"樱花"（盟军戏称为"八嘎"）有人驾驶炸弹，但是数量太少而且为时已晚。

1943年瓜达尔卡纳尔岛战役

GUADALCANAL: 1943

　　美军得知日军在所罗门群岛之一的瓜达尔卡纳尔岛修建机场后，认识到在日军机场建好之前占领该岛具有重大战略意义。如果美军不占领瓜达尔卡纳尔岛，日军就会将该岛及岛上的机场作为基地，攻击美国前往澳大利亚的护航船队；盟国船队将不得不绕行到更远的南方以躲避日军拦截。

　　瓜达尔卡纳尔岛战役是美日开战后美军进行的第一场进攻作战，充分激发了美军中途岛海战胜利而得以提升的士气。

美军登陆瓜达尔卡纳尔岛

　　1942年8月7日，美国海军陆战队第1师在瓜达尔卡纳尔岛登陆，另有小规模部队在佛罗里达岛和图拉吉岛登陆，以占领日军在图拉吉岛上建设的水上飞机基地。在两天

时间里，美国海军陆战队占领瓜达尔卡纳尔岛上的隆加机场，并以中途岛海战中牺牲的第一位海军陆战队飞行员洛夫顿·亨德森少校的名字，将其重新命名为亨德森机场。

日军在夜间攻击行动中击沉美国海军掩护登陆部队的4艘巡洋舰。负责指挥登陆行动的弗莱彻将军命令航母撤离到日军攻击范围之外，因为他现在没有足够的水面护航舰艇保护航母安全，这使得岛上的美国海军陆战队没有足够补给和空中支援。就在他们利用日军撤退后留下的推土机等装备继续建设已经完工一半的机场时，不断受到日军大炮和由三菱A6M"零"式战斗机护航的三菱G4M"一"式陆上攻击机的袭扰。8月19日，尽管亨德森机场设施非常有限，但美军第一批飞机，包括格鲁曼F4F"野猫"战斗机和道格拉斯SBD"无畏"轰炸机在机场着陆。在岛上，油料必须从圆形油桶中抽到飞机中，炸弹需要手动吊装到飞机下，因为岛上没有可用的绞车。

日军向仍在岛上的守军增援，企图突破美国海军陆战队在亨德森机场周围构建的坚固的防守阵地，从而重新全面控制瓜达尔卡纳尔岛。日军派出4艘运输船，护航舰队包括"瑞鹤"号和"翔鹤"号航母、3艘战列舰、巡洋舰和驱逐舰。日军还派出以"龙骧"号航母为核心的牵制舰队。8月24日，在日军飞机发现并攻击美国海军"企业"号航母时，从美国海军"萨拉托加"号航母起飞的飞机，攻击并击沉日海军"龙骧"号航母。"企业"号躲过日军全部鱼雷的攻击，但是仍被3枚炸弹击中。尽管身负重伤，"企业"号还是缓慢驶回珍珠港进行修理。亨德森机场和新赫布里底群岛埃斯皮里图桑托机场起飞的陆基轰炸机，发现了日军入侵舰队，并击沉1艘运输船和1艘驱逐舰。日军决定停止这次行动并撤退。

▲
瓜达尔卡纳尔岛上的美国海军陆战队员

成功守住亨德森机场上至关重要的跑道，使美军在该岛上空保持了空中优势。

在亨德森机场，新命名的"仙人掌航空队"实力慢慢增强。海军"海蜂"建设营完成了"1号战斗机"机场建设，该机场距亨德森机场约1英里。F4F"野猫"战斗机升空，迎战来自拉包尔的日军"一"式陆上攻击机。位于所罗门群岛西侧的一系列"海岸瞭望哨"，向美军战斗机发出日军即将空袭的警报，这些瞭望哨利用无线电向基地报告所有的日军来袭情况。在亨德森基地，美军建设了一个雷达站，协助拦截日军飞机。

企图重夺该岛

10月底，日本派出一支大型航母舰队，掩护日本帝国陆军满怀希望夺取亨德森机场的行动。美国海军威廉·哈尔西海军中将率领"大黄蜂"号和"企业"号航母出发，迎战日本海军中将南云忠一率领的"瑞鹤"号、"翔鹤"号、"瑞凤"号和"隼鹰"号航母。美军侦察机发现了作为日军前卫舰队中的"瑞凤"号航母，并发动了攻击。几枚炸弹使"瑞凤"号航母严重毁伤。随后，双方向彼此发动大规模攻击。日军集中俯冲轰炸机和鱼雷轰炸机攻击"大黄蜂"号航母，两种武器都有命中。随后"大黄蜂"号航母沉没。美国海军在还击中，将3枚炸弹投向"翔鹤"号航母。日军第二次

瓜达尔卡纳尔岛战役
1942年8月7日至10月26日

10月24日—25日夜间

9月12日

9月13日

9月14日

"血染高地"

8月7日

前哨线

战斗机跑道

亨德森机场

8月8日

图图瓦

泰纳鲁

第1陆战师

8月7日

8月8

隆加

隆加角

远距离空中支援给此时陷于孤立的美国海军陆战队带来补给

8月9日，日军空中和海上干预力量迫使美国海军撤退，导致海军陆战队孤立无援

美国海军

北

锡 拉 克 海 峡

　　攻击指向"企业"号，该航母被几枚炸弹命中，但是躲过了全部鱼雷的攻击，得以幸存。日军许多飞机被美军高效的高射炮火击落。双方流着血、带着伤痕撤出战斗。

　　美国海军在这一区域只剩下1艘航母，但是日军再没有发动有力的攻击。"仙人掌航空队"规模稳步增长，在其协助下，日军被清除出岛。1943年2月，日军撤走瓜达尔卡纳尔岛上的残余部队。美军驱逐日军侵略的长期作战真正开始了。

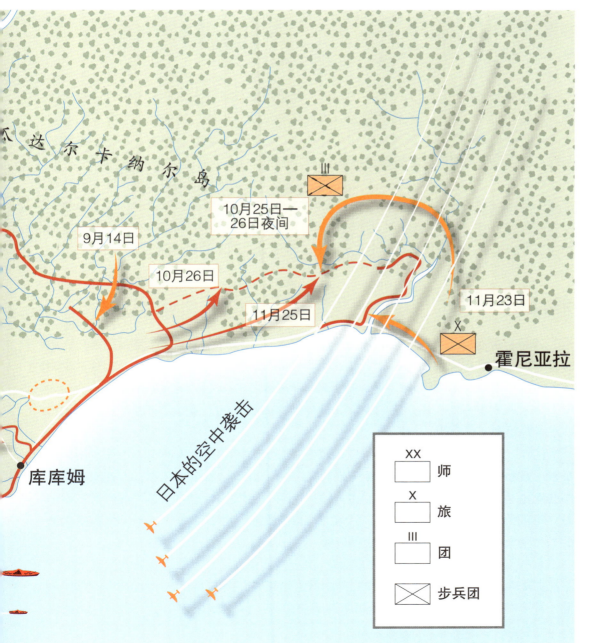

痛苦而漫长的瓜达尔卡纳尔岛战役的胜利，给盟军在所罗门群岛创造了一个坚实的立足点，也为将来在太平洋进行"跳岛"进攻创造了一个坚实的基地。

"车轮行动"

OPERATION CARTWHEEL

日本控制的东南亚和太平洋广大地区，蕴藏着建设繁荣未来所需要的许多自然资源，但是此时这些资源必须得到保护。中途岛和瓜达尔卡纳尔岛的挫败使日军信心备受打击。认识到美军对其防御周界构成的威胁，日军指挥官开始加固新不列颠拉包尔基地，加强周界东南区域的防御，希望阻止即将到来的盟军攻势。

代号为"车轮行动"的盟军进攻计划要求从2个突击方向攻击，威廉·哈尔西中将指挥的美国海军第3舰队向北航行，从新岛以北穿过所罗门群岛。沃尔特·克鲁格将军率领的美国第6集团军、澳大利亚部队向北推进通过新几内亚，在新不列颠登陆，并向拉包尔方向前进，以占领日军这个主要基地。所有进攻部队均接受陆军麦克阿瑟将军指挥。

开始进攻

1943年1月9日，盟军展开第一轮行动，澳大利亚将一个旅的部队空运至瓦乌，威胁日军位于新几内亚的沿海阵地。作战行动开始后，航母舰载机和乔治·C.肯尼少将指挥的英勇善战的美军第5航空队，为登陆部队提供空中支援。美军的陆基飞机在作战中发挥了非常重要的作用，它们夺取了战场上空的制空权，孤立了日军部队，阻止日军获得补给和空中支援。

按照二战前的作战思想，飞机应从高空进行轰炸，远离敌人防空火力的攻击，但是肯尼重新训练部队，飞机从低空发动攻击。这一战术冒着极大风险，但这意味着更高的攻击精确度，而且加重了敌人的损失。美军在战场对北美B-25"米切尔"中型轰炸机进行改装，在该型机的机头上安装了8挺机枪，增加炸弹装载量。体积更大的B-17"飞行堡垒"也展开了低空投弹轰炸。

这些创新轰炸方式对俾斯麦海海战有决定性的意义。日军联合部队在这里展开了一次大规模行动，将驻拉包尔的第51师团派去增援新几内亚的部队。在8艘驱逐舰护航下，日军8艘大型运输船小心地沿新不列颠海岸行进，进入所罗门海，空中还有100多

架飞机对运输船队进行掩护。盟军通过"魔术"破译系统获得的情报完全掌握了日军此次行动。B-17轰炸机对护航船队进行轰炸,击沉2艘运输船。就在日军舰队穿过丹皮尔海峡时,盟军近100架飞机在随后战斗中对日军舰队发动攻击。日军剩余运输船和4艘驱逐舰被击沉。日军第51师团几乎所有的参谋和近4000名士兵丧生。

日本海军大将山本五十六对盟军空中力量不断提高的作战效能感到震惊,命令日军反击。日军从战区陆基机场和舰载机部队拼凑出约300架飞机,在同一时间攻击盟军在新几内亚和所罗门群岛的机场,给盟军造成严重损失,但这是以作战经验丰富的日军飞行员和机组人员的生命换取的。洛克希德P-38"闪电"和格鲁曼F6F"地狱猫"等美军新型飞机不断抵达战区,美军继续保持对日军的空中优势。

1943年4月18日,第339战斗机中队的16架P-38"闪电"远程战斗机从亨德森机场起飞,击落了搭载山本五十六的G4M"一"式陆上攻击机。由于海军破译了密码,并且知道山本五十六是一个非常守时的人,因此美军可在任何特定的时间确切地知道山本五十六座机的位置。

▲

三菱A6M5"零"式战斗机

A6M5战斗机是"零"式战斗机的后期改进型。1943年秋季,为了应对美国海军F6F"地狱猫"(又称"泼妇")战斗机,A6M5战斗机紧急服役。A6M5经过改进的机翼拥有更大厚度的翼面蒙皮。

比例尺

0 — 50千米

0 — 50英里

霍兰迪亚

埃米劳岛

马努斯岛

伊莎贝尔海峡

艾塔佩

新汉诺威岛

卡维

韦瓦克

XXXXX 第八方面军
今村均

XXXX 第11航空舰队

瓦图姆

新几内亚岛

博吉亚

卡卡岛

俾斯麦海

中央山脉

亚历克西斯港

XXXXX
18

XXXX 东南方面舰队
草鹿任一

1943年3月2日：俾斯麦海海战。日军补给护航船队遭美军飞机袭击

马当

塔拉塞亚

塞多阿

长岛

鲁克岛

维蒂亚兹海峡

萨格萨格

新不列颠岛

俾斯麦山脉

休恩半岛

乌皮尔海峡

坎德利安

盖斯马塔

巴布亚

纳扎布

莱城

芬什港

1943年3月3日：补给护航船队再遭袭击。美军飞机击沉了所有剩余船只

基科里

瓦乌

萨拉毛亚

莫罗贝

多纳

1942年7月22日：试图在莫尔兹比港登陆并挺进

凯里马

伊欧凯

戈纳

巴布亚湾

科科达

布纳

特罗布里恩群岛

马瓦塔

科科达小径

多波杜拉

当特尔卡斯托群岛

欧文斯坦利山脉

瓦尼盖拉

古迪纳夫岛

莫尔兹比港

阿包

阿洛陶

珊 瑚 海

1942年3月10日：舰载机袭击日本船队

XXXXX	集团军群
XXXX	集团军
XXX	军
XX	师
III	团
II	营
⊠	步兵
⚓	陆战队
☗	伞兵

"车轮行动"

在日本寻求占领太平洋的过程中，他们过度延伸了作战区域，这造成了巨大的补给问题。他们无法阻止盟军登陆新几内亚，这使日本入侵澳大利亚的威胁缓解。

援从特鲁克岛经
上和空中运来

塔巴尔群岛
利希尔岛
坦加群岛
费尼群岛
格林群岛

拉包尔

"车轮行动"
1942年3月至1943年11月
盟军推进路线
盟国空军基地
盟军预定攻击路线（"车轮行动"）
盟军空袭
日军推进路线
日军空袭
日军撤退
日军驻地
日军空军基地

北

太 平 洋

布卡岛
布卡
博尼斯
托罗基纳
布干维尔岛
11月1日
第3陆战师
卡拉
布因
10月27日—28日
肖特兰岛
特雷热里群岛
沃扎
舒瓦瑟尔岛
所 罗 门 群 岛
第1陆战师突击队
XXX XIV
10月27日
新西兰第8旅
维拉拉维拉岛
25
145
8月27日
圣伊萨贝尔岛
马莱塔岛
第八舰队
三川军一
13
新乔治亚岛
8月15日
伦多瓦岛
229
第1陆战师突击队舰艇
148
武拉
6月30日
北部
登陆部队
佛罗里达岛
萨沃岛
铁底海峡
伍德拉克岛
日军前线，1942年8月
7 6
103
东部
登陆部队
103
2月21日
亨德森机场
瓜达尔卡纳尔岛
米尔恩湾
1943年6月
XXXXX
麦克阿瑟
西南太平洋战区
路易西亚德群岛
伦内尔岛

1942—1944年盟军轰炸德国

BOMBING GERMANY: 1942-1944

空军元帅亚瑟·哈里斯爵士

空军元帅亚瑟·哈里斯爵士于1942年2月被任命为英国皇家空军轰炸机司令部司令。他重新评估了轰炸机司令部的战术和训练，倡导新的策略。新策略导致了具有争议的轰炸德国城市行动。

1942年初，盟军调整了轰炸德国并促使其投降的作战行动。当时，英国皇家空军轰炸机司令部的大多数中队装备了维克斯"威灵顿"轰炸机。由于轰炸机白天轰炸德国北部港口时遭受惨重损失，轰炸机司令部从1939年12月开始在夜间开展轰炸。部队换装性能优越的新型飞机时，皇家空军轰炸机司令部新任指挥官，空军上将亚瑟·哈里斯爵士上任。哈里斯是战略区域轰炸力量的真正信奉者。他督促下属竭尽全力验证这种在两次世界大战期间形成的战略区域轰炸理论。

1942年，美国陆军航空队的波音B–17"飞行堡垒"和联合B–24"解放者"轰炸机及机组成员开始抵达英国。这些飞机最多可安装13挺0.5英寸（12.7毫米）口径机枪。美军需要时间让这些部队形成作战力和具备作战经验。该部就是后来的美国第8航空队。1942年至1943年初期，第8航空队在德国控制的法国和低地国家执行任务。

完善战术和加强训练

从1942年开始，盟军使用了先进的训练、导航辅助设备，更重要的是飞机和机组成员开始进驻位于东英吉利、林肯郡和约克郡的机场。轰炸机司令部的飞机将从这里起飞执行任务。体型庞大的四发轰炸机——肖特"斯特林"、阿芙罗"兰开斯特"和汉德利·佩季"哈利法克斯"轰炸机，取代了老式的阿姆斯特朗·惠特沃斯"惠特利"和维克斯"威灵顿"轰炸机。"斯特林"轰炸机性能并不令人满意，航速低、升限不高，不利于长航时飞到德国中心地区执行轰炸任务。

1942年3月28日夜至29日，哈里斯开始夜间轰炸吕贝克，1个月后轰炸罗斯托克。2

次轰炸任务共投入约250架轰炸机，这些轰炸机以跟进队形对抗德国空军的雷达防御系统。尽管这两次轰炸规模较大，但相对哈里斯5月30日夜至31日首次派出千架轰炸机，对科隆开展的"千机"行动轰炸行动来说，显得无足轻重。据称，轰炸机向该市投下数吨炸弹，不仅摧毁德国工厂，而且炸死大量德国工人，或使他们无家可归，削弱了德国民众的士气。该行动还发挥了良好的宣传效应。

为开展此次轰炸行动，哈里斯从训练与改装部队抽调额外的飞机，最终凑出1047架飞机及相应机组成员，其中约870架飞机真正发现并轰炸了德国目标，有43架飞机及其机组成员损失。不过，德国的军事建筑或工厂很少被击中，炸毁的主要是平民住宅。由于德国消防部门工作效率高，科隆街道宽，轰炸没有引发毁灭性大火。

6月，盟军进行了类似的另外2次大规模轰炸，第一次是1日夜至2日对埃森的轰炸，另一次是25日夜至26日对不来梅的轰炸。哈里斯随后派出"探路者"部队，他从轰炸机司令部精心选出最优秀的机组成员，一般是执行20架次以上任务仍活下来的机组成员。他还利用了"双簧管"和H2S导航辅助系统（"双簧管"系统于1941年12月装备部队，是一种空中轰炸瞄准系统，可将英国2个工作站的信号传送到德·哈维兰

瑞典

哥本哈根

丹麦

北海

北

大 不 列 颠

爱尔兰海

柏林

安克拉姆

罗斯托克
瓦尔讷明德

德

奥舍斯莱本

吕贝克

汉堡

汉诺威

卡塞尔

弗伦斯堡

库克斯港

弗格萨克 不来梅

奥斯纳布吕克

明斯特

多特蒙德 波鸿 哈根
雷

威廉港

奥伯豪森

赫斯
雷克林豪森
盖尔森基兴 埃森
杜塞
克雷菲尔

埃姆登

奥伯豪森
奥斯纳布吕克 杜伊斯堡

1

荷 兰

阿姆斯特丹

鹿特丹

安特卫

艾默伊登

海牙

贝亨奥普佐姆

弗利辛恩

敦刻

老卡顿

哈里奇

诺维奇

伊普斯威奇

埃克斯宁
亨廷登

剑桥
威顿

布兰普顿·格兰奇

布歇霍尔

伦敦

赫尔

约克

鲍特里

格兰瑟姆

温斯洛

海威科

北安普敦

牛津

诺丁汉

阿宾登

格林

泰恩河畔纽卡斯尔

利兹

谢菲尔德

梅姆伯雷

伯明翰

曼彻斯特

利物浦

布里

爱丁堡

加的夫

格拉斯哥

马恩岛

贝尔法斯特

战略轰炸 1943年

- ■ ■ 首脑司令部
- ▪ ▪ 大队司令部
- ● 轰炸机司令部机场
- ● 美国第8航空队机场
- ✳ 英国皇家空军轰炸目标
- ✳ 美国陆军航空队轰炸目标
- ✸ 英国皇家空军和美国陆军航空队共同目标
- ── 战斗机航空师作战范围边界
- ▨ 战斗机航空师作战范围
- 德国雷达站
- ● 德国夜间战斗机基地
- ▨ 探照灯阵地
- ▨ 高射炮阵地

"蚊"式轰炸机的无线电雷达发射接收机上。H2S于1943年装备部队,到20世纪90年代仍在使用,它是一种雷达系统,能够在夜间和全天候轰炸行动中识别地面目标)。"探路者"部队在主力部队前方飞行,投放照明弹帮助导航,到达目标上空后投下更多照明弹照亮目标。这些"标记员"投下的燃烧弹在目标区内引发大火,便于主力部队瞄准。

轰炸鲁尔及其他地区

3月5日至6日,哈里斯再一次发动了大规模轰炸行动,即轰

阿芙罗"兰开斯特"

1942年初，阿芙罗"兰开斯特"轰炸机开始服役，很快它被证实是英国最有效的重型轰炸机，共生产了7377架，飞行了156000架次，投放了608610吨炸弹，损失3249架。

炸鲁尔的行动。鲁尔地区大型工厂位于"双簧管"目标指示器的无线电覆盖范围内，这为轰炸提供许多目标选择。尽管山谷笼罩着一层工厂排出的厚厚烟雾，但是全部目标被准确击中。3月至7月间的轰炸不全是针对鲁尔地区。第5次任务轰炸了远达波罗的海沿岸的斯德丁，当然盟军也轰炸了柏林。盟军采用这种战术，使得德国不能在一个地区投入大量夜间战斗机对其进行保卫。

这一期间，盟军组建了1个中队对目标进行精确轰炸，这与轰炸机司令部的区域轰炸理念截然不同。该中队由一名联队指挥官盖伊·吉布森（一位经验丰富的轰炸机飞行员）指挥，并被命名为第617中队。该中队后来获得著名的绰号，即"水坝破坏者"。经过6周低空飞行训练后，19个机组着手轰炸鲁尔工业区供应水电的大坝。该中队轰炸机配备了巴恩斯·沃利斯设计的"弹跳炸弹"，这些炸弹可以在超低空投放，并掠过水面避开防鱼雷网拦截。炸弹在碰到大坝后沉没，在固定深度爆炸，以期炸毁大坝。第617中队轰炸机抵达目标之前，有1架轰炸机因离海面太近，机上炸弹脱落，另外5架轰炸机被高射炮击落，或因撞上高压电线而损失。

吉布森中队有4架轰炸机攻击并炸毁了默讷水坝，3架轰炸机炸毁埃德尔水坝。索佩和施韦尔姆水坝虽遭轰炸但未被炸毁。此次行动导致许多德国人丧生，特别是住在默讷水坝下游的德国人，轰炸行动也给鲁尔地区的工业生产带来实质破坏。执行此次轰炸任务的多名机组成员，因为其英勇表现而获得很高的荣誉，吉布森也获得维多利亚十字勋章。1944年9月，他在执行第3次任务时阵亡。

1942年5月，美国第8航空队白天在超级马林"喷火"战斗机护航下，开始执行短程轰炸任务。美军机组成员相信，采用相互保护的飞行编队足以抵御德军的攻击。受相对较小损失的刺激，美国第8航空队开始在没有护航的情况下攻击更远目标。他们遇到德军采用的针对大型编队的战术：迎头攻击飞行员和副驾驶位置。对此，美军在飞机的机头加装更多机炮，并且在"解放者"和"飞行堡垒"的后续机型上安装专门的

炮塔，以应对德军的迎头攻击。1943年1月，第8航空队准备自行攻击德国，并选择位于威廉港的潜艇船坞作为攻击目标。美军虽然只有3架飞机损失，而且还安装了当时还是绝密的"诺顿"轰炸瞄准器，但却未取得良好的作战效果。

"直射行动"

6月，盟军实施"直射行动"，该行动是"轰炸机联合攻势"的一部分。其重点轰炸德国航空制造工业，目标是破坏德国飞机机身制造厂、橡胶工厂和滚珠轴承工厂的

"水坝破坏者"空袭行动

这张地图展示了1943年5月16日至17日，19架参加行动的飞机的路线、目的地和命运。

生产。空袭主要针对基尔、汉堡和瓦尔讷明德等地区，空袭行动相对成功，且损失较小。德军需要时间来适应白天的新型防空战术，而这种战术很快将给强大的第8航空队造成惨重损失。

巴伐利亚的雷根斯堡是德国空军梅塞施密特Me 109战斗机的重要制造中心，施韦因富特被认为是德国滚珠轴承的主要产地。盟军计划分2路进攻，1个大队攻击雷根斯堡后飞往北非；另1路攻击施韦因富特，希望以此分散德军防御。但是一切未按计划进

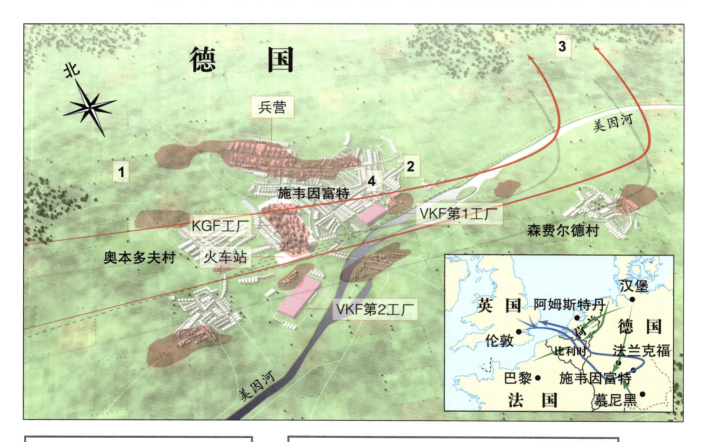

轰炸施韦因富特

1943年8月17日

■ 轰炸区域

■ 滚珠轴承工厂

← 计划飞行路线

← 轰炸机飞行路线

← 德国主要拦截路线

1. 198架轰炸机于当地时间下午3时53分到达目标区域上空。

2. 下午4时11分，共投放了265吨高爆炸弹和115吨燃烧弹。

3. 损失36架飞机，361人伤亡。

4. 在12分钟的空袭中，大部分炸弹偏离了目标，炸死了约275人。

行。浓厚云层延迟了攻击施韦因富特的部队的起飞时间，但是攻击雷根斯堡的部队却不顾云层，飞向目标。该大队抵达荷兰沿海时受到德军战斗机的不断攻击，直至德军飞机不得不降落加油和重新装弹。该大队抵达目标上空时，空中几乎没有云层，它们成功轰炸了梅塞施密特公司的全部6个工厂，使其6个月内无法生产。然后该大队向南飞越阿尔卑斯山，但是一些轰炸机在前往突尼斯着陆点途中，迫降在瑞士、意大利和地中海。共有24架轰炸机损失，另有更多轰炸机因为受损留在了突尼斯。

就在轰炸雷根斯堡的部队向南飞行时，攻击施韦因富特的部队正飞越荷兰边境，此时德国空军全部做好迎战美军的准备。第8航空队共有230架轰炸机飞往施韦因富特，它们在轰炸雷根斯斯堡的部队之后3小时起飞，皇家空军"喷火"战斗机和第8航空队的P–47，对其进行接替式护航。护航战斗机最远只能飞到比利时–德国边境的奥伊彭，从这里开始，轰炸机独自行动。因为有云层，他们飞得比原计划低一些，因而更易受战斗机攻击。很快他们就受到梅塞施密特Me 110 和Me 410 战斗机迎头进行的航炮扫射和火箭弹攻击。伤亡上升，但是就在轰炸机进入目标上空时，德军战斗机脱离战斗。

轰炸机编队投弹的准确率并不高，第一批炸弹爆炸产生的烟雾妨碍了后面轰炸机的瞄准。轰炸机飞过目标和穿过密集的高射炮火后，德军战斗机返回战场，并集中攻击美军飞行编队尾部的轰炸机。盟军护航战斗机返回荷兰上空，击落一些德军战斗机，但是德军已经对盟军轰炸机造成损伤。60架飞机及其机组成员被击落，另外87架严重毁坏无法修理。第8航空队连续几个月无法前往德国轰炸。此次行动表明，轰炸机在飞向目标途中和返航时，战斗机的护航非常重要。10月14日，美军派出291架B–17对施韦因富特进行第二次轰炸，但是德军已经加强防御，美军的损失依然惨重。美军暂停了对德国的攻击，直到1944年2月美军拥有足够数量的北美P–51 "野马"远程战斗机可以执行护航任务时，轰炸行动才得以恢复。

▼
B–17 "飞行堡垒"
第8航空队第381轰炸大队第532轰炸中队的波音B–17G "飞行堡垒"。从1943年6月至1945年6月，第381轰炸大队驻扎于埃塞克斯郡里奇维尔。

1944年盟军轰炸柏林

TARGET BERLIN: 194.

成功轰炸鲁尔和汉堡后，皇家空军上将亚瑟·哈里斯爵士要求轰炸机司令部，将柏林这个"大城市"确定为主要攻击目标。哈里斯认为，如果柏林被全部毁掉，那么德国人继续作战的意志会遭到打击。但是，柏林位于德国东部，盟军轰炸机飞行员需要长时间飞越德国领空，才能抵达目标上空，因而会遭受更多高射炮和夜间战斗机的攻击。柏林还位于"双簧管"瞄准系统的无线电雷达收发机覆盖范围之外。除此之外，柏林还是世界上防卫最森严的城市。夜间载满弹药飞到柏林开展轰炸是一件非常艰巨的任务。

进攻措施和对抗措施

此时，英国已经装备"窗户"雷达干扰系统或箔片，它由大量金属箔条构成。在轰炸机跟进飞行时，由1架轰炸机定时抛撒这种箔片。下落中的箔条旨在迷惑或压制德国防空雷达。"视窗"系统发挥了较好效果，不过德军改变了战术。德军不再针对单一目标引导1架夜间战斗机，而是派出大量战斗机一同升空。当战斗机被引导到轰炸机群附近时，战斗机就会自行作战。德军也开始采取代号为"野猪"的对抗措施，在探照灯的帮助下，德军没有安装雷达系统的单发动机战斗机，从上方对准下面的轰炸机俯冲，不过这往往要飞越己方密集的高射炮火。为了应对德军的新措施，英国重新派出肖特"斯特林"轰炸机，这些轰炸机因为航速慢、飞行高度低，退出参与轰炸德国本土的行动，现在承担起在北海的布雷任务。英军希望将德国防御力量吸引到这种容易攻击的目标上来，但是未取得较大的成功。

通过监听英国皇家空军电台，德军在英军发动攻击前，就准确估计夜间盟军派出的轰炸德国目标的飞机数量，这是因为盟军轰炸机白天在攻击之前要对电台进行测试。11月26日夜至27日，443架轰炸机和7架作为探路者的"蚊"式轰炸机起飞，前去轰炸柏林。为了增援这支部队，157架汉德利·佩季"哈利法克斯"轰炸机和21架阿芙

▶▶

轰炸机战术

随着昼间轰炸攻势取得进展，美国人修改了他们针对敌方日益激烈的战斗机攻击所采取的防御战术。1943年3月，3个拥有18架轰炸机的轰炸机大队聚在一起，组成1个紧凑的54架飞机的作战联队，以提供强大的防御火力。

罗"兰开斯特"轰炸机轰炸斯图加特，以牵制德军，至少也能分散德军夜间战斗机。为了进一步迷惑德军，盟军选择向南飞向法国，再向东飞往法兰克福的航线。轰炸机群在法兰克福分开攻击各自的目标。避开夜间战斗机之后，主力部队抵达柏林上空，在这样少有的晴朗夜晚，盟军精确标识出目标。德军高射炮击落部分轰炸机及其机组成员，在混乱中，盟军轰炸了柏林动物园。在轰炸机返回英国途中，德军夜间战斗机发动攻击，击落部分轰炸机。这一晚，盟军共出动666架次飞机，共有34架损失，损失率达5%。

B-17正以"战斗盒子"形编队飞行

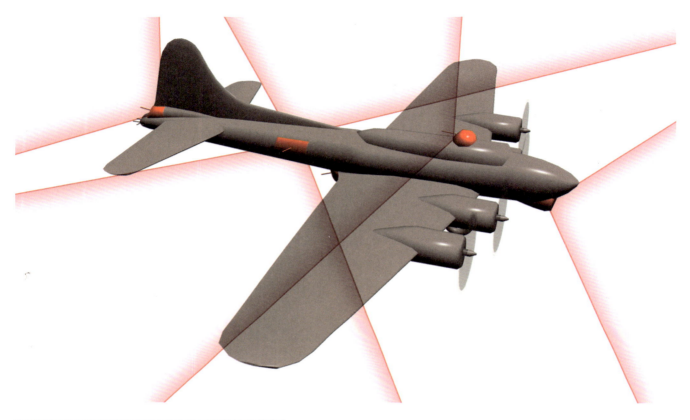

B-17 "飞行堡垒"

机组成员：10人

最高速度：461千米/时（287英里/时）

巡航速度：292千米/时（182英里/时）

武器：最多13挺12.7毫米机枪

载弹量：5805千克（12800磅）

▲

"飞行堡垒"轰炸机的火力区域

"飞行堡垒"具有完美的防御火力攻击区域，覆盖了所有方向。早期的B-17没有机头炮塔。为了防御敌方战斗机的迎头攻击，B-17G战斗机加装了机头炮塔，并很快应用到B-17F上。

纽伦堡灾难

在1943—1944年的整个冬天里，这种轰炸模式一直得以持续，直到3月30日夜至31日英国皇家空军遭受最严重损失才得以终结。轰炸目标是纽伦堡。在满月照耀下，英国皇家空军795架飞机在强风中起飞。德国防空力量严阵以待，在盟军尚未抵达目标时就击落82架轰炸机。当德军夜间战斗机降落加油和再次装弹时，攻击才得以暂停。另有13架轰炸机在返航时被击落。因为强风影响导航，许多轰炸机混乱中轰炸了施韦因富特。在此次轰炸行动中，损失了约10%的轰炸机，这也是整个冬天里，皇家空军轰炸机司令部损失最惨重的一次。

猎人反被猎

对轰炸机飞行员来说，在要求的30次轰炸行动中幸存下

轰炸柏林的初步损失
1944年3月24日至25日
→ 轰炸机飞行路线
✈ 飞机坠毁

曼彻斯特　英国　北海　丹麦　哥本哈根　波罗的海　汉堡　德国　柏林　阿姆斯特丹　荷兰　比利时　布鲁塞尔　杜塞尔多夫　莱比锡　伦敦　北
100千米　100英里

来的机会很小。为增加机组成员生存的机会，英国皇家空军组建了第100轰炸机支援大队。该大队驾驶经过改装、安装了电子干扰装备的轰炸机，试图干扰德军地面控制台与夜间战斗机之间的无线电通信。该大队还包括"入侵者"部队和装备了"塞拉特"的"蚊"式轰炸机，以及"英俊战士"战斗机（"塞拉特"是一种雷达探测和引导设备，可跟踪德军装备了"明石"雷达系统的夜间战斗机）。在进行空袭的夜间，"入侵者"部队的飞机在德军夜间战斗机机场上空盘旋，希望在机场上战斗机起飞或降落时对其发动攻击，此时这些战斗机最易受攻击。

1944年春，随着航程较远的北美P-51"野马"战斗机装备部队，美国陆军航空队开始轰炸柏林。P-51可以一直为轰炸机护航至柏林。美军希望引诱德国空军在德国上空作战，在轰炸机继续轰炸目标时消耗德国空军。此时，德国正在努力更换损伤的战斗机，训练有素的飞行员的数量在不断减少，德国空军战斗机防空行动在春天基本结束，盟军飞机可以轻松飞到德国上空。

▲
空袭坠机地点
这张地图标明的坠机地点，是基于1944年3月24日夜间至25日轰炸柏林的英国皇家空军轰炸机机组成员提供的初步报告。实际上，损失还要大得多，最终有72架飞机失踪。

北非和地中海战场

NORTH AFRICA AND THE MEDITERRANEAN

"火炬行动"及后续作战
1942—1943年
盟军登陆和进攻路线
德军撤退路线
XXXXX 集团军群
XXXX 集团军
装甲兵
步兵

西班牙

巴塞罗
伊维萨岛
马略卡岛
帕尔马
巴伦西亚
塞维利亚
穆尔西亚
卡塔赫纳
马拉加
直布罗陀海峡
直布罗陀
休达
丹吉尔
拉腊什
东部特遣部队 赖德
梅利利亚
阿尔及尔
西部特遣部队 巴顿
中部特遣部队 弗雷登多尔
奥兰
阿斯南
卜利达
麦迪亚
拉巴特
非斯
杰拉达
乌季达
特莱姆森
埃利赞
安德森
马扎甘
卡萨布兰卡
塞塔特
梅克内斯
艾兹鲁
提亚雷特
杰勒法
贝尼迈拉勒
中阿特拉斯山
马拉喀什
摩 洛 哥
布尔发
迈舍里耶
阿夫卢
艾格瓦特
撒哈拉阿特拉斯山脉
艾因塞夫拉

1940年6月，意大利皇家空军轰炸马耳他。英军仅有6架老式格洛斯特"海斗士"双翼机防守该岛。该型机安装了星形发动机，比战区绝大多数战斗机老旧得多。盟军将6架战斗机迅速拆封并投入战斗，努力拖延意军的轰炸，直至英国皇家海军"百眼巨人"号航母搭载着12架霍克"飓风"战斗机匆忙赶到马耳他。

在北非，根据墨索里尼的命令，鲁道夫·格拉齐亚尼元帅于9月13日从意属利比亚的昔兰尼加进入埃及。虽然鲁道夫·格拉齐亚尼拥有强大的地面和空中优势，但是他的部队表现不佳，英军发动的反攻将他们赶出埃及。在英国陆军将军理查德·纽金特·奥康纳的英勇攻击下，意军一路败退至的黎波里。盟军由于不能安全航行通过地中海，飞机必须封装到板条箱内，绕过好望角。这种情形一直持续到塔科拉迪航线开通。经这条航线飞行需要将飞机运送至非洲黄金海岸，横穿非洲大陆，最后抵达埃及，然后飞到需要的前沿部队。

盟军的推进

1943年5月，盟军登陆北非并消灭了突尼斯的轴心国军队，为2个月后进攻西西里岛提供了有效的跳板。意大利很快就要求停战，但当德国强大的援军阻止盟军沿着意大利半岛向北推进，战场上开始进行艰苦的战斗。

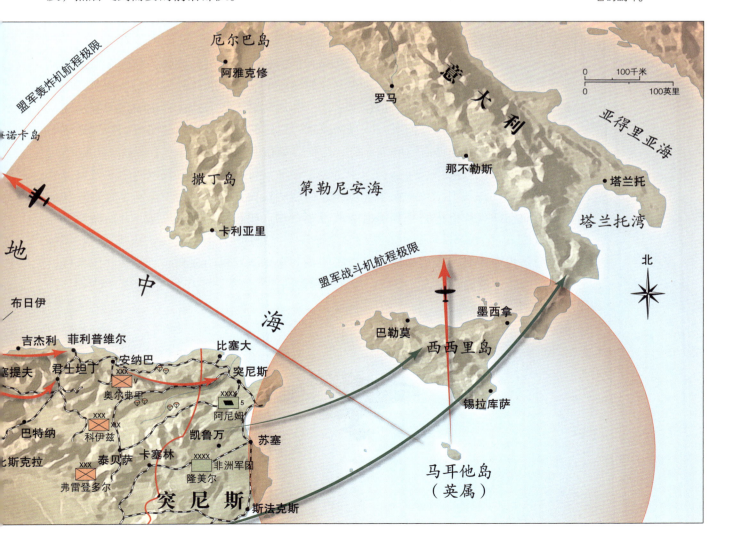

北非局势逆转

意大利付出惨重代价但未占领运河区。1941年，希特勒派出埃尔温·隆美尔将军及其非洲军团，在德国空军第10航空队的支援下夺取了主动权。盟军的沙漠空军在此之前抵抗住了数量占优势的敌人的进攻，现在他们在辽阔的沙漠上空开始对抗驾驶先进战斗机且作战经验丰富的飞行员。

德国空军的到来使马耳他倍感压力。在德军加大对被围马耳他岛的攻击时，英军更多增援力量抵达该岛。"飓风"战斗机飞抵该岛。尽管"飓风"努力击落一些敌机，但是皇家空军仍损失惨重，由于油料不能运送到马耳他，"飓风"战斗机也不能持续开展常规巡逻任务。随着皇家空军战斗机出动数量下降，德国空军第10航空队开始将兵力集中在北非战场，支援隆美尔进攻。这使得皇家空军有机会派出15架超级马林"喷火"Mk V战斗机加强马耳他岛的防御。随后又派出100多架该型战斗机，大多数是于5月9日从美国军舰"黄蜂"号上起飞的。

由于隆美尔补给线不断受到驻扎在马耳他的鱼雷轰炸机的威胁，非洲军团地面推进暂停。当伯纳德·蒙哥马利将军在阿拉姆哈勒法和阿拉曼战胜德军后，德军开始长途撤退到突尼斯。盟军空地通信技术水平，在部队追击敌人的过程中经过锻炼从而得以提高，地面部队无论在何时，一旦需要就可以呼叫战斗轰炸机的支援，特别是呼叫"飓风"战斗机或寇蒂斯P-40战斗机。这种体系在诺曼底登陆行动中得到成功使用。

在1942年11月的"火炬行动"中，盟军在摩洛哥和维希政权控制的阿尔及利亚登陆。盟军伞兵占领阿尔及利亚东部机场，当这些机场变得安全后，英国皇家空军和美国陆军航空队轰炸机进驻，并迅速夺取了制空权。德军撤退到突尼斯，并出动常见的容克Ju 52和巨大的6发动机运输机梅塞施密特Me 323，空运补给物资。这些飞机在缓慢飞经西西里海峡时，很容易成为在战区巡逻的盟军战斗机的战利品。对轴心国来说，突尼斯的局势很快变得难以维持，意大利和德国的非洲军团于1943年5月12日投降。

西西里岛和意大利南部战场

SICILY AND SOUTHERN ITALY

　　盟军入侵西西里岛计划即"哈士奇行动"（又称"爱斯基摩人"行动）是在仓促中制订的，并且毫无章法。每个军种根据不同需求实施各自的作战计划。负责指挥地中海战区皇家空军，和美国陆军航空队联合部队的英国皇家空军上将亚瑟·泰德，迫切希望迅速占领西西里岛上的机场，利用机场尽快驻扎参与攻击行动的战斗机和轰炸机。自信的英国陆军元帅伯纳德·蒙哥马利，把自己的计划强加给其他指挥官，各方达成妥协，不过这对各军种间的关系或国际关系没有好处。英军和加拿大军队计划在西西里东海岸的锡拉库萨港附近登陆，利用空降部队占领机场和守住滩头阵地所需的战略桥梁。美军计划在利卡塔和斯科格利蒂之间的西南海岸登陆，需要使用空降兵占领位于登陆场后方的机场。空军指挥官在作战计划制定阶段不做明确表态，未与海军和陆军指挥官密切开展联络，希望其行动独立于陆军和海军。这种局面使3个军种间的相互憎恶感不断加深。更令人担忧的是，海军和陆军指挥官并不清楚盟军飞过滩头上空的飞机数量、机型和时间。信息缺乏导致了严重后果。

"哈士奇行动"开始

　　7月9日夜至10日，盟军伞兵搭乘各型运输机，主要是美国运输机司令部的道格拉斯C-47"空中列车"，空降至滩头阵地后方。在强风中伞兵散落四处。更糟糕的事情发生在乘坐滑翔机抵达的部队。许多滑翔机飞行员毫无经验，在恶劣天气中过早脱离牵引机，许多滑翔机过早地摔落在海上，淹死了许多乘员。不过，尽管降落在西西里岛上的盟军伞兵散落四处，但是他们给守军造成足够的混乱和恐慌。乘船从海上而来的部队抵达时只遇到轻微抵抗。

　　在泰德的稳定领导下，皇家空军和美国陆军航空队将岛上敌机歼灭到只剩几架。

西西里岛和意大利南部战场
1943年7月至12月

盟军伞兵推进路线
盟军滑翔机着陆点
盟军地面进攻方向
德军撤退方向
盟军伞兵降落点
盟军控制的机场
9月25日前线
古斯塔夫防线

亚得里亚海

瓦斯托
泰尔莫利
佩斯基奇
维耶斯泰
阿尼奥内
福贾
伊塞尔尼亚
贝内文托
巴里
那不勒斯
梅尔菲
阿尔塔穆拉
萨勒诺
波坦察
布林迪西
阿格罗波利
塞尼塞
塔兰托
加利波利
斯卡莱阿
卡斯特罗维拉里
第勒尼安海
滨海贝尔韦代雷
罗萨诺
塔兰托湾
科森扎
阿曼泰亚
克罗托内
卡坦扎罗
盟军战斗机的作战范围
斯特龙博利岛
维博瓦伦蒂亚
萨利纳岛
尼科泰拉
利帕里群岛
武尔卡诺岛
帕尔米
墨西拿
爱奥尼亚海
巴勒莫
雷焦
特拉帕尼
阿尔卡莫
西西里岛
卡塔尼亚
马扎拉
-德尔瓦洛
卡尔塔尼塞塔
阿格里真托
锡拉库萨
西西里海峡
拉古萨
潘泰莱里亚岛
马耳他海峡
北
0 100 千米
0 100 英里
马耳他岛
瓦莱塔

这些飞机很快撤退到意大利本土，而意大利本土的飞机也不断受到美国第15航空队的中型和重型轰炸机的袭扰。盟军陆军和海军部队指挥官对未遇到敌方空袭感到惊喜。他们遇到的唯一抵抗是碰运气攻击盟军舰队的德军夜间轰炸机。通常是亨克尔He 111或容克Ju 88，当这些飞机出现时，它们会遇到舰队的强大高射炮火力。不幸的是，前去增援滩头阵地的第82空降师第504伞降步兵团在飞抵舰队上空时，也受到炮火攻击。盟军舰队将其误认为是德军"入侵者"飞机。这是二战中最为严重的友军火力误伤事件之一，144架C-47运输机有33架被击落，另外37架受损，共造成318人伤亡。这是各军种指挥官缺乏沟通的一个重要案例，而这一问题将得到及时纠正，以确保不再发生。

　　在1周内，盟军空军已将战斗机部署到岛上，纳粹德国空军和意大利皇家空军白天受到盟军骚扰，而在夜间碰运气时，也遭到马耳他岛上安装雷达的德·哈维兰"蚊"式轰炸机的追踪。"蚊"式轰炸机在英国上空跟踪和消灭夜间轰炸机时非常成功。

　　盟军向北推进，轴心国军队顽强守卫防线，但最终还是被驱赶到西西里岛的东北角。轴心国军队唯一逃脱路线是从墨西拿港经墨西拿海峡撤到意大利最南部地区。盟军掌控了制空权，轴心国军队按道理是不可能逃脱的。但是，不知为何，在盟军联合空军部队的眼皮底下，4万名德军和6万名意军乘渡船撤离了西西里岛，根本未遭到空中攻击的侵扰。这加深了陆军部队指挥官对空军这个"年轻"军种的猜疑。

◀◀

西西里岛和意大利南部战场

盟军登陆西西里岛，随后迅速进攻意大利南部。他们计划向所谓的"欧洲柔软的下腹部"进行致命一击。然而，战役变成一场痛苦的搏命之战。在1943—1944年间的冬天，恶劣天气导致问题恶化。

▼

布里斯托尔"英俊战士"

大量"英俊战士"战斗机在北非和意大利战场服役，战区内的美国陆军航空队也有4个夜间战斗机中队装备了该型机。

占领意大利本土

9月3日，盟军第一批部队即英国第8集团军横渡墨西拿海峡，并在意大利本土登陆。盟军中型和重型轰炸机部队奉命进行空中遮断轰炸行动，摧毁德军在意大利中部、北部地区的补给线，阻止德军增援。德军已经在更北的地区构筑了一条防线。不过，第8集团军只遇到轻微抵抗。9月9日，英美联军在萨勒诺登陆时，意大利人已经推翻墨索里尼政府并向盟军投降。很多意大利皇家空军飞行员立即帮助盟军执行任务，但也有少量飞行员选择为法西斯作战，尽管如此，轴心国在该地区的空军实力大大削弱。德国不得不调遣其他战线所需的飞机来加强意大利的防御。

英美联军在萨勒诺的登陆遭到德军的激烈抵抗，德国空军出动福克–沃尔夫Fw190，作为战斗轰炸机在盟军登陆滩头上空呼啸而过，恐吓地面的盟军部队。德军还首次使用一种新型武器，即"弗里茨"X滑翔炸弹。该炸弹从道尼尔Do 217等型母机上投下，炸弹尾翼后面的照明弹点亮，道尼尔轰炸机机鼻处的轰炸瞄准员，可以轻松遥控引导炸弹。这种炸弹的作战力得到证实，该型炸弹在萨勒诺外海直接命中英国海军"厌战"号，导致该战列舰退出战斗，进行修理达6个月之久。

盟军在萨勒诺的登陆处于若即若离的状态，因为德军持续进行凶残的反攻，试图将登陆部队撕裂成两半。盟军对德军反攻的回应是，在2个晚上空降了第82空降师的2个团的部队。再加上空军对德军补给车队的扫射、海军炮火的攻击和陆军士兵的努力坚持这一系列协同行动，盟军彻底失败之势才得以扭转。

盟军从滩头突围后进攻势头没有减弱，直至遭遇德军精心构筑的从那不勒斯到罗马之间的防线。对盟军来说，特别难通过的一个地区是卡西诺山及其周边的山谷。山上的一座修道院可以俯视四周地形。盟军认为德军将其用作炮兵的测位点。盟军攻占该修道院的尝试失败后，对其进行猛烈轰炸。尽管当时住在该修道院里的只有僧侣和难民，但还是沦为瓦砾。担负防御任务的德国伞兵部队，在盟军攻击后前往更利于防守的废墟开展防御，坚守的时间甚至比预想的还要久。

1944年1月，盟军第2次登陆行动在安齐奥进行，希望切断德军的交通线。即使盟军拥有空中优势，德军仍然将其遏制在盟军滩头阵地。直到5月底，盟军才在蒙特卡西诺南部地区有所突破。经过大规模空中轰炸后，盟军突破滩头阵地。6月5日，盟军占领罗马，但是德军又撤退到另一条精心构建的防线。就在半岛战斗继续进行之时，世界各国的目光转向欧洲西北部。

1943年苏联在东线战场占据先机

EASTERN FRONT: 1943 SOVIET INITIATIVE

　　德军在库尔斯克战役失败后，苏联红军在除北部地区以外的整个东线战场发动了一系列反击。斯大林对德军采取冷酷无情的措施，不给德军喘息的机会，使德军没有机会重组和构建有序的防御。斯大林首个目标是解放乌克兰东部地区。苏联红军沃罗涅日方面军（集团军群）以南的大部分集团军参与了此次行动。此次大规模决战的重点是消灭埃里希·冯·曼施坦因将军指挥的南方集团军群，他是能力最强的德国指挥官之一。该集团军群包括德军124万人、12600门大炮、2100辆坦克和2100架飞机。苏军集结对抗德军的兵力达263.3万人，装备51000门大炮和重型迫击炮，2400辆（包括数量越来越多的T-34）坦克和约3000架飞机。这场即将到来的大战在日趋复杂的战场上发生。在德军防线的后方，大部分地区已经被控制在游击队手中，他们虽然反对德国，但也不都亲近苏联。利用战争混乱局面，一些地区组建国民大队，特别是在乌克兰地区，他们的目标是

佩特利亚科夫佩-2

从库尔斯克会战到二战结束，佩-2轻型轰炸机证明了自己是一款多用途且性能优异的飞机。

摆脱苏联。有些人如哥萨克人、格鲁吉亚人、弗拉索夫将军率领的俄罗斯解放军和党卫军第14"加利西亚"师（乌克兰志愿兵师），甚至选择与德军一道对抗红军。尽管希特勒下达命令不要放弃任何阵地，但是德军已经构建一道北起爱沙尼亚东部，向南经第聂伯河延伸至黑海海岸的沃坦防线。

解放哈尔科夫

1943年，苏联飞机制造量轻松超过德国：苏联制造了34845架，德国25527架。越来越多的苏联新型飞机抵达前线部队。坚固耐用、可靠性强的伊留申伊尔-2"斯图莫维克"就是其中一种出色的飞机。

随着苏军发动的一系列大规模反攻，哈尔科夫市解放，但该市很快被德军夺回，不过苏军再次解放了该市。苏军开展的这一系列大规模进攻的目标，是解放乌克兰东部的重要工业区顿巴斯，然后推进至第聂伯河，解放基辅。苏军沿一条宽670千米（400英里）的战线推进，其中包括多次独立的作战行动。这些作战行动的一个最显著特征是苏军多次渡过第聂伯河。苏军往往需要临时准备渡河工具：把任何漂浮物体利用起来，将圆木、油桶等手头可以弄到的东西绑在一起渡河，夺取桥头堡。工兵部队紧随其后，架设桥梁，以便装甲车辆和运输车辆开进支援。

抵达第聂伯河

　　沃罗涅日方面军快速推进，其目标是绕过敌人防御，在敌人后方尽可能实施破坏和制造混乱。9月21日夜，苏军部队抵达基辅北部的第聂伯河。9月22日至23日，苏军在河西岸构建起无掩蔽的桥头堡。他们得到空降部队的支援，第1、第3、第5近卫空降旅在第聂伯河西岸空降。苏联在此处未开展有效的空中支援，尽管战场前线拥有微弱优势，但却不足以保护携带轻型装备的伞兵。在参与空降行动的4500人中只有一半幸存，顽强的伞兵继续进攻，这是苏联空降部队在欧洲战场上的最后一次攻击。1945年，苏军在中国东北对抗日军时，空降兵再次得以成功运用。

　　10月初，苏军抵达扎波罗热。苏军在抵达后马上使用河上废弃渡船渡河。2周后，苏军在柳帖日建立了另外一个桥头堡。11月6日，经过激烈战斗，苏军最后解放了基辅。此时，尽管遇到德军顽强抵抗，但是苏军在第聂伯河上建起许多桥头堡。在北方，苏军解放了斯摩棱斯克。在南方，苏军大规模部队在扎波罗热外围发动攻击，并沿着亚述海北部海岸向前推进，包围位于克里米亚的德国第17集团军和A集团军群的部分部队。

　　1943年底，南线的苏军部队已经巩固了战果，做好了下一步进攻的准备。德军寄希望于冬天能迟缓苏军攻势，争取时间获得补给，让急需的新装备抵达部队。不过德军的希望落空了。

　　1943年，由于德国地面部队承受的压力越来越大，德国空军更多地担负起战术"火力旅"的角色。亨舍尔Hs 129"坦克杀手"等飞机常用来攻击苏军的先头装甲部队，德军还经常靠空中优势控制广大前线地区。但苏军飞机数量优势逐渐显现，德国空军派遣飞机支援战线过长的地面部队的能力，不可避免地大打折扣。苏军不仅飞机数量有所增加，而且飞机质量和飞行员训练水平也不断提高。苏军已经从德军闪电战战术中获得经验，以独特方式再次应用该战术，并对其进行了调整。

1943年库尔斯克会战

KURSK: 1943

▼

"斯图卡"——"坦克破坏者"

最后一型"斯图卡"是容克Ju 87G，是在标准型的Ju 87D-5的机翼下加装2门BK 37型航炮（基于37毫米Flak 18型高射炮）改进而成。未安装俯冲刹车装置，Ju 87G被证明非常适合摧毁苏联装甲车辆和坦克。其主要拥护者是汉斯-乌尔里希·鲁德尔上校，他在东线战场摧毁了500辆坦克。

库尔斯克突出部会战是一场规模宏大的战役，苏德双方投入数百万兵力、成千上万辆装甲作战车辆和各型战机。苏德两军前线北起列宁格勒，南至顿河畔罗斯托夫。突出部地区宽200千米（120英里），在奥廖尔与哈尔科夫之间向德军防区突出125千米（75英里）。德军前一个冬天在斯大林格勒遭受巨大挫败，陆军一个集团军被歼，部队人员或阵亡或被俘，东线约三分之一运输部队被消灭，德军迫切需要夺回战场主动权。德军计划向库尔斯克北部和南部发动攻击，掐住突出部的袋口，希望像1941年的历次战役一样俘虏大量苏军。

准备进攻

苏军指挥官很清楚德军的意图。在斯大林格勒保卫战胜利者格奥尔吉·朱可夫将军的稳妥指挥下，苏军着手构建大纵深的大规模防御阵地。如果德军突破

其中一条防线，苏军可以有组织地撤退到另一条精心构建的防线。一旦此情形出现几次，德军攻击部队就会疲惫不堪，朱可夫就可以投入预备部队将德军赶回去，并在此过程中收复更多国土。从苏军工兵到当地百姓都被召集来帮助构建防御阵地，建设碉堡，挖掘反坦克壕沟或在生产线上制造坦克和飞机。

历经1941年的灾难日子后，苏联航空工业得到极大改进。米高扬-格列维奇米格-3和米格-7战斗机以及拉沃契金拉-5战斗机，取代了波利卡波夫伊-16战斗机。拉-5可以匹敌德国空军的梅塞施密特Me 109和福克-沃尔夫Fw 190。战场上空还出现了伊留申伊尔-2M3，该型机是一种坚固的对地攻击平台，发动机和飞行员周边都安装了重型装甲，提升了该机在战区低空飞行和使用23毫米机炮对地扫射时的生存力。不足的是该机后方炮手位置没有装甲保护，仅有12.7毫米机枪自卫。总的来说，苏联已经在前线配置好4000架飞机，做好了应对德军即将进攻的准备。

德国空军的兵力要少得多，在前线仅部署了约2000架飞机，虽然德军飞机数量不如苏军多，但德军飞行员丰富的作战经验弥补了飞机数量的不足。苏联飞行员素质远不如德军飞行员，苏军希望飞行员在空中平均飞行15小时后就可参加作战行动。德国空军仍在将亨克尔He 111和梅塞施密特Me 109作为主力轰炸机和战斗机使用，并开始对容克Ju 87进行改装，为其安装更多装甲，在每个机翼下各安装1门37毫米反坦克航炮，不过每门航炮备弹只有6发。德国空军还装备了Fw 190战斗轰炸机和专门设计的亨舍尔Hs 129。Hs 129机身中线下方安装了1门硕大的PaK 40航炮，可发射钨弹头反装甲炮弹。

▲
伊留申设计局研制的"坦克破坏者"

伊留申伊尔-2在库尔斯克会战中的表现最让人难忘。经过一系列的试验，伊尔-2安装了2门长管的反坦克航炮，在库尔斯克，它被用来对付德国最新的"虎"式和"豹"式坦克，发挥了毁灭性作用。在对德国第9装甲师的20分钟集中攻击中，伊尔-2飞行员声称摧毁了70辆坦克。

► **巨大的数字**

1943—1944年的冬季，大量的伊尔–2M3（据一些消息来源称数量高达12000架）装备到苏联海军航空兵和空军的各部队。

攻击开始

当德军集结部队时，苏联红军空军发动了骚扰性空袭。在此期间，大量德国空军侦察机被摧毁在地面上。因此德军无法获得迫切需要的，苏军地面工事和防御情况的航空侦察照片。

7月5日清晨，德军发动攻击，苏军派出轰炸机对德军的进攻进行破坏，但是这些轰炸机受到德国空军大量截击机的拦截。就在苏德陆军遭遇、德军新型"虎"式和"豹"式坦克与苏军等候多时的火炮进行第一场较量时，一场大规模空战即将拉开。两军大规模装甲部队遭遇时，德国空军Hs 129 和Ju 87冲向苏军T–34坦克，苏军遭受重大损失。德军在空中强大火力支援下，开始稳步推进。尽管苏联更多坦克不断加入作战行动，但是德军认为其作战计划会取得成功。德军没有预料到苏联的制造能力会如此强大，苏军如果有10辆坦克被摧毁，马上会有10多辆坦克进行替换，或在经过修理后重新投入战斗。人们越来越感受到苏联红军空军的存在，战局开始向有利于苏军的方向发展。由于德军的进攻失去节奏，朱可夫下令苏军进行反攻。苏军又投入一支全新的坦克部队向倒霉的德军发动攻击。由于担心被苏军击溃，德军请求后撤，但是希特勒禁止任何形式的撤退。

苏军伊尔–2M3在战场上空低空飞行，攻击德军坦克纵队，给德军造成重大损失。苏军的1个中队报告称摧毁了60辆坦克和30辆车，而自己未出现任何损失。德军进攻行动受阻，开始无序撤退。苏联飞行员飞到德军后方破坏补给线，这使德军处境雪上加霜。德国在东线作战行动的丧钟已经敲响。德国空军大量兵力被撤往其他战场，特别是盟军攻入西西里岛和意大利之后，深入第三帝国纵深地带的盟军联合轰炸机攻势已经成型，并且日夜执行任务。德国空军需要将所有可用的战斗机用于保卫本土。

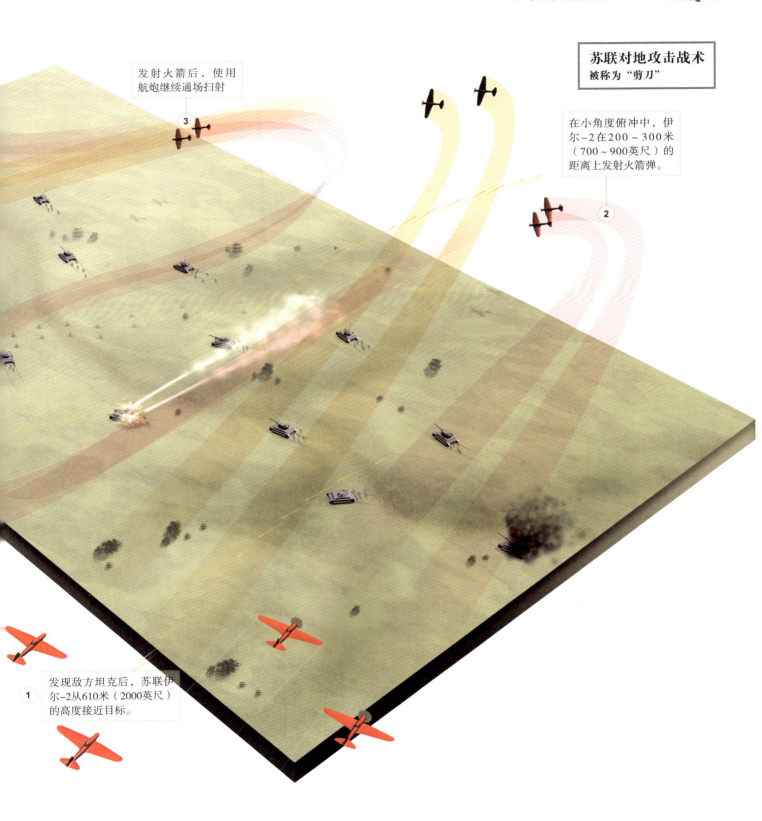

发射火箭后，使用航炮继续通场扫射

苏联对地攻击战术
被称为"剪刀"

在小角度俯冲中，伊尔-2在200～300米（700～900英尺）的距离上发射火箭弹。

发现敌方坦克后，苏联伊尔-2从610米（2000英尺）的高度接近目标。

乌克兰和克里米亚战场

UKRAINE AND THE CRIMEA

德国中央集团军群努力坚守着第聂伯河上游的防线，而南方集团军群则向后撤退。希特勒同意南方集团军群撤退，并从中央集团军群抽调4个师对其增援。3个集团军组成的南方集团军群且战且退，成功拖住了在数量和装备上占优势的敌人，但也只是刚刚做到。

中央集团军群3个集团军冒险行动，他们仅利用5个渡口就渡过第聂伯河向西撤退。兵力日渐薄弱的德国空军集中力量，为匆忙渡河的陆军提供很有限的空中掩护。德军撤退行动暂时取得胜利。苏军追击部队在第聂伯河东岸没有实现对德军的大规模包围。不过在稍晚时候，苏军在一次部分成功的空降作战中，在布克林占领了一些桥头堡。9月21日至25日，苏军收复里谢夫。

10—12月苏军和德军围绕桥头堡展开争夺战，苏军占领的桥头堡数量不断增加。12月，苏联各个集团军在第聂伯河西岸，特别是在基辅周边地区站稳脚跟。至此，苏军为每一方面军都配置了一个空军集团军，支援地面作战。德国空军及轴心国盟友的作战飞机数量不断减少，而它们面对的苏联乌克兰方面军大约有5000架飞机，整个东线的苏军飞机数量大约在9500架，而且这一数字还在不断增长。

1943年12月23日，苏军部队已经切断克里米亚与外界的联系，包围了德国第17集团军和罗马尼亚军队。德军在基辅西面构建了一道防线，进行了几小时的休整。在平安夜里，苏军统一发动右岸乌克兰的新一轮大规模攻击。目标是消灭德国A集团军群和南方集团军群。两军在1500千米长战线上交锋10次。战役一直持续至1944年4月中旬。

向西推进

位于切尔卡瑟西面的德军突出部引起了朱可夫的关注，他命令乌克兰第1和第2方面军将其作为攻击重心。该阵地由德国第8集团军11个师和第1装甲集团军防守，面对他们的苏军共有27个师。苏军最初的攻击尽管得到空军的大力支援，但是在初春冰雪解冻的天气里，进攻停了下来。这给德军空出时间策划逃脱。2月11日夜至12日，德军

▶▶

向黑海推进

从1944年2月开始，苏联乌克兰第3、第4方面军的进攻作战，得到了第8和第17空军集团军的支援。在作战行动的开始阶段，第9混合航空军的伊尔–2和佩–2非常积极地攻击了敌方铁路交通线。作战行动贯穿整个3月，直到4月初向敖德萨推进后才终止。

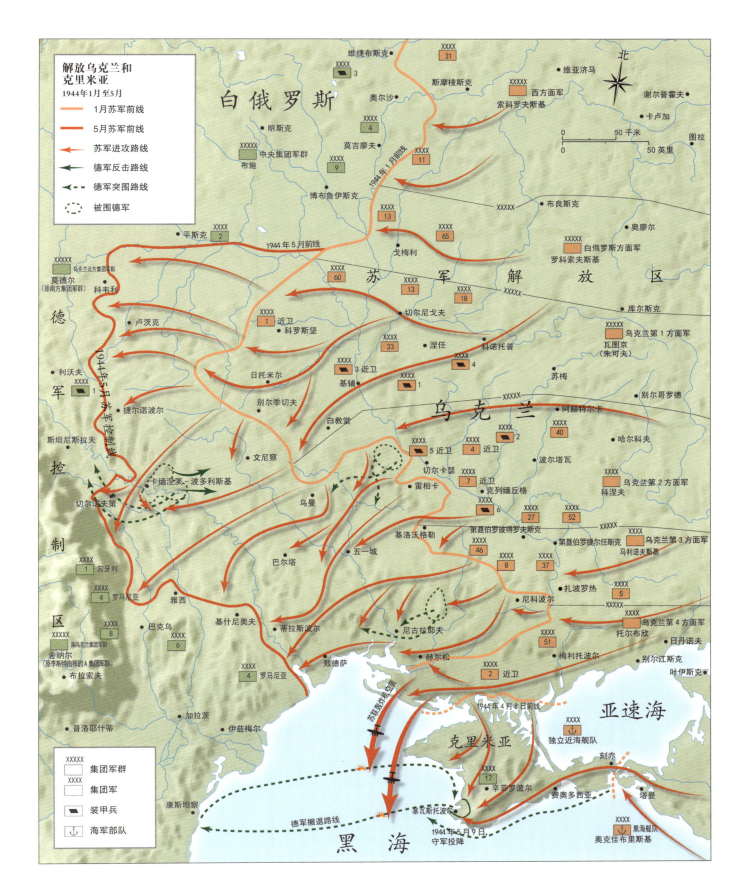

解放乌克兰和
克里米亚
1944年1月至5月

1月苏军前线
5月苏军前线
苏军进攻路线
德军反击路线
德军突围路线
被围德军

XXXXX 集团军群
XXXX 集团军
装甲兵
海军部队

北

白俄罗斯

维捷布斯克
维亚济马
谢尔普霍夫
斯摩棱斯克
奥尔沙
西方面军
索科罗夫斯基
卡卢加
明斯克
莫吉廖夫
中央集团军群
布施
XXXX 9
博布鲁伊斯克
1944年1月前线
布良斯克
奥廖尔
图拉

0   50 千米
0   50 英里

平斯克 XXXX 2
1944 年 5 月前线
戈梅利
白俄罗斯方面军
罗科索夫斯基

苏   军   解   放   区

乌克兰北方集团军群
莫德尔
(原南方集团军群)
科韦利
库尔斯克
卢茨克
近卫
科罗斯坚
切尔尼戈夫
乌克兰第 1 方面军
瓦图京
(朱可夫)

利沃夫
日托米尔
涅任
科诺托普
苏梅
别尔哥罗德

捷尔诺波尔
基辅
3 近卫
别尔季切夫

1944年5月苏军控制线

斯坦尼斯拉夫
白教堂

乌   克   兰
阿赫特尔卡
哈尔科夫

文尼察
5 近卫
4 近卫
波尔塔瓦
乌克兰第 2 方面军
科涅夫

卡缅涅茨－波多利斯基
7 近卫
克列缅丘格

切尔诺夫策
乌曼
第聂伯罗彼得罗夫斯克
第聂伯罗捷尔任斯克
乌克兰第 3 方面军
马利诺夫斯基

制

匈牙利
基洛沃格勒
五一城
巴尔塔
尼科波尔
扎波罗热

罗马尼亚
雅西

区
巴克乌
基什尼奥夫
蒂拉斯波尔
尼古拉耶夫
乌克兰第 4 方面军
托尔布欣
日丹诺夫

南乌克兰集团军群
舍纳尔
(原李斯特指挥的A集团军群)

敖德萨
赫尔松
梅利托波尔
别尔江斯克
叶伊斯克

布拉索夫
罗马尼亚
2 近卫

康斯坦察
加拉茨
伊兹梅尔
1944 年 4 月 8 日前线
克里米亚
独立近海舰队
亚 速 海

普洛耶什蒂
苏联黑海舰队
17
辛菲罗波尔
费奥多西亚
刻赤
塔曼

德军撤退路线
塞瓦斯托波尔
1944 年 5 月 9 日,
守军投降
黑海舰队
奥克佳布里斯基

黑   海

▲

福克–沃尔夫Fw 190A–6 战斗机

这张稀有的彩色图片展示了1943年春天一个东线机场上的福克–沃尔夫Fw 190A–6型战斗机。

被包围部队试图在风雪中冲破苏军防线，但只有少数高级军官和少量步兵成功逃脱。在被围的73000名德军中，有18000人被俘，其余死在雪地里。2月17日，战役结束，苏军继续向西挺进。

　　尽管德军坚守克里米亚，但是他们不仅被向北前进的苏军切断与外界的联系，而且东面受到苏军在高加索–库班方面的两栖攻击。4月8日，苏军歼灭克里米亚德军的全面作战行动开始，苏军约有50万陆军，且得到黑海舰队和约800架作战飞机支援。受到苏军攻击的德军和罗马尼亚军队共约15万人。克里米亚的德军基本得不到空中支援。德军构建的防线被苏军粉碎，试图从海上撤退的德军受到苏军猛烈的空中打击，只有少数高级军官和参谋乘飞机逃到位于罗马尼亚的基地。5月12日，苏军重新夺回克里米亚，消除了位于向西推进的苏军东侧的最后一个轴心国主要据点。

太平洋航母作战

CARRIERS IN THE PACIFIC

　　二战期间，在世界主要海军中，只有美国、日本、英国和法国4国海军拥有航母。根据《华盛顿海军条约》，日本不准在太平洋领地和岛屿构建防御工事。因此日本不得不发展一支航空母舰力量来保护本国在该地区的利益。

　　美国认为日本是其在太平洋地区的主要威胁力量，因而做出发展海军航空兵的决定。按照《华盛顿海军条约》本应被拆解的主力舰被改建成航空母舰。因此，美日两国都拥有大型航母，并为航母配置了拥有精良武器的航空大队。到20世纪20年代末，美日两国很快就了解了航母的作战潜能。

　　1941年，美国海军拥有7艘舰队航母和1艘护航航母。正是拥有了这些航母，美国

◀

寇蒂斯SB-2C "地狱俯冲者"

1943年11月11日，当空袭位于所罗门群岛拉包尔的日军主要基地时，从美国海军 "邦克山" 号航母上起飞的 "地狱俯冲者" 投入了战斗。

海军才会在珊瑚海海战和中途岛海战中获胜。美国工业部门全力进行生产，新型主力战舰，特别是"埃塞克斯"级航母不断装备美国海军。装备了这些新型航母，美国舰队才能在太平洋中部地区攻占日军的各岛屿基地，为后来规模更大的海军航空兵进攻作战铺平道路。当美国海军陆战队和陆军扩军备战时，美国海军航母特遣舰队对日军重要前哨和岛屿基地发动多次攻击。攻击的目的一方面是将战火引向日本本土，为下一步继续登陆做好准备；另一方面削弱日军可能集结或加强的防御力量。

美军航母袭击拉包尔

1943年11月初，美军在布干维尔岛登陆，美国海军"萨拉托加"号和"普林斯顿"号2艘航母，逼近了位于拉包尔的日军主要基地。日军在拉包尔驻扎着大型军舰，这些军舰可能会给布干维尔岛海岸线外的美军登陆部队造成重大伤亡。一场风暴为美军提供了足够的掩护，美军航母成功进入袭击拉包尔的作战范围而未被发现。随后，美军航母几乎起飞了全部飞机，共计97架，包括道格拉斯SBD"无畏"俯冲轰炸机、格鲁曼TBF"复仇者"鱼雷轰炸机，以及护航战斗机。美军的突袭非常成功，日军6艘巡洋舰被击伤，其中4艘是重伤，而美军仅损失10架飞机。

11月11日，美国再次攻击拉包尔。美国海军"埃塞克斯"号、"邦克山"号和"独立"号航母共起飞185架战斗机。日军1艘巡洋舰受到重创，1艘驱逐舰沉没。日本发动反攻，但被美军击败，日军遭受了重大损失。经过这些攻击，日本再也无法将拉包尔用作主要海军基地。

► **太平洋航母作战**
航空母舰真正发挥自身优势是在1944年的太平洋进攻作战中。日军补给线延伸过长，且无法得知盟军航母特遣舰队会出现于何时何地，对其岛屿守军发动攻击。

阿帕里

马尼拉

菲律宾群岛

苏禄海

莱特岛登陆，
1944年10月20日

棉兰老岛

达沃

帕劳

西里伯斯海

哈马黑拉岛

西里伯斯岛

安汶

古邦　帝汶岛

日本于1944年2月至3月间的控制范围

达尔文

澳　大　利　亚

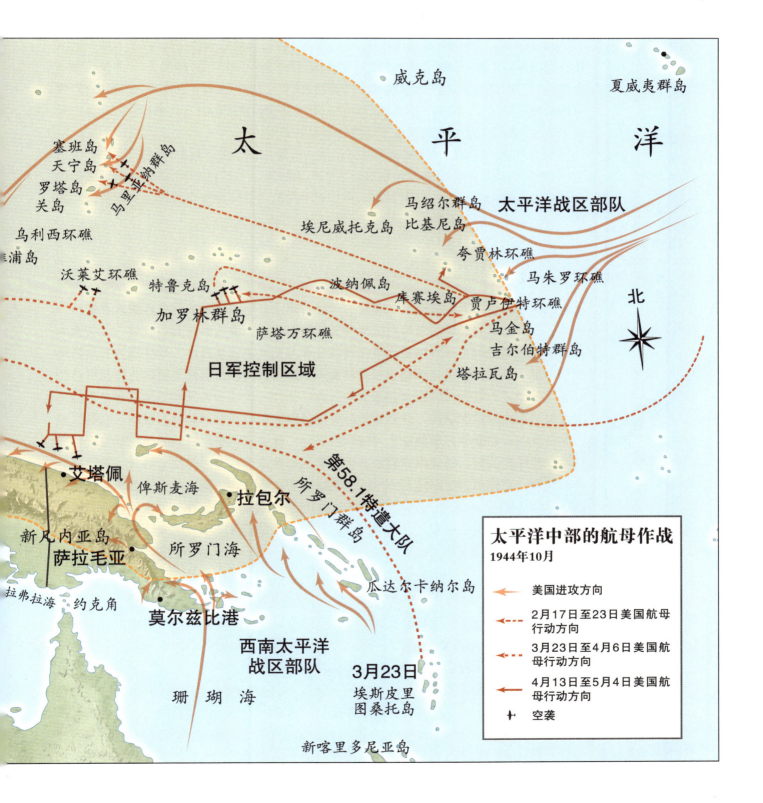

威克岛

夏威夷群岛

太　　平　　洋

塞班岛
天宁岛
罗塔岛
关岛

乌利西环礁

岛

沃莱艾环礁

特鲁克岛

加罗林群岛

萨塔万环礁

日军控制区域

马里亚纳群岛

马绍尔群岛
比基尼岛

埃尼威托克岛

太平洋战区部队

夸贾林环礁

马朱罗环礁

波纳佩岛

库赛埃岛

贾卢伊特环礁

马金岛
吉尔伯特群岛

塔拉瓦岛

北

艾塔佩

俾斯麦海

拉包尔

所罗门海

新凡内亚岛
萨拉毛亚

所罗门群岛

瓜达尔卡纳尔岛

第58.1特遣大队

拉弗拉海　约克角

莫尔兹比港

西南太平洋
战区部队

珊　瑚　海

3月23日

埃斯皮里
图桑托岛

新喀里多尼亚岛

太平洋中部的航母作战
1944年10月
➤ 美国进攻方向
◄--- 2月17日至23日美国航母 行动方向
◄-- 3月23日至4月6日美国航 母行动方向
◄── 4月13日至5月4日美国航 母行动方向
✠ 空袭

11月19日，美国攻击吉尔伯特群岛。该群岛包括马金岛和塔拉瓦岛2个大岛，周围还有许多小型环礁。日军主要在这2个大岛上设防，并在塔拉瓦岛修建了1个大型机场。此次突击行动得到了8艘护航航母及其搭载的216架飞机的支援。这些飞机主要执行轰炸和近距离支援任务，同时，美军陆战队和陆军部队全力清除隐藏在树洞和珊瑚掩体中顽固抵抗的日军，因为海军炮火似乎对掩体没有影响。

作为报复，日军对美军特遣舰队进行了一次轰炸机空袭，其中1枚鱼雷击中并击伤美军1艘轻型航母。美国海军护航航母"利斯康姆湾"号被1艘日军潜艇击沉。突击这些小型岛屿获得的经验，使美军在未来作战中提前对登陆滩头进行更为猛烈的航空轰炸，有时甚至提前几个月。

▼
降落坠毁

舰载机降落一直都是一件冒险的事。这架F6F"地狱猫"战斗机降落时坠毁在美国海军"企业"号航母的甲板上，弹射指挥官沃尔特·丘宁上尉爬上机身一侧，将飞行员拜伦·约翰逊少尉拉出来，脱离危险。

第**4**部分

"马里亚纳猎火鸡大赛"

'THE MARIANAS TURKEY SHOOT'

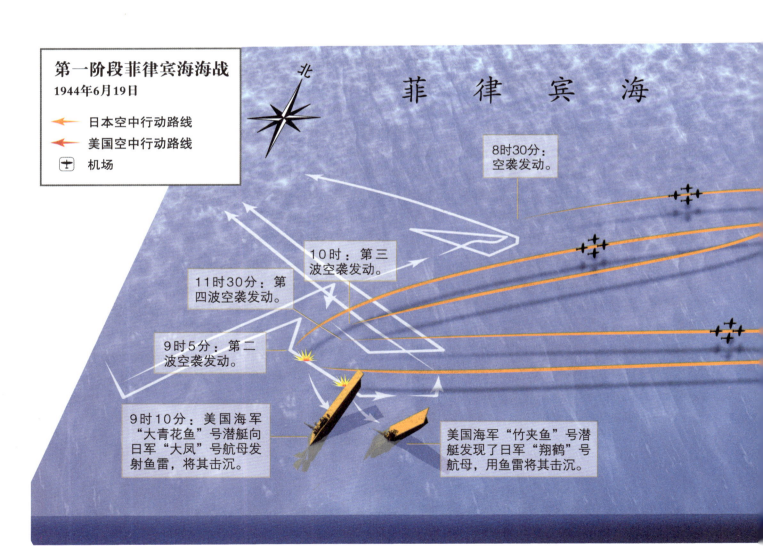

第一阶段菲律宾海海战
1944年6月19日

← 日本空中行动路线
← 美国空中行动路线
✚ 机场

北

菲 律 宾 海

8时30分：空袭发动。

10时：第三波空袭发动。

11时30分：第四波空袭发动。

9时5分：第二波空袭发动。

9时10分：美国海军"大青花鱼"号潜艇向日军"大凤"号航母发射鱼雷，将其击沉。

美国海军"竹夹鱼"号潜艇发现了日军"翔鹤"号航母，用鱼雷将其击沉。

1944年6月19日至21日，美日在马里亚纳群岛进行了二战规模最大的航母决战，即菲律宾海海战（也称"马里亚纳猎火鸡大赛"）。在中途岛和珊瑚海海战中大量人员和装备损失于美军之手后，日本帝国海军准备再次发动攻击。日本海军司令部制订了"阿号作战"计划，准备在美军舰队开展下一阶段的跳岛作战时，派出航母和陆基飞机对其攻击。

开始"猎火鸡"

日本攻击舰队指挥官是小泽治三郎海军中将，他的舰队由旗舰"大凤"号航母和另外4艘轻型航母以及护航舰艇组成。6月15日，美国海军向塞班岛发动攻击，小泽治三郎利用这个机会发动袭击，日军舰队开进菲律宾西部海域。

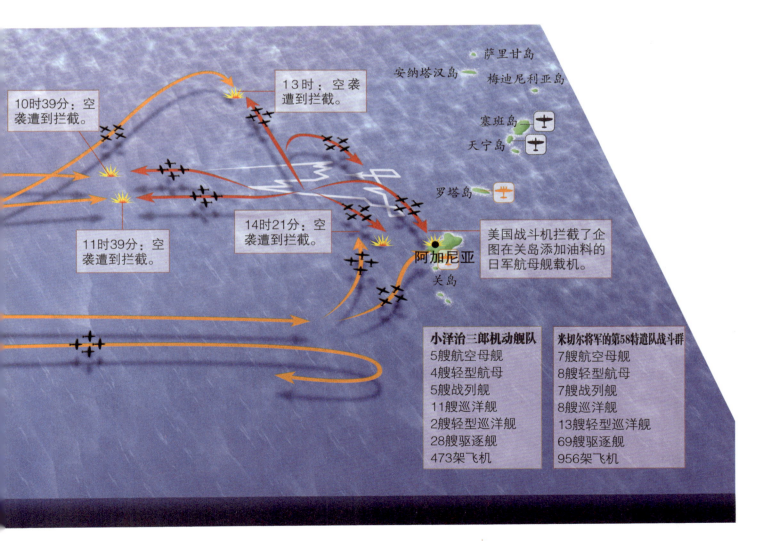

萨里甘岛
安纳塔汉岛　梅迪尼利亚岛
塞班岛
天宁岛

10时39分：空袭遭到拦截。

13时：空袭遭到拦截。

罗塔岛

11时39分：空袭遭到拦截。

14时21分：空袭遭到拦截。

阿加尼亚

关岛

美国战斗机拦截了企图在关岛添加油料的日军航母舰载机。

小泽治三郎机动舰队
5艘航空母舰
4艘轻型航母
5艘战列舰
11艘巡洋舰
2艘轻型巡洋舰
28艘驱逐舰
473架飞机

米切尔将军的第58特遣队战斗群
7艘航空母舰
8艘轻型航母
7艘战列舰
8艘巡洋舰
13艘轻型巡洋舰
69艘驱逐舰
956架飞机

▼
**甲板上的"地狱猫"
战斗机**

根据美国海军在太平洋
战争中的记录，格鲁曼
F6F "地狱猫" 战斗机
取得的胜利占全部胜利
次数的75%。该战斗机
以仅仅270架飞机的损
失取得了5163次空战胜
利，胜率高达19:1。

美国海军潜艇发现小泽治三郎的舰队，负责掩护美军突击部队的第58特遣舰队指挥官马克·米切尔海军中将想立即与之交战，但是他的上司雷蒙德·斯普鲁恩斯海军上将命令其进行防御作战，阻止日军舰队进入美军突击区。6月19日清晨，美国海军航母开始派出巡逻机搜索日军舰队。日军亦如此。日军一架飞机发现第58特遣舰队，立即将其位置报告给小泽治三郎。小泽治三郎立即下令驻守关岛的陆基飞机起飞发动攻击。这些飞机被美国海军雷达发现，美国海军"贝洛森林"号上的格鲁曼F6F "地狱猫" 战斗机立即升空拦截。美军战斗机对还在进行编队的日军飞机发动攻击，日军从关岛起飞的50架飞机损失了35架。

"地狱猫" 战斗机受命返航，因为美军雷达发现1支更大的机群从西面飞来，这是从日军航母起飞的第一波空袭。美军航母上所有战斗机立即起飞攻击来袭的日军鱼雷轰炸机和"零"式护航战斗机。日军飞机在距离美国海军第58特遣舰队120千米（70英

"地狱猫"战斗机飞行员

里）处重新编队。美军战斗机利用日军编队的时间取得高度优势，并在日军飞机尚未抵达目标区域时发动攻击。日军飞机很快溃败，68架中有41架被击落。一些日军飞机成功突防，攻击了美国海军护航编队，导致美国海军"南达科他"号受损，但该舰并未退出战斗。

临近中午时分，日军发动了第2次空袭，这次出动109架飞机。因为有雷达预警，美军战斗机有足够时间做出反应，在距离美国海军特遣舰队100千米（60英里）处与日机遭遇。在空战中，日军70架飞机被击落，但是一些日机冲破美军防御网，攻击了美国海军"企业"号，记录显示有几枚近失弹，而这些攻击飞机则被美军舰队密集防空火力击落。最终日军109架飞机中有97架被击落。

日军第3波空袭起飞了47架飞机，再次遭遇强大的"地狱猫"战斗机机群，损失几架后被迫返航。日军又发动第4波空袭，但是因为位置错误，未发现美国海军特遣舰队。日军飞机决定分成2个编队，分别前往罗塔岛和关岛加油。飞往罗塔岛的日军飞机意外发现美国海军"邦克山"号和"黄峰"号2艘航母，立即发动攻击，但是没有造成任何损伤。飞往关岛的日机被巡逻的美军"地狱猫"战斗机发现，在其开始着陆时被美机击溃，从而进一步削弱了日军实力。在空战期间，美国海军"大青花鱼"号潜艇发现了小泽治三郎的旗舰"大凤"号，并向其发射鱼雷。该舰在剧烈爆炸中沉没。另1艘潜艇发现了"翔鹤"号航母，并成功地用3枚鱼雷射中其侧舷。该舰也爆炸并沉没。

▲

"地狱猫"战斗机飞行员

这一组美国海军"地狱猫"战斗机飞行员兴奋的脸上洋溢着自信和勇气。1944年年中，日本帝国海军战斗机飞行员精华损失殆尽。匆忙投入战斗的接替者远远比不上其美国对手所具备的一切，例如训练标准。

此时，美国海军特遣舰队掌握战场主动权，开始向西搜索日军残余舰队。6月20日下午，美国海军发现日军舰队，米切尔立即下令进行空袭，尽管其飞行员将不得不在光线不良的条件下返航。18时30分，美军216架飞机起飞，离开特遣舰队，径直飞向正在后撤的日军舰队。日军"飞鹰"号航母被美机瞄准、命中并最终击沉。其他3艘航母也都被击中并严重受损。美军飞机带着这些战果返回特遣舰队。美机在漆黑的夜间返

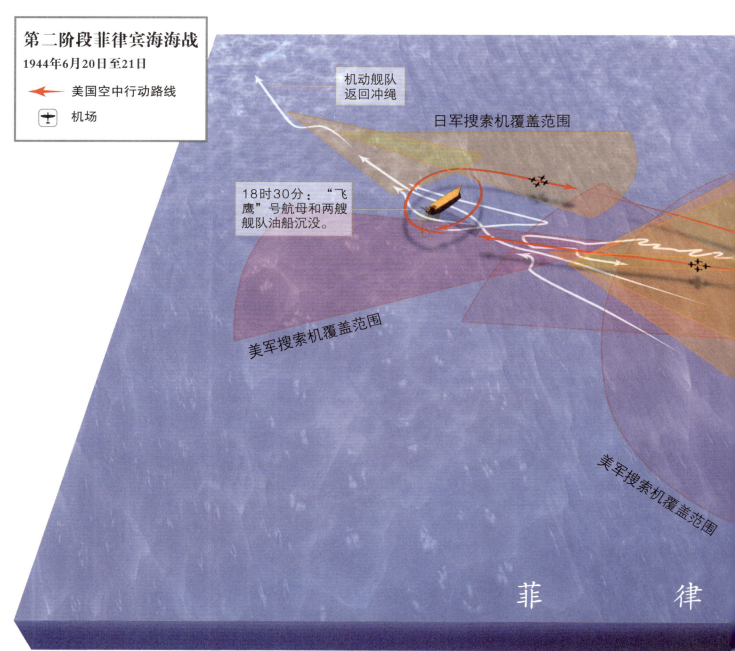

第二阶段菲律宾海海战
1944年6月20日至21日

→ 美国空中行动路线

✈ 机场

机动舰队返回冲绳

日军搜索机覆盖范围

18时30分："飞鹰"号航母和两艘舰队油船沉没。

美军搜索机覆盖范围

美军搜索机覆盖范围

菲　律

航，米切尔命令特遣舰队打开所有灯光，虽然这样舰队很容易遭到日本潜艇攻击。美军最后损失80架飞机，有些是战斗损失，有些是重重坠落在航母甲板上，有些是飞过甲板坠入海中。日军开始匆忙撤退，米切尔急切想要追击，但是斯普鲁恩斯再次否决了米切尔的请求，认为海战已经取胜，命令米切尔返回并保护进攻塞班岛的部队。

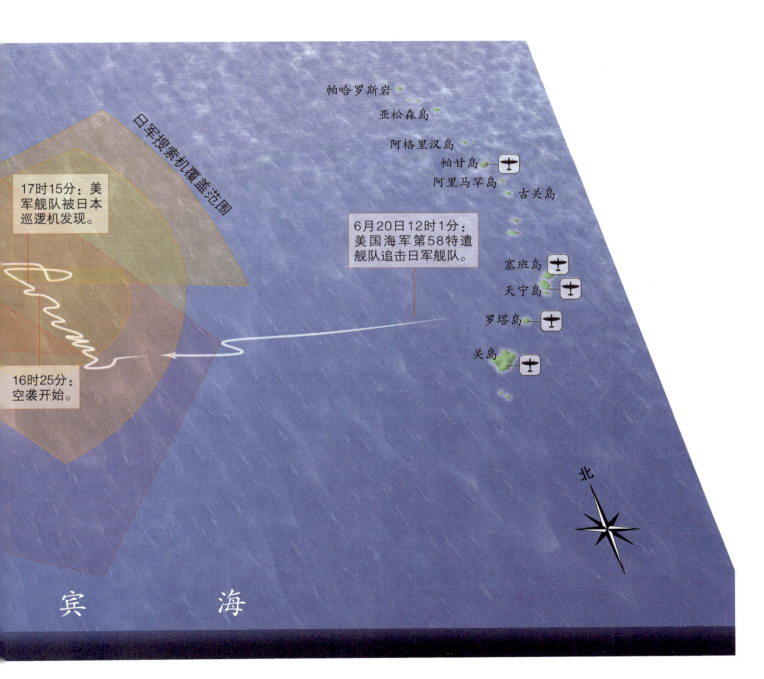

日军搜索机覆盖范围

17时15分：美军舰队被日本巡逻机发现。

6月20日12时1分：美国海军第58特遣舰队追击日军舰队。

16时25分：空袭开始。

帕哈罗斯岩
亚松森岛
阿格里汉岛
帕甘岛
阿里马罕岛
古关岛
塞班岛
天宁岛
罗塔岛
关岛

宾 海

北

跳岛作战

THE ISLAND-HOPPING CAMPAIGN

跳岛作战行动
1943年至1945年

→ 盟军进攻路线
▨ 日军占领区
— 日军大致防线

硫黄岛

冲绳岛

太 平 洋

中途岛

威克岛

夏威夷群岛

罗塔岛
关岛

马里亚纳群岛

马绍尔群岛

太平洋
战区部队

菲律宾群岛

夸贾林环礁

马朱罗环礁

雅浦岛

沃莱艾环礁

特鲁克岛

波纳佩岛

贾卢伊特环礁

帕劳群岛

加 罗 林 群 岛

马金岛
吉尔伯特群岛

塔拉瓦岛

荷 属 东 印 度 群 岛

俾斯麦群岛

所罗门群岛

新几内亚岛

阿拉弗拉海

瓜达尔卡纳尔岛

西南太平洋
战区部队

斐济群岛

珊瑚海

埃斯皮里
图桑托岛

澳 大 利 亚

新喀里多尼亚岛

在通过空袭压制位于拉包尔的日军基地之时，美国海军陆战队和陆军继续在被日本当作外围防御屏障的太平洋诸岛登陆。美军首先攻击了吉尔伯特和马绍尔群岛。这是一些大致位于夏威夷珍珠港与巴布亚新几内亚北海岸中间位置的小型环礁。美军接下来攻击马里亚纳群岛。这里发生的大规模空战极大地增强了美军飞行员的信心，也让日军预先尝到了失败的滋味。美军随后攻击的是帕劳群岛，然后是菲律宾。在菲律宾战场，美军遇到日军采用的一种新战术，即驾驶飞机故意撞击盟军舰船——"神风"特攻队。当美国海军陆战队奋力占领硫黄岛时，日军这一作战方式在该火山岛海岸线外的作战中逐步升级，并在冲绳岛海岸线外的作战中达到可怕的顶点。

1943年11月，美国海军陆战队和陆军攻击塔拉瓦岛和马金岛，美军先从海上和空中进行炮击和轰炸，然后派遣部队登岛。美军把航母派遣到岛屿的西北方向，防御日军攻击登陆舰队。美军在很短的时间里就占领了这2个岛屿，在进攻行动中，美军唯一的损失是11月23日"利斯康姆湾"号护航航母被潜艇击沉。

攻击日本作战中心

特鲁克岛是密克罗尼西亚群岛中加罗林群岛的一个岛屿，它是日军在该地区的主要作战基地，日军在岛上建设有多个机场和一个大型港口。雷蒙德·斯普鲁恩斯海军上将指挥的航母特遣舰队对该群岛发动了攻击。美国海军飞行员攻击了日军机场，在日机还处于地面时摧毁其中大部分。日本损失飞机数量达300多架，而美军仅损失25架。

道格拉斯·麦克阿瑟将军夺取了战场主动权，准备收复菲律宾。美军最初在莱特岛登陆，在夺取了一个可供飞机起降的基地后，美军继续前进抵达吕宋岛。美军在莱特岛登陆时，日军发动"阿号作战"，利用舰队余下的航母引诱美军航母远离其所保护的登陆部队，这样方便日军另外2支大规模舰队轻松攻击美军。1支日军舰队陷于莱特湾海战，双方在这里进行规模空前的激烈海战。日军航母舰队也遭到了美国海军飞机的拦截，美军飞行员击沉日军4艘航母，其中包括珍珠港偷袭行动幸存者"瑞鹤"号。

与此同时，日军1支由战列舰和巡洋舰组成的庞大舰队已经通过圣贝纳迪诺海峡，快速向美国海军登陆舰队逼近。阻挡日军舰队的只有3个力量薄弱的特遣大队，每个大队都是由轻型巡洋舰和驱逐舰组成的。日本战列舰和巡洋舰安装的巨炮，能严重毁坏安装轻型装甲的护航航母。美国海军驱逐舰立即投入战斗，拼命向日军舰船发射鱼雷。与此同时，航母也起飞了仅有少量的轰炸机，甚至格鲁曼F6F"地狱猫"战斗机也被用于扫射日军舰船甲板。面对美国海军如此密集的攻击，日军舰队认为自己面对强大的美军舰队（实际并非如此），于是决定撤出战斗。多亏了英勇的美国驱逐舰舰员

◄◄
跳岛作战中的一些最为激烈的战斗发生在1944年9月。在这1个月中，美国快速航母特遣舰队为支援中太平洋和西南太平洋战区部队登陆帕劳群岛、莫罗泰岛、贝里琉岛、安加尔岛和乌利希环礁展开了密集的作战行动。很多次空袭目标都是菲律宾中部的机场、军事设施和舰船。经过1个月的持续作战，舰载机共摧毁了893架敌机，击沉了67艘舰船，总吨位达224000吨。

以及飞行员，利用手头上的武器对日军舰船进行无情攻击，才使得美军舰船本来难以避免被摧毁的局面得到扭转。

面临恐怖的新战术

1945年1月9日，盟军对吕宋岛发动攻击。美军发现，起初以为是孤立事件的自杀式攻击数量在增多：日军飞机故意撞击盟军军舰。澳大利亚海军巡洋舰"澳大利亚"号被自杀式飞机撞击5次，不得不退出战斗，进行大规模的维修。这只是令盟军紧张并深感威胁的新攻击方式所导致的多次伤亡事件中的一次。

"神风"攻击行动在冲绳岛和硫黄岛海岸线外的作战中达到顶点。日军训练专门的中队执行这项任务，日军大多数飞行员以巨大自豪感执行该任务。这些飞机在其他飞机的护航下飞往战区，飞行员认真选择攻击目标，然后俯冲穿过密集的防空火力网，企图撞击舰船。如果攻击成功，就会导致目标严重的毁伤，并且燃烧的航空油料会增大攻击效果。在冲绳岛，"神风"特攻队最初集中攻击盟军舰队外围警戒线上的驱逐舰——这些驱逐舰装备了雷达，为舰队提供早期预警。之后"神风"特攻队飞向盟军舰队，击沉盟军许多舰船，严重削弱盟军士气。此举对盟军指挥官来说是一个重要的警告信号：占领日本本土岛屿将是一场代价高昂的战役。

弥合缺口：大西洋上的巡逻

CLOSING THE GAP: PATROLLING THE ATLANTIC

　　二战初期，英国皇家空军海岸司令部是装备数量最少的一个司令部，尽管海岸司令部急切需要轰炸机为大西洋上的护航船队提供空中掩护，但令人嫉妒的是，"轰炸机大亨"——轰炸机司令部却在囤积远程轰炸机对德国进行战略轰炸。随着德国陆军横扫欧洲，占领了挪威、法国西部地区进出大西洋的港口，海岸司令部却并没有多少装备来防御潜艇的攻击，保护归航的船队。

　　英国皇家空军海岸司令部曾经装备过肖特"桑德兰"，该型水上飞机体型巨大且坚固耐用，能够承受大量损伤而不坠毁。该司令部还装备了老旧的阿芙罗"安森"，不过该型机航程太短，发挥不了作用；另外还装备了洛克希德"哈德逊"，该型机航程长、载弹量大。"哈德逊"是英美之间租借法案的产物。这些飞机及其机组成员在战争初期取得了优异的战绩，但是由于装备有限，只能为广袤大西洋中很小一部分海域提供保护，因而舰船损失开始攀升，英国从外界获得的物资供应被切断。

延长航程

　　航程是导致盟军损失的重要原因。英国皇家空军没有一架能够飞到大西洋中部并长时间进行巡逻的飞机，这意味着德国潜艇可以猎杀盟国船队而不必担心任何惩罚。1941年，英国终于获得美国联合B-24"解放者"超远程轰炸机，海岸司令部作战能力开始提升。英军还改进了有效对抗潜艇的武器。基于常规炸弹研制的深水炸弹很容易从海面弹起，造成灾难性的后果，因为炸弹经常反弹并击中投放炸弹的飞机。英国人对深水炸弹进行了改进，以便其有效入水并在较浅的深度爆炸，以期对浮在海面的潜艇造成最大程度的损伤。

　　英军还装备了空对海雷达。这使飞行员在白天或夜间各种天气下都能够发现水面

大西洋巡逻
1939年至1945年

1939年9月至1941年3月中旬标准空中巡逻

盟军岸基飞机的作战范围

—— 1940年6月至1941年3月中旬

········ 1941年3月中旬至12月

—— 1942年1月至7月

—— 1942年8月至1943年5月

—— 1943年5月至8月

······ 1943年10月以后

－－－ 1944年5月至1945年5月

巴芬湾　格陵兰岛　丹麦海峡　挪威海

雷克雅未克

费尔韦尔角

拉布拉多海　北大西洋　格拉斯哥　北海　奥斯陆　哥本哈根

古斯湾　柏林

组芬兰岛　伦敦　布鲁塞尔　欧洲

巴黎

百慕大群岛　亚速尔群岛　波尔多　马德里　马赛　罗马

马尾藻海　里斯本

马德拉群岛　直布罗陀　突尼斯

加那利群岛

非洲

佛得角群岛　卡诺

加拉加斯　达喀尔

乔治敦　弗里敦

阿比让　拉各斯

蒙罗维亚　阿克拉　让蒂尔港

马瑙斯　圣保罗岩　几内亚湾

费尔南多-迪诺罗尼亚岛

南美洲　累西腓　阿森松岛　罗安达

萨尔瓦多

圣赫勒拿岛

南大西洋　北

0　1000千米
0　1000英里

舰船。加上海岸司令部接收了轰炸机司令部以前用过的飞机，如维克斯"威灵顿"和阿姆斯特朗·惠特沃斯"惠特利"，以及"解放者"轰炸机，盟国击沉德国潜艇的次数开始增多。此时潜艇成为猎物，航运损失开始减少。海岸司令部轰炸机还安装了大功率"利式"探照灯，从而使夜间攻击潜艇成为可能。因为潜艇通常会在夜间浮出水面为电池充电，尤其是在德国潜艇离开港口，经比斯开湾前往大西洋中部猎场时。此时，德国潜艇不得不在海面下航行，这削弱了其航程和作战效能。

海岸司令部新装备的另一型飞机是波音B-17C"飞行堡垒"轰炸机。轰炸机司令部将该型机作为昼间轰炸机进行试验，不过其数量不足。大部分飞机随后被转交给兄弟司令

"解放者"反潜机

直到B-24"解放者"轰炸机和PBY"卡特琳娜"水上飞机等超远程飞机投入部署使用，并与海军猎潜大队展开协同作战以后，大西洋战争的天平才开始向盟国倾斜。

部，并很快被作战效能更高的"飞行堡垒Ⅱ"（B-17E）取代。葡萄牙允许盟军使用亚尔速群岛，B-17安装新型空对海雷达后，从该岛起降，就更加弥合了大西洋中部的力量缺口。

随着战争的继续，海岸司令部开始获得更多布里斯托尔"英俊战士"和德·哈维兰"蚊"式轰炸机，并执行更多的攻势任务。盟军在大西洋作战中逐渐占据上风。这些飞机不仅安装了机炮和机枪，还安装了8枚火箭弹或1枚鱼雷（仅"英俊战士"）。事实证明，这些武器对付浮出海面并不幸被发现的潜艇非常有效。"英俊战士"和"蚊"式也比海岸司令部装备的其他飞机的速度快。潜艇利用强大的防空系统对抗这些迅捷的飞机的时间越来越短。这些攻击飞机还被用于攻击水面舰船，特别是近海运输船。它们往往分2队执行任务，1队用自动武器向水面舰船扫射，以压制防空火力，另一队则排成1列，精确发射火箭弹或鱼雷进行攻击。

战争结束时，海岸司令部摧毁200多艘潜艇，以及50万吨的轴心国水面舰船。曾经以"狼群"自称并肆无忌惮的潜艇已经被盟军压制。

大西洋上的缺口

在战争初期，盟国航运在大西洋中部遭受的损失最为严重，由于那里没有空中掩护，因此出现了一个巨大的缺口。直到1943年，由于联合B-24"解放者"等超远程海上巡逻机的出现，这个缺口才得以弥补。此时就轮到潜艇遭受难以承受的损失了。

诺曼底登陆日：进攻

D-DAY: THE ASSAULT

1944年，盟军进攻法国北部时，空中力量已经成熟壮大起来。空中力量可以用来阻止敌军增援、切断交通线、摧毁敌军防御工事、投放伞兵、牵引滑翔机、执行欺骗任务和阻止敌军潜艇攻击盟军登陆舰队。空中力量执行上述任务的同时，还要努力保持总体空中优势，并继续执行战略和战术轰炸任务。在皇家空军上将特莱弗德·利–马洛里爵士的指挥下，盟军空军远征部队负责开展上述任务。

1944年春季，英国皇家空军轰炸机司令部和美国陆军航空队第8航空队，被停止执行轰炸德国心脏地区及其工业中心的任务，转而参与索利·朱克曼教授提出的"运输计划"，尽管2支部队的指挥官亚瑟·特拉弗斯·哈里斯爵士和卡尔·安德鲁·斯帕茨都对这一计划不屑一顾。该计划要求对德国占领区的铁路网、货运编组站和桥梁进行

轰炸，阻止德军增援。轰炸行动从德国西部到整个北欧再到布列塔尼这一广大区域里展开。为避免给德军留下盟军即将登陆的印象，盟军在登陆区之外投下的炸弹量是在登陆区内投下的4倍。重型轰炸机攻击了货运编组站和机车车辆修理所，而第9航空队和第2战术航空队的中型轰炸机和战斗轰炸机对桥梁和机车进行了精确轰炸。到诺曼底登陆日（D日）之时，德国2000辆机车中有1500辆被摧毁或在修理之中。塞纳河上可以被德军用于增援的桥梁几乎全被炸毁。

除了上述攻击行动外，德·哈维兰"蚊"式、霍克"台风"或洛克希德P-38"闪电"等战斗轰炸机，轰炸了德国在法国北部和比利时建立的雷达站，这些都是德军严密防御的目标。德军猛烈的高射炮火给盟军带来重大伤亡，然而，到登陆日时，在盟军登陆区内德国已经没有雷达站可以使用了。

6月5日，在登陆日前一天晚上，盟军成百上千架运输机起飞。部分运输机牵引滑翔机运送英军第6空降师进行空降，以便保护登陆场的东侧地区，另一部分运输机运送第82和第101空降师部队进行空降，以便保护登陆场西侧，并占领通向犹他海滩的各条道路。英国还空降了一支奇袭部队，占领了奥恩河及运河上的桥梁。刚过半夜，即6月6日零时之后，奇袭部队乘坐"霍莎"木式滑翔机，于黑暗中在离目标不远处着陆，仅付出很小的代价就占领了2座桥梁。在登陆场的东侧区域，英国空降部队则散落在四处，导致很多作战任务只能由很少的人去完成。不过，所有任务到登陆日早晨已经全部完成。

▼
"霍莎"滑翔机
空速AS.51"霍莎"滑翔机是诺曼底空降登陆的关键。这是美国第9运兵司令部的一架"霍莎"，在登陆行动开始后降落在诺曼底的一块场地上。

诺曼底登陆日的空中作战计划
1944年6月

已扫雷的航道
"海王星行动"的航道
英国布设的雷区
德国布设的雷区
巡逻（突击区域巡逻）
高空巡逻
夜间战斗机巡逻路线
空降区
空中突击路线

第101空降师被空投下去夺取堤道，并阻挡可能的反击。第82空降师被空投下去夺取梅德列河以西区域，摧毁杜夫尔的桥梁、占领圣梅尔埃格利斯，并阻挡可能来自瑟堡地区的反击。

第6空降师被空投到突击区域的东侧，破坏和夺取桥梁，以及打压敌军的海岸炮兵阵地。

进攻部队"O"
普尔
南安普敦
朴茨茅斯
肖勒姆
布莱顿
韦茅斯
纽黑
怀特岛
部队"J"
部队"S"
波特兰
部队"O"
部队"G"
普利茅斯
布里克瑟姆
达特茅斯
部队"U"
护航舰艇警戒屏障
Z
出发地
索尔科姆

英 吉 利 海 峡

侧翼
10条已扫雷的航道

奥尔德尼岛

反潜巡逻
瑟堡
第82空降师

圣彼得港
根西岛
第101空降师
突击区域巡逻
塞 纳 湾

萨克岛
滨海伊西尼

科唐坦半岛
巴约

泽西岛
圣洛

圣赫利尔
高空巡

反潜巡逻

格朗维尔

拉尼永

阿夫朗什

圣布里厄
圣马洛

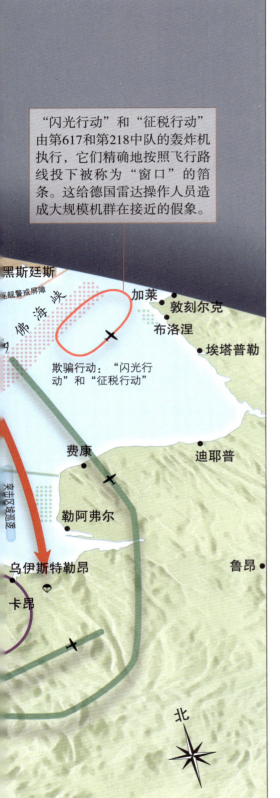

"闪光行动"和"征税行动"由第617和第218中队的轰炸机执行，它们精确地按照飞行路线投下被称为"窗口"的箔条。这给德国雷达操作人员造成大规模机群在接近的假象。

黑斯廷斯

加莱　敦刻尔克　布洛涅　埃塔普勒

欺骗行动："闪光行动"和"征税行动"

费康　迪耶普

勒阿弗尔

乌伊斯特勒昂　鲁昂

卡昂

北

在西侧，美国第9运兵司令部的道格拉斯C-47运输机将美军2个师空运至战区。他们从西面抵近，飞越科唐坦半岛。运输机飞行高度较低，他们在准备着陆时遭到猛烈的高射炮火攻击。这些飞行员大多此前从未见过战斗场面，脱离了密集的编队，竭力躲避敌人炮火攻击，同时保证不与同伴相撞。这种状况导致两个师的部队散落四处，不过伞兵们再次展现出高超的作战技能，成功完成了大部分任务。

舰艇上的步兵登上突击艇时，第9航空队轰炸机沿着滩头阵地飞行，以便轰炸德国守军的掩体和据点，破坏铁丝网防御，希望在步兵靠近滩头时压制守军，并炸出弹坑为步兵提供掩体。由于担心炸到己方步兵，盟军飞机的许多炸弹扔到了内陆，没有炸到德军防御系统，未提供对步兵至关重要的掩护。特别是在奥马哈海滩，盟军没有提前进行空中轰炸，美国第1和第29师在这里遇到了已经完全明白情况的德军所进行的猛烈防御。

当盟军地面部队努力在法国北部海岸夺取一处立足点时，他们没有遭到德军空袭，海岸线外的登陆舰队亦未受到空中力量攻击。盟军持续的空中巡逻使德国空军仅有的少量战斗机无法突防。此外，德国潜艇担心受到攻击，也没有冒险进入塞纳湾。盟军拥有完全的制空权，这一空中优势将一直保持到战争结束。

◀

诺曼底登陆日的空中掩护

在D日的24个小时里，盟军空军飞机共飞行14674架次，损失113架。美国第8战斗机司令部的P-38大队，很快在登陆舰队上空开展战斗空中巡逻。P-38"闪电"的双尾撑很容易被海军枪炮手辨别出来。海滩上空的掩护由9个中队的"喷火"战斗机提供，而第2战术航空队的"台风"和"野马"战斗机，以及第9战术航空司令部的"野马""雷电"和"闪电"战斗机则执行内陆武装侦察任务。

诺曼底登陆日之后

D-DAY: THE AFTERMATH

在诺曼底成功立足后，盟军需要保住战场主动权并加强对德军的攻势。为攻击部队运送补给物资的运输舰队，仍旧需要防御德军空中和海上的攻击。地面部队需要近距离空中支援，而这些飞机本身也需要保护以防止被拦截。这些任务由盟军空军远征部队、第8航空队和轰炸机司令部完成。

击退德国空军攻击

从登陆第一天开始，德国空军就试图攻击停靠在诺曼底沿岸卸载部队和补给的盟军舰队。不过，由于超级马林"喷火"和北美"野马"战斗机的持续空中巡逻，前来

► **安装了火箭的"台风"战斗机**
装备火箭的"台风"战斗机在支援地面部队推进时起到了关键作用，尤其是在摧毁敌军装甲部队时。

诺曼底海岸非常分散的前进作战基地使战斗机和战斗轰炸机能够在战场上空滞留较长的时间。

北

前进作战区域
1944年8月

仓库区域

皇家空军机场

石油管道，油罐

圣奥诺琳　贝桑港　　马尔伯里港

滨海隆盖　　　　　　滨海阿内勒
阿罗芒什
军械库　　　　　补给库　　基地军邮局
克雷蓬　　　　　　　滨海圣克鲁瓦　　　滨海吕克

补给区　　索莫威尔　　　　　　　　　弹药库　　　杜夫尔–拉
巴尔伯维尔　　　　　　　　　英国皇家　昂布利耶　　　　　　代利夫朗德
巴约　　弹药库　空军弹药库　　　　　　滨海贝尼　　医疗区

医疗区　　　　　　　　　　马尔特拉尼　朗特伊　　　　　　　　普吕默托
　　　布莱里　　抢救抢修区　英国皇家　库隆　　　　　维隆莱比伊松
皇家电气和　　　　　空军油料库
机械工程兵　　　　　　　　　　英国皇家空军　　　埃普隆
油料　　埃隆　　　　　　　　　　　　　　　　布隆
弹药库　　　　　弹药库　布鲁艾

　　　　　　　　　　　　　　　　卡皮克
兰热夫雷　　克里斯托
瑟莱河畔蒂利　　　　　　英国皇家空军　　卡昂

0　　3千米
0　　3英里

攻击的德军飞机很少能够成功突防。那些突防成功的德军飞机也会碰到盟军强大的防空火力网。德军还尝试使用滑翔炸弹，该炸弹曾在地中海取得一定成功。不过这些滑翔炸弹没有一枚击中目标，而发射这些炸弹的飞机往往在战斗中损失。

　　盟军首要目标是建设前沿着陆场，最初是为受损后无法飞越英吉利海峡而返回英国本土的飞机提供帮助。最后这些着陆场都建设成为前进作战基地，每个基地由几个中队使用。6月13日，空军部队已经可以从这些着陆场起降。这些前进基地意味盟军可以根据情报做出快速反应，或是更快速地攻击目标。由于不用飞越英吉利海峡，飞机也可以在战场上空滞留更长时间。

▲
分散的部队
诺曼底海岸分散的前进作战基地，使战斗机和战斗轰炸机能够在战场上空滞留较长的时间。

"台风"战斗机最初是作为战斗机设计的，但它也能完美执行对地攻击任务。它能搭载8枚27千克（60磅）的火箭弹或者2枚464千克（1000磅）的炸弹，还安装了4门20毫米航炮，这使它成为可怕的坦克杀手。

火箭弹的瞄准极为困难，这是因为它们在脱离发射导轨后会向下落。然而，它们在对付卡车和火车之类的无装甲防护目标时，显得非常有效。对付坦克的任何一次胜利，都离不开对发动机部分或履带部分的有效攻击。

"台风"战斗机在攻击一支德军车队

　　盟军继续实施"运输计划"，派出战斗轰炸机往返巡逻，攻击在战线后方道路上活动的敌人。英国皇家空军的霍克"台风"和美国陆军航空队的共和"雷电"战斗机在执行此类任务时特别成功，这两型战斗机装备炸弹或火箭，令在诺曼底小道上行进的德军又惊又怕。其战术是在发现德军车队后，先摧毁车队的排头和排尾车辆，使德军难以逃脱，然后再一辆一辆轻松将其摧毁。这些战斗机还为盟军的推进提供了直接支援。盟军为推进的步兵部队配属一名前进空中控制员，通过无线电直接联系飞行员，确定具体目标的位置并将其摧毁。

　　皇家空军轰炸机司令部和第8航空队首次为地面部队提供直接支援。在"古德伍德行动"中，英军和加拿大军队前进至卡昂时，盟军派出2000架轰炸机为步兵炸出一条道路。尽管盟军的最初攻击使德军许多坦克被摧毁，攻击使德军目瞪口呆，但是德军通过挖掘战壕保护自己并很快再次投入作战。轰炸造成的瓦砾和弹坑还导致盟军难以部署装甲部队。这一负面作用在"眼镜蛇行动"开始阶段更为明显，当时美军突破德军防守，而第8航空队的一串炸弹没有投到此时的美军防线以外，给己方部队造成了很多伤亡。

　　利用战斗轰炸机进行空中支援是一种更典型的战术。德军在莫泰坦进行的最后一次反攻中，盟军将该战术发挥得淋漓尽致。面对德军大规模装甲部队的攻击，美军士兵呼叫了装备火箭弹的"台风"战斗机，战斗机摧毁了德国100多辆坦克，从而迟滞了德军的反攻。德军从"法莱斯缺口"撤退时，"台风"战斗机再次沉重打击德军，摧毁数百辆坦克和数千辆其他车辆，造成难以计数的人员伤亡。

1944—1945年 "市场花园行动" 和 "大学行动"

MARKET GARDEN AND VARSITY: 1944–1945

盟军快速经法国向德国边境推进，他们的补给线从诺曼底滩头延伸至科唐坦半岛的瑟堡。由于后勤补给会随时制约部队在宽广战线上推进，英国陆军元帅伯纳德·蒙哥马利提出一项大胆的计划，在1944年9月中旬发动"市场花园行动"，夺占荷兰南部众多河流上的桥梁。这样进入德国工业中心鲁尔地区的大门（莱茵河）就会向盟军敞开。

盟军计划空投3个空降师占领河流的多座桥梁，最后一座是离前线最远的阿纳姆莱茵河大桥。英国第1空降师受命占领该桥，同时一支装甲部队沿美军第101和第82空降师夺取的道路前进。为第101和第82空降师部队提供运输的是第9运兵司令部。第9运兵司令部在几个月前参加诺曼底登陆行动中经受住了战火的考验。英国第1空降师、波兰第1伞兵旅由皇家空军运输机司令部运送。英美部队普遍使用的是道格拉斯C–47，不过英军也使用少量的肖特"斯特林"等型轰炸机牵引滑翔机。由于没有足够的运输机空运英国空降部队至空降场，因而只能第一天空投半数部队，剩余部队将在第二天抵达，包括波兰第1伞兵旅。这意味着在第一天空降的半数部队将不得不留在空降区，以确保第二天空降的部队安全着陆。因此只有少量部队能够继续推进，夺取主要桥梁目标。

大规模护航

在部队空降的当天，约1200架战斗机为运输部队进行了大规模护航。超级马林"喷火"执行高空掩护任务，德·哈维兰"蚊"式和霍克"台风"则扫射航线沿途的德军高射炮阵地。盟军在空降区的伤亡很少，大多数受伤是因为伞兵着陆动作不熟练，或不能承受滑翔机猛烈坠落的着陆方式。第101空降师迅速夺取了第一个目标，不过，威廉明娜运河上这座桥梁被炸断。第30军的一支装甲部队搭建了1座活动便桥，解

决了部队通行的问题。第82空降师占领了奈梅亨的大部分地区。但是，当第30军抵达时，2座主要跨河大桥仍在德军手中，再次放慢了盟军的推进。

　　在英军方面，英军抵达桥梁北端，但是无法强行通过。德军成功反击，很快占领了大片空降区。由于缺少可用的电台，无助的伞兵们只能恼怒地看着补给物资落到此时已经成为德国阵地的地区。缺少可用的电台，意味着在诺曼底登陆行动中成功支援地面部队的霍克"台风"战斗机无法在这里有效部署，这严重削弱了伞兵的作战能力，特别是其抵挡装甲部队攻击的能力。第30军推进至位于奈梅亨的大桥后就停了下来，攻击莱茵河的行动失败。英军在阿纳姆附近空降的1万人中只有2500人逃生，1500人阵亡，其余被俘。

蒙哥马利的第二次机会

　　蒙哥马利再次指挥了一场大规模作战，其中包括空降部队按照其制订的作战计划在韦塞尔横渡莱茵河。这一次，盟军提前做好了充足的准备。在炮兵部队及轰炸机司令部进行炮火准备后，成千上万名士兵乘坐两栖突击艇渡过莱茵河。在地面部队向前推进时，参与攻击的空降部队进行了"大学行动"。盟军派出曾参加过诺曼底作战的"老兵"英军第6空降师，和第1次实战跳伞的"新兵"美军第17空降师。部队顺利空降，但是运送反坦克炮等重型装备的滑翔机却损失惨重，约四分之一的滑翔机飞行员伤亡。但是作战行动获得了彻底胜利，此时盟军已经牢牢立足于莱茵河东岸。

▲
空降作战

在"市场花园行动"中，英国伞兵部队从C-47上空降，而降落在地面上的"霍莎"滑翔机将重型装备卸载到阿纳姆周边地区。

北

曼彻斯特

林肯

鲍尔德顿　富尔贝克

诺丁汉　兰加尔　巴克斯顿希斯

萨尔特比　福金厄姆

科茨莫尔

诺维奇

莱斯特

伯明翰　斯潘霍

英　国

伊普斯威奇

布罗德韦尔　牛津　马特菲尔德　博勒姆

布莱兹诺顿

费尔福德　查尔格罗夫　奇平昂加

布莱克希尔　梅姆伯里

拉姆斯伯里　韦尔福德　伦敦

格林汉康蒙　奥尔德马斯顿

凯维尔　奇尔波顿

多佛

加莱

塔兰特拉什顿　南安普敦　布莱顿

布洛涅

伯恩茅斯　朴茨茅斯

法

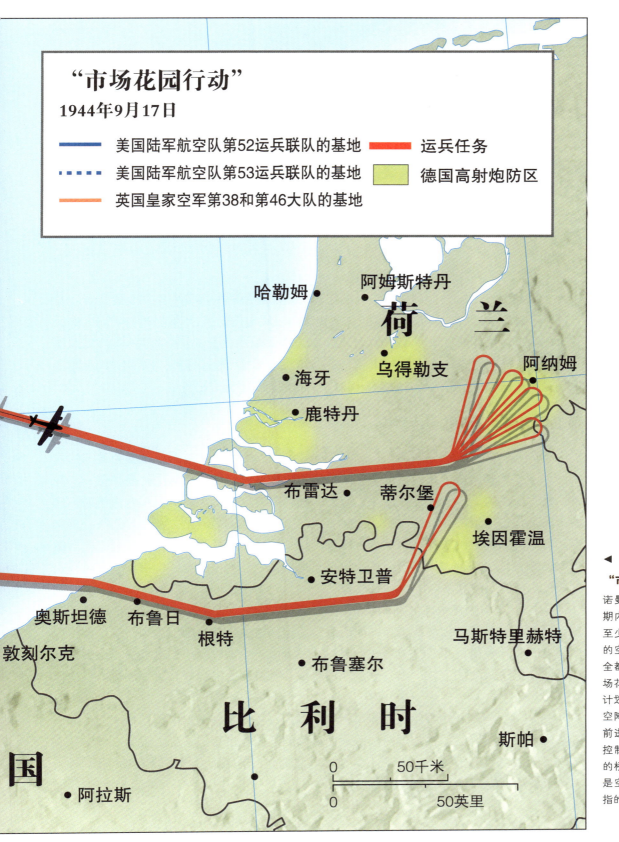

"市场花园行动"

1944年9月17日

——— 美国陆军航空队第52运兵联队的基地	——— 运兵任务
----- 美国陆军航空队第53运兵联队的基地	🟩 德国高射炮防区
——— 英国皇家空军第38和第46大队的基地	

哈勒姆

阿姆斯特丹

荷 兰

乌得勒支

阿纳姆

海牙

鹿特丹

布雷达

蒂尔堡

埃因霍温

安特卫普

马斯特里赫特

奥斯坦德   布鲁日

根特

敦刻尔克

布鲁塞尔

比 利 时

斯帕

国

阿拉斯

0   50千米

0   50英里

◀

"市场花园行动"

诺曼底登陆后的几个星期内，盟军匆忙制订了至少16个在欧洲西北部的空降作战计划，但又全都匆忙取消了。"市场花园行动"是第17个计划。其目标是盟军第1空降集团军在第30军之前进行地毯式空降，并控制主要河流和运河上的桥梁。"市场"指的是空降行动，"花园"指的是地面推进。

1944—1945年东南亚战场

SOUTHEAST ASIA: 1944-1945

1944年，日军入侵胜利的局势开始扭转。盟军在敌对的环境中集结大量物资，并且适应了日军凶残的作战方式，这意味着盟军将日军驱赶出其2年前轻松占领地区的反攻时机到了。在英帕尔和科希马地区，日军进行了最后一次尝试，企图进入印度东北部地区以保护其侧翼的安全。在中国，日军发动最后一次攻势，以占领盟军建设的空军基地。在菲律宾，日军正在准备应对美国海军航母舰队的强大攻击力量。

保卫印度东北部

1944年3月，日军攻击印度东北的英帕尔和科希马地区，包围了印度和英国的驻军。由于主要补给线被切断，英印军队不得不依靠皇家空军飞机运送补给物资，与往常一样，使用的是二战中重要的"役马"——道格拉斯C-47运输机。到4月解围时，这些飞机运送进来近2万吨的补给物资和1万人的增援部队，运送出去数千名伤员。皇家空军展开激烈的对地攻击，协助将日军赶出科希马山区。日军进攻行动失利，向后撤退时，盟军派出各型飞机不断袭扰，包括布里斯托尔"英俊战士"、霍克"飓风"、北美P-51"野马"和联合B-24"解放者"。

当英国陆军中将威廉·斯利姆指挥第14集团军经过缅甸追击撤退的日军时，英国皇家空军扫射了缅甸星罗棋布的河流渡口。担任这一任务最为出色的当属"英俊战士"，日军给该机取了一个绰号"低语死神"。由于发动机噪声相对较低，该型机可以低空悄然进入战场空域，出其不意地用航炮、机枪和火箭弹对日军发动攻击，给他们造成严重伤亡。

1944年下半年和1945年初，盟军推进至缅甸，并几乎完全取得制空权。配备航炮和炸弹的"飓风"战斗机，可以按照地面部队的呼叫攻击特定目标，很像欧洲诺曼底战场上的霍克"台风"。1945年5月，盟军收复仰光，英军则急切渴望重组部队、进入马来亚并夺回新加坡。

中国和菲律宾战场

在中国，美国第14航空队对日本占领军来说如眼中钉，特别是B-29轰炸机的到来给日军带来新的威胁，日军发动"一号作战"，以夺取美军机场。从1944年4月开始，日军快速推进，但是美国陆军航空队努力阻止日军每一步行动。到1944年底，日军的推进失去动力，并且伤亡惨重，美军机场没有被日军占领。但是由于补给困难，B-29轰炸机取得的战果有限。

在菲律宾，美军登陆莱特岛和吕宋岛后，在海战中给日本帝国海军以重创。一场热带风暴给吕宋岛海岸线外的美国海军第3舰队带来惨重损失，3艘驱逐舰倾覆，许多舰员丧生，数十架飞机被从甲板上吹到海里。美军开展登陆行动时，派出一支特遣舰队进入南中国海，以预防日军任何可能的反击。日军没有任何反击，于是美国海军航母舰载机利用这一机会攻击了法属印度支那、中国大陆和台湾地区的目标。不过，在返航途中，美军特遣舰队不得不面对日军的新战术——"神风"特攻队的自杀式攻击。尽管这些飞行员只接受过基础飞行科目训练，通常只能勉强驾机起飞，但是他们驾驶装满油料和炸弹的飞机，在菲律宾海岸线外撞击盟军军舰的战术还是非常有效的，而且这种战术在硫黄岛和冲绳岛海岸线外的作战中逐步升级。

▼
英国皇家空军P-47
1944年12月，英国皇家空军第134中队的P-47"雷电"战斗机从印度送到缅甸，以支援斯利姆中将的第14集团军。

日军海上攻击
日军空袭
日军机场
美军海上攻击
美军空袭
沉没舰船

1. 10月24日：第1南方编队进入苏里高海峡，并与美国海军一支分遣队交战。

2. 10月24日：第2南方编队没有进入苏里高海峡就撤退。

3. 10月24日：美国"普林斯顿"号航母被日本岸基飞机击沉。

4. 10月25日：恩加尼奥角海战爆发，北方编队参战。

小泽治三郎
北方编队
（诱饵）

菲 律 宾 海

太 平 洋

栗田健男
中央编队

哈尔西
第三舰队

志摩清英
第2南方编队

西村祥治
第1南方编队

金凯德
第七舰队

苏 禄 海

北

恩加尼奥角
阿帕里
拉瓦格
土格加劳
伊拉甘
邦都
吕宋岛
巴云邦
圣费尔南多
达古潘
林加延
甲万那端
打拉
伊巴 圣费尔南多
苏比克
波利略群岛
巴朗牙 帕西格
马尼拉
科雷希多岛 泰泰
八打雁
卢邦岛
卡拉潘
马林杜克岛
达特
那牙
拉戈诺伊湾
卡坦端内斯岛
黎牙实比
索索贡
锡布延海
塔布拉斯岛
锡布延海
马斯巴特
伊罗辛
马斯巴特岛
卡皮斯
米沙鄢海
卡巴洛甘
巴塞
圣何塞-德布
埃纳维斯塔
怡朗
班乃岛
巴科洛德
塔克洛班
莱特岛
莱特湾
锡拉戈
宿务岛
班乃湾
迪纳加特群岛
保和岛
锡帕莱
内格罗斯岛
洛艾
苏里高
锡亚高岛
棉兰老海
杜马盖地
锡基霍尔岛
武端
布基农
比斯利格
帕加迪安
棉兰老岛
哥打巴托
杜拉万
达沃
马蒂
三宝颜
莫罗湾
达沃湾
波洛莫洛克

0   50千米
0   50英里

1941—1945年中国战场

CHINA: 1941-1945

克莱尔·李·陈纳德是美国陆军航空队退役少校。1937年，中国政府邀请他帮助组织和构建战斗机防御系统时，他的耳朵开始有些轻微的失聪。为了完成这一任务，陈纳德立即着手获取尽可能多的飞机，其中包括通过美国租借法案获得的改进型寇蒂斯P-40"战鹰"战斗机。

与飞机一同来到中国的还有一些美国志愿飞行员，其中60名曾是美国海军陆战队或美国海军飞行员，其余则来自美国陆军航空队——大多数人是来寻找作战和冒险的机会。以这80多名美国飞行员为核心，再加上100多名美国地勤人员，正式组建了美国志愿援华航空队（AVG），即人们熟知的"飞虎队"。该大队驻扎在昆明，担负着拦截日军轰炸机的任务，并立即取得战果，击落了大量的日军飞机。该大队1个中队部署

▼
寇蒂斯C-46"突击队员"

虽然不如C-47"空中列车"那么耀眼，但寇蒂斯C-46"突击队员"是美国陆军航空队真正的"驮马"，尤其是在太平洋战场。这里看到的是C-46正在飞越印度和中国之间的喜马拉雅山脉——被机组成员称为"驼峰"。直到1945年3月，C-46才出现在欧洲战场，当时它参加了空降部队突击莱茵河的任务。

中国战场的P-51"野马"战斗机

在中国战场，北美P-51"野马"战斗机取代了陈纳德将军的"飞虎队"所装备的P-40战斗机。这架饱经战火洗礼的P-51B喷涂着传统的鲨鱼嘴标识，这种涂装最初于1940年采用。

到更南方的地区，与英国皇家空军老式布鲁斯特"水牛"战斗机和少量霍克"飓风"战斗机一道，防御日军进攻缅甸。在这里，该中队作战行动并不成功，在阻止日军向南推进并夺取东南亚资源的战斗中，该中队的伤亡和损失不断加大。

由于该中队部署在地理位置闭塞的中国南方中部地区，因而零部件和油料显得格外珍贵。该中队只能通过拆卸其他飞机的部件来保证战斗机升空作战，因而该部队的实力和战斗力不断被削弱。

在美国陆军航空队中的新任务

缅甸沦陷后，飞虎队的战绩给美国政府留下深刻的印象，美国政府为其提供了更

新型号的P-40战斗机，并且恢复了陈纳德的军籍，授予其少将军衔。飞虎队正式编入美国陆军航空队，命名为第23追击大队。该部队继续在中国战场作战直至二战结束，主要负责拦截日军战斗机、为轰炸机护航以及攻击日军阵地和补给线等任务。该部队使日军大为头痛。在战争快结束时，第23大队可靠耐用的P-40战斗机，逐渐换装为北美P-51"野马"战斗机。许多战斗机仍保留了该部队的鲨鱼嘴标识。

飞越"驼峰"

随着缅甸落入日军之手，滇缅公路这条向中国国民党军队运送补给的主要道路被切断。唯一的补给路线就是利用运输机和改装的轰炸机飞越喜马拉雅山。从弹药和油料到骡子和吉普车的一切补给物资，都要飞越这一巨大的山脉才能抵达中国。从印度阿萨姆的基地飞往昆明的这条航线非常危险，因为飞机必须飞越海拔高度通常在4900米（16000英尺）以上的山峰。不可预测的天气产生的高空湍流加大了运输机的飞行难度。在山谷飞行时，视线容易被厚厚云层遮挡，而飞行在云层之上时，飞机上结出厚厚的冰块容易导致无法操控。

盟军飞行员在飞越"驼峰"喜马拉雅山脉时出现很大伤亡。航线从头到尾遍布着坠毁飞机的残骸，它们在无情提醒着飞行员和机组成员，此项飞行任务危险。中国的军用机场跑道往往会遭到日军轰炸机的空袭，并且季风天气会使机场无法使用。由于飞机运输的货物太重，起降时易发生事故，并且飞机持续磨损导致部件老化较快，而部件又特别难以获得。尽管寇蒂斯C-46"突击队员"运输机的运输能力较强，但是美国陆军航空队和英国皇家空军的道格拉斯C-47运输机一起加入了这项危险而单调的任务，并成为这场运输战役中的耀眼明星。

战争快结束时，盟军每天有600架飞机飞越这条令人生畏的航线。战争结束时，共有约60万吨补给物资运送至战区所有部队，包括中国国民党部队、约瑟夫·史迪威将军指挥的美军部队和第20轰炸机司令部的B-29。

"巴格拉季昂行动" 和苏联西部解放

BAGRATION AND THE LIBE-RATION OF WEST USSR

"巴格拉季昂行动"是当时苏联策划的最大一次进攻作战。该行动由斯大林根据一位著名的格鲁吉亚陆军元帅的名字命名，该元帅在拿破仑入侵俄国时的博罗季诺战役中身负致命重伤。"巴格拉季昂行动"旨在消灭占领着白俄罗斯广大地区的德国中央集团军群。1944年春，苏联陆军在继续通过乌克兰向西进军时，就开始策划这一大规模作战行动。斯大林的西方盟友已经通知他，盟军计划将于5月底在欧洲西部海岸登陆。毫无疑问，生性多疑的斯大林已经通过出色的苏联情报部门确认了这一情况。

"白俄罗斯阳台"

在1944年1月中旬到4月1日期间，德军对斯大林格勒的围困已被解除，诺夫哥罗德解放。在南方地区，4月和5月，克里米亚解放，苏军解除了德军对推进到乌克兰西部的侧翼部队的威胁，但却导致大量的德军在维捷布斯克周边地区形成突出阵地。维帖布斯克是奥尔沙至博布鲁伊斯克地区之间的重要铁路连接点。对德军和苏军而言，这就是人们所熟知的"白俄罗斯阳台"。

德军最高统帅部估计苏军会从南部发动进攻，以便在乌克兰前线（即广袤的普里皮亚季沼泽地南部）延续胜利，兵锋直指"阳台"以南的摩尔达维亚和罗马尼亚。同时，苏军1个小组完成了作战计划的制订。苏联红军最高统帅部（STAVKA）举行的最后会议决定，从沼泽地北部发动攻击，直指德国北方集团军群的心脏，同时小心翼翼地开展欺骗行动，让德军误以为苏军打算在南部发动进攻。德军被自己的假设误导了，信以为真。

经过激烈争论之后，苏联决定攻击行动基于两轴进行，最大程度发挥数量优势，使德军反应的选择余地降至最小。在西线，盟军6月6日在诺曼底登陆。为了兑现在德

黑兰会议上做出的承诺，斯大林准备在东线发动大规模攻势，此时德军真的要进行两线作战了。

苏联军队在前线阵地最终集结了240万人、5300架飞机、36000门大炮和重型迫击炮，以及5200辆坦克。对抗苏军的是120万德军和轴心国军队、1350架飞机、9500门大炮、900辆坦克。1944年6月20日，为配合正规部队，游击队开始在德军后方重要铁路交会地点和补给线发动攻击。仅在第一个晚上，就有约150辆火车脱轨。根据欺骗计划，苏军在南部地区发动了一次佯攻，德军为数不多的预备队匆忙赶往南方。

6月22日，在四散的空中攻击支援下，苏军开始在前线发动小规模的攻击，第二天，密集火力射击和主要攻击行动才开始。按照反复演练的作战方式，苏联步兵跟随在炮弹弹幕之后发动攻击。当步兵在德军防线上打开一个口子，坦克随即风暴般涌入，飞行在战场上空的一波又一波伊尔-2则摧毁德军反坦克阵地。为德国中央集团军群提供支援的第6航空队处于糟糕状态，可以投入作战的战斗机只有40～60架，且油料不足，这对此次战役几乎毫无帮助，苏军完全掌握了制空权。

希特勒坚持不惜一切代价坚守一些坚固的据点，结果导致数万名德军士兵阵亡或被俘。6月28日，苏军收复莫吉廖夫，7月3日收复明斯克。7月5日，这场真正大规模作战行动的第二阶段开始。重炮部队移动至普里皮亚季沼泽地以南地区，而且攻势还在继续推过科韦利，并抵近波兰。在战线北部，苏军最终铲掉了这个"阳台"，几乎全歼了德军中央集团军群。

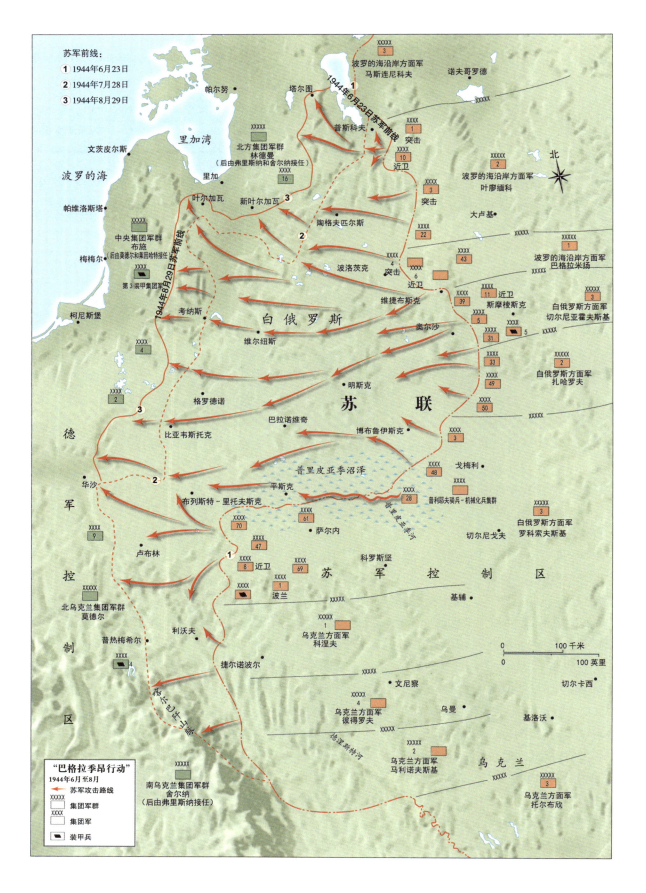

苏军前线：
① 1944年6月23日
② 1944年7月28日
③ 1944年8月29日

帕尔努
塔尔图
1944年6月23日苏军前线
波罗的海沿岸方面军
马斯连尼科夫
诺夫哥罗德
文茨皮尔斯
里加湾
普斯科夫
突击 3
XXXXX
里加
XXXX 10
波罗的海
北方集团军群
林德曼
（后由弗里斯纳和舍尔纳接任）
XXXXX 16
近卫
XXXX 2
北
帕维洛斯塔
叶尔加瓦
新叶尔加瓦
突击 3
波罗的海沿岸方面军
叶廖缅科
陶格夫匹尔斯
XXXX 22
大卢基
梅梅尔
中央集团军群
布施
（后由莫德尔和莱因哈特接任）
XXXX 突击 43
1944年8月29日苏军前线
波洛茨克
突击 4
XXXXX 1
波罗的海沿岸方面军
巴格拉米扬
XXXX 6
近卫
第3装甲集团军
柯尼斯堡
维捷布斯克
XXXX 39
近卫 11
斯摩棱斯克
白俄罗斯方面军
切尔尼亚霍夫斯基
德
考纳斯
白 俄 罗 斯
奥尔沙
XXXX 5
XXXX 31
5
XXXX 4
维尔纽斯
XXXX 33
2
白俄罗斯方面军
扎哈罗夫
苏 联
XXXX 49
军
XXXX 2
格罗德诺
明斯克
XXXX 50
③
巴拉诺维奇
博布鲁伊斯克
XXXX 3
比亚韦斯托克
控
华沙
②
平斯克
普里皮亚季沼泽
戈梅利
XXXX 48
制
布列斯特－里托夫斯克
XXXX 28
普利耶夫骑兵－机械化兵集群
白俄罗斯方面军
罗科索夫斯基
XXXX 70
XXXX 61
萨尔内
切尔尼戈夫
XXXXX 3
XXXX 9
卢布林
XXXX 47
①
区
XXXX 近卫 8
XXXX 69
科罗斯坚
苏 军 控 制 区
北乌克兰集团军群
莫德尔
XXXX 1
波兰
基辅
普热梅希尔
乌克兰方面军
科涅夫
XXXXX 1
XXXX 4
利沃夫
德聂斯特河
文尼察
0   100 千米
捷尔诺波尔
乌克兰方面军
彼得罗夫
乌曼
基洛沃
0   100 英里
制
乌克兰方面军
马利诺夫斯基
乌 克 兰
切尔卡西
区
南乌克兰集团军群
舍尔纳
（后由弗里斯纳接任）
乌克兰方面军
托尔布欣
XXXXX 3

"巴格拉季昂行动"
1944年6月至8月
→ 苏军攻击路线
XXXXX □ 集团军群
XXXX □ 集团军
■ 装甲兵

特种作战：支持游击队

SPECIAL OPERATIONS: PARTISAN SUPPORT

一般在夜间，单架飞机要比机群更可能飞进敌方空域，且相对安全不会被发现。这样，机组成员能够为地面上的抵抗组织提供支援，如补给物资或间谍潜入。小编队的飞机还能精确攻击特殊目标，1943年5月，英国皇家空军第167中队对鲁尔山谷内的多座大坝成功实施空袭，验证了这种作战方式。盟军不仅在被占领的欧洲，而且还在缅甸的丛林展开特种作战行动，将"钦迪特"——类似于游击队的一支小规模特种部队空投至日军后方，破坏日军补给线。这些部队都由飞机运送和补给，并且还用派珀"幼兽"小型飞机在丛林空地撤运伤员。

帮助抵抗力量

在欧洲沦陷区，特别是在法国，抵抗人员对打败轴心国军队发挥了重要作用。他们提供敌军数量和行动信息，破坏运输和通信线路，帮助被击落盟军飞行员返回英国继续作战。英国皇家空军的特种任务中队，多次受命协助执行这些任务。这些部队以英国、北非地区为基地，1944年后在意大利进行部署，为抵抗组织运送大量武器、弹药和无线电装备。

二战开始时，英国皇家空军特种作战中队使用轰炸机司令部移交给他们的飞机执行任务。阿姆斯特朗·惠特沃斯"惠特利"轰炸机重获新生，被完全涂成黑色，执行秘密的物资补给运输任务。参与这些行动的另一种飞机是韦斯特兰"莱桑德"。该型机最初是作为陆军联络机设计的，拥有出色的短距起降能力，成为投送间谍和救援被击落的飞行员的最佳平台，因为只要有一块稍微像样的空地，该型机就能降落。从1942年底开始，英国皇家空军远程任务行动使用的主要机型已经是汉德利·佩季"哈利法克斯"，取代了"惠特利"。"哈利法克斯"是英国第138、第148、第161和第

◀◀

"巴格拉季昂行动"是苏军于1944年6月发动的一次大规模进攻行动，旨在将德国军队逐出白俄罗斯和波兰东部。当战役于8月中旬结束时，德国中央集团军群已经几乎被彻底消灭。

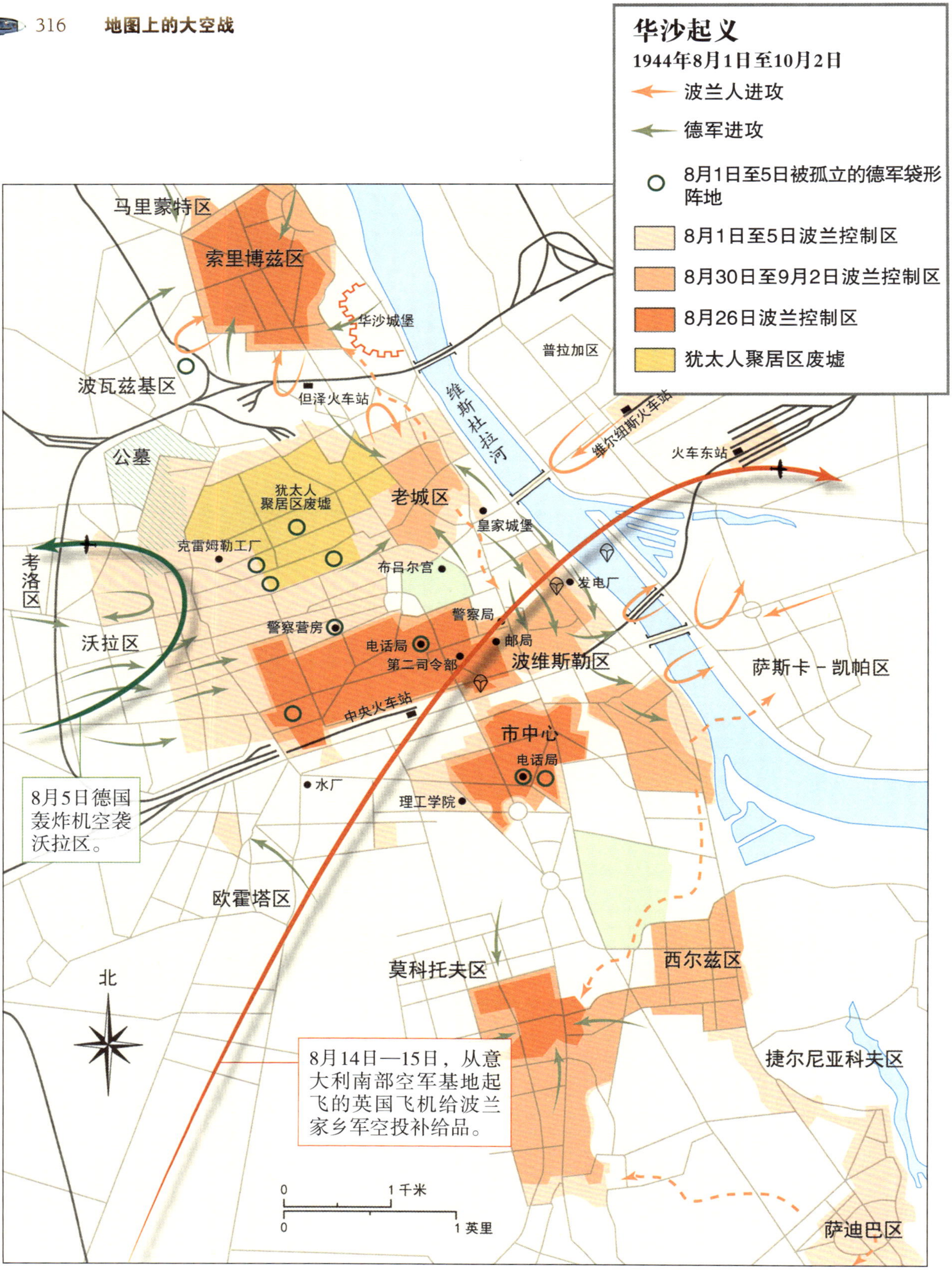

马里蒙特区

索里博兹区

波瓦兹基区

公墓

考洛区

沃拉区

华沙城堡

但泽火车站

维斯杜拉河

犹太人
聚居区废墟

克雷姆勒工厂

老城区

皇家城堡

布吕尔宫

警察营房

警察局

电话局

第二司令部

邮局

波维斯勒区

中央火车站

发电厂

普拉加区

维尔纽斯火车站

火车东站

萨斯卡 - 凯帕区

市中心

电话局

水厂

理工学院

莫科托夫区

西尔兹区

捷尔尼亚科夫区

萨迪巴区

欧霍塔区

北

8月5日德国
轰炸机空袭
沃拉区。

8月14日—15日，从意
大利南部空军基地起
飞的英国飞机给波兰
家乡军空投补给品。

0　　　　　1千米

0　　　　　1英里

华沙起义
1944年8月1日至10月2日

→ 波兰人进攻

← 德军进攻

○ 8月1日至5日被孤立的德军袋形
阵地

▢ 8月1日至5日波兰控制区

▢ 8月30日至9月2日波兰控制区

▢ 8月26日波兰控制区

▢ 犹太人聚居区废墟

624中队以及波兰第1586小队的标准远程运输机，直至1944年中期才被肖特"斯特林"取代。

　　1944年8月华沙起义时，西方盟国努力为被围的波兰战士提供武器和医疗设备。这项任务需要飞机飞行很远距离，并要征得苏联允许才能在其势力范围区着陆。盟军飞机共飞行了200多架次，执行了多次任务，不过许多补给物资落到德军手中，而且供应也不充足。在南斯拉夫，铁托领导下的游击队得到盟军大量物资供应，因为他们的作战行动牵制了许多德军在该地区驻防，不然他们就会被调往其他战线。战争期间，南斯拉夫人获得的补给物资是最多的，主要由从北非和意大利基地起飞的英国皇家空军道格拉斯C-47"空中列车"和"哈利法克斯"运送。

▲
韦斯特兰"莱桑德"
韦斯特兰"莱桑德"因执行秘密飞行任务而闻名。这种大型飞机可以安装远程油箱，以及一个帮助谍报人员快速进出飞机的梯子。

东南亚抵抗

　　在东南亚地区，在奥德·温盖特准将指挥下，"钦迪特"特种部队组建成一个远程渗透大队。他们的任务是破坏日军交通线，在日军后方制造并散布恐惧和不安。该大队的唯一补给渠道来自空中。第一次行动结束后，由于损失很多人，行动停止。

　　美国看到该类部队的价值，因而组建了本国特种部队，并以其指挥官弗兰克·梅里尔将军名字将该部队命名为"梅里尔的掠夺者"。它们得到美国陆军航空队整整1个大队和皇家空军同行的帮助，进行运送补给协助和开展渗透行动。1944年，该部队渗透至缅甸丛林的空降区，并巩固了空降区阵地，开展了突袭任务。"空中列车"运输机向空降区运送了9000多名士兵。该地区的作战立即变得激烈，因为日军认识到这些空降场的重要性，想尽快使其失去作用，让盟军士兵陷入困境。经过近两个月作战，盟军士兵取得战果有限，因而全部撤离。

　　英国皇家空军飞行中队的德·哈维兰"蚊"式飞机也执行过类似任务，包括攻击亚眠的监狱，该监狱关押了即将被盖世太保处死的抵抗力量的特工。"蚊"式飞机超低空飞到该监狱，轰炸了监狱的围墙和建筑。不幸的是，一些囚犯在空袭行动中丧生，但是更多的囚犯成功逃脱。

第三帝国的终结

THE END OF THE REICH

1945年初，德国处于战败边缘。盟军轰炸德国原油与合成油工厂后，德军飞机和坦克迫切需要油料，此时德国的运输和交通线中断。工厂尽管毁坏但仍在制造战争武器，只是这些武器变得多余，因为已经没有油料为其提供动力。

然而，德国最高统帅部仍能够发动最后一次大规模地面攻击，即突出部战役。这是德军企图切断挺进中的盟军而进行的孤注一掷的行动，其目标是抵达安特卫普；不过，德军冒险行动依赖于夺取盟军储备的油料。德军的作战差点就成功，因为圣诞节期间的恶劣天气妨碍了盟军空中力量的行动。在发动地面进攻的同时，德国空军也计划进行"底板行动"，但是影响盟军的恶劣天气同样影响了德军，该行动不得不延后。1945年1月1日，德国空军发动"底板行动"，对盟军在比利时、荷兰和法国的17个机场发动突然袭击，目的是尽可能多地摧毁停放在地面上的盟军飞机。为了这次行动，德国空军所有能调动的战斗机和战斗轰炸机部队都转移到了西线。

最后的防御

亚历山大·利皮施设计的Me 163由一台液体燃料火箭发动机提供动力。它拥有惊人的爬升率，可以达到超过900千米/时（550英里/时）的速度。梅塞施密特公司还设计出了Me 262战斗机，是第一款投入作战使用的涡轮喷气式飞机。

致命缺陷

德军的攻击由夜间战斗机部队的探路者部队领头，主力是福克–

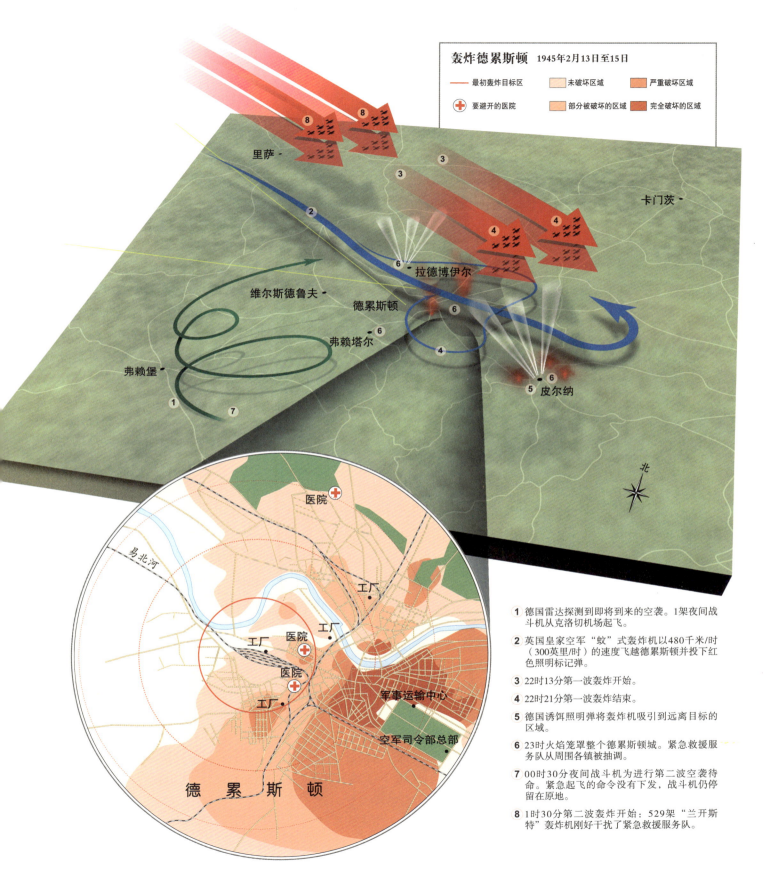

轰炸德累斯顿　1945年2月13日至15日

—— 最初轰炸目标区　　░ 未破坏区域　　░ 严重破坏区域

✚ 要避开的医院　　░ 部分被破坏的区域　　░ 完全破坏的区域

里萨

卡门茨

拉德博伊尔

维尔斯德鲁夫

德累斯顿

弗赖塔尔

弗赖堡

皮尔纳

北

医院 ✚

工厂

工厂

工厂

医院 ✚

医院 ✚

工厂

军事运输中心

空军司令部总部

易北河

德 累 斯 顿

1 德国雷达探测到即将到来的空袭。1架夜间战斗机从克洛切机场起飞。

2 英国皇家空军"蚊"式轰炸机以480千米/时（300英里/时）的速度飞越德累斯顿并投下红色照明标记弹。

3 22时13分第一波轰炸开始。

4 22时21分第一波轰炸结束。

5 德国诱饵照明弹将轰炸机吸引到远离目标的区域。

6 23时火焰笼罩整个德累斯顿城。紧急救援服务队从周围各镇被抽调。

7 00时30分夜间战斗机为进行第二波空袭待命。紧急起飞的命令没有下发，战斗机仍停留在原地。

8 1时30分第二波轰炸开始：529架"兰开斯特"轰炸机刚好干扰了紧急救援服务队。

沃尔夫Fw 190和梅塞施密特Bf 109战斗机。这些战斗机计划在上午9点盟军战斗机升空前抵达目标上空，它们在树梢高度的低空飞行以避开雷达探测。战斗机飞经的航线途经德军严格保护的地面阵地，特别是V1和V2导弹发射阵地周边地区。德国空军发动攻击的情报还没有及时传达到己方高射炮部队和地面作战人员，这些部队已经习惯盟军掌握制空权，因而稀里糊涂地向自己的空军战友开火了。再加上很多德军飞行员训练不足，比经验丰富的飞行员飞得更高、更慢一些，他们很容易被敌我双方老练的高射炮手击中。

　　德国空军很容易就发现了盟军的多个基地，投下大量炸弹并多次使用机枪扫射。德军的新飞行员再次表现出经验不足，他们的命中率太低，不过，盟军仍然有近500架飞机被摧毁在地面上。德军参与此次行动的1000架飞机中有280架损失。德军此次作战在战术上取得成功，但是德军许多飞行员丧生，或不得不在盟军控制区跳伞。损失飞行员要比损失飞机糟糕得多。盟军在几个星期内就替换了损失的飞机；尽管德军表现非常勇敢，但是战果有限，且损失很大。

轰炸德累斯顿

　　事实证明，盟军轰炸机部队指挥官们选择轰炸德累斯顿，又是一项备受争议的决定。在西线，盟军的推进在靠近易北河时速度放慢。英国皇家空军和美国陆军航空队决定轰炸这个未受损城市。该城市是一个文化地标，建有100多个工厂，也是一个主要的交通运输枢纽，德军利用其将西线军队运送至东线，对抗不断临近的苏联红军。

　　第1波攻击原计划由美国第8航空队实施，但是受目标区恶劣天气的影响，攻击改由英国轰炸机司令部在1945年2月13日晚实施。探路者部队标记出了铁路编组站周围的老城区，这是一个住宅密集地区，大部分房子由木头建成。盟军主力轰炸部队投下高爆炸弹，包括1800公斤（4000磅）的"饼干"炸弹，该型炸弹把地面的房子屋顶掀开，便于燃烧弹顺着裸露的屋梁落入屋内。当第2个攻击波抵达时，数百英里以外都能看到地面燃烧的大火。2月14日，第8航空队没有因为前晚的高强度攻击而中止对该市的轰炸。300多架波音B-17轰炸机向已经被毁的城市投下炸弹。第二天，第8航空队本来准备轰炸莱比锡附近的一个合成油工厂，但目标被乌云遮挡，这些轰炸机再次攻击了德累斯顿，造成更大程度的毁坏。

　　2月3日白天，盟军派出近1000架B-17轰炸柏林，旨在破坏该市的铁路网。像德累斯顿一样，柏林也被认为是将部队运往东线的枢纽。2个星期后，盟军再次对柏林进行轰炸。英国皇家空军的德·哈维兰"蚊"式轰炸机对柏林进行了整整1个月轰炸，直至苏军抵达柏林郊区。4月底，希特勒身亡。1个多星期后，欧洲战争结束。

B-29轰炸机的研制和部署

B-29: DEVELOPMENT AND DEPLOYMENT

1940年夏天，美国政府向所有大型飞机制造商发出一份信函，要求研制一种全新轰炸机。美国政府要求该型轰炸机能够携带大量炸弹，航程在8400千米（5000英里）以上，平均航速达到500千米/时（300英里/时）。波音公司立即取得领先地位，此前该公司已经在着手改进在役的B-17"飞行堡垒"。波音公司设计出了符合政府全部要求的全加压舱型飞机，战前，波音公司已经在商用运输机"平流层客机"上验证过这一技术特征。该型机的另一项创新是采用中央火控系统，它使用早期的模拟计算机计算空气速度和攻角等变量，确保机炮能够击中目标。机炮随后演变成遥控炮塔，2座安装在机身上方，另2座安装在机身下方。除尾部炮手外，其他炮手都可以控制1座或全部炮塔，以便集中火力打击敌人。

▼
波音B-29"超级堡垒"

1945年3月在马里亚纳群岛建造的5个作战基地，使B-29轰炸机更加靠近日本，包括第73、第313、第314和第315在内的4个轰炸机联队也很快从印度和中国的基地部署到这里。不久之后到来的是第58轰炸机联队。所有的B-29轰炸机联队均受第21轰炸机司令部指挥，其总部位于关岛。

轰炸机投弹需要打开炸弹舱，这会导致舱内气压出现问题，传统飞机在高空中会完全失压，而B-29通过在飞机前后段之间安装一个类似猫道的管状通道来解决这个问题。

试飞原型机

1942年9月21日，B-29"超级堡垒"第一架原型机首飞。这种机身巨大的飞机最初给人留下不错的印象。1943年2月18日，灾难降临了，第二架原型机因发动机故障坠毁，机组成员全部丧生。B-29采用的是莱特R-3350发动机，该型发动机虽然专门为B-29研制，但是研制较为仓促，容易出现过热现象。这一问题在该机服役期间一直未得到完全解决。

B-29的制造分布在美国各地，这种生产方式也易使飞机生产产生问题。因为飞机太先进了，并且它的设计一直都在变化，往往是刚离开装配生产线，就需要进入另一条生产线进行改进。

B-29服役

美国陆军航空队司令H.H.哈普·阿诺德少将命令肯尼思·邦纳·沃尔夫将军负责监督B-29的制造和装备，以及大量的训练工作。最初，因为制造出的飞机数量不够，训练计划进展不顺。飞行员在久经战火考验的联合B-24"解放者"飞机上进行训练，因为B-29飞行员一般从驾驶过B-24的飞行员中选拔。尽管这些飞行员过去驾驶过大型飞机，但还是不习惯这种速度极快的B-29轰炸机。

B-29配有11名机组成员：机长、飞行员、投弹手、导航员、飞行机师、无线电操作员、雷达操作员、中央火控炮手和另外3名炮手。机组成员一般分开训练各自承担的任务，直到出发前往前进作战基地时，才会编成机组。

B-29及其所属部队的到来，意味着此时盟军拥有了能够将炸弹投送至日本本岛的武器平台，能向日本军工生产和民众施加更大的压力。B-29可以从中国的华中地区起飞进行攻击。陈纳德"飞虎队"和蒋介石国民党部队已经在此建成1个空军基地。在中国部署，需要美国的1个轰炸机联队经马拉喀什、开罗、卡拉奇、加尔各答，抵达印度东部的集结地，然后飞越喜马拉雅山的"驼峰"抵达中国。B-29飞到成都附近的新基地之后，新组建的第20轰炸机司令部开始集结补给物资，然后向日本发动第一轮攻击。攻击行动受到油料量的限制，因为油料需要从印度空运至成都。为B-29运送1加仑油料，在飞越"驼峰"到达中国基地过程中需要消耗2~3加仑油料。储备油料既花费时间也不经济。

中国修建了多条跑道后，足够的补给物资抵达，第20轰炸机司令部做好了发动第

波音B-29 "超级堡垒"

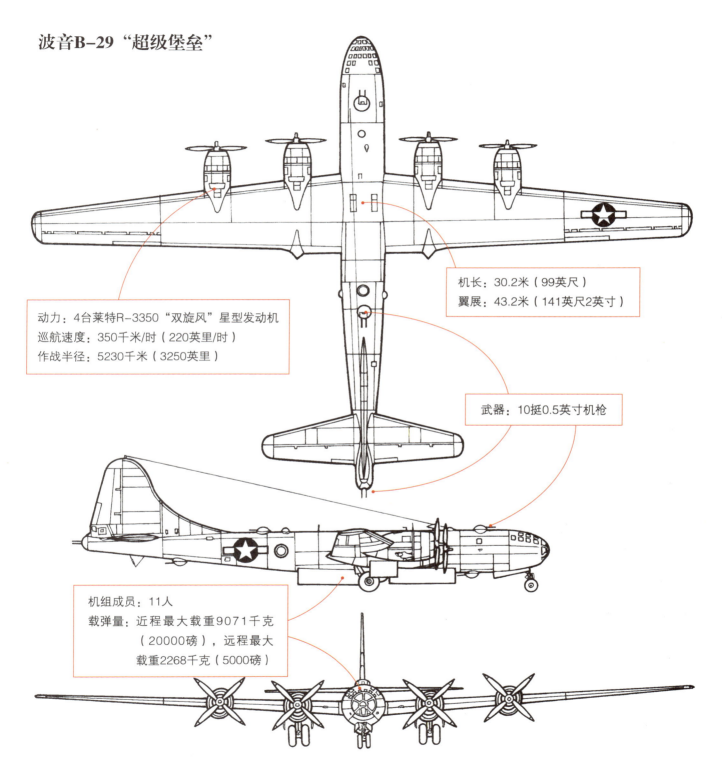

动力：4台莱特R-3350 "双旋风" 星型发动机
巡航速度：350千米/时（220英里/时）
作战半径：5230千米（3250英里）

机长：30.2米（99英尺）
翼展：43.2米（141英尺2英寸）

武器：10挺0.5英寸机枪

机组成员：11人
载弹量：近程最大载重9071千克
　　　　（20000磅），远程最大
　　　　载重2268千克（5000磅）

1次攻击准备，即"马特洪恩行动"。美军对泰国目标草率空袭，结果令人有些失望。由于发动机故障，大量轰炸机抵达目标之前就取消了轰炸任务。在1944年6月14日，68架B-29轰炸机起飞去轰炸日本南部九州岛的帝国钢铁工厂。黑夜降临时，47架B-29轰炸机抵达目标上空。目标没有被击中，但是第20轰炸机司令部的1架B-29因敌军的防御而损失，另外6架因事故而损失。这对B-29的作战生涯来说是一个不祥的开端。因为补给不足，3个星期后，美军才发动第2次空袭。7月7日和9日，B-29再次空袭日本南部，给日本造成的破坏微乎其微，而自身又遭到了更多的伤亡。

第20轰炸机司令部司令沃尔夫将军被召回华盛顿，刚在欧洲指挥第8航空队1个轰炸师的寇蒂斯·李梅少将接替了他。李梅将军根据欧洲战场的作战经验对飞机编队进行了改革，提高了对目标轰炸的精度。尽管如此，第20轰炸机司令部平均每个月仍然只能执行1次任务。李梅将军引进的另一种重要武器是燃烧弹，特别是在轰炸主要是木

马里亚纳基地

向马里亚纳基地部署之后紧接着就是战术的全面更新。此时B-29轰炸机担负了夜间对日本主要城市进行大规模燃烧弹攻击的任务，并取得了巨大的成效。

对日本的空袭行动
1945年2月至8月

- 🍄 投掷原子弹
- 💥 主要燃烧弹轰炸目标
- ✨ 次要轰炸目标
- ⚓ 美国布雷点
- ← 美国轰炸机航线

日本海

本州岛

郁陵岛

隐岐诸岛

日 本

札幌
室兰
函馆
青森
弘前 八户
秋田 宫古
酒田 釜石
山形 仙台
新潟 福岛
长冈 若松 郡山
磐城
金泽 富山 宇都宫 日立
福井 上田 前桥 御津
靖江 松本 伊势崎 熊谷
武生 甲府 东京 铜子
敦贺 一宫 川崎 千叶
大垣 名古屋 横滨 茂原
姬路 京都 冈崎 小田原 横须贺
松江 神户 末桥 静冈
冈山 大阪 伊势 滨松
广岛 坂井 和歌山
德山 吴 福山 三宅岛
下关 宇部 今治 高松
福冈 北九州 松山 德岛
佐世保 高知 安芸
大牟田 宇和岛
长崎 熊本
延冈
宫崎
鹿儿岛

种子岛
屋久岛

八丈岛

太 平 洋

1. 1944年6月至1945年1月来自中国成都的最初空袭（B-29）
2. 1944年11月24日以后（B-29）
3. 1945年3月14日至6月13日（航母舰载机）
4. 1945年4月7日（护航飞机）
5. 1945年7月1日至8月15日（轰炸机和护航飞机）

北

| 0 | 100千米 |
| 0 | 100英里 |

质建筑的亚洲城市时发挥出了潜力。84架B-29对中国汉口（日占区）的轰炸，导致这个城市的大火整整燃烧了3天。

转移作战基地

日军发动"一号作战"，向中国内地发动新一轮攻势，旨在占领盟军机场。由于敌人的攻击和飞行事故导致B-29轰炸机出现难以承受的消耗，美军开始减少B-29在中国战场的活动。占领马里亚纳群岛后，美国陆军航空队此时拥有了将东京纳入轰炸范围的机场。更重要的是，直接从美国或澳大利亚驶来的舰船，可以毫不费力地为B-29轰炸机补给，这与飞经"驼峰"运送有限的补给形成鲜明对比。

马里亚纳群岛的主要岛屿有塞班岛、天宁岛和关岛。美军在这里快速建立了大型基地。这些基地主要由美国海军"海蜂"建设营建造。1944年10月，第一架B-29轰炸机降落在马里亚纳群岛上的机场。11月底，100架B-29部署在塞班岛新建的伊斯利机场。

B-29轰炸机对特鲁克岛和硫黄岛的日军阵地实施了轰炸，但是发动机故障和糟糕的轰炸精度问题仍然很严重。11月24日，111架B-29轰炸机被派往东京，这是自1942年杜立特空袭之后的第1批飞到日本首都上空的轰炸机。B-29轰炸机编队飞行高度为8200米（27000英尺），它们在日本上空碰到一股急流，这种天气现象在当时还无法判别。编队很难保持队形，因此只有很少量炸弹击中了目标；其余炸弹因为疾风和云层而散布到四处。

接下来的几个星期里，B-29继续执行轰炸任务，B-29轰炸机在高空飞行，以防被日军防空火力和战斗机攻击，但是轰炸精度受到影响。B-29机组成员伤亡程度比他们给地面带来的损伤还要大。付出如此大的代价和努力，美军需要改变作战方式才能证实其价值。

阿诺德对B-29战绩不佳表示不满，任命李梅担任马里亚纳第21轰炸机司令部司令。由于在汉口发现了燃烧弹的威力，李梅想在日本城市复制这种成功。1945年2月，美军轰炸东京，投下燃烧弹，虽然美机为躲避日军防空火力，在8200米（27000英尺）高空进行投弹，但是这些空袭比之前的空袭给日本造成的破坏更大。李梅认为可以采取更多措施，他决定采用皇家空军在欧洲的一些做法，让B-29轰炸机在探路者部队的带领下夜间投放燃烧弹。3月9日夜至10日，美军对东京进行了第1次夜间轰炸并引发了大火，导致日本84000人死亡。B-29开始取得令人恐惧的战绩。

6月时，日本6大主要城市60%的地方化为灰烬。日本工业几乎瘫痪。装备水雷之后，B-29在日本周边海域投放水雷，阻止了对日本生存至关重要的商业航运活动。B-29为缩短太平洋战场的战争做出了很大贡献。但是还有一项更重要的任务在等待这种巨大的飞机完成。

核战争

NUCLEAR WAR

1945年8月6日，美军在战争中首次动用核武器，向日本广岛市投放了绰号为"小男孩"的原子弹，瞬间夺去了约7万人生命。3天后，美军在日本长崎市投放另一枚"胖子"原子弹，夺取同样多人的生命。人们一直在争论盟军是否需要使用这种破坏性极强的核武器。许多人认为日本已经战败，尤其是在苏联对日宣战并于8月9日对驻中国东北的日军发动攻击后。日本文官政府已经在寻求和平，只是军事集团想继续以流血方式结束战争。

在英国和加拿大的科学家的支持下，美国政府制订"曼哈顿计划"，寻求研制世界上第一颗原子弹。原子弹是一种破坏性极大的武器，谁拥有它就拥有了战略主动权。盟国选择了战略轰炸的策略，包括轰炸民事目标，以摧毁敌方的工业基础设施，并瓦解其士气。原子弹将战略轰炸的破坏性推到新的恐怖高度。

传递信息

美国波音公司制造的新型B-29"超级堡垒"轰炸机轰炸了日本许多大型城市，其投掷的燃烧弹将许多城市夷为平地。日本城市的大多数住房由木头建成，再加上街道狭窄，轰炸造成大

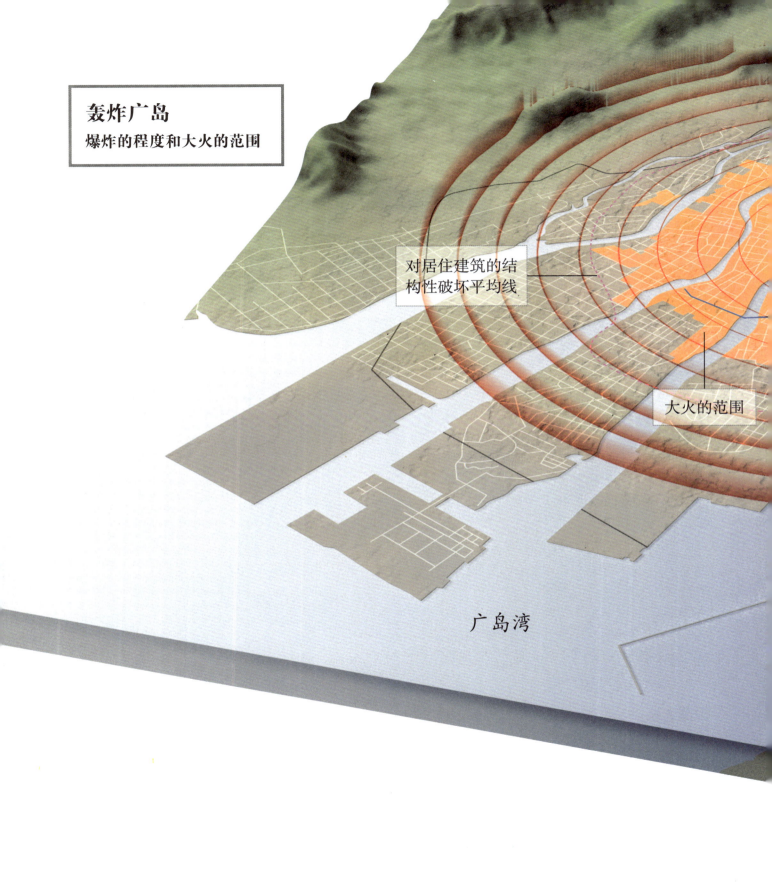

轰炸广岛
爆炸的程度和大火的范围

对居住建筑的结构性破坏平均线

大火的范围

广岛湾

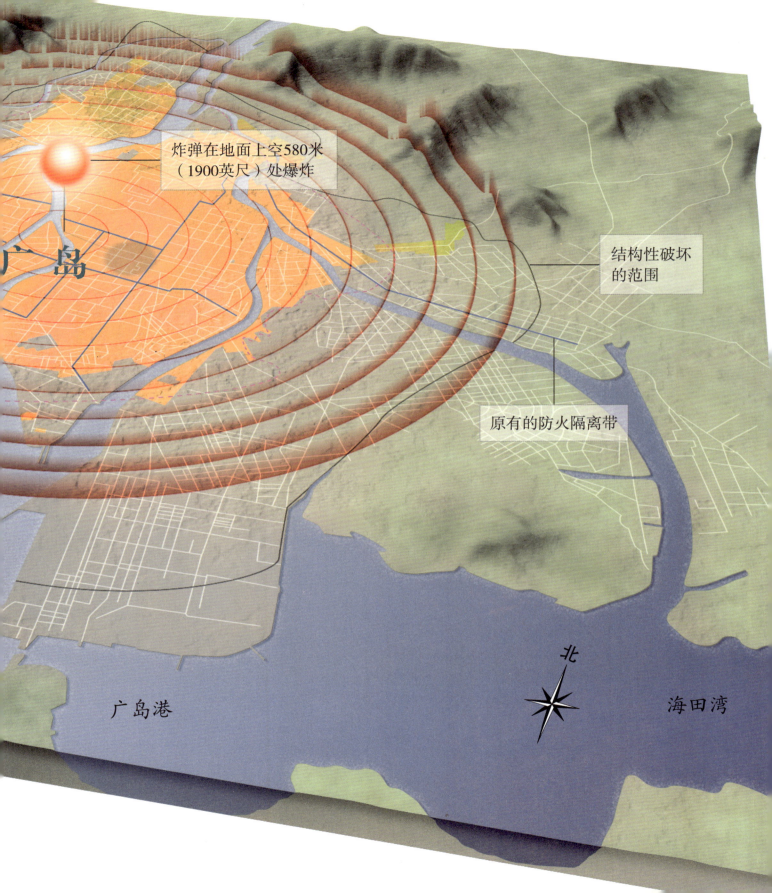

炸弹在地面上空580米
（1900英尺）处爆炸

结构性破坏
的范围

原有的防火隔离带

广 岛

广岛港

北

海田湾

▲
"艾诺拉·盖"号的机组成员

侯罗·提贝兹上校（叼烟者），其身边是"艾诺拉·盖"号的部分机组成员。这架B-29轰炸机投下了世界上第一颗原子弹。

量平民伤亡。美军仅对东京的轰炸就造成10万人死亡。美军部队在攻占冲绳岛和硫黄岛时遭受惨重损失，导致美国认为在攻占日本本土时的损失会更加惨重，部队死伤会达到数万人。原子弹为美国提供了巨大的力量，使美军的伤亡降到最低程度。

美国总统哈里·S.杜鲁门在波茨坦向日本发出最后通牒，要求日本无条件投降，否则会遭到彻底毁灭。日本拒绝投降。杜鲁门下令向日本投掷原子弹。美军选择广岛投放原子弹不是出于军事原因，也不是因为广岛建设了大量的工业等设施，而是因为该市人口密集，轰炸可以造成巨大的心理冲击。在此之前，广岛在盟军的轰炸战役中基本上未遭空袭。中心城区主要是木质建筑，导致城市被这种新型武器彻底摧毁。

第509混合轰炸机大队指挥官保罗·提贝兹上校，驾驶一架代号为"艾诺拉·盖"的B-29轰炸机，执行了投放原子弹的任务，另外2架伴飞的B-29轰炸机记录此次事件。上午8时15分，原子弹投放，在广岛上空580米（1900英尺）处引爆。几乎整个城市都受到爆炸影响。大约7万人当场死去，爆炸半径约为1.6千米（1英里），爆炸引发的大火烧毁了7千米（约4英里）以内的一切。

3天后，查尔斯·W.斯维尼少校驾驶一架代号为"博克斯卡"的轰炸机，在长崎上空投下"胖子"原子弹。长崎是日本南部一个大型港口城市，建有一些大型工厂，该城市大多数住房也是由木头建成。由于最初预定目标小仓被乌云笼罩，于是"博克斯卡"飞到备选目标长崎上空。原子弹于上午11时1分投掷，杀死约7万人。这种终极力量的第2次展示迫使日本接受无条件投降。

使用原子弹及原子弹的破坏力一直是人们争议的核心。许多人认为美国总统不应授权使用原子弹，进攻日本本土岛屿才是唯一可行的选择。其他人认为有必要向苏联显示实力，因为苏联正在进攻中国东北，并且已经占领了欧洲中部和东部广大地区。原子弹爆炸之后产生的影响及多年后给数万人带来的痛苦，说明了这种恐怖的武器一直未被再次使用的原因。人们希望其不再被使用。

第5部分

战后世界

THE POST-WAR WORLD

    1945年底，盟国集结的庞大军队彻底击败其敌人轴心国。广大欧洲、亚洲地区沦为废墟，饿莩遍野。陆海空三军的普通士兵渴望回到家乡，返回农场、工厂或办公室，回归正常的生活。但是，政客们面对着新的形势，即那种与过去强国竞争相似但又有所不同的意识形态差异。苏联共产党政权拥有一支数量众多、看上去无坚不摧的红军。苏联已经占领西起德国中部，东到符拉迪沃斯托克的欧亚大陆的广袤地区。中国共产党的影响力和控制力在不断加强。西方的美国及其盟国面对这种新的现实，心情十分复杂，它们既对昔日的战友心怀热忱，同时对它们的潜在力量紧张不已。从意识形态来看，共产主义制度将会取代资本主义制度，并且资本主义制度在大萧条时，在促进经济社会发展方面并不成功。

    英国战时领导人温斯顿·丘吉尔在大选失败后离开唐宁街首相府。1946年3月，他在美国密苏里州富尔顿发表演讲时发出警告："从波罗的海的什切青到亚得里亚海的

► **伊留申伊尔–28**

伊留申伊尔–28被设计为一种战术轻型轰炸机，用以取代安装活塞式发动机的图波列夫图–2飞机。20世纪50年代，伊尔–28成为苏联集团的主要战术打击力量，被广泛出口到苏联势力范围内的各个国家。

的里雅斯特，一幅横贯欧洲大陆的铁幕已经降落下来。"丘吉尔的演讲使很多人感到震惊。这次演讲标志着往昔的盟友关系呈现新的动态。许多国家将建设战后和平世界的希望，寄托在新成立的联合国这个世界论坛上，希望它在差点毁灭世界的大战之后能够解决国际争端。

康维尔 B–36

巨大的康维尔B–36飞机，使美国战略空军司令部有能力将原子弹运送到世界任何地方的任何目标。

世界新秩序

对历经战争重创的人们来说，苏联有着强大的吸引力。因而许多西方国家领导人清楚认识到，必须以某种方式对抗苏联扩张及两种制度之间的分歧，确保世界力量的均衡。1947年8月，美国总统哈里·杜鲁门宣布实施遏制战略，他所指的就是苏联。恢复西欧经济繁荣成为西方政治决策者的重要任务。这样，面对苏联宣传时，他们可以为人们提供更具有吸引力的自由生活方式。美国出台了以国务卿命名的马歇尔计划，向重建中的欧洲（包括德国）注入数十亿美元的资金支持。这项计划使斯大林警觉，因为他想让以前的敌对国家尽可能保持弱小。他决定展开一场全方位的宣传战。不过，此举反而加深了欧洲的政治分裂。

二战结束时，英国经济处于惨淡经营状态，马歇尔计划使英国经济大大受益。该计划在一定程度上帮助英国在德国维持一支占领军，且能够派出大量的空军部队与美

军一同部署。西方盟国空海军实力相对苏联"威胁"有着明显的优势。在欧洲战场，美英等国希望现有陆军面对苏联红军进攻时，能够坚守莱茵河—阿尔卑斯山—皮亚韦河一线，而空军将摧毁苏军先头部队的补给线。强调空中力量的运用，被正式列入美国国防部在1949年制订的代号为"吊射行动"的作战计划。

美国和英国使用大量远程重型轰炸机在内的空中力量，来打赢第二次世界大战，而苏联空军主要担负战术空中支援任务。1944年至1946年间，苏联重点发展其远程轰炸机部队。有意思的是，展示在世人面前的第一款苏联远程轰炸机图波列夫图-4，是通过逆向工程仿制的美国波音B-29"超级堡垒"轰炸机。1948年，图-4列装苏联空军远程轰炸机中队。

远程敌人

苏联研制轰炸机的新闻使美国空军陷入恐慌中。美国本土首次处于从敌人本土基地起飞的远程轰炸机的打击范围之内。似乎是为了强化这种威胁，苏联于1949年试验爆炸了第一颗原子弹。新的恐怖平衡开始发展，刚刚成立3年的美国战略空中司令部，由此得到进一步扩张及现代化。除了装备B-29轰炸机外（后期型号改称B-50），美国空军还从1948年开始装备巨大的康维尔B-36"和平缔造者"重型轰炸机。

一旦"吊射行动"开始实施，美国战略空军司令部将会向战区部署大量轰炸机，英国皇家空军轰炸机司令部，将部署数个中队的阿芙罗"林肯"轰炸机和B-29轰炸机。这些轰炸机会发动攻击，摧毁苏联国土上200个经过精确标定的目标。盟军还制订了由轰炸机部队在一次攻击中就投下成千上万颗炸弹，摧毁苏联85%的工业设施的计划，其中包括投放300颗原子弹攻击苏联目标。美英空军投放的四分之一至三分之一的炸弹，会将苏联飞机消灭于地面上。这样我们就会看到以下景象：当盟军轰炸机向东飞向其目标时，他们会看到苏联派出图-4轰炸机向西飞行，发动反击。

柏林空运

BERLIN AIRLIFT

二战后，美国、英国和法国开始将其在德国的占领区视为一个整体，即后来的西德。西方盟国占领着柏林的西半部。1948年6月21日，德国西半部地区开始使用一种货币，此举被苏联认为是一种挑衅行为。苏联立即封锁进入柏林的全部地面交通，把柏林市民封闭起来。盟国不愿意放弃西柏林，但做出决定不派出武装车队强行为柏林提供物资补给，而只是将日常生活必需品空运至柏林。航空史上规模最大的空中补给行动开始。

运送生活必需品

为了维持柏林市居民的日常生活，西方国家控制的西柏林每天需要获得约4500吨的补给物资。当时，美国空军已经在欧洲永久部署了100多架道格拉斯C-47运输机，英国皇家空军也部署了大致数量的飞机，包括阿芙罗"约克"运输机和数量较多的C-47运输机。远距离海上巡逻机如肖特"桑德兰"也被临时征用，匆忙加入空运行动。这些水上飞机在柏林西郊的哈文湖上起降。

空运开始于6月26日。随着空运行动紧锣密鼓地进行，每天从世界各地抵达柏林机场的运输机数量越来越多。其中包括道格拉斯飞机公司新研制的可以运输10吨物资的C-54"空中霸王"4发动机运输机。

苏联预测盟国的空运行动会以失败而

滕珀尔霍夫机场的交通
美国空军军事空运部队正在柏林滕珀尔霍夫机场卸载货物。C-47"空中列车"运输机，在英国皇家空军中被称为"达科塔"，是柏林空运的中坚力量。

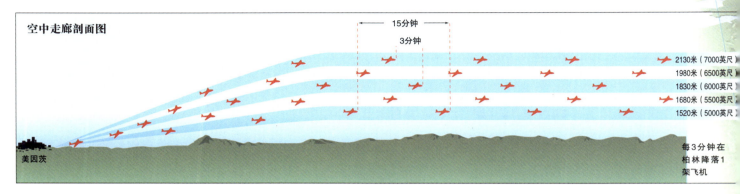

空中走廊剖面图

15分钟
3分钟

2130米（7000英尺）
1980米（6500英尺）
1830米（6000英尺）
1680米（5500英尺）
1520米（5000英尺）

美因茨

每3分钟在
柏林降落1
架飞机

▼
柏林儿童站在城市废墟中热情地向一架进场着陆的C-47挥手。美国飞行员盖尔·哈尔沃森中尉和他的飞行员同伴们向柏林市郊投放了250000块巧克力。哈尔沃森得到了"巧克力飞行员"的绰号。

告终，因为它回想起二战时德军在斯大林格勒，以较小的规模向被苏军包围的第6集团军运送补给物资。但是空运物资却每天都在增加，这令苏联大吃一惊。到开始空运行动第1个月底时，空运物资足以保证西柏林的供应。苏联对此采取的相应措施是向飞行航线派出战斗机进行骚扰，有时还开火吓唬盟军飞机，不过苏军并不直接瞄准运输机开火。西方国家机组成员记录下苏军共进行了数百次突发的骚扰事件，但是苏军的行为并没有破坏盟军的补给运输。随着空运行动的持续，冬天来临，盟国采取行动，加大了柏林机场的物资吞吐量。盟国在滕珀尔霍夫机场又铺设了多条跑道，并重建和延长了加图和泰格尔机场的跑道。盟国还雇佣前德国空军地勤人员开展货物运输。

1949年4月15日到16日是周末，正是复活节期间，盟国进行了一次特别行动，增强柏林人民的士气。机组成员昼夜不停运输，飞行了1383个架次，运送12941吨油料，没有出现任何闪失。对苏联来说，此次空运明显是一场大型的成功宣传。苏联无奈同意解除对柏林的封锁。5月12日，第一支地面运输车队抵达柏林。公认的空运行动持续至1949年9月30日。盟国运输机共飞行278288架次，运送2326406吨物资，其中美国空军运输量占76.7%，英国皇家空军占17%，英国民用飞机占7.6%。

威斯巴登
莱茵-美因
美因茨
达姆施塔特

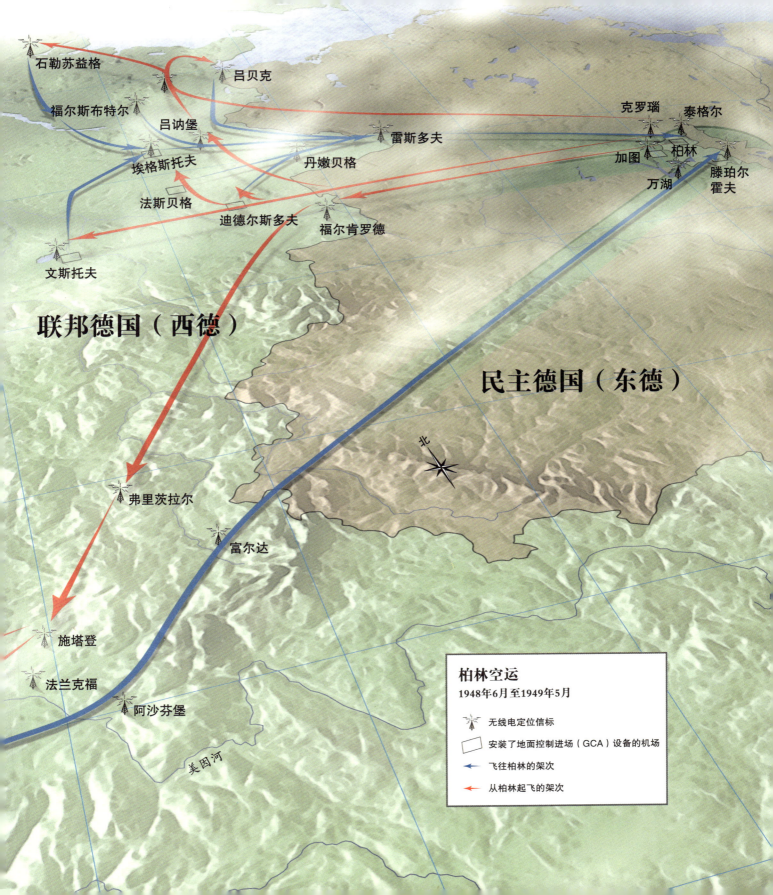

石勒苏益格

吕贝克

克罗瑙

泰格尔

福尔斯布特尔

吕讷堡

雷斯多夫

加图

柏林

埃格斯托夫

丹嫩贝格

滕珀尔霍夫

法斯贝格

万湖

迪德尔斯多夫

福尔肯罗德

文斯托夫

联邦德国（西德）

民主德国（东德）

北

弗里茨拉尔

富尔达

施塔登

法兰克福

阿沙芬堡

美因河

柏林空运

1948年6月至1949年5月

⚲ 无线电定位信标

☐ 安装了地面控制进场（GCA）设备的机场

→ 飞往柏林的架次

→ 从柏林起飞的架次

1950—1953年远东朝鲜半岛战争

KOREA: 1950-1953

1950年6月25日，朝鲜军队8个师的兵力越过了三八线——这条线将朝鲜划分为北方与南方。朝鲜北方地面部队得到二战期间苏联制造的老式飞机的支援，如雅克夫列夫雅克–9和拉沃契金拉–9战斗机，以及伊留申伊尔–10——久经考验的伊尔–2对地攻击机的改进型。

南方空军没有装备攻击飞机，仅装备了教练机，对阻止北方大军的进攻帮助不大。南方部队一直向南败退到东南部城市釜山，并在其周边地区构建起一道脆弱的防线。距战场最近的"联合国军"飞机驻扎在日本，主要担负占领军的任务。这些飞机包括北美F–82"双野马"夜间战斗机和道格拉斯B–26"入侵者"攻击轰炸机。"双野马"战斗机拥有良好的续航力，能够在战场上空较长时间飞行，有效掩护部队进攻。B–26轰炸机也通过用炸弹、火箭弹和机枪攻击北方军队漫长的补给线，证明了自身的价值，使以美国为首的"联合国军"能够集结部队并开展反攻。

米格飞机参战

"联合国军"由比利时、澳大利亚、南非、英国等国军队组成，由美国传奇将军道格拉斯·麦克阿瑟指挥。麦克阿瑟立即制订在北方军队后方的仁川开展登陆的计划。这项计划使"联合国军"能够占领汉城（今首尔），切断北方军队的补给线。美国海军陆战队登陆上岸，向毫无准备的北方军队发动进攻。此时大量螺旋桨飞机为"联合国军"提供支援，这种现象在喷气飞机时代来说很奇怪。钱斯·沃特F–4U"海盗"、北美P–51"野马"、霍克"海怒"战斗机执行对地支援任务，使得"联合国军"登陆后几天内就占领了汉城。由于接连失利，北方军队被推回三八线以北，麦克阿瑟想继续追击，占领整个朝鲜半岛。这时，中国开始在鸭绿江的另一侧集结部队。

中国不仅派出大量陆军，而且这些军队得到苏联提供的最新型米格–15喷气式战斗机的支持。当该型战斗机出现在战场上时，"联合国军"一方没有能够在速度及武器上能够与米格飞机匹敌的飞机。"联合国军"的部分飞行员驾驶格鲁曼F–9F"黑豹"

喷气式飞机，其他则驾驶活塞式战斗机，在对抗米格飞机时勉强取得一些胜利。但在战争初期扮演"联合国军"的救世主角色的是洛克希德F-80，该型机与美国海军飞机一起承担了对地攻击任务，直到1952年被F-84"雷电喷气"战斗机取代。

为了对抗米格飞机的威胁，美国空军将最新型的北美F-86"佩刀"喷气式战斗机派往战区。最初该型机到达战区的数量并不多，但是很快就有相当数量的战斗机抵达战区。这些飞机在经验丰富的飞行员的操控下迅速夺取战场制空权。不过，阻止他们大批击伤或击落米格飞机的唯一原因是，不得飞越鸭绿江进入中国领空，许多米格飞机借此逃脱出"米格走廊"。

参加战争的另一种二战老式飞机是波音B-29"超级堡垒"。该型机主要担负战略轰炸任务，轰炸北方工业和运输目标，有时也执行战术攻击任务，轰炸敌方部队集结地或桥梁。这些飞机尽管安装了沉重的防御装甲，但易受米格-15攻击。该型机在遭受惨重的损失后，转而执行夜间飞行任务。

直升机的作用

尽管二战结束时直升机只是少量使用，但在半岛战场上它接受了战火的洗礼。直升机是理想的医疗撤运平台，它将本来可能因伤致死的伤员运送到后方战地救护站。直升机还用于救援被击落的飞行员。这类新型航空装备的先锋是贝尔H-13直升机，该型直升机安装了宽大的树脂玻璃座舱和类似脚手架的机尾。该型机可以搭载2名伤员，伤员放置在牢牢系在直升机两侧的特殊担架上。战争结束时，更大型的直升机如西科

▲
停机线上的米格飞机
位于中国东北丹东停机线上的苏制米格-15喷气式战斗机。事实证明，米格-15是一个可怕的对手，尤其是在多次执行半岛上空战斗任务的苏联飞行员手中。

斯基H-19已经投入使用。直升机除了执行医疗撤运任务外，还用于运送部队和补给物资。

　　在3年战争的绝大部分时间里，战场处于胶着状态，美军除1950年最初进攻行动之后，就再没有取得真正的推进。1953年7月底，参战各方达成停火协议，停止一切军事行动，不过未正式缔结和平协议，这意味着南北双方仍处于战争状态。此次战争对作战飞机来说是一个转型时期。尽管活塞发动机飞机还在执行一些特定任务，但是正在以令人难以置信的速度被喷气式飞机取代。

▼
F-86A "佩刀" 战斗机
驾驶F-86A "佩刀" 战斗机的 "联合国军" 飞行员声称，在战斗中每损失1架 "佩刀"，都有10架米格飞机被击毁。但是后来的调查对这一数据进行了很大的修正。尽管如此，"佩刀" 在半岛西北部上空仍然建立了空中优势。

世界分裂成两大阵营

WORLD REALIGNMENT

　　柏林空运试运期间，世界分裂成分别以苏联和美国为首的共产主义和资本主义两大意识形态阵营。西方国家对苏联强大战争机器控制欧亚大陆的广大地域感到非常焦虑。后来的冷战就是源于欧洲政治对抗，这种对抗很快波及全世界。美国及其盟国于1949年组建北大西洋公约组织，随后于1954年组建东南亚条约组织，1955年组建中央条约组织。1955年苏联与其卫星国组建了华沙条约组织做出回应。

　　苏联军事力量以由大规模战术空军提供支援的义务兵部队为基础。西方国家不能部署与苏军同等规模的常规地面部队，因而日益依赖于以核武器构建一支强大的威慑力量。1949年苏联第一枚原子弹成功爆炸后，一股恐惧的氛围开始在世界蔓延。西方国家拥有大量能够攻击华沙国家纵深地区的远程轰炸机。苏联虽然拥有远程轰炸机部队，但是数量没有美国及其盟国那样多。20世纪50年代后期，洲际弹道导弹开始取代轰炸机，成为核武器的首选投掷系统。

　　两大军事集团扩军备战达50年之久。战略学家在核战争理论研究上花费大量时间、精力和资金，更重要的是研究如何避免核战争。研究理论包括战术核战争到相互确保摧毁理论。在外围，两大军事集团在朝鲜和越南两地相互试探对方的决心，因此数十年来，世界面临着可能的核战争威胁。

古巴导弹危机

THE CUBAN MISSILE CRISIS

▼
"巫毒"低空飞行

负责在古巴上空执行低空飞行侦察任务的有南卡罗来纳州肖空军基地第363战术侦察联队的麦克唐纳RF-101"巫毒",和美国海军第26轻型照相侦察中队的RF-8A"十字军战士"舰载机。

　　经过长期游击战,古巴亲美的富尔亨西奥·巴蒂斯塔独裁政权被推翻,他的最顽强对手之一菲德尔·卡斯特罗成为古巴新的政府领导人。在执政初期,尽管卡斯特罗非常担心,美国会在他的政权建立之初采取干预行动,但这没有妨碍他将岛上美国人拥有的商业财产收归国有。美国总统德怀特·艾森豪威尔对此做出反应,宣布对古巴实施经济制裁,企图以此动摇卡斯特罗政权。但是美国制裁最终导致了古巴变成一党执政的社会主义国家。

　　莫斯科方面密切注视着古巴事态的新发展。1961年1月,约翰·肯尼迪宣誓就任总统,这时古巴与美国最终断绝了外交关系。卡斯特罗身边的执政精英有一部分人是共产主义者,他们要求与莫斯科建立更为紧密的关系。卡斯特罗急切地希望能有效应对美国施加的经济制裁,因而成为苏联新的防务伙伴及贸易伙伴。

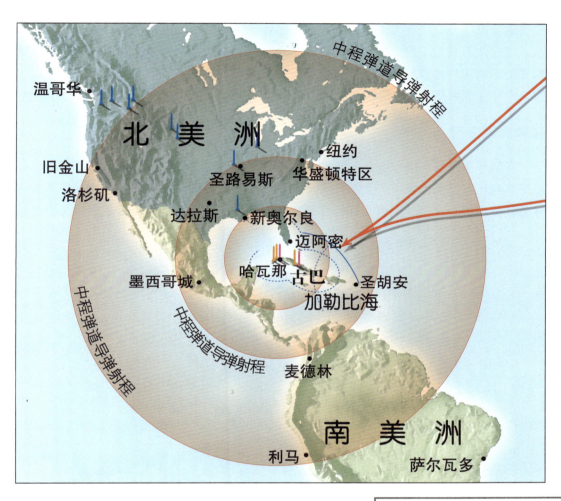

温哥华

北　美　洲

中程弹道导弹射程

旧金山

洛杉矶

圣路易斯

达拉斯

纽约

华盛顿特区

新奥尔良

迈阿密

墨西哥城

哈瓦那　古巴

圣胡安

加勒比海

中程弹道导弹射程

中程弹道导弹射程

麦德林

南　美　洲

利马

萨尔瓦多

古巴导弹危机　1962年9月至11月

- 北约国家
- 华约国家
- 美国洲际弹道导弹（射程8850千米/5500英里）基地
- 苏联导弹发射场
- 古巴中程弹道导弹（IRBM）发射场
- 古巴中程弹道导弹（MRBM）发射场
- 从苏联港口出发的补给航线
- 美国空中巡逻边界
- 第136特遣舰队巡逻边界

　　恰在此时，肯尼迪总统同意了中央情报局制订的一项计划，即利用古巴流亡者入侵古巴，在古巴举行反卡斯特罗起义。1961年4月，这项入侵计划最后实施，共有1400名古巴反叛者在猪湾登陆。入侵行动彻底失败，根本原因在于计划不周密并缺少空中支援。该计划并没有按中央情报局制订的计划实施，没有达到肯尼迪预期的推动民众起义的目的。

　　猪湾作战失败及随后的"猫鼬行动"（由肯尼迪总统批准的一个秘密计划，旨在在古巴发动一次由美国支持的起义）并没有取得预期效果，相反把卡斯特罗进一步推向苏联的怀抱。苏联领导人尼基塔·赫鲁晓夫不失时机地提出建议，说服卡斯特罗同意在古巴建立导弹基地，以此来显示社会主义的团结，同时使苏联缩小与美国之间的导弹部署差距。在20世纪60年代初期，美国比苏联部署更多的短程弹道导弹和中程弹道导弹，美国在土耳其伊兹密尔部署了15枚"丘比特"中程弹道导弹，把莫斯科纳入15分钟导弹打击范围圈，此举使苏联大为恼火。

秘密间谍飞行

苏联导弹及其支援分队在古巴的秘密部署继续进行。洛克希德U-2高空侦察机，在发现苏联在古巴部署导弹的计划的过程中发挥了关键作用。U-2侦察机从1956年开始就在苏联上空进行秘密的间谍飞行，直到1960年5月1日，1架U-2在斯维尔德洛夫斯克被

侦察照片

随着古巴导弹危机的发展，美国情报部门在岛上发现了24枚中程弹道导弹，其中20枚具备完全作战能力。另外33枚SS-4存放在圣克里斯托瓦尔和大萨瓜，更多先进的SS-5还在运送途中。

击落并被大肆宣传后才宣告停止。1960年10月14日，U-2侦察照相表明，苏联正在古巴建设导弹基地。1个星期内，美国对此做出反应，对苏联向古巴运送军事补给物资的舰船实施一定程度的隔离，同时做好打一场大规模战争的准备。美国战略核部队实行全面警戒。美国政府内部已经开展立即空袭摧毁古巴导弹基地的讨论。不过采用这一方案会导致危机升级，并且会使古巴发射部分苏联导弹，导致全面战争爆发，因而美国放弃了这一方案。美国希望隔离会为外交解决方案赢得时间。

　　10月22日，肯尼迪总统对全国发表电视讲话，表明美国政府立场。在随后的几天里，美国与苏联建立起沟通渠道，但是最初的沟通效果不佳。苏联舰船仍然坚守自己的阵位，但是未尝试越过隔离线。10月26日，苏联赫鲁晓夫送来一封信，提出可能的解决方案，表明苏联愿意从古巴撤回导弹，以换取美国不入侵古巴的保证。这封信与苏联集体领导机构在第二天发布的正式声明存在一定的矛盾。第二天的声明将美国在土耳其的导弹与苏联在古巴的导弹联系起来。同一天，1架U-2侦察机在古巴上空活动时被击落。经过深思之后，肯尼迪回复赫鲁晓夫的信件，并暂时不理会正式沟通渠道发送的信息。美国司法部部长罗伯特·肯尼迪在华盛顿约见了苏联大使，向他承诺美国决不会入侵古巴，并以非正式的方式承诺美国将会把导弹撤出土耳其。他还给予苏联明确的、非正式警告：情况即将到达不可挽回的地步。此时的赫鲁晓夫陷入极度忧虑，几乎立刻就接受了肯尼迪的条件。古巴危机得以扭转。

中南半岛和越南战争

INDOCHINA AND VIETNAM

　　二战结束后，欧洲强国企图再次控制因日本入侵而丢失的远东殖民地。在法属中南半岛，左翼力量已经发展壮大起来，希望使越南人民摆脱帝国主义压迫。位于越南北部地区的越盟在新成立的中华人民共和国的支持下，获得了源源不断的武器和训练方面的支持。在美国支持下的法国，决意不允许左翼力量进一步扩张。但是法国人最终在决定性的奠边府战役中被击败，在北方纵深地区占据一个空军基地的这一企图以失败告终。法军深陷包围，仅能从空中获得补给，最终被数量上占优势的敌人打败。经此一败后，法国彻底撤出越南，但是美国继续支持亲西方的越南南方政府，向其提供军事顾问和武器装备支持。

　　美国提供的装备有皮亚塞基CH-21"飞行香蕉"和贝尔UH-1"易洛魁"直升机，协助

提升南方军队的机动力。这些直升机参加了北邑战役，接受了战火的检验，北方力量利用有利的防御阵地，仅靠轻武器，努力击败武器装备先进的敌人。美国顾问得到有关直升机作战的第一手资料，即直升机在炮火纷飞地点降落时易受到攻击。

全面冲突

1964年越南战争升级为全面战争，美国正式参战。美国从中获得的经验是：如果美军士兵要飞往敌方领土内的降落区，他们首先必须压制住敌军。美军通过在UH-1直升机两侧安装机枪和火箭弹达到了这一目的。起初武器系统安装在简易挂架上，随后，美军在直升机的机身上安装固定的、可供瞄准的武器控制台。直升机炮艇诞生了。

在雨林中作战没有明晰的战线，这给美国战争机器带来新问题。美军建立起火力基地，从基地出发，美军再派出巡逻分队接敌并摧毁他们。敌人以小股力量出动，他们熟知地形，并能融入老百姓之中。因而，对美军来说发现敌人难度很大。美军必须迅速前往很远的地区打击敌人，这使得直升机的价值再一次得以凸显。"休伊"直升机旋翼叶片发出的"呼呼"声，成为越南战场上独特的声音。

如同朝鲜半岛战争一样，直升机大量用于医疗撤运，拯救许多伤员的生命。这一职能发展成为极其成功的作战救援任务。在直升机炮艇或道格拉斯A-1"天袭者"的护航下，直升机在茫茫丛林中搜索被击落的美军飞行员，在火力攻击下降落到地面实施救援。直升机炮艇和A-1"天袭者"在援救中提供空中火力掩护。

对地支援作战是越南战争的另一个重要方面，然而，在茂密的丛林中辨别己方和敌方位置是一件非常困难的事情，特别是对北美F-100"超级佩刀"、F-105"雷公"等飞行速度很快的喷气式飞机来说。在这里，前进空中控制员（FAC）发挥了

▲
塞斯纳O-1"鸟狗"

塞斯纳O-1在越南被前进空中控制员广泛使用，使用发烟火箭弹标识敌人位置，引导飞行速度很快的喷气式飞机赶来攻击。

◀◀
"易洛魁"／"休伊"

在越南，1名士兵把1枚发烟手榴弹用作标识，挥手引导UH-1"休伊"直升机降落到着陆区域。

北邑之战　1963年1月2日

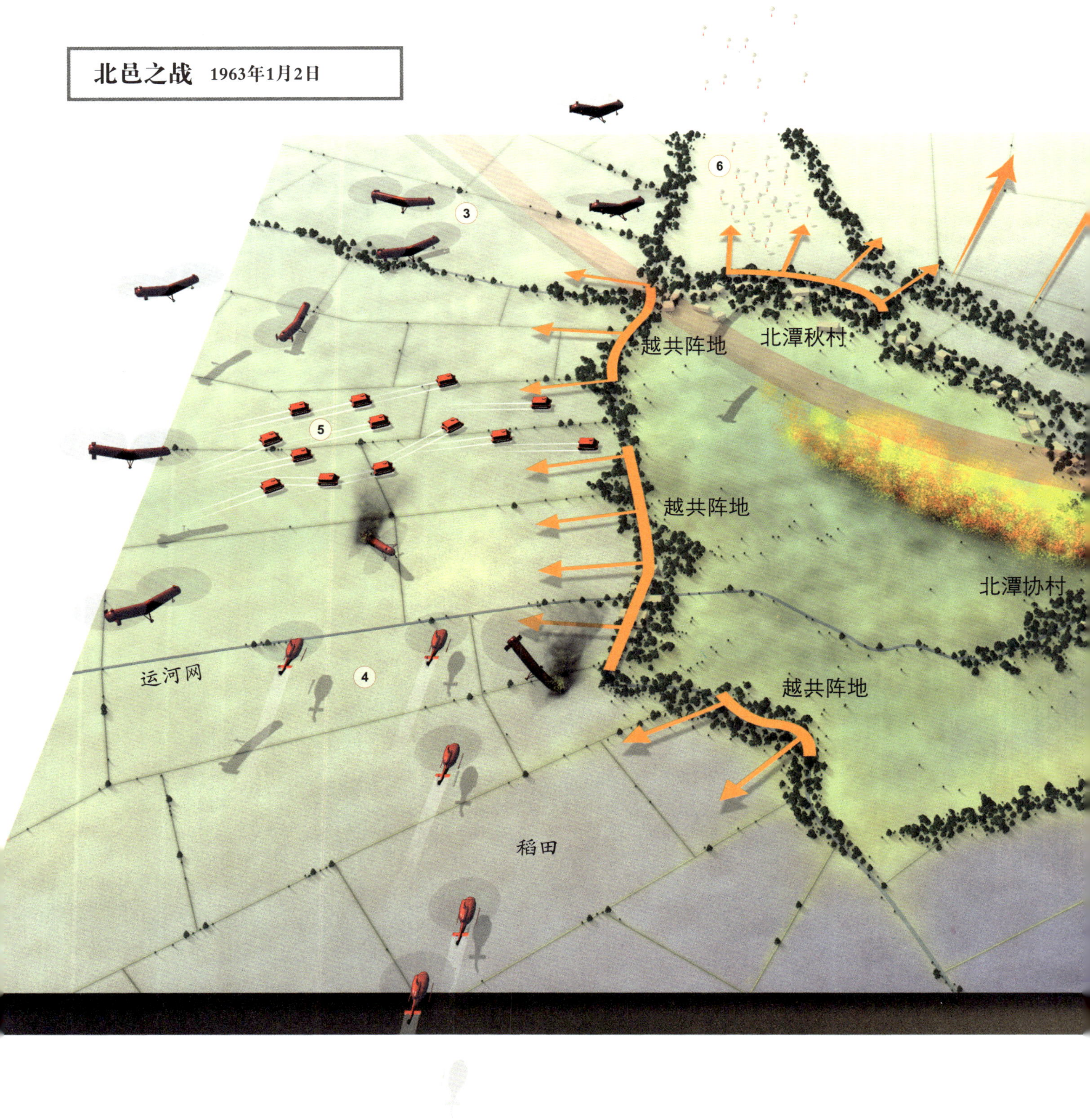

3

5

运河网

4

越共阵地

北潭秋村

6

越共阵地

北潭协村

越共阵地

稻田

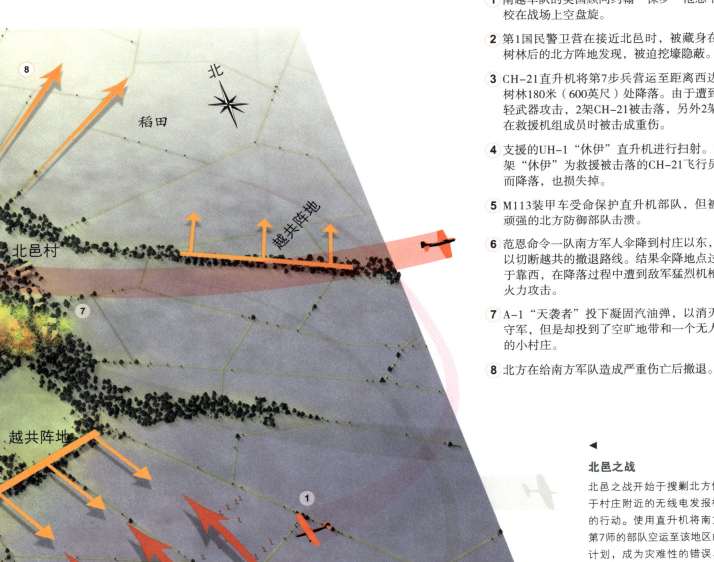

1. 南越军队的美国顾问约翰·保罗·范恩中校在战场上空盘旋。

2. 第1国民警卫营在接近北邑时，被藏身在树林后的北方阵地发现，被迫挖壕隐蔽。

3. CH-21直升机将第7步兵营运至距离西边树林180米（600英尺）处降落。由于遭到轻武器攻击，2架CH-21被击落，另外2架在救援机组成员时被击成重伤。

4. 支援的UH-1"休伊"直升机进行扫射。1架"休伊"为救援被击落的CH-21飞行员而降落，也损失掉。

5. M113装甲车受命保护直升机部队，但被顽强的北方防御部队击溃。

6. 范恩命令一队南方军人伞降到村庄以东，以切断越共的撤退路线。结果伞降地点过于靠西，在降落过程中遭到敌军猛烈机枪火力攻击。

7. A-1"天袭者"投下凝固汽油弹，以消灭守军，但是却投到了空旷地带和一个无人的小村庄。

8. 北方在给南方军队造成严重伤亡后撤退。

北邑之战

北邑之战开始于搜剿北方位于村庄附近的无线电发报机的行动。使用直升机将南方第7师的部队空运至该地区的计划，成为灾难性的错误，南方部队陷入敌军埋伏。南方前进空中控制员没有能力引导空中力量进行精确的空中打击，使得整个形势更加混乱。这次战斗是北方的一次完胜，65名南方士兵和3名美军顾问阵亡。北方趁着黑夜撤退，留下陷于混乱的南方士兵相互开火。

▲

米高扬–格列维奇米格–21

到1966年9月，北方空军已经接收了一定数量的米格–21战斗机，配备"环礁"红外空空导弹，可以从河内地区的5个机场起飞作战。米格战斗机飞行员采用的战术是低空飞行，然后突然爬升，对满载炸弹的美军战斗轰炸机（主要是F–105"雷公"）进行攻击，迫使对方抛下炸弹以便逃生。

作用。驾驶塞斯纳O–1"鸟狗"小型观测机的前进空中控制员，可以在目标上空盘旋，使用发烟火箭弹标识敌人位置，引导低空快速飞行的喷气式轰炸机对敌人进行最后的攻击。对地攻击机往往使用大量的弹药。凝固汽油弹在茫茫的丛林中发挥出特别的威力。

1965年3月起，美国空军和海军飞机对北方协同开展代号为"滚雷"的空中打击行动。此次行动的一个主要目的，就是阻止北方将人员和装备远送到南方，削弱北方军队士气，毁坏北方的工业基地。美军把整个北方分割成一块一块的"目标地域"，其中6号地区最重要，包括河内和北方主要港口——海防港。难以置信的是，对敌人阵地的轰炸不是战区指挥官确定，而是由远在华盛顿的政客们确定，导致目标总是被击中但没有被彻底摧毁。直到战争结束时，这一情形周而复始。

执行轰炸任务的有F–105"雷公"和F–100"超级佩刀"战斗机，其中"雷公"战斗机有着惊人的载弹量，它可以在进入北方投弹前进行空中加油，因为携带大量弹药飞到作战高度会消耗很多油料。作为攻击机群先导的"探路者"部队驾驶的是道格拉斯EB–66，该型机装备导航设备。在瞄准目标之后，攻击机群将投下炸弹，并匆忙撤退。

最初，北方防空部队只有少量地空导弹（SAM），主要依靠高射炮。美国的轰炸行动不得不动用越来越多的护航战斗机，以对抗机动性能很高的米格–17。苏联和中国向越南北方提供更多精密的地空导弹系统，迫使美国需要想出更多对策有效应对这

种新威胁。美军开始出动道格拉斯F-4"鬼怪"II新型战斗机来开展护航。美军设下骗局，让敌人相信其前往北方进行正常的轰炸，但是这些战斗机携带的是空空导弹，因而空中格斗场景不断在河内上空出现。

"野鼬鼠"

地空导弹给美军带来越来越多的麻烦。1965年，苏制SA-2"导线"导弹列装北方防空系统。7月23日，该系统击落了美国空军1架F-4C"鬼怪"战斗机。美国迅速引入防空压制飞机，即人们所熟知的"野鼬鼠"——最初是F-100"超级佩刀"，后来是F-105"雷公"，最后是F-4"鬼怪"战斗机。这些飞机一般飞行在轰炸机编队前方，压制防空导弹系统。它们普遍配备电子干扰系统和"百舌鸟"反雷达导弹，攻击地空导弹阵地的雷达波束发射源装备。美军压制防空系统的任务较为成功，但随着地空导弹使用越来越普遍，美军的飞机还是不断被击落。1968年，美军针对北方的作战行动取消。拙劣的指挥系统意味着美军并未造成真正的破坏，北方会继续战斗下去。几乎是在4年之后，美国才做出一致的努力，通过轰炸迫使北方退出战争。

在这一过渡时期，驻扎在泰国的美国空军轰炸机和位于北部湾"扬基站"的美国海军飞机，继续执行支援地面作战行动的飞行任务，以及攻击胡志明小道的飞行任务。这导致美军飞机经常将炸弹扔到邻国老挝、柬埔寨的一些地区，因为该小道从北方拐到老挝、柬埔寨，再拐到南方（胡志明小道是一条至关重要的交通线，使北方将补给物资甚至北方人民军1个整团渗透至南方）。波音B-52"同温层堡垒"战略轰炸机往往用于执行战术任务，轰炸敌人可能藏身的大片丛林地区。B-52搭载的大量炸弹破坏性极强，但是这些炸弹往往落在无人的丛林中，实际攻击效果甚微。

1972年4月，美国再次轰炸北方，代号为"后卫"I行动。北方人民军已经渗透到南方，美国地面部队已经撤离前线。美国空中力量和南方军队试图阻止北方对南方的控制。美国在海防港布放水雷，阻止北方获得运进的补给。美国希望摧毁北方储存的弹药和补给。1972年12月18日，在又一轮和平谈判失败之后，理查德·尼克松总统下令恢复对20度线以北的空袭（代号"后卫"II）。这是越战中最猛烈的一次轰炸进攻行动，美军对目标实施全天24小时不间断轰炸。在这11天的战斗里，北方做出的回应是几乎打光了所有地空导弹，但是电子对抗系统使美国飞机的损失降到了最低程度。在美国损失的26架飞机中，有15架是被地空导弹击落的B-52。北方空军的大多数空军基地被摧毁，因而只起飞了32架战斗机，并且有8架被美军击落。1973年1月15日，和谈再次取得新进展，美国宣布停止对北方的一切进攻行动。1月28日，停火协议正式生效。

经典攻击机群

F-105 "野鼬鼠"

F-105

F-105

F-4 "鬼怪" II
战斗空中巡逻

F-105

F-105

F-4 "鬼怪" Ⅱ
战斗空中巡逻

F-105 "野鼬鼠"

阿以战争

ARAB-ISRAELI WARS

1948年5月，英国在巴勒斯坦的托管终止，以色列国形成。来自欧洲各国和苏联的犹太移民，将位于巴勒斯坦的许多阿拉伯人赶到埃及、叙利亚、约旦、伊拉克等阿拉伯邻国。这导致该地区严重的不和，战争几乎不可避免。

装备一支新型空军

埃及立即着手对以色列发动攻击，把道格拉斯C-47运输机改装成临时轰炸机，以及把超级马林"喷火"战斗机改装成对地攻击机。以色列装备很差，因而在欧洲搜集有效的威慑武器。它最终获得一些阿维亚S.199战斗机，该型机是捷克制造的梅塞施密特Me 109的衍生型号。这些飞机迅速装备部队。到1948年10月，新成立的以色列空军装备已经明显改善，列装了40多架"喷火"IX战斗机，以及少量用于战略轰炸的波音B-17轰炸机。另外，以色列空军还装备了很多其他型号的二战时期飞机。尽管以色列空军的实力不断增强，但是它仍然要面对第一次战争的检验。又经过了近10年的时间，以色列才与对手发生第二次冲突。

1956年，埃及总统贾迈勒·阿卜杜勒·纳赛尔做出让英法政府惊愕的举动，将苏伊士运河区收归国有。英法将运河视为其联结远东地区殖民地的纽带。重新夺回运河区的计划立即启动，以色列为计划的实施提供援助，并且它想对在该国发生的恐怖袭击予以报复，因为它认为恐怖活动源自埃及。

埃及空军装备大量截击机，几乎都是德·哈维兰"吸血鬼"和格洛斯特"流星"等早已过时的飞机。在苏联提供的大量米高扬-格列维奇米格-15战斗机，以及伊留申伊尔-28轰炸机的支持下，这些飞机严阵以待，对抗英国的霍克"猎人"、法国的F-84"雷电"和以色列的达索"神秘"IV战斗机。英国、法国和以色列一方在数量上也占据了优势。英国皇家空军仅在塞浦路斯就部署了10个中队的英国电子"堪培拉"中型轰炸机，另外还有护航和补给飞机的支援。英国还在马耳他卢卡空军基地部署了4

个中队维克斯"勇士"中型轰炸机，并在地中海部署了5艘航空母舰。从英国皇家海军"海神之子"号、"堡垒"号和"鹰"号航母上起飞的德·哈维兰"海毒液"和霍克"海鹰"战斗机执行对地攻击；从法国"阿罗芒什"号和"拉法耶特"号航母上起飞的沃特F-4U"海盗"也执行类似的对地攻击任务。

苏伊士运河战争

10月29日，苏伊士运河战争开始。1600名以色列伞兵空降到位于西奈沙漠西部的米特拉隘口以东地区。这些伞兵随即遭到埃及"吸血鬼"和米格-15战斗机的扫射。英国和法国对埃及发出最后通牒，要求埃及军队撤出运河地区，并将运河的控制权让给欧洲强国。埃及当然拒绝，并且继续攻击并成功阻止了以色列伞兵的攻击。西奈半岛上的空战平平淡淡，因为以色列的"神秘"战斗机性能常常优于埃及的战斗机。

埃及机场受到英法两军的攻击，第一夜的战果不大，到第二天白天时，埃及很多飞机在地面就被摧毁。11月5日，英法2国伞兵空降到了塞得港和福阿德港，双方在街头展开激战，英法2军进展甚微。在国际社会施压推动战事停止之前，英法2国仅占领了卡波。除了阿拉伯国家增加了对英法两国的不信任感，并加深对以色列的憎恨外，英法以并没有取得任何战果。

1967年，中东地区紧张局势再次加剧，战争爆发。埃及、叙利亚和约旦达成共识，结成了军事同盟。这些部队因采购了米高扬-格列维奇米格-21截击机和苏霍伊苏-7对地攻击机等最新型苏联飞机，作战力量得到很大提高。同时，以色列空军因采购法国达索"超级神秘"战斗轰炸机和"幻影"Ⅲ战斗机，作战力量迅速发展。特别是"幻影"Ⅲ战斗机采用了三角翼设计，飞行速度非常快。

"六日战争"

1967年6月5日清晨，以色列派出大部分攻击机执行代号为"焦点行动"任务。这些战斗机像平时一样起飞，然后向地中海方向飞去。这种"例行飞行"在几个月前开展了多次，因而没有引起埃及雷达操作员的怀疑。但以色列空军这次在地中海上空降低飞行高度，脱离雷达视线以后，超低空向南面的埃及方向飞行，看到陆地后，机群分成多个编队，向各自的目标——埃及空军基地飞去。

埃及完全被打了个措手不及。以色列飞行员轰炸并扫射了埃及空军基地停放整齐的飞机，并且重点攻击图波列夫图-16轰炸机，因为这些轰炸机最有可能冒险攻击以色列的基础设施。投完所有弹药以后，以色列飞机回基地重新加油和装弹，并快速返回埃及再次进行空袭，这次空袭目标包括埃及雷达站和防空阵地以及机场。埃及空军一

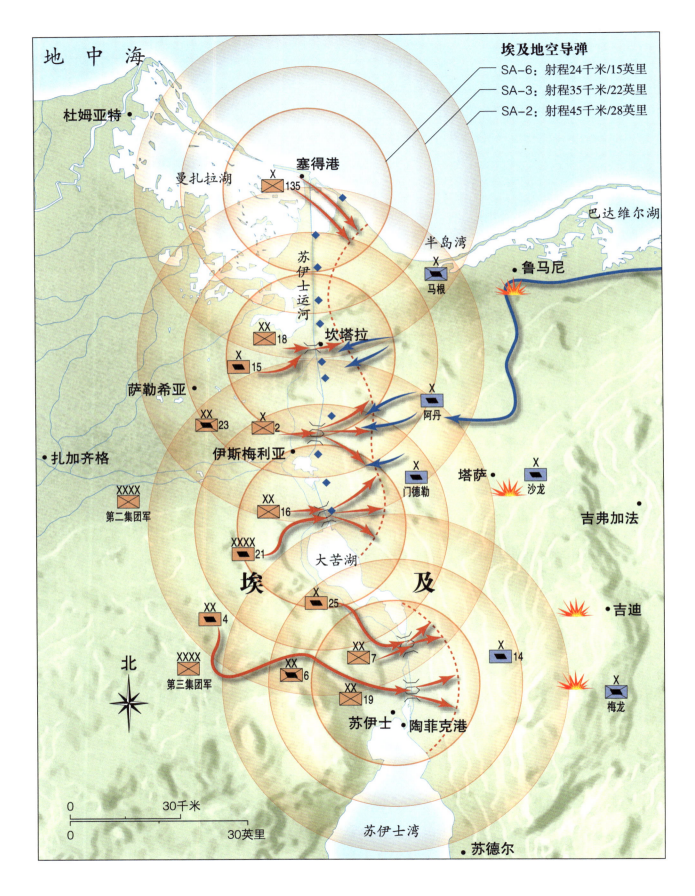

地中海

杜姆亚特

曼扎拉湖

塞得港

巴达维尔湖

半岛湾

鲁马尼

马根

埃及地空导弹
SA-6：射程24千米/15英里
SA-3：射程35千米/22英里
SA-2：射程45千米/28英里

苏伊士运河

坎塔拉

萨勒希亚

阿丹

扎加齐格

伊斯梅利亚

门德勒

塔萨

沙龙

吉弗加法

第二集团军

大苦湖

埃

及

吉迪

北

苏伊士

陶菲克港

梅龙

0   30千米

0   30英里

苏伊士湾

苏德尔

第三集团军

些战斗机匆忙升空，在基地上空展开格斗，但是以色列已经占据优势。以军还使用了法制"迪朗达尔"炸弹，在埃及空军基地的跑道上炸出大坑，再次削弱了埃及空军的对抗能力。此次战争是空中力量的一次可怕展示，仅仅一个早晨，埃及的空中作战能力彻底瘫痪。

以色列空军挥师向东攻击约旦皇家空军基地，在空袭和空战中，约旦空军仅剩4架"猎人"战斗机，余皆被歼。叙利亚发动报复攻击，出动米格-21攻击以色列空军基地，但随即遭到以色列的报复，以军对叙利亚空军基地以及伊拉克的H-3空军基地进行攻击。不过这些攻击造成的损失不是很大，因为叙利亚、约旦和伊拉克已经全面弄清了以军的意图。

在随后几天里，以色列空军自由飞翔在西奈沙漠上空，攻击埃军前沿阵地，从而使以色列陆军轻松地突破了埃军的防线。以色列伞兵乘直升机空降到埃及防线后方并发动攻击，埃军从西奈半岛全线撤退，以军节节追击。埃军向后溃败时，遭到了空中的以色列空军飞机扫射。埃及试图以一支由米格-21和苏-7组成的象征性机群起飞实施拦截，但是很快就成为在高空巡逻的以色列空军战机的猎物。

以色列在西奈半岛大获全胜，埃及于6月9日签署停火协议。而在东线，战争继续进行，以军对主要目标——伊拉克H-3空军基地发动进一步攻击。空军基地上方时常发生空战，双方都声称取得巨大的胜利。以色列希望占领叙以边境的戈兰高地，从而建立一个像西奈半岛那样的缓冲带。以军达到了这一目的，6月10日，联合国促成的停火协议生效。这时以色列已经取得彻底的胜利，击毁300余架埃及飞机，以及近80架约旦、伊拉克和叙利亚飞机。但是和平在这一动荡地区并没持续很久。

赎罪日战争

在20世纪60年代末，阿拉伯国家和以色列竞相补充战争损失。法国拒绝向以色列提供新型的"幻影"飞机，不过，以色列这时转向美国，并从美国购买了麦克唐纳F-4"鬼怪"II和道格拉斯A-4"天鹰"飞机。埃及继续从苏联搞到更多的米格-21战斗机和图-16轰炸机，以及直升机，还有这次战争中发挥重要作用的地空导弹。

1973年10月6日，埃及和叙利亚一雪1967年那场一边倒的战争之耻。埃及和叙利亚选择犹太人赎罪日那天发起突然袭击，是对其有利的。因为这天很多以色列军人放假。当埃及战斗轰炸机袭击苏伊士运河，叙利亚空袭戈兰高地的以军阵地时，以色列军队根本没有任何准备。埃及空军攻击以色列的"巴列夫防线"沿线机场、雷达站和火炮阵地。该防线是1967年底"六日战争"之后，以色列在苏伊士运河东岸修建的防御屏障工事。叙利亚空军出动米格-19、米格-21和苏-7沿戈兰高地执行对地攻击

赎罪日战争
1973年10月6日至13日

→ 埃及部队推进方向
→ 以色列部队推进方向
----- 10月13日埃及推进到的最远线
💥 埃及突击队的袭击
◆ 以色列作战据点
XXXX 集团军
XX 师
XX 旅
装甲兵
机械化步兵
步兵

◀◀

赎罪日战争
1973年10月爆发的赎罪日战争使以色列措手不及。以色列空军随后采取的行动，被部署在苏伊士运河西岸强大的埃及地对空防御导弹所阻止。

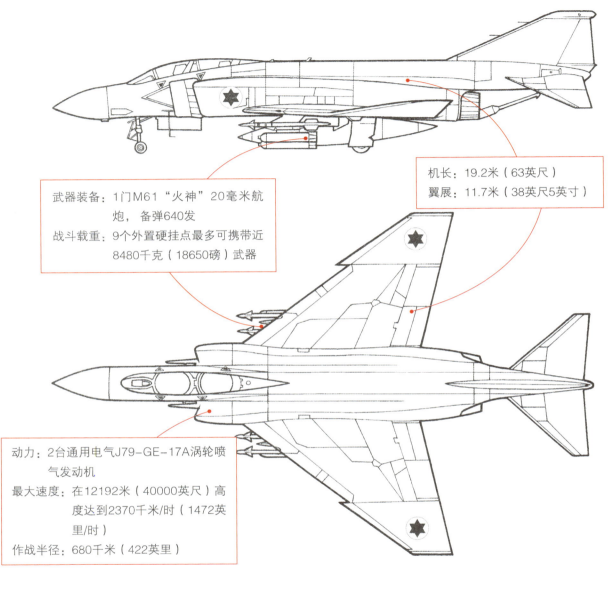

武器装备：1门M61"火神"20毫米航
　　　　炮，备弹640发
战斗载重：9个外置硬挂点最多可携带近
　　　　8480千克（18650磅）武器

机长：19.2米（63英尺）
翼展：11.7米（38英尺5英寸）

动力：2台通用电气J79-GE-17A涡轮喷
　　　气发动机
最大速度：在12192米（40000英尺）高
　　　　度达到2370千米/时（1472英
　　　　里/时）
作战半径：680千米（422英里）

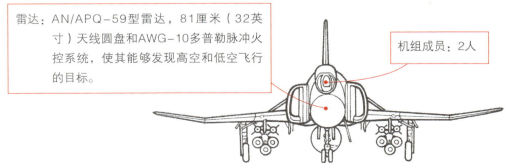

雷达：AN/APQ-59型雷达，81厘米（32英
　　　寸）天线圆盘和AWG-10多普勒脉冲火
　　　控系统，使其能够发现高空和低空飞行
　　　的目标。

机组成员：2人

任务，震惊了以军，并协助地面的装甲部队突防。

　　以色列空军的回应是，直接攻击通过浮桥渡过苏伊士运河的埃及军队，但却遭遇到更大的打击。运河西岸的地空导弹防御是可怕的。苏联新提供的萨姆–3、萨姆–6和萨姆–9地空导弹，击落了数十架以色列空军飞机。以色列共损失118架飞机，埃及113架，叙利亚149架，伊拉克21架。然而，埃及军队一旦跨过苏伊士运河，离开苏制萨姆导弹的保护屏障，或遭到以色列空军A–4"天鹰"攻击机的协同攻击后，就无法再向前推进了。F–4"鬼怪"II战斗机则用于攻击地空导弹阵地、雷达站，此时以色列战斗机损失直线上升。因而绝望的以色列恳请美国将其位于美国基地的空军战斗机直接运送

◄◄
F–4"鬼怪"II战斗机

以色列是F–4"鬼怪"II战斗机最大的国外用户。以色列空军于1969年至1976年共接收了超过200架F–4E型战斗机。这些战斗机在1973年的赎罪日战争中参加了多次行动。

▼
分开进攻法

分开进攻法的目的是分散敌方战斗机的注意力，而后从后方攻击之。

分开进攻法

到中区战区，在匆忙涂上以色列的标识后就投入战斗。

随着美国补充装备的到达，以色列空军作战力得到加强。尽管叙利亚陆军数量上占据优势，但以色列际军已开始站稳脚跟，将叙利亚军队驱离戈兰高地。在西奈半岛，埃及陆军企图突破以色列防线，但因为没有地空导弹的掩护，很容易就遭到以色列A-4"天鹰"攻击机的打击。以军充分利用埃军战线的一道缺口，并成功在苏伊士运河以西建立起一个桥头堡，彻底改变了战场局势。这时，阿拉伯联盟使用了他们的终极武器。沙特阿拉伯对西方实施石油禁运，美国立即对此做出反应，对以色列施压，要求其签署另一份停火协议。该协议于10月22日晚正式生效。

在赎罪日战争期间及以后的冲突中，以色列飞行员驾驶过西方大多数型号的飞机，不断提高他们已经很高超的飞行技巧，在赎罪日战争中，经常听到2架"鬼怪"战斗机迎战20多架敌机并取胜的故事。以色列继续从美国引进先进战斗机，甚至包括美国最先进的麦克唐纳·道格拉斯（现在的波音）F-15"鹰"战斗机。以色列飞行员是驾驶该型机击落最多敌机的王牌飞行员。同时，以色列也研制国产战斗机——如以色列航空工业"鹰"战斗机，它是一型未获得许可、仿制达索"幻影"V的战斗机。

▼

高速垂直机动战法
高速垂直机动战法是通过向上旋转机头和副翼转向来保持目标在视野范围内，以避免在攻击高速目标时冲到目标前方。

高速垂直机动战法

卓越的空战战术

　　以色列飞行员和阿拉伯国家飞行员经常遭遇，因此迅速发展出最优空战战术来与对手交战。尽管其飞行速度相当于二战大规模空战时飞行速度的两倍或更高，但他们仍保留二战时获得的一些有益经验，如双机飞行时，长机与僚机相互掩护。双机还可以采用进攻方式作战，飞行"分开进攻"等机动战术。采用该战术时，长机吸引敌机的注意力，而僚机（希望不被敌机发现）先向下方飞行，再向上猛扑向转弯的敌机，用导弹或航炮攻击敌机暴露的机腹。

　　在空战中，最重要的因素是要从敌机后方攻击，因为导弹需要锁定高温的尾喷口。如果导弹未锁定目标，也可以用航炮攻击。

　　以色列空军在小规模冲突中，如1982年黎巴嫩战争中证明了其价值。在黎巴嫩战争中，以色列空军摧毁了叙利亚全部防空网络，而未损失1架飞机。以色列空军还执行了超远程轰炸任务，如使用洛克希德·马丁F-16"战隼"多用途战斗机，攻击伊拉克奥西拉克核设施。该任务需要飞行员超低空快速飞行，在攻击核设施的同时，还要关注飞机的燃油消耗。这次任务取得了极大成功，所有飞机都返回了基地。

▼
剪刀战法

在进行剪刀机动时，每位飞行员以尽可能低的速度飞行，并不断转换方向，以使对手冲到自己的前方。

剪刀战法

携带和使用大棒

以色列继续出动强大空军保护本国，或者投送军力打击没有防空系统的目标，这在以色列2006年入侵黎巴嫩过程中尤为明显。在此次战争中，以色列空军摧毁了真主党的火箭弹发射基地，使用激光制导弹药极为准确地轰炸目标。完备的地面情报保障也是很重要的，因为这些弹药在轰炸可疑的真主党武装分子的藏身之地时，也会造成许多黎巴嫩平民的死亡。

▼

横滚攻击战法

在横滚攻击战法中，进攻一方战斗机以一个逆时针的横滚翻转飞越目标的转向圈，拉起，而后下降至目标后方位置。

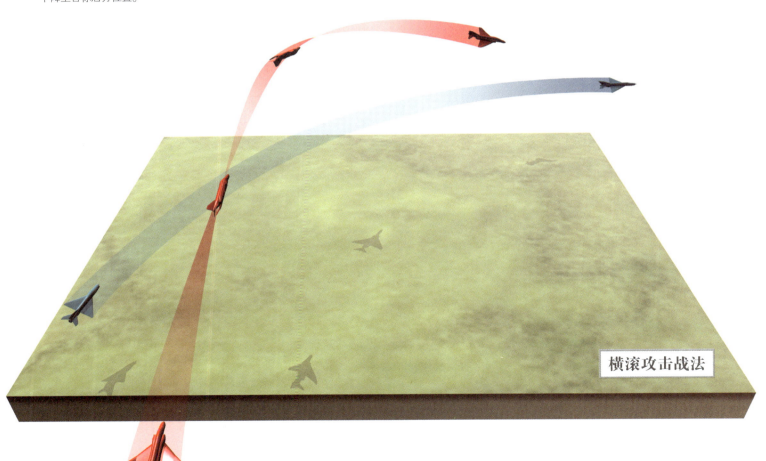

横滚攻击战法

马岛战争

THE FALKLANDS WAR

1982年4月2日，一支阿根廷部队登陆英国在南大西洋控制的马尔维纳斯群岛（简称"马岛"，英国称之为"福克兰群岛"）。阿根廷一直声称马岛是其领土。英国驻守该岛的1个海军陆战队连经过短暂抵抗之后投降，阿军占领了该岛及南乔治亚岛。尽管英国政府当时在大幅度裁军，但还是立即采取行动，组建特遣舰队重新夺回该岛。

特遣舰队在行动

英国皇家海军特遣舰队的舰船，包括"竞技神"号和"无敌"号准备出发时，部署在大西洋中部阿森松岛上的霍克·西德利"猎迷"海上巡逻机开展大规模侦察飞行，尽可能为即将开始的作战行动搜集大量信息。阿森松岛又迎来一批5架阿芙罗"火神"轰炸机，这种巨大的三角翼飞机，最初是作为一种投掷核弹的轰炸机进行设计的。在马岛上，它担负常规作战任务，远距离飞往岛上主要的市镇斯坦利，轰炸机场和攻击防空阵地。

阿根廷在斯坦利机场部署了阿根廷军用飞机制造厂的IA-58"普卡拉"对地攻击机，以及各式直升机。在"黑鹿行动"第一次任务中，1架"火神"轰炸机从阿森松岛起飞，沿着航线接受汉德利·佩季"胜利者"加油机加油后，飞往斯坦利上空，以对角线模式越过跑道，投下21枚炸弹。轰炸效果甚微。只有1枚炸弹真正击中跑道，被阿根廷人轻易修复。不过，这证实英国皇家空军有能力攻击阿根廷本土的目标。阿根廷随后决定不在马岛上部署战斗机中队，而偏向于将其部署在本土用于防御。

5月1日，就在开展"黑鹿行动"第一次任务的当天，英国特遣舰队驶到离马岛很近，足以起飞霍克·西德利"鹞"式

马岛战争中的"鹞"式战斗机

马岛战争期间，1架英国皇家海军的"海鹞"正降落在"竞技神"号航空母舰上。前方的甲板上是1架英国皇家空军的"鹞"GR.3战斗机，该型机接过了地面支援任务，使"海鹞"可以放心地执行战斗空中巡逻（CAP）任务。

马岛战争 1982年4月2日至6月15日

1 5月21日，英国皇家海军舰艇"热情"号遭到4架 A–4"天鹰"的攻击，被击中了9枚炸弹，其中3枚 在直升机甲板上爆炸。

2 受损后，"热情"号试图航行到圣卡洛斯湾。它再 次遭到攻击，但是这次没有被击中的记录。舰上的 大火失去控制，第二天它在格兰瑟姆海峡沉没。

3 5月23日，守卫圣卡洛斯湾入口的英国皇家海军舰 艇"羚羊"号遭到A–4"天鹰"的攻击。2枚延时炸 弹将其舰艉炸掉。大火持续燃烧一整夜，第二天清 晨，该舰被放弃。

4 英国皇家海军"海鹞"几乎不间断进行战斗空中巡 逻，击落了很多阿根廷飞机。

格兰瑟姆海峡

萨塞克斯山脉

阿贾克斯湾

圣卡洛斯湾

圣卡洛斯

圣卡洛斯港

北

南 大 西 洋

乔治国王湾

威德尔定居点

夏洛特
王后湾

斯蒂芬斯港定居点

西福克兰岛

福克斯湾

福克兰海峡

"海鹞"巡逻

突击队进攻：
破坏飞机和供给

5月25日，"考文垂"号

"海鹞"巡逻

北福克兰
海峡

5月23日，"羚羊"号

5月21日，"热情"号

圣卡洛斯港

英国部队
推进方向

道格拉斯

蓝绿湾

东福克兰岛

达尔文

古斯格林

"海鹞"巡逻

5月29日，阿根廷
部队经过12小时
的战斗后投降

海港
湾

菲茨罗伊

6月8日，"加拉哈德爵士"号

南 大 西 洋

马尔维纳斯群岛
（英国称"福克兰群岛"）
（阿根廷与英国之间的争议领土）

6月4日至8日，英
国增援部队登陆

5月4日，"谢菲尔德"号

飞机执行任务的海域，攻击达尔文港、古斯格林和史丹利的目标。阿根廷反应迅速，组织空军反击，可惜4架飞机在英国特遣舰队上空，被执行战斗空中巡逻任务的舰队航空兵"海鹞"战斗机击落。

5月4日，阿根廷空军2架达索公司"超级军旗"飞机，携带新式"飞鱼"反舰导弹，以超低空飞行抵近英国驱逐舰水面线附近，英国皇家海军舰艇"谢菲尔德"号被命中并最终沉没。阿根廷飞行员采用的低空飞行战术，利用崎岖的海岸线使飞行剖面尽可能降低，从而不被雷达发现。5月21日，英国皇家海军陆战队和伞兵部队在圣卡洛斯湾实施两栖登陆。这是马岛西海岸上一处隐蔽的小海湾。部队乘坐登陆艇登陆时，西科斯基"海王"、韦斯特兰"威塞克斯"直升机负责运送增援部队，而机型较小的韦斯特兰"侦察兵"直升机负责空运补给。

低空飞行战术

英国特遣舰队锚泊于圣卡洛斯湾，成为阿根廷空军飞行员的理想攻击目标。阿根廷飞行员驾驶以色列航空工业（IAI）"短剑"和道格拉斯A-4"天鹰"飞机，向皇家海军舰船投掷标准"铁炸弹"。尽管英国皇家海军"海鹞"全天24小时执行战斗空中巡逻任务，但是很多阿根廷飞行员还是击中了目标。在整个战役中，"海鹞"战斗机的护航巡逻超过1000架次，该型机还装备了AIM-9"响尾蛇"空空导弹，据称击落了许多阿根廷飞行员。

尽管如此，总会有几架阿根廷飞机突破拦截线。5月21日，英国皇家海军舰艇"热情"号被不少于9枚炸弹击中，其中3枚在该舰后部的直升机甲板上爆炸。该舰遭到重创，试图航行至圣卡洛斯湾，但又遭受攻击，此次攻击没有命中记录。但是该舰已经遭到毁坏，大火烧了一整夜，于次日沉没。同样的命运于5月23日降临到英国皇家海军舰艇"羚羊"号上。该舰被2颗延时炸弹击中并沉没，不过舰上人员伤亡较少。

6月13日23时59分，阿根廷正式签署投降书，英国重新控制马岛。整个战役期间，英国人员伤亡不大，但是舰队的防空被证实，极易受低空飞行的阿根廷飞行员的协同攻击。

5月25日，"大西洋运送者"号

6月14日，阿根廷部队投降

斯坦利

从5470千米（3400英里）之外的阿森松岛飞来的"火神"轰炸机进行空袭

◄◄

马岛战争

马岛战争表明，水面舰船面对意志坚决的空袭是非常脆弱的，尤其是像"飞鱼"反舰导弹这样的掠海飞行的导弹。

海湾战争

CRISIS IN THE GULF

伊拉克入侵阿拉伯邻国科威特，引发了二战结束后的首次大规模空中力量集结。伊拉克占领了在经济上极为重要的科威特油田，并且威胁着沙特阿拉伯油田，因而西方国家，特别是美国迅速予以回应。

战争准备

萨达姆·侯赛因指挥着世界上第4大陆军。这支军队于20世纪80年代在与伊朗的战争中得到锤炼，因而于1990年8月轻而易举地拿下了科威特。部分科威特空军飞行员成功驾驶道格拉斯A-4"天鹰"逃到沙特阿拉伯。为遏制伊拉克军队进攻势头，防止其携余威入侵沙特阿拉伯，美军为首的联军实施了"沙漠盾牌行动"。美国空军快速向该地区派遣麦克唐纳·道格拉斯（波音）F-15"鹰"空中优势战斗机，配合沙特阿拉伯皇家空军的帕那维亚"狂风"战斗机。在这些飞机持续进行战斗空中巡逻任务，监视伊军的一举一动时，联军在该地区集结了数以万计的人员、车辆和海军装备，对紧邻沙特阿拉伯的伊拉克军队随时随地构成威慑。政客们也试图找到外交解决方案。与此同时，美国海军航母及其庞大的航空大队，驾驶的飞机包括麦克唐纳·道格拉斯（波音）F/A-18"大黄蜂"、格鲁曼F-14"雄猫"、格鲁曼E-2"鹰眼"，驶入红海。如果伊军越过边界，那么联军就准备发动攻击。在战争开始之时，美军已经在红海集结了6艘航母，及其护航舰艇和辅助舰船。

英国派遣了执行攻击和截击任务的"狂风"，SEPECAT"美洲虎"，以及波音CH-47"支奴干"等运输直升机，还有老旧的布莱克本"掠夺者"。这些飞机虽然比较陈旧，但是安装了精密的目标指示设备，它们协助"狂风"战斗机定位目标，并且投弹。法国空军派出"幻影"2000和"幻影"F1战斗机。意大利空军派出了"狂风"战斗机。另外，还有从科威特逃到沙特阿拉伯的"天鹰"。机群集结规模极其庞大。

为了组织这些飞机，安排飞行空域及飞行时间，联军出动波音"联合星"和

E-3"哨兵"预警机，全天候24小时轮流在战区上空指挥调度。这些飞机上安装了航空电子、雷达和侦听设备，随时控制联军部队空中力量的行动，将它们引向目标，并协助它们与敌机作战。

空袭计划

联军制定了空袭计划。首先摧毁伊拉克早期预警能力，然后消灭防空系统和空军飞机，再打击伊军指挥和控制体系。这样，伊军之间就会失去联系，补给线也将被切断。攻击目标包括电站、供水系统和通信枢纽，从而使整个伊拉克陷入瘫痪。当这些目标被摧毁或失效后，联军空军将集中力量支援地面部队向科威特反攻，把伊拉克军队驱逐出去，解放科威特。

1991年1月17日清晨，8架AH-64"阿帕奇"攻击直升机，在西科斯基MH-53"低空铺路者"直升机的支援下，低空飞临沙特阿拉伯-伊拉克边界，向伊拉克的2个早期预警雷达站发起进攻。攻击部队为联军轰炸机打开伊拉克大门的战斗开始。洛克希德F-117"夜鹰"飞临伊拉克首都巴格达，精确轰炸政府大楼和基础设施。停泊在波斯湾

▲

F-15E"攻击鹰"

F-15E"攻击鹰"是F-15基本型的改型，有2名机组成员，1名是飞行员，1名是后座武器和防御系统操作员。在1991年海湾战争中，F-15E在猎杀伊拉克"飞毛腿"导弹发射车的行动中发挥了突出作用。

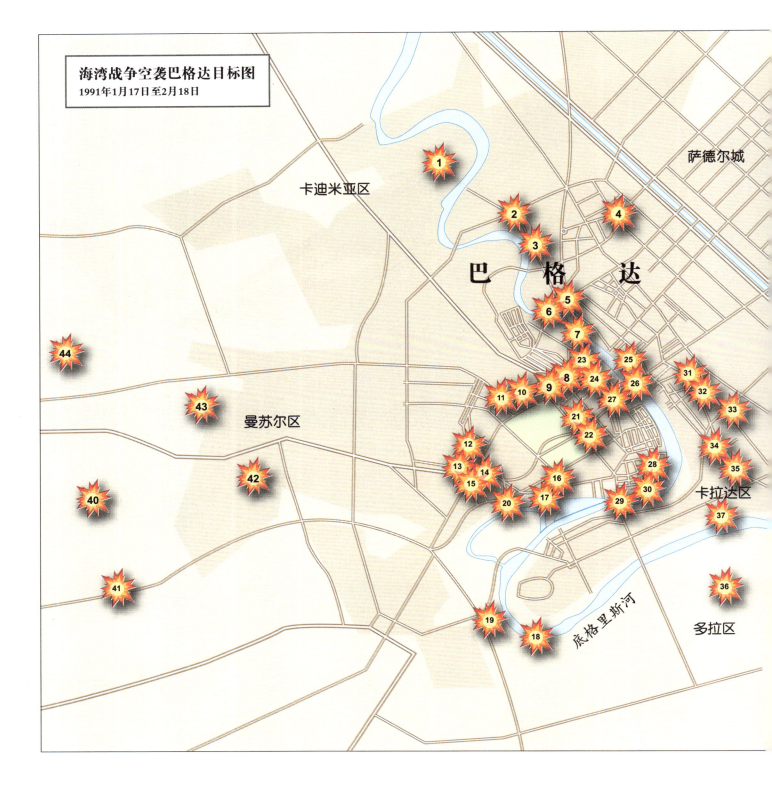

1	军事情报局	23	宣传部
2	电话交换站	24	电视转播站
3	国防部国家计算机大楼	25	通信中转站
4	电子传输站	26	共和国公路桥
5	电力传输站	27	政府南部控制中心
6	国防部总部	28	卡拉达公路桥
7	阿舒达德公路桥	29	总统府指挥中心
8	电话交换站	30	总统府指挥部掩体
9	火车调车场	31	通信中转站
10	穆萨纳机场（军用部分）	32	秘密警察总部
11	伊拉克新空军司令部	33	伊拉克情报局地区总部
12	伊拉克情报局总部	34	电话交换站
13	电话交换站	35	国家防空作战中心
14	秘密警察大楼	36	道拉炼油厂
15	陆军仓库	37	电站
16	共和国卫队总部	38	拉希德发电厂
17	新总统府	39	拉希德兵营与机场
18	电站	40	巴格达弹药库
19	短程弹道导弹组装工厂	41	萨达姆国际机场
20	复兴党总部	42	阿米里亚防空洞
21	政府会议中心	43	巴格达国际广播接收站
22	工业与军工生产部	44	婴儿奶厂

中的美国海军舰艇发射的"战斧"巡航导弹，也对巴格达的目标发动攻击。F-117是一种非凡的飞机，以亚音速飞行，其外形和材料是为了吸收和折射雷达波而设计和应用的，雷达操作员几乎无法看见该机。伊拉克的防空系统明知敌机就在附近，但因为雷达回波太弱，因而无法辨清目标，或根本"看"不到，地空导弹根本无法锁定目标。这就意味着F-117飞行员根本不用担心如何干扰雷达或做出规避机动，而只需集中精力准确找到和攻击目标。

当F-117"夜鹰"战斗机空袭巴格达的时候，在F-15"鹰"战斗机护航和配备反雷达导弹的麦克唐纳·道格拉斯F-4"鬼怪"II等"野鼬鼠"飞机的支持下，联军攻击飞机准备空袭可能拦截联军攻击机群的伊拉克地空导弹阵地。联军的目标是伊军防空系统和伊拉克的空军基地，其目标是摧毁地面上的飞机，或是投放制导弹药，轰炸加固的混凝土掩体，让伊军感到没有一处地方是安全的。另外，发电站、供水系统、水坝、交通系统也将受到攻击，在战争开始之前使伊拉克仅剩下少量的电源。

皇家空军"狂风"战斗轰炸机低空飞行，用JP233反跑道集束炸弹摧毁伊拉克机场跑道。在这种强度攻击下，伊拉克空军少有飞机起飞迎战。即便起飞后，一些飞机根本没有看到敌机就被击落。其余伊拉克飞机经过1周的作战后逃到伊朗，这使联军感到奇怪，尽管联军预测到伊拉克空军会撤退，但也应该逃往约旦，而不是逃往宿敌伊朗。

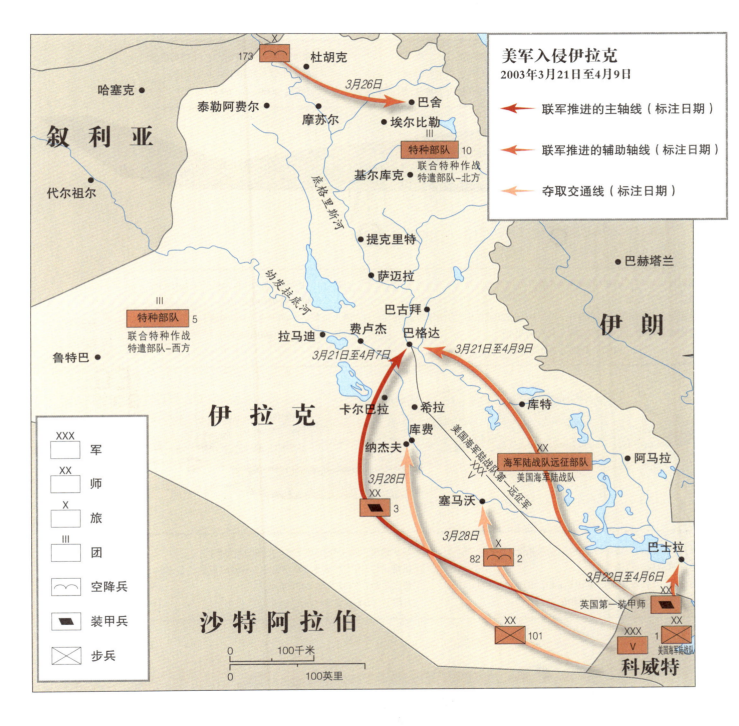

美军入侵伊拉克
2003年3月21日至4月9日

← 联军推进的主轴线（标注日期）

← 联军推进的辅助轴线（标注日期）

← 夺取交通线（标注日期）

叙利亚

哈塞克

代尔祖尔

鲁特巴

杜胡克

泰勒阿费尔

摩苏尔

巴舍

埃尔比勒

3月26日

173

特种部队 10
联合特种作战
特遣部队–北方

基尔库克

底格里斯河

提克里特

萨迈拉

巴古拜

特种部队 5
联合特种作战
特遣部队–西方

幼发拉底河

拉马迪

费卢杰

巴格达

巴赫塔兰

伊朗

3月21日至4月7日

3月21日至4月9日

伊拉克

卡尔巴拉

希拉

库特

库费

纳杰夫

美国海军陆战队第一远征军

海军陆战队远征部队
美国海军陆战队

阿马拉

3月28日

3

塞马沃

82 2

3月28日

巴士拉

英国第一装甲师

3月22日至4月6日

沙特阿拉伯

101

V 1
美国海军陆战队

科威特

XXX 军

XX 师

X 旅

III 团

空降兵

装甲兵

步兵

0　　100千米
0　　100英里

联军飞机

机名：洛克希德F-117"夜鹰"　　　　最快速度：993千米/时（617英里/时）
任务：轰炸机　　　　　　　　　　　最大负载：2270千克（5004磅）
动力：2台通用电气F404-F1D2涡扇发动机　升限：20000米（69000英尺）

机名：麦克唐纳·道格拉斯F-15"鹰"　　　　　　　　机炮：1门内置20毫米（0.78英寸）M61A1
任务：空优战斗机　　　　　　　　　　　　　　　　　　航炮，备弹940发
动力装置：2台普拉特·惠特尼F100-100或220或229加力涡扇发动机　最大负载：7300千克（16000磅）
最快速度：高空：2660千米/时（1650英里/时）　　　升限：20000米（69000英尺）
　　　　　低空：1450千米/时（900英里/时）

机名：麦克唐纳·道格拉斯/英国宇航系统AV-8B"鹞"II　最快速度：海平面1070千米/时（662英里/时）
任务：对地攻击机　　　　　　　　　　　　　　　　机炮：1门内置20毫米（0.78英寸）M61A1航炮，备弹940发
动力装置：1台罗尔斯·罗伊斯F402-RR-408（Mk 105）　最大负载：5987千克（13200磅）
　　　　　矢量推力涡扇发动机　　　　　　　　　　升限：15000米（50000英尺）

机名："狂风"对地攻击型（IDS）/电子作战侦
　　　察型（ECR）

任务：防空/空优，电子战，对地攻击

动力装置：2台涡轮联合RB199-34R Mk103加力
　　　　　涡扇发动机

最快速度：2418千米/时（1511英里/时）

机炮：1门27毫米毛瑟BK-27航炮，备弹
　　　180发

最大负载：9000千克（19800磅）

升限：15240米（50000英尺）

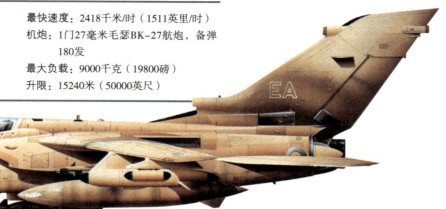

机名：A-10"雷电"II

任务：近距离空中支援和对地攻击机

动力装置：2台通用电气TF34-GE-100A涡扇发动机

最快速度：833千米/时（518英里/时）

机炮：1门30毫米（1.18英寸）GAU-8/
　　　A"复仇者"航炮，备弹1174发

最大负载：7260千克（16000磅）

升限：13700米（45000英尺）

机名：AH-1W"超级眼镜蛇"

任务：攻击直升机

动力装置：2台通用电气T700涡轴发动机

最快速度：352千米/时（218英里/时）

机炮：1门M197 20毫米机炮，备弹750发

最大负载：1737千克（3830磅）

升限：3720米（12200英尺）

在绞杀了伊拉克空军和摧毁了大量伊拉克的重点目标后，联军空军可以集中力量有效支援地面部队。1月24日，联军地面部队开始向伊拉克进军。地面部队一旦遇到有组织的抵抗，就呼叫美国空军的费尔柴尔德-共和A-10"雷电"II或美国海军陆战队的麦克唐纳·道格拉斯AV-8"鹞"，清理进攻道路上的障碍。A-10最初设计为一种对地支援攻击平台，该型机的飞行员好似坐在一个装甲"浴盆"里，并且机上的发动机相距甚远，如果一台发动机遭到毁坏，另一台发动机足以支撑其回基地。虽然飞行速度慢，但可以长时间在战场上空巡弋，承受很大程度毁坏。该机的武器是强大的30毫米GAU-8加特林航炮，发射的贫铀弹能击穿大多数坦克装甲。与其并肩作战的还有AH-64"阿帕奇"直升机，就在伊军全面撤退时，这2型对地攻击飞机将陷入大规模交通阻塞的伊拉克陆军炸成了废铜烂铁。地面进攻行动仅进行了5天，战争就结束了，伊拉克全面溃退，科威特解放了。

入侵伊拉克

2003年，美国乔治·布什政府认为伊拉克藏匿大规模杀伤性武器，并与国际恐怖组织勾结。在当时反恐战争的背景下，这对布什政府来说是一个推翻萨达姆政权的有利机会，即便这些指责遭受质疑。在没有得到联合国授权的情况下，美国与英国军队带头发动攻击，同时还得到西班牙、澳大利亚、波兰和丹麦军队的支持。

2003年3月20日，第二次海湾战争、代号"伊拉克自由行动"开始。这次战争与上次海湾战争不同，空袭和地面战在同一天开始。美军采用"威慑与恐吓"战术，以最小代价保留伊拉克基础设施，便于联军控制伊拉克后，伊拉克人民的生活能一切照旧继续下去。作战方式依旧为：巴格达的目标被巡航导弹和F-117定点清除，虽然有些精确武器没击中目标。

空降部队被投放到伊拉克北部，以迅速占领库尔德地区，并追击向巴格达撤退的伊拉克军队。4月上旬，伊拉克首都巴格达被占领，盟军飞机在作战中损失轻微。就在军队准备执行占领任务时，直升机和"悍马"战车一样，成为伊拉克的主要武器系统。因为军队开始对付不断出现的武装暴乱分子，快速的喷气机没有用武之地，小型敏捷的空中炮艇显示了其价值。海军陆战队装备的贝尔AH-1"眼镜蛇"炮艇，可以被呼叫去清除较小的目标，并在城市街区掩护地面部队。

原本设计用于侦察的无人机越来越多地装载"地狱火"导弹。坐在地球另一边作战室的操作员，可以利用实时反馈信息，发现目标，并且决定打击和消灭目标。新的空中力量诞生了：派遣作战飞机进入到威胁地区，打击敌人，而操作员或"飞行员"不用冒生命危险。

阿富汗战争
AFGHANISTAN

在2001年9月11日恐怖分子袭击美国世贸中心和五角大楼之后，反恐战争开始。在奥萨马·本·拉登的领导下，基地组织的恐怖分子劫持了民航客机，把它们当作制导"炸弹"攻击了这2个目标。这次袭击的结果是毁灭性的，从此改变战争的面貌。特别是恐怖袭击是以平民为目标，这是前所未见的。

确定敌人

在此后一个月里，美国发现阿富汗塔利班政府与基地组织有关。塔利班容留了

▼
MQ-9"收割者"无人机

MQ-9"收割者"无人机拥有强大的攻击能力，主要表现在能携带GBU-12"铺路"激光制导炸弹和AGM-114"地狱火"空对地导弹。

美国海军陆战队AV-8 "鹞"

美国海军陆战队将 "鹞" Ⅱ 发展成为一种强大的近距离支援飞机。该型机在中东和阿富汗地区参与了很多行动。

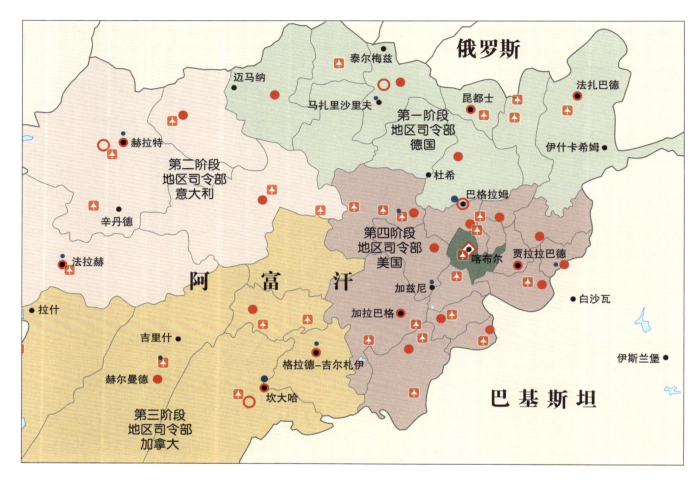

北约军队控制下的阿富汗
2006年

省级重建队

● 现有省级重建队

○ 现有前进支援基地

◇ 首都地区司令部

✈ 机场

● 美国基地

• 小型基地

基地组织，允许其在阿富汗广袤地区建立恐怖分子训练中心。于是美国着手推翻塔利班政府，摧毁恐怖组织营地。美国几乎动用其武器库中所有型号的飞机和武器发动攻击，B-1B"枪骑兵"重型轰炸机、B-2"幽灵"隐形轰炸机与波音B-52"同温层堡垒"并肩作战。这些轰炸机从印度洋迪戈加西亚岛上的美国空军基地起飞，采用地毯式轰炸，将塔利班和基地组织成员赶到山区据点。虽然塔利班和基地组织在山区错综复杂的洞穴系统，不会轻易被空中投下的弹药炸到，但是轰炸可以封死洞口，把敌人埋葬在里面。塔利班分子没有真正有效的武器对抗美军的攻击，因为除了重型机枪和单兵武器外，他们没有防空系统。

位于阿富汗首都喀布尔的塔利班目标，遭到麦克唐纳·道格拉斯（波音）F-15"攻击鹰"、从航母起飞的麦克唐纳·道格拉斯F/

A–18 "大黄蜂" 投掷的精确武器的攻击。法国达索幻影–2000也被部署到阿富汗，使用激光制导炸弹精确攻击目标。这些攻击迫使塔利班政府藏匿起来。阿富汗北方联盟抓住机会攻入喀布尔，控制了政府，解放了人民。

　　在塔利班构筑前线的乡村地区，美国空军出动专门改装的洛克希德C–130运输机，投掷重达6800千克（15000磅）的 "滚地球" 炸弹。这些重型炸弹主要在地面上空爆炸，以最大程度摧毁外部目标，破坏敌人通向阵地的道路，并且打击敌人的士气。

　　美国和英国向阿富汗山区派出特种部队，监视塔利班和基地组织的行动。当特种部队发现敌方作战人员的位置，他们就将特定目标的信息发送给在空中盘旋的喷气式飞机，由其标定并消灭目标。美军地面部队在阿富汗遏制武装叛乱时一直沿用此种战法。塔利班武装随之改变战术，从隐蔽地点出来袭击美军，然后再次利用地形隐蔽。当联军地面部队处于危急形势或发现大量敌人时，他们可以呼叫美国空军或英国皇家空军飞机进行轰炸。这些飞机一直是投掷非智能武器，因而目标指示及友军的位置是最重要的信息，以便降低发生 "友军火力误伤" 事件的可能。一个不利的因素就是在这种不固定的战场上，没有明确的前线。

应对不利的地形

　　在阿富汗这样的山区，运输是个难题。汽车运输必经一些狭窄的山间隘口，极易遭到塔利班武装力量的埋伏。在这里，直升机再次证明了其价值。波音CH–47 "支奴干" 直升机可以在短时间内运送大量部队，而AH–64 "阿帕奇" 则用于近距离支援，几乎可以作为飞行坦克使用。"支奴干" 直升机飞行速度慢，对塔利班武装力量来说是个诱人的目标，因而塔利班使用火箭筒对其进行打击。因而直升机必须以低空、快速且曲折的航线飞行。

　　无人机（UAV），特别是MQ–1 "捕食者" 的价值也是不可估量的。战场指挥官可以通过位于美国本土的遥控操作员获得战区的实时侦察图像，这样可以使用无人机上的 "地狱火" 导弹攻击转瞬即逝的目标。无人机负责寻找和攻击基地组织的车队，并消灭一些基地组织的高级领导人。现在，比MQ–9 "收割者" 等体型更大、作战能力更强的无人机也加入进来了。

◄◄

北约军队在阿富汗部署图

在阿富汗战争中，北约军队经常遭遇疯狂的抵抗，表明在很多情形下需要迅速、有效的近距离空中支援。

图书在版编目（CIP）数据

地图上的大空战：从第一次世界大战到"沙漠风暴"/
（英）亚历山大·斯万斯通，（英）马尔科姆·斯万斯通
著；王志波译. —上海：上海三联书店，2023.9
ISBN 978-7-5426-8145-4

Ⅰ.①地… Ⅱ.①亚…②马…③王… Ⅲ.①空战-战争史-
世界-图集 Ⅳ.①E195-64

中国国家版本馆CIP数据核字（2023）第113050号

地图上的大空战

著　　者 / ［英］亚历山大·斯万斯通　马尔科姆·斯万斯通
译　　者 / 王志波

责任编辑 / 李　英
装帧设计 / 千橡文化
监　　制 / 姚　军
责任校对 / 张大伟　王凌霄

出版发行 / 上海三联书店
　　　　　（200030）中国上海市漕溪北路331号A座6楼
邮购电话 / 021-22895540
印　　刷 / 固安兰星球彩色印刷有限公司

版　　次 / 2023年9月第1版
印　　次 / 2023年9月第1次印刷
开　　本 / 787×1092　1/16
字　　数 / 430千字
印　　张 / 24.5
书　　号 / ISBN 978-7-5426-8145-4/E·26
定　　价 / 196.00元

敬启读者，如发现本书有印装质量问题，请与印刷厂联系 0316-5925887

瑞士　　　　　　　　　　德国

波尔多

日内瓦

里昂

都灵

卢布尔雅那　　萨格勒布

诺维

法　国

尼姆

热那亚

威尼斯

的里雅斯特

克罗地亚

图卢兹

尼斯

轰炸机作战范围

萨拉热窝

安道尔

马赛

土伦

科西嘉岛

意
大
利

亚
得
里
亚
海

莫斯塔尔

萨拉戈萨

罗马

巴塞罗那

巴里

撒丁岛

那不勒斯

巴伦西亚

巴利阿里群岛

萨勒诺

塔兰托

卡利亚里

阿尔及尔

比塞大

安纳巴

突尼斯

墨西拿

巴勒莫

西西里岛

卡塔尼亚

苏塞

马耳他
（英属）

斯法克斯

突尼斯
（法属）

阿尔及利亚
（法属）

的黎波里

米苏拉塔

拜勒希兰

苏尔特

利　比　亚